Luzerner Beiträge zur Rechtswissenschaft (LBR)

Band 66

Luzerner Dissertation bei Prof. Dr. Paul Richli

Luzerner Beiträge zur Rechtswissenschaft (LBR)

Herausgegeben von Jörg Schmid im Auftrag der
Rechtswissenschaftlichen Fakultät der Universität Luzern

Band 66

Dominic Pugatsch

# Health Claims:
# Die gesundheitsbezogene
# Anpreisung von Lebensmitteln
# in der Schweiz

**unter besonderer Berücksichtigung
des massgebenden EU-Rechts**

Schulthess § 2012

Bibliografische Information der Deutschen Nationalbibliothek
Die Deutsche Nationalbibliothek verzeichnet diese Publikation in der Deutschen Nationalbibliografie; detaillierte bibliografische Daten sind im Internet über http://dnb.d-nb.de abrufbar.

© Schulthess Juristische Medien AG, Zürich · Basel · Genf 2012

ISBN 978-3-7255-6570-2

www.schulthess.com

# Vorwort

Besonderer Dank gebührt meinem geschätzten Doktorvater Herrn Prof. Dr. Paul Richli sowohl für die grosse akademische Freiheit, die er mir bei der Erstellung der vorliegenden Arbeit gewährte, als auch für die äusserst lehrreiche Assistenztätigkeit an seinem Lehrstuhl. Die von ihm vermittelte interdisziplinäre Forschungsweise, das stete Berücksichtigen auch weiterer Wissenschaften bei der Auseinandersetzung mit dem Recht, bildet die Grundlage, auf der diese Dissertation basiert.

Herzlichen Dank schulde ich Herrn RA lic. iur. Andreas Rescheck, Rechtsabteilungsleiter der Unilever Schweiz GmbH für die inspirierende Zusammenarbeit. Er hat in mir das Interesse für die Welt der Lebensmittel und damit insbesondere für lebensmittelrechtliche Themen geweckt. Er war es auch, der mir bereits bei der Suche nach einem geeigneten Thema für meine Masterarbeit geraten hat, über Health Claims zu schreiben.

Ebenfalls danken möchte ich meinen Kolleginnen und Kollegen von der Rechtsabteilung der Gesundheitsdirektion des Kantons Zürich. Während der Erstellung der vorliegenden Arbeit war es mir vergönnt mit ihnen zusammen sozusagen „an vorderster Front" tätig zu sein. Sie haben mich dabei unterstützt und mir so wichtige Einblicke in den kantonalen Lebens- und Heilmittelvollzug gewährt. Insbesondere das durch die enge Zusammenarbeit mit dem Kantonalen Laboratorium und der Heilmittelkontrolle angeeignete Wissen ist unmittelbar in die vorliegende Dissertation eingeflossen.

Weiter möchte ich Herrn RA Dr. iur. LL.M. Michael Feit für die kritische Durchsicht von Teilen des Manuskripts danken. In „geselligen Augenblicken" hat er mit seinen wertvollen Anregungen zum Gelingen dieses Werks beigetragen und mich dabei auch immer wieder freundschaftlich aber bestimmt ermahnt, mich an die gesetzten Fristen zu halten.

Grosser Dank gebührt Frau RA lic. iur. LL.M. CAS Birgit Weil. Sie hat weite Teile des Manuskripts kritisch gegengelesen und mir unzählige Hinweise und Korrekturvorschläge gegeben. Ihr aufmunternder und stets geduldiger Beistand hat massgeblich zur Erstellung dieses Werks beigetragen.

Mein grösster Dank gilt meinen lieben Eltern und meinem Bruder Pascal. Ihre Unterstützung während dem Studium und der Doktoratszeit war die wichtigste Voraussetzung für die Fertigstellung dieses Werks. Ihnen sei dieses Buch deshalb gewidmet.

Zürich, im Januar 2012                    DOMINIC PUGATSCH

# Inhaltsübersicht

# Inhaltsverzeichnis

# Abkürzungsverzeichnis

| | |
|---|---|
| Abs. | Absatz |
| ACE-Getränk/Saft | Mit den Vitaminen A, C und E angereicherte Getränke oder Säfte |
| AEUV | Vertrag über die Arbeitsweise der Europäischen Union vom 9. Mai 2008 (ehem. Vertrag zur Gründung der Europäischen Gemeinschaft vom 29. Dezember 2006 [EGV]) |
| AJP | Aktuelle Juristische Praxis |
| a.M. | anderer Meinung |
| Art. | Artikel |
| AS | Amtliche Sammlung des Bundesrechts |
| Aufl. | Auflage |
| AWV | Verordnung über die Arzneimittelwerbung vom 17. Oktober 2001 (Arzneimittel-Werbeverordnung; SR 812.212.5) |
| BAG | Bundesamt für Gesundheit |
| BBl | Bundesblatt der Schweizerischen Eidgenossenschaft |
| Bd. | Band |
| bes. | besonders |
| BetmG | Bundesgesetz über die Betäubungsmittel und die psychotropen Stoffe vom 3. Oktober 1951 (Betäubungsmittelgesetz; SR 812.121) |
| BFR | Bundesinstitut für Risikoforschung |
| BGB | Bürgerliches Gesetzbuch in der Fassung der Bekanntmachung vom 2. Januar 2002 |
| BGE | Amtliche Sammlung der Entscheidungen des Schweizerischen Bundesgerichts |
| BGer | Schweizerisches Bundesgericht |
| BGG | Bundesgesetz über das Bundesgericht vom 17. Juni 2005 (Bundesgerichtsgesetz; SR 173.110) |

| | |
|---|---|
| Bio-Verordnung | Verordnung über die biologische Landwirtschaft und die Kennzeichnung biologisch produzierter Erzeugnisse und Lebensmittel vom 22. September 1997 (SR 910.18) |
| Bst. | Buchstabe |
| BV | Bundesverfassung der Schweizerischen Eidgenossenschaft vom 18. April 1999 (SR 101) |
| bzw. | beziehungsweise |
| ca. | circa; zirka |
| ChemG | Bundesgesetz über den Schutz vor gefährlichen Stoffen und Zubereitungen vom 15. Dezember 2000 (Chemikaliengesetz; SR 813.1) |
| d.h. | das heisst |
| dl | Deziliter |
| dt. | deutsch |
| E. | Erwägung |
| EC | European Community |
| EDI | Eidgenössisches Departement des Innern |
| EFSA | European Food Safety Authority/Europäische Behörde für Lebensmittelsicherheit |
| EFTA | European Free Trade Association/Europäische Freihandelsassoziation |
| EG | Europäische Gemeinschaft |
| EG-Health-Claims-Verordnung | Verordnung (EG) Nr. 1924/2006 des Europäischen Parlaments und des Rates über nährwert- und gesundheitsbezogene Angaben über Lebensmittel vom 20. Dezember 2006 |
| EGMR | Europäischer Gerichtshof für Menschenrechte |
| EMRK | Konvention zum Schutze der Menschenrechte und Grundfreiheiten vom 4. November 1950 (Europäische Menschenrechtskonvention; SR 0.101) |

| | |
|---|---|
| Epidemiengesetz | Bundesgesetz über die Bekämpfung übertragbarer Krankheiten des Menschen vom 18. Dezember 1970 (SR 818.101) |
| etc. | et cetera |
| Etikettierungs-richtlinie | Richtlinie (EG) Nr. 2000/13 des Europäischen Parlaments und des Rates zur Angleichung der Rechtsvorschriften der Mitgliedstaaten über die Etikettierung und Aufmachung von Lebensmitteln sowie die Werbung hierfür vom 20. März 2000 |
| EU | Europäische Union |
| EuZW | Europäische Zeitschrift für Wirtschaftsrecht |
| evtl. | eventuell |
| EWG | Europäische Wirtschaftsgemeinschaft |
| EWR | Europäischer Wirtschaftsraum |
| Exkl. | exklusive |
| F. | Folie(n) |
| f. | und folgende |
| f./ff. | und folgende (Seite/Seiten) |
| FAO | „Food and Agriculture Organization" der Vereinten Nationen |
| FIAL | Foederation der Schweizerischen Nahrungsmittel-Industrien |
| FN | Fussnote |
| FUFOSE(-Projekt) | European Commission Concerted Action on Functional Food Science |
| g | Gramm |
| gl.M. | gleicher Meinung |
| GS-EDI | Generalsekretariat des Eidgenössischen Departements des Innern |
| GVO | Gentechnisch veränderte Organismen |

| | |
|---|---|
| HMG | Bundesgesetz über Arzneimittel und Medizinprodukte vom 15. Dezember 2000 (Heilmittelgesetz; SR 812.21) |
| Hrsg. | Herausgeber |
| i.d.R. | in der Regel |
| i.V.m. | in Verbindung mit |
| Irreführungs richtlinie | Richtlinie (EWG) Nr. 84/450 des Rates über irreführende und vergleichende Werbung vom 10. September 1984 |
| KKG | Bundesgesetz über den Konsumkredit vom 23. März 2001 (SR 221.214.1) |
| Komm | Kommentar |
| Lebensmittel-Basisverordnung | Verordnung (EG) Nr. 178/2002 des Europäischen Parlaments und des Rates zur Festlegung der allgemeinen Grundsätze und Anforderungen des Lebensmittelrechts, zur Errichtung der Europäischen Behörde für Lebensmittelsicherheit und zur Festlegung von Verfahren zur Lebensmittelsicherheit vom 28. Januar 2002 |
| LKV | Verordnung des EDI über die Kennzeichnung und Anpreisung von Lebensmitteln vom 23. November 2005 (SR 817.022.21) |
| LMG | Bundesgesetz über Lebensmittel und Gebrauchsgegenstände vom 9. Oktober 1992 (Lebensmittelgesetz; SR 817.0) |
| LS | Loseblattsammlung |
| LU | Luzern |
| LVG | Lebensmittel- und Gebrauchsgegenständeverordnung vom 23. November 2005 (SR 817.02) |
| m.E. | meines Erachtens |
| m.w.H. | mit weiteren Hinweisen |
| m.w.Verw. | Mit weiteren Verweisen |
| mg | Milligramm |
| Mio. | Millionen |

| | |
|---|---|
| Mrd. | Milliarden |
| N | Randnote(n) |
| No | Nombre, Number, Nummer |
| Nr. | Nummer |
| NZZ | Neue Zürcher Zeitung |
| OR | Bundesgesetz betreffend die Ergänzung des Schweizerischen Zivilgesetzbuches vom 30. März 1911 (Fünfter Teil: Obligationenrecht; SR 220) |
| publ. | publiziert |
| resp. | respektive |
| Richtlinie über unlautere Geschäftspraktiken | Richtlinie (EG) Nr. 2005/29 des Europäischen Parlaments und des Rates über unlautere Geschäftspraktiken im binnenmarktinternen Geschäftsverkehr zwischen Unternehmen und Verbrauchern und zur Änderung der Richtlinie 84/450/EWG des Rates, der Richtlinien 97/7/EG, 98/27/EG und 2002/65/EG des Europäischen Parlaments und des Rates sowie der Verordnung (EG) Nr. 2006/2004 des Europäischen Parlaments und des Rates vom 11. Mai 2005 |
| Rn. | Randnote(n) |
| Rz. | Randziffer(n) |
| S. | Seite(n) |
| SECO | Staatssekretariat für Wirtschaft |
| Ser. | Serie |
| SG-Komm | St. Galler Kommentar |
| sic! | Zeitschrift für Immatrialgüter-, Informations- und Wettbewerbsrecht |
| sog. | sogenannte(n) |
| Speziallebensmittelverordnung | Verordnung des EDI über Speziallebensmittel vom 23. November 2005 (SR 817.022.104) |
| SRL | Systematische Rechtssammlung des Kantons Luzern |
| StSG | Strahlenschutzgesetz vom 22. März 1991 (SR 814.50) |

| | |
|---|---|
| SZE | Schweizer Zeitschrift für Ernährungsmedizin |
| TA | Tagesanzeiger |
| Teilbd. | Teilband |
| THG | Bundesgesetz über die technischen Handelshemmnisse vom 6. Oktober 1995 (SR 946.51) |
| u.a. | und andere(s); unter anderem (anderen) |
| UeB | Übergangsbestimmung(en) |
| UeB LKV | Übergangsbestimmung(en) der LKV gemäss Änderungen vom 7. März 2008 (AS 2008 1029) |
| UNO | United Nations Organisation (Vereinte Nationen) |
| usw. | und so weiter |
| UWG | Bundesgesetz gegen den unlauteren Wettbewerb vom 19. Dezember 1986 (SR 241) |
| v.a. | vor allem |
| vgl. | vergleiche |
| VIPaV | Verordnung über das Inverkehrbringen von nach ausländischen technischen Vorschriften hergestellten Produkten und über deren Überwachung auf dem Markt vom 19. Mai 2010 (Verordnung über das Inverkehrbringen von Produkten nach ausländischen Vorschriften; SR 946.513.8) |
| VRG-LU | Gesetz über die Verwaltungsrechtspflege des Kantons Luzern vom 3. Juli 1972 (SRL Nr. 40) |
| VRG-ZH | Verwaltungsrechtspflegegesetz des Kantons Zürich vom 24. Mai 1959 (LS 175.2) |
| WHO-Verfassung | Verfassung der Weltgesundheitsorganisation vom 22. Juli 1946 (SR 0.810.1) |
| z.B. | zum Beispiel |
| ZH | Zürich |
| Ziff. | Ziffer(n) |
| zit. | zitiert |
| ZLR | Zeitschrift für das gesamte Lebensmittelrecht |

ZR            Blätter für zürcherische Rechtsprechung

ZuV           Verordnung des EDI über die in Lebensmitteln zuläs-
              sigen Zusatzstoffe vom 22. Juni 2007 (Zusatzstoff-
              verordnung; SR 817.022.31)

# Literaturverzeichnis

ADETONA TIM/KRIWET BURKHARD, Regulatorische Aspekte und gesundheitsbezogene Angaben von Nahrungsergänzungsmitteln, in: SZE 05/2008, S. 9–13

AMBROSIUS PETRA, Möglichkeiten und Grenzen der Gesundheitsförderung durch Functional Food, Statement aus Sicht der Ernährungsberatung, in: Gedrich Kurt/Karg Georg/Oltersdorf Ulrich (Hrsg.), Berichte der Bundesforschungsanstalt für Ernährung und Lebensmittel, Bd. 1, Functional Food – Forschung, Entwicklung und Verbraucherakzeptanz, S. 81

BARANDUN ANGELA, Actimel aktiviert vielleicht bald keine Abwehrkräfte mehr, Tagesanzeiger vom 17. Oktober 2009, Nr. 241, S. 1 (zit. BARANDUN, Actimel)

BARANDUN ANGELA, Die Werbebotschaft von Actimel ist in Frage gestellt, Tagesanzeiger vom 17. April 2010, Nr. 88, S. 51 (zit. BARANDUN, Werbebotschaft)

BARANDUN ANGELA, Die Werbeversprechen der Joghurt-Hersteller bröckeln, Tagesanzeiger vom 17. Oktober 2009, Nr. 241, S. 53 (zit. BARANDUN, Werbeversprechen)

BARANDUN ANGELA, Keine Werbung für Actimel, Tagesanzeiger vom 9. Juni 2010, Nr. 130, S. 33 (zit. BARANDUN, Werbung)

BARANDUN ANGELA, Nicht einmal die Erfinder dürfen für „gesundes Joghurt" werben, Tagesanzeiger vom 20. Oktober 2010, Nr. 244, S. 37 (zit. BARANDUN, Erfinder)

BAUDENBACHER CARL, Lauterkeitsrecht: Kommentar zum Gesetz gegen den unlauteren Wettbewerb (UWG), Basel/Genf/München 2001 (zit. BEARBEITER/-IN, Art. …, Rz. …)

BAUMGARTNER TOBIAS, Regelungsrahmen in der EG, in: Weber Rolf H./Klemm Urs/Baumgartner Tobias/Grolimund Nina/Trüten Dirk (Hrsg.), Lebensmittelrecht EG – Schweiz, Überblick und Entwicklung, Zürich 2006, S. 27–39

BERG ANTJE, Irreführung durch gesundheitsbezogene Angaben bei Lebensmitteln, unter besonderer Berücksichtigung der Health-Claims-Verordnung, Diss. Göttingen 2008

BIAGGINI GIOVANNI, Bundesverfassung der Schweizerischen Eidgenossenschaft und Auszüge aus der EMRK, den UNO-Pakten sowie dem BGG, Zürich 2007

BIESALSKI HANS KONRAD/GRIMM PETER, Taschenatlas der Ernährung, 4. Aufl., Stuttgart 2007

BIEBER ROLAND/EPINEY ASTRID/HAAG MARCEL, Die Europäische Union, Europarecht und Politik, in zwei Bd., 6. Aufl., Baden-Baden 2005

BILL ROLAND/KÜNSCH ULRICH, Lebensmitteltechnologie, Funktionelle Lebensmittel, Wädenswil 2000, S. 8–11

BRISEÑO CINTHIA, Probiotische Bakterien verkürzen Durchfall, Spiegel Online vom 11. November 2010 <http://www.spiegel.de/wissenschaft/ mensch/ 0,1518,676956,00.html> (besucht am: 20. März 2011)

BRISEÑO CINTHIA/LUBBADEH JENS, Heikle Lebensmittelwerbung, Glaub dich gesund!, Spiegel Online vom 12. Februar 2010 <http://www.spiegel.de/ wissenschaft/mensch/0,1518,676956,00.html> (besucht am: 18. März 2011)

BUND FÜR LEBENSMITTELRECHT UND LEBENSMITTELKUNDE, Functional Food – funktionelle Lebensmittel, Bonn 2009 <http://www.bll.de/ themen/anreicherung/informationsblatt-functional-food.pdf> (besucht am: 17. Januar 2010)

BUNDESAMT FÜR GESUNDHEIT, BAG in Kürze, Bern 2009 <http:// www.bag.admin.ch/org/index.html?lang=de> (besucht am: 10. April 2011) (zit. BAG, in Kürze)

BUNDESAMT FÜR GESUNDHEIT, Das schweizerische Gesundheitswesen, Aufbau, Leistungserbringer, Krankenversicherungsgesetz, Bern 2005 <http://www.bag.admin.ch/org/index.html?lang=de> (besucht am: 10. April 2011) (zit. BAG, Gesundheitswesen)

BUNDESAMT FÜR GESUNDHEIT, Unser Leitbild, Bern 2002 <http:// www.bag.admin.ch/org/index.html?lang=de> (besucht am: 9. Oktober 2009) (zit. BAG, Leitbild)

BUNDESINSTITUT FÜR RISIKOBEWERTUNG, BfR beantwortet Fragen des Ernährungsausschusses des Deutschen Bundestages zu Nährwertprofilen, Berlin 2010 <http://www.bfr.bund.de/cm/208/bfr_beantwortet_fragen_ des_ernaehrungsausschusses_des_deutschen_bundestages_zu_naehrwert profilen.pdf> (besucht am: 8. März 2011), S. 1–13 (zit. BFR, Ernährungsausschuss)

BUNDESINSTITUT FÜR RISIKOBEWERTUNG, Fragen und Antworten zu Nährwertprofilen und Health Claims, Berlin 2007 <http://www.bfr.bund.de/ cm/276/fragen_und_antworten_zu_naehrwertprofilen_und_health_claim s.pdf> (besucht am: 08. März 2011), S. 1–3 (zit. BFR, Nährwertprofile)

VON BÜREN BRUNO, Kommentar zum Wettbewerbsgesetz über den unlauteren Wettbewerb vom 30. September 1943, Zürich 1957

VON BÜREN ROLAND/DAVID LUCAS (Hrsg.), Schweizerisches Immatrialgüter- und Wettbewerbsrecht, Bd. 1. Allgemeiner Teil, Teilbd. 3. Lexikon des Immatrialgüterrechts, Basel 2005 (zit. DAVID, SIWR I/3)

DIESELBEN (Hrsg.), Schweizerisches Immatrialgüter- und Wettbewerbsrecht, Bd. 5. Wettbewerbsrecht, Teilbd. 1. Lauterkeitsrecht, 2. Aufl., Basel 1998 (zit. BEARBEITER, SIWR V/I)

CLOETTA BERNARD, Lebensmittel-Hygiene, unter Berücksichtigung des EU-Hygienerechts, in der Schweiz in Kraft seit dem 1. Januar 2007, Egg/Zürich 2008

CLOETTA BERNARD/VOGELSANGER WALTER, Hygiene, Lebensmittelgesetz, Lebensmittelkontrolle, Egg/Zürich 1996

DAVID LUCAS/JACOBS RETO, Schweizerisches Wettbewerbsrecht, 4. Aufl., Bern 2005

DAVID LUCAS/REUTTER MARK A., Schweizerisches Werberecht, 2. Aufl., Zürich 2001

DAVID LUCAS/SCHWENNINGER MARC/SENN MANUEL/THALMANN ANDRÉ, Werberecht, 2. Aufl., Zürich 2010 (zit. BEARBEITER, Werberecht)

DE VRESE MICHAEL/SCHREZENMEIR JÜRGEN, Probiotika – nur ein Werbegag?, in: Senat der Bundesforschungsanstalten im Geschäftsbereich des Bundesministeriums für Ernährung, Landwirtschaft und Verbraucherschutz (Hrsg.), FORSCHUNGSREPORT Ernährung – Landwirtschaft – Verbraucherschutz 1/2007 (Heft 35), Schwerpunkt: Funktionelle Lebensmittel, Braunschweig 2007, S. 4–7

DER BROCKHAUS, Ernährung, Gesund essen, bewusst leben, 3. Aufl., Mannheim/Leipzig 2008

DÖLL, MICHAELA, Das Antioxodantienwunder, 2. Aufl., München 2004

DUSTMANN HEIKO, Markterfolg mit Functional Food, Der schmale Grad auf dem Weg zum Top-Produkt, Frankfurt am Main 2006

EGGENBERGER STÖCKLI URSULA, Arzneimittel-Werbeverordnung, Verordnung vom 17. Oktober 2001 über die Arzneimittelwerbung (Arzneimittel-Werbeverordnung, AWV), Bern 2006 (zit. EGGENBERGER STÖCKLI, Arzneimittel-Werbeverordnung)

EGGENBERGER STÖCKLI URSULA, Werbung für Heilmittel, in: Poledna Tomas (Hrsg.), Gesundheit und Werbung, Zürich 2005, S. 61–86 (zit. EGGEN-BERGER STÖCKLI, Heilmittel)

EGGMANN CHRISTOPH/GERST ANDREA/MONTAGNANI MARIO, Private Banking Investment Research, Wellness: ein gesundes Investment, herausgegeben von der Bank Julius Bär & Co. AG, Zürich 2006

EHRENZELLER BERNHARD/MASTRONARDI PHILIPPE/SCHWEIZER RAINER J./VALLENDER KLAUS A. (Hrsg.), Die schweizerische Bundesverfassung, Kommentar, 2. Aufl., 2 Bände, Zürich/St. Gallen/Basel/Genf 2008 (zit. BEARBEITER, SG-Komm BV, N ... zu Art. ... BV)

ENCHELMAIER STEFAN, Europäisches Wirtschaftsrecht, Stuttgart 2005

EPINEY ASTRID/MEIER ANNEKATHRIN/MOSTERS ROBERT, Europarecht in zwei Bd., Die Grundfreiheiten des EG-Vertrages, Bern 2004

ETTER ROLF, Gesundheitliche Anpreisungen – Erfahrungen der Lebensmittelkontrolle, Unterlagen zum Referat an der Zürcher Hochschule für Angewandte Wissenschaften, Institut für Lebensmittel- und Getränkeinnovationen, Wädenswil 2008

EUROPÄISCHES VERBRAUCHERZENTRUM, „Funktionelle" Lebensmittel, Lebensmittel mit gesundheitlichem Zusatznutzen? Kiel 2010 <http://www.evz.de/UNIQ126341494511061/doc924A.html> (besucht am: 13. Januar 2010)

EXL-PREYSCH BIANCA-MARIA, Möglichkeiten und Grenzen der Gesundheitsförderung durch Functional Food, Statement aus Sicht der Lebensmittelindustrie, in: Gedrich Kurt/Karg Georg/Oltersdorf Ulrich (Hrsg.), Berichte der Bundesforschungsanstalt für Ernährung und Lebensmittel, Bd. 1, Functional Food – Forschung, Entwicklung und Verbraucherakzeptanz, S. 82.

FIAL, Die Schweizer Nahrungsmittel-Industrie im Jahr 2009, Bern 2010 <http://www.fial.ch/de/statistics/fial_stats_09_de.pdf> (besucht am: 27. Dezember 2010) (zit. FIAL, 2009)

FIAL, Positionspapier der Nahrungsmittel-Industrie zum Lebensmittelrecht und dessen Vollzug, Bern 2004 (zit. FIAL, Positionspapier)

FRICK MARKUS R., Argument Gesundheit in der Werbung, in: Poledna Tomas (Hrsg.), Gesundheit und Werbung, Zürich 2005, S. 9–31 (zit. FRICK, Gesundheit)

FRICK MARKUS R., Werbung für Lebensmittel, in: Poledna Tomas/Arter Oliver/Gattiker Monika (Hrsg.), Lebensmittelrecht, Bern 2006, S. 245–271 (zit. FRICK, Lebensmittel)

GÄCHTER THOMAS/VOLLENWEIDER IRENE, Gesundheitsrecht, Ein Kurzlehrbuch, Basel 2008

GLAUS BRUNO, Medien-, Marketing- und Werberecht, das Handbuch für die professionelle Kommunikation, Rapperswil/Uznach 2004

GOLDBERG ISRAEL, Functional Foods: Designer Foods, Pharmafoods, Nutraceuticals, 2. Aufl., Gaithersburg, Maryland 1999

GONDER ULRIKE, Zwischen Küche und Apotheke: was ist dran an Funktional Foods?, <http://www.optipage.de/functional.html> (besucht am: 13. Januar 2010)

HÄFELIN ULRICH/HALLER WALTER/KELLER HELEN, Schweizerisches Bundesstaatsrecht, 7. Aufl., Zürich/Basel/Genf 2008

HÄFELIN ULRICH/MÜLLER GEORG/UHLMANN FELIX, Verwaltungsrecht, 5. Aufl., Zürich/Basel/Genf 2006

HEER GRET, Nestlé: Kampf im Kühlregal, Handelszeitung vom 9. Februar 2011, Nr. 49, S. 13

HERDEN BIRGIT, Essen aus dem Labor, ZEIT Wissen 1/2010, Hamburg 2009, <http://www.zeit.de/zeit-wissen/2010/01/Ernaehrung-Functional-Food> (besucht am: 21. Januar 2010), S. 1–7

HOFFMANN BIRGIT, Wachstumschancen für funktionelle Lebensmittel: Was die Deutschen für Gesundheitsprodukte zahlen <http://www.seismoblog.de/2008/02/19/wachstumschancen-fuer-funktionelle-lebensmittel-was-die-deutschen-fuer-gesundheitsprodukte-zahlen/> (besucht am: 27. Juni 2011)

HOLLE MARTIN, Health Claims – kompakt, Die europäischen Regeln für die Lebensmittelwerbung, Köln/Berlin/München 2008

JAAG TOBIAS, Verwaltungsrecht des Kantons Zürich, Ein Überblick, 2. Aufl., Zürich 1999

KELLER PETER, Skeptische Schweizer Kunden, NZZ am Sonntag vom 4. November 2007, Nr. 44, S. 37 ff.

KETTIGER DANIEL, Das Verhältnis des europäischen Gemeinschaftsrechts zum schweizerischen Recht, in: ius.full Nr. 6/07, S. 206–215

KLEMM URS, Regelungsrahmen in der Schweiz, in: Weber Rolf H./Klemm Urs/Baumgartner Tobias/Grolimund Nina/Trüten Dirk (Hrsg.), Lebensmittelrecht EG – Schweiz, Überblick und Entwicklung, Zürich 2006, S. 87–103

KNAAK ROLAND/RITSCHER MICHAEL, Das Recht der Werbung in der Schweiz, aus: Recht der Werbung in Europa, Länderteil „Schweiz", 2. Aufl., Basel/Frankfurt am Main 1996

KÖNIG HARTMUT, Verbraucherschutz und Verbrauchereinstellung heute, in: Gedrich Kurt/Karg Georg/Oltersdorf Ulrich (Hrsg.), Berichte der Bundesforschungsanstalt für Ernährung und Lebensmittel, Bd. 1, Functional Food – Forschung, Entwicklung und Verbraucherakzeptanz, S. 20–35

KPMG LEGAL, Die unternehmensinterne Rechtsabteilung im Wandel, Zürich 2005

KRAMER ERNST A., Juristische Methodenlehre, 3. Aufl., Bern 2010

KRAUSSE URSULA, Health Food Trends, Entstehung, Hintergründe, Strategien, Saarbrücken 2007

KUTSCH THOMAS, Schwerpunkt Nahrung und Kultur, in: aid special, Zwischen Öko-Kost und Designer Food: Ernährung im 21. Jahrhundert. Tagungsband zum 2. aid-Forum am 1. Juni 1999, Wissenschaftszentrum Bonn, Bonn 1999, S. 14–18

MATIASKE BÄRBEL, Die Entwicklung funktioneller Lebensmittel in Japan, Deutschland und den USA, in: Gedrich Kurt/Karg Georg/Oltersdorf Ulrich (Hrsg.), Berichte der Bundesforschungsanstalt für Ernährung und Lebensmittel, Bd. 1, Functional Food – Forschung, Entwicklung und Verbraucherakzeptanz, S. 9–16

MEATNMORE.INFO, Infodienst Ernährung, Trendbericht Funktionelle Lebensmittel Anuga FoodTec 2009, Köln 2009 <http://www.meat-n-more.info/Technik/2009/03/09/2716_Trendbericht_Funktionelle_Lebens mittel.php> (besucht am: 22. September 2009)

MEISTERERNST ANDREAS/HABER BERND (Hrsg.), Health & Nutrition Claims, Commentary on the EU Health Claims Regulation, Berlin 2010

MENRAD KLAUS, Die Zukunft von Functional Food aus der Perspektive der Wissenschaft, in: Gedrich Kurt/Karg Georg/Oltersdorf Ulrich (Hrsg.), Berichte der Bundesforschungsanstalt für Ernährung und Lebensmittel, Bd. 1, Functional Food – Forschung, Entwicklung und Verbraucherakzeptanz, S. 53–81 (zit. MENRAD, Zukunft)

DERSELBE, Market and marketing of functional food in Europe, in: Journal of Food Engineering 56/2003, S. 181–188 (zit. MENRAD, Market and marketing)

MENRAD KLAUS/REISS THOMAS/HÜSING BÄRBEL/MENRAD MARTINA(BEER-BORST SIGRID/ZENGER CHRISTOPH ANDREAS, Zentrum für Technologiefolgen-Abschätzung beim Schweizerischen Wissenschafts- und Technologierat, Technology Assessment Functional Food, Karlsruhe 2000 (zit. MENRAD ET AL.)

VAN DER MEULEN BERND/VAN DER VELDE MENNO, European food Law Handbook, Wageningen 2009

MEYER FLORIAN, Health Claims in Europa und den USA, Eine rechtsvergleichende Untersuchung gesundheitsbezogener Werbeaussagen für Lebensmittel, Diss. Jena 2007

MICHEL-DREES ANGELIKA, Statement aus Sicht der Verbraucherverbände, in: Gedrich Kurt/Karg Georg/Oltersdorf Ulrich (Hrsg.), Berichte der Bundesforschungsanstalt für Ernährung und Lebensmittel, Bd. 1, Functional Food – Forschung, Entwicklung und Verbraucherakzeptanz, S. 84 f.

NELLEN-REGLI ELISABETH, Nährwert- und gesundheitsbezogene Angaben – Was ändert sich in der Schweiz ab dem 1. April 2008 konkret? Unterlagen zum Referat an der Zürcher Hochschule für Angewandte Wissenschaften, Institut für Lebensmittel- und Getränkeinnovationen, Wädenswil 2008 (zit. NELLEN-REGLI, Angaben)

DIESELBE, Wie wurde die Verordnung (EG) 1924/2006 im Schweizer Lebensmittelrecht abgebildet? Unterlagen zum Referat an der Zürcher Hochschule für Angewandte Wissenschaften, Institut für Lebensmittel- und Getränkeinnovationen, Wädenswil 2008 (zit. NELLEN-REGLI, Schweizer Lebensmittelrecht)

NIGGLI MARCEL ALEXANDER/UEBERSAX PETER/WIPRÄCHTIGER HANS (Hrsg.), Basler Kommentar zum Bundesgerichtsgesetz, Basel 2007 (zit. BEARBEITER, BaKomm, N ... zu Art. ... BGG)

NOBEL PETER/WEBER ROLF H., Medienrecht, 3. Aufl., Bern 2007

PEDRAZZINI MARIO M./PEDRAZZINI FEDERICO A., Unlauterer Wettbewerb – UWG, 2. Aufl., Bern 2001

POLEDNA TOMAS (Hrsg.), Gesundheit und Werbung, Zürich 2005

POLEDNA TOMAS/BERGER BRIGITTE, Öffentliches Gesundheitsrecht, Bern 2002

POLEDNA TOMAS/KIESER UELI, Schweizerisches Bundesverwaltungsrecht, Band VIII, Gesundheitsrecht, Basel 2005

PUGATSCH SIGMUND, Werberecht für die Praxis, 3. Aufl., Zürich 2007

REMPE CHRISTINA, Verbraucherschutz durch die Health-Claims-Verordnung, Diss. Baden-Baden 2009

RHINOW RENÉ, Die Bundesverfassung 2000, Eine Einführung, Basel 2000

RICHLI PAUL, Bundesgericht, II. öffentlich-rechtliche Abteilung, 22.1.2001, Eidgenössisches Departement des Innern gegen Genossenschaftsverband Schweizer Milchproduzenten und Konsorten (BGE 127 II 91, „Kuh-Lovely-Webung"), Verwaltungsgerichtsbeschwerde, Bemerkungen von Prof. Dr. iur. Paul Richli, in: AJP 2001, S. 1461–1464 (zit. RICHLI, Bundesgericht)

RICHLI PAUL, Grundriss des schweizerischen Wirtschaftsverfassungsrechts, Bern 2007 (zit. RICHLI, Wirtschaftsverfassungsrecht)

ROBEFROID MARCEL B., Prebiotics and probiotics: are they functional foods?, San Diego/Brüssel 2000, S. 1682–1687

SABERSKY ANNETTE, Functional Food, 99 verblüffende Tatsachen, Lebensmittel oder Arznei?, Stuttgart 2008

SEILER HANSJÖRG, Einführung in das Recht, 3. Aufl., Zürich 2009

SCHLEIFER PETRA, Marketing für Functional Food, in: Gedrich Kurt/Karg Georg/Oltersdorf Ulrich (Hrsg.), Berichte der Bundesforschungsanstalt für Ernährung und Lebensmittel, Bd. 1, Functional Food – Forschung, Entwicklung und Verbraucherakzeptanz, S. 17 f.

SCHLIERF GÜNTER/GEISS RUTH-DORIS/VOGEL GABRIELE, Der Cholesterin-Ratgeber: Ursachen für erhöhte Blutfettspiegel, Mit richtiger Ernährung das Risiko senken, 3. Aufl., Stuttgart 1989

SCHNURR EVA-MARIA, Schönheit von Innen, ZEIT Wissen 1/2009, Hamburg 2009, <http://www.zeit.de/zeit-wissen/2009/01/Gesundheit-Schoenheit> (besucht am: 21. Januar 2010), S. 1–5

SCHOCH CLAUDIA, Bürokratie bei der Zulassung von Lebensmitteln, NZZ vom 14. September 2010, Nr. 213, S. 13 (zit. SCHOCH, Bürokratie)

SCHOCH CLAUDIA, Gesundes Essen bleibt Sache der Konsumenten, NZZ vom 14. September 2010, Nr. 213, S. 13 (zit. SCHOCH, Essen)

SCHOCH CLAUDIA, Kein Label auf Lebensmitteln, NZZ vom 14. September 2010, Nr. 213, S. 1 (zit. SCHOCH, Label)

SCHWEIGER GÜNTER/SCHRATTENECKER GERTRAUD, Werbung, Eine Einführung, 7. Aufl., Stuttgart 2009

SCHWEIZERISCHE LAUTERKEITSKOMMISSION, Grundsätze, Lauterkeit in der kommerziellen Kommunikation, April 2008

SIGRIST STEPHAN, GS-EDI, Zukunftsperspektiven des Gesundheitsmarkts-markts, Kostenfaktor und Wachstumschance, Bern 2006, <http:// www.thewire.ch/de/images/stories/publikationen/archiv/gesundheitsmar kt_d.pdf> (besucht am: 10. April 2011)

SIRÓ ISTVÁN/KÁPOLNA EMESE/KÁPOLNA BEÁTA/LUGASI ANDREA, Functional Food. Product development, marketing and consumer acceptance – A review, in: Appetite 51/2008, S. 456–467

STRAUB PHILIPP, Freiheit und gesetzliche Schranken in der Arztwerbung, in: Poledna Tomas (Hrsg.), Gesundheit und Werbung, Zürich 2005, S. 87– 107

STREINZ RUDOLF (Hrsg.), EUV/AEUV: Vertrag über die Europäische Union und Vertrag über die Arbeitsweise der Europäischen Union, 2. Aufl., München 2012 (zit. BEARBEITER, AEUV-Komm, N … zu Art. … EUV/AEUV)

TAISCH FRANCO, Legal Management – Thoughts on Approach and Function, in: Milestones in Management, Management & Law, S. 275–285

THE NIELSEN COMPANY GMBH, Detailhandel Schweiz exkl. Tessin, Umsatz- und Absatzzahlen von Joghurt und Margarine inkl. probiotischer Joghurts und Margarinen mit Gesundheitsnutzen, Root Längenbold 2009 (zit. THE NIELSEN COMPANY, Detailhandel Schweiz)

THE NIELSEN COMPANY GMBH, Functional & Organic Food Survey, Root Längenbold/Haarlem 2007 (zit. THE NIELSEN COMPANY, Survey)

THE NIELSEN COMPANY GMBH, Wie beliebt sind Functional Food und Bio-produkte?, Pressemitteilung vom 23. Januar 2008, Root Längenbold 2008, <http://ch.de.acnielsen.com/site/pr20080123.shtml> (besucht am: 1. Oktober 2009) (zit. THE NIELSEN COMPANY, Pressemitteilung)

TRÜTEN DIRK, Einfluss des EG-Lebensmittelrechts auf das schweizerische Recht, in: Weber Rolf H./Klemm Urs/Baumgartner Tobias/Grolimund Nina/Trüten Dirk (Hrsg.), Lebensmittelrecht EG – Schweiz, Überblick und Entwicklung, Zürich 2006, S. 105–125

TSCHANNEN PIERRE, Systeme des Allgemeinen Verwaltungsrechts, Bern 2008

UNILEVER SCHWEIZ GMBH, Ernährungsphysiologie der Fette, Thayngen 2005, <http://www.unilever.ch/Images/Ernaehrungsphysio_tcm66-12005 .pdf> (besucht am: 12. November 2009)

VONTOBEL, Research-Studie der Bank Vontobel: Zahlen zum Markt für Functional Food, basierend auf Leatherhead Foods, veröffentlicht im Cash vom 20. Oktober 2005, Zürich 2003

WAGNER PFEIFER BEATRICE, Grundzüge des Lebensmittelrechts, in: Poledna Tomas/Arter Oliver/Gattiker Monika (Hrsg.), Lebensmittelrecht, Bern 2006, S. 21–37

WEBER ROLF H., Bedeutung und Regelungsgegenstände des Lebensmittelrechts, in: Weber Rolf H./Klemm Urs/Baumgartner Tobias/Grolimund Nina/Trüten Dirk (Hrsg.), Lebensmittelrecht EG – Schweiz, Überblick und Entwicklung, Zürich 2006, S. 1–26

ZBINDEN NICOLAS, Die Zulassung von Novel Food nach Gemeinschaftsrecht und schweizerischem Recht, unter Berücksichtigung der Wettbewerbsproblematik bei erleichterter Folgeinverkehrbringung sowie des zivilrechtlichen Schutzes von Know-how des Erstantragstellers, Diss. Basel 2009

ZENTRUM FÜR TECHNOLOGIEFOLGEN-ABSCHÄTZUNG DES SCHWEIZERISCHEN WISSENSCHAFTS- UND TECHNOLOGIERATS, Technology Assessment: Functional Food, Kurzbericht TA37A/2000, Bern 2000

# Materialienverzeichnis

## I. Eidgenössische Materialien

### 1. Botschaften

Botschaft über eine neue Bundesverfassung vom 20. November 1996, BBl 1997 I 1–642 (zit. Botschaft BV)

Botschaft zu einem Bundesgesetz über Arzneimittel und Medizinprodukte (Heilmittelgesetz, HMG) vom 1. März 1999, BBl 1999 3453–3657 (zit. Botschaft HMG)

Botschaft zu einem Bundesgesetz über Lebensmittel und Gebrauchsgegenstände (Lebensmittelgesetz, LMG) vom 30. Januar 1989, BBl 1989 I 893–1002 (zit. Botschaft LMG)

Botschaft zu einem Bundesgesetz über die technischen Handelshemmnisse (THG) vom 15. Februar 1995, BBl 1995 II 521–641 (zit. Botschaft THG)

Botschaft zur Teilrevision des Bundesgesetzes über die technischen Handelshemmnisse vom 25. Juni 2008, BBl 2008 7275–7366 (zit. Botschaft Teilrevision THG)

### 2. Materialien aus dem Internet

BUNDESAMT FÜR GESUNDHEIT, Eröffnung des Vernehmlassungsverfahrens zur Revision des Lebensmittelgesetzes, Medieninformation, Bern 2009, <http://www.bag.admin.ch/dokumentation/medieninformationen/01148/01215/index.html?lang=de&msg-id=27824> (besucht am: 9. November 2009) (zit. BAG, Vernehmlassungsverfahren)

BUNDESAMT FÜR GESUNDHEIT, Functional Food, Bern 2009, <http://www.bag.admin.ch/themen/lebensmittel/04861/04965/index.html?lang=de> (besucht am: 17. Dezember 2009) (zit. BAG, Functional Food)

BUNDESAMT FÜR GESUNDHEIT, Merkblatt zur Registrierung eines Neuproduktes gemäss Art. 5 und 6 der Lebensmittel- und Gebrauchsgegenständedeverordnung (LGV), <http://www.bag.admin.ch/themen/lebensmittel/04858/04862/04876/index.html?lang=de#> (besucht am: 31. Dezember 2009) (zit. BAG, Merkblatt)

BUNDESAMT FÜR GESUNDHEIT, Schlussbericht NANUSS (NAtional NUtrition Survey Switzerland) Pilot: Ernährungsverhalten, Repräsentative telefonische Befragung während eines Jahres von 1500 Erwachsenen in der Deutschschweiz, der Westschweiz und dem Tessin vom 15. November 2008 bis 15. November 2009 <http://www.bag.admin.ch/themen/ ernährung/05190/05297/index.html?lang=de> (besucht am: 23. Dezember 2010) (zit. BAG, Schlussbericht)

BUNDESAMT FÜR GESUNDHEIT/SWISSMEDIC, Abgrenzungskriterien Arzneimittel – Lebensmittel bzw. Gebrauchsgegenstände, Bern 2009, <http://www.bag.admin.ch/themen/lebensmittel/04865/04896/index.html ?lang=de> (besucht am: 10. April 2010)

EIDGENÖSSISCHES DEPARTEMENT DES INNERN/BUNDESAMT FÜR GESUND-HEIT, Erläuternder Bericht zur Änderung des Bundesgesetzes über Lebensmittel und Gebrauchsgegenstände (Lebensmittelgesetz, LMG), Bern 2009, <http://www.bag.admin.ch/themen/lebensmittel/04865/05022/078 26/index.html?lang=de> (besucht am: 3. Februar 2011) (zit. EDI/BAG, Bericht)

EIDGENÖSSISCHES DEPARTEMENT DES INNERN/BUNDESAMT FÜR GESUND-HEIT, Erläuterungen 2010 zur Verordnung des EDI über die Kennzeichnung und Anpreisung von Lebensmitteln (LKV, SR 817.022.21), <http://www.bag.admin.ch/themen/lebensmittel/04865/05022> (besucht am: 2. Dezember 2010) (zit. EDI/BAG, Erläuterungen 2010)

EIDGENÖSSISCHES DEPARTEMENT DES INNERN/BUNDESAMT FÜR GESUND-HEIT, Erläuterungen 2011 zur Revision LKV (Health Claims) per 01. April 2010 Health Claims, Verlängerung der Übergangsfrist, <http://www.bag.admin.ch/themen/lebensmittel/04865/05022> (besucht am: 2. Dezember 2010) (zit. EDI/BAG, Erläuterungen 2011)

EIDGENÖSSISCHES DEPARTEMENT DES INNERN/BUNDESAMT FÜR GESUND-HEIT, Informationsschreiben Nr. 158: Kennzeichnung und Auslobung des Zusatzstoffes Steviol Glykoside, Bern 2010, <http://www.bag.admin.ch /themen/lebensmittel/04861/04972/index.html?lang=de#sprungmarke0_1 0> (besucht am: 7. Juli 2011) (zit. EDI/BAG, Steviol)

EIDGENÖSSISCHES DEPARTEMENT DES INNERN/BUNDESAMT FÜR GESUND-HEIT, Revision Lebensmittelrecht per 7. März 2008, Wichtigste Änderungen im Detail, Pressedokumentation, Bern 2008, <http://www. bag.admin.ch/themen/lebensmittel/04865/04896/index.html?lang=de> (besucht am: 10. April 2011) (zit. EDI/BAG, Revision)

EIDGENÖSSISCHES DEPARTEMENT DES INNERN/BUNDESAMT FÜR GESUND-
HEIT, Sonderregelung für die Anwendung des Cassis-de-Dijon-Prinzips
im Lebensmittelbereich, <http://www.bag.admin.ch/themen/lebensmittel/
10380/index.html?lang=de> (besucht am: 19. Dezember 2010) (zit. EDI/
BAG, Sonderregelung)

NELLEN-REGLI ELISABETH, „Health Claims": Nährwert- und gesundheitsbezogene Anpreisungen bei Lebensmitteln, Faktenblatt, Bern 2006,
<http://www.bag.admin.ch/themen/lebensmittel/04865/04896/index.html
?lang=de> (besucht am: 10. April 2011) (zit. NELLEN-REGLI, Health
Claims)

STAATSSEKRETARIAT FÜR WIRTSCHAFT/BUNDESAMT FÜR GESUNDHEIT, Erläuterungen zur Verordnung des Bundesrates über das Inverkehrbringen
von nach ausländischen technischen Vorschriften hergestellten Produkten und deren Überwachung auf dem Markt (Verordnung über das Inverkehrbringen von Produkten nach ausländischen Vorschriften, VIPaV),
Bern 2010, <http://www.bag.admin.ch/themen/lebensmittel/10380/index.
html?lang=de> (besucht am: 2. Mai 2011)

## II. Europäische Materialien

EUROPÄISCHE BEHÖRDE FÜR LEBENSMITTELSICHERHEIT, Gutachten des wissenschaftlichen Gremiums für diätetische Produkte, Ernährung und Allergien auf Ersuchen der Kommission bezüglich einer wissenschaftlichen
und technischen Anleitung zur Erstellung und Einreichung eines Antrags
auf Zulassung von gesundheitsbezogenen Angaben, Parma 2007,
<http://www.efsa.europa.eu/de/scdocs/doc/530.pdf>
(besucht am: 2. Mai 2011) (zit. EFSA, Gutachten)

EUROPÄISCHE BEHÖRDE FÜR LEBENSMITTELSICHERHEIT, Zusammenfassung
des Gutachtens des wissenschaftlichen Gremiums für diätetische Produkte, Ernährung und Allergien auf Ersuchen der Kommission bezüglich einer wissenschaftlichen und technischen Anleitung zur Erstellung und
Einreichung eines Antrags auf Zulassung von gesundheitsbezogenen
Angaben, Parma 2007, <http://www.efsa.europa.eu/de/scdocs/doc/
s530de.pdf> (besucht am: 2. Mai 2011) (zit. EFSA, Zusammenfassung)

# Einleitung

Die Ernährung hat eine zentrale Bedeutung im Bewusstsein des modernen 1
Menschen erhalten. Die Konsumentinnen und Konsumenten von heute inte-
ressieren sich zunehmend für eine gesunde Ernährungsweise.[1] Gesundheit
wird ganz grundsätzlich immer mehr zu einem Schlüsselwort und Modebeg-
riff des täglichen Lebens. Die volkswirtschaftliche Bedeutung des Gesundheitswesens nimmt ständig zu; Gesundheit wird allumfassend zu einem be-
gehrten Gut.[2]

Zwischen Ernährung und Gesundheit besteht dabei ohne Zweifel ein enger 2
Zusammenhang. Die zunehmend gesundheitsbewussten Konsumentinnen und
Konsumenten achten darauf, was sie einkaufen und was sie essen.[3]

Die Ernährungsindustrie hat das gesteigerte Gesundheitsbewusstsein der Be- 3
völkerung unlängst erkannt und setzt daher verstärkt auf Lebensmittel mit
einem gesundheitlichen Zusatznutzen. Spätestens seit probiotisch angereicherte Joghurts die Kühlregale erobert haben, wissen die Konsumentinnen
und Konsumenten aufgrund der begleitenden Produktinformationen, dass sich
in unserem Darm unzählige Bakterien tummeln. Immer mehr Lebensmittel,
wie z.B. Getränke oder Margarinen, verfügen über besondere, gesundheitsfördernde Eigenschaften.[4]

Die Bewerbung solcher Lebensmittel mit spektakulären Werbeaussagen ist 4
für die Lebensmittelherstellerinnen und -hersteller zu einer unabdingbaren
Voraussetzung zur Vermarktung ihrer Produkte geworden. In der Anpreisung
werden Angaben über die Zusammenhänge zwischen Lebensmitteln, Ernährung und Gesundheit gemacht. In diesem Sinne reizen die Hersteller die
Grenzen zulässiger Werbemöglichkeiten weitestgehend aus, um ihre neuartigen und mit grossem Aufwand entwickelten Produkte erfolgreich auf dem
Markt zu positionieren.[5]

Gesundheitsbezogene Produktinformationen sind dabei an sich durchaus im 5
Interesse der Konsumentinnen und Konsumenten und somit für die Produkt-
wahl und Kaufentscheidung wünschenswert und dienlich. Die Konsumentinnen und Konsumenten müssen aber zugleich vor Täuschung und Missbrauch
bzw. vor falschen und irreführenden Werbeversprechungen, die mit diesen

---

[1]   Vgl. DUSTMANN, S. 27; MEYER, S. 23; SIGRIST, F. 15.
[2]   Vgl. POLEDNA, S. 5; SIGRIST, F. 4 ff.
[3]   NELLEN-REGLI, Health Claims, S. 1.
[4]   Vgl. MEATNMORE.INFO, S. 1.
[5]   Vgl. REMPE, S. 46.

Produktinformationen einhergehen können, geschützt werden. Die gesundheitsbezogene Anpreisung von Lebensmitteln bewegt sich deshalb immer im Spannungsfeld zwischen gesundheitlichen und wirtschaftlichen Interessen.

6 Trotz der grossen praktischen Bedeutung des Lebensmittelrechts fehlt es aber bisher an einer rechtswissenschaftlichen Durchdringung dieser Materie.[6] Tatsächlich finden sich in der Schweiz bis zum Jahr 2011 praktisch keine Publikationen grundlegender Natur zum Lebensmittelrecht.

7 Insofern soll die vorliegende Arbeit einen wissenschaftlichen Beitrag dazu leisten, die Möglichkeiten, aber auch die Grenzen der zulässigen gesundheitsbezogenen Anpreisung von Lebensmitteln auszuloten und systematisch darzustellen. Ziel dieser Abhandlung ist es, einen umfassenden, rechtswissenschaftlich kohärenten Überblick über die Zulässigkeit von gesundheitsbezogener Werbung im Lebensmittelbereich zu bieten.

8 Daneben bestehen im Lebensmittelbereich auch seit jeher stark ausgeprägte internationale Harmonisierungsbemühungen bezüglich der Produkt- und Qualitätsstandards. Der Blick zu den wichtigsten Handelspartnern der Schweiz und der Einbezug der dortigen Regelungen und Praktiken sollen deshalb ebenfalls erfolgen. Es ist daher aus Sicht des Autors unverzichtbar, auch das massgebende EU-Recht heranzuziehen und darzulegen.

9 Die vorliegende Arbeit ist in vier Teile gegliedert, über deren zentrale Themenkomplexe an dieser Stelle eine Übersicht gegeben wird. Im ersten Teil werden die Grundlagen behandelt. Das erste Kapitel schafft einen Überblick über die Entwicklung des Marktsegments der gesundheitsfördernden Lebensmittel. Dies ermöglicht einen Rückschluss auf die ökonomische und rechtliche Bedeutung der Thematik. Zu diesem Zweck werden auch die beteiligten Interessengruppen, die sog. „Stakeholder", mit ihren jeweiligen Zielen und Absichten betrachtet. Im zweiten und dritten Kapitel werden die massgebenden Rechtsgrundlagen und die themenspezifischen Begriffe untersucht. Den Ausgangspunkt bildet dabei das Schweizer Recht; die EU-Rechtsquellen werden aber, soweit für die Erörterung und das Verständnis der Thematik notwendig, ebenfalls herangezogen.

---

[6] ROLF H. WEBER weist auch darauf hin, dass der Sammelband von POLEDNA/ ARTER/GATTIKER lediglich einige Vorträge einer Tagung zum Lebensmittelrecht kompiliere, ohne aber das Rechtsgebiet systematisch aufzuarbeiten. Bei seinem Beitrag zum „Herauskristallisieren einzelner Charakteristiken des Lebensmittelrechts" handle es sich lediglich um „einen zur Diskussion anregenden Versuch" (vgl. WEBER, S. 17).

2

Im zweiten Teil wird auf den Grundsatz des Täuschungsverbotes bei der An-  10
preisung von Lebensmitteln eingegangen. Es wird in diesem Kontext jeweils
zwischen lebensmittel- und lauterkeitsrechtlichen Grundsätzen nach Schweizer und EU-Recht unterschieden. Dieser Teil hat die Funktion eines Dreh-
und Angelpunkts: Einerseits nimmt er Bezug zu den Grundlagen und vertieft
deren Konsequenzen für das Lebensmittelrecht im Allgemeinen; andererseits
werden Grundsätze behandelt, die später für die Beurteilung der Zulässigkeit
von gesundheitsbezogener Lebensmittelwerbung von Bedeutung sind.

Der dritte Teil behandelt die Regulierung der gesundheitsbezogenen Anprei-  11
sung von Lebensmitteln. Aufgrund der Vorbildfunktion der europäischen
Health-Claims-Bestimmungen werden in den ersten beiden Kapiteln zunächst
die massgebenden EU-Vorschriften und dann die schweizerischen behandelt.
Das dritte Kapitel behandelt den Vollzug und den Rechtsschutz, und das vier-
te Kapitel widmet sich Fragen rund um das „Cassis-de-Dijon"-Prinzip im
Health-Claims-Bereich. Das fünfte Kapitel schliesslich befasst sich mit der
Frage der Verfassungsmässigkeit der aktuellen Health-Claims-Regulierung.

Im vierten Teil runden die Schlussfolgerungen und ein Ausblick die Arbeit  12
ab. Es soll darin herausgeleitet werden, ob die aktuelle Health-Claims-
Regulierung den Bedürfnissen und Anliegen der massgebenden Interessengruppen gerecht wird.

Um einen Überblick über die Thematik der vorliegenden Arbeit zu erhalten,  13
sei der Leserin und dem Leser deshalb empfohlen, zunächst diesen letzten
Teil zu lesen und sich dann – je nach Interesse – mit den einzelnen Themen
der vorhergehenden Teile und Kapitel vertiefend auseinanderzusetzen.

3

# 1. Teil: Grundlagen

## 1. Kapitel: Das Marktsegment der gesundheitsfördernden Lebensmittel

### I. Vorbemerkungen

Studien des BAG schätzen, dass rund ein Drittel der Schweizerinnen und  14
Schweizer übergewichtig sind – Herr und Frau Schweizer essen im Durch-
schnitt zu unausgewogen und zu fett. Dem Salz sprechen sie ebenfalls reich-
lich zu; dafür sind sie mit Vitaminen und Zink eher unterversorgt. Insbesondere Frauen mangelt es ausserdem oft an Calcium und Eisen.[7] Dies bleibt
nicht ohne Auswirkungen auf die Gesundheit: Mehr als 60 % aller Sterbefälle
in der Schweiz sind auf ernährungsabhängige Krankheiten zurückzuführen.[8]

Dem steht überraschenderweise die Tatsache gegenüber, dass die Ernährung  15
in der Selbsteinschätzung der Schweizer Bevölkerung eine hohe Wichtigkeit
geniesst.[9] Speziell angereicherte Nahrungsmittel, die ernährungsphysiologisch auf die besonders häufig vorkommenden Leiden abgestimmt sind,
könnten somit dazu beitragen, das allgemeine Wohlbefinden weiter zu erhöhen und die rasch ansteigenden Gesundheitskosten zu dämpfen.[10]

Gleichzeitig ist auf den Lebensmittelmärkten mittlerweile ein Sättigungs-  16
punkt erreicht. Der Nahrungsmittelmarkt wächst jährlich um lediglich 2–
3 %.[11] Die Schaffung neuer Absatzmöglichkeiten gewinnt daher immer grössere Bedeutung.[12] Viele Nahrungsmittelkonzerne positionieren sich entsprechend, um vom über dem Sektorendurchschnitt liegenden Wachstum und den
hohen Margen der gesundheitsfördernden Lebensmittel zu profitieren. Beim

---

[7]   Vgl. BAG, in Kürze, S. 4; BAG, Schlussbericht, S. 12, 31 f. und 39 ff. Weltweit
      leiden heute rund eine Milliarde Menschen an Übergewicht. Davon sind etwa
      10 % fettleibig. In den USA waren 2003 gemäss Angaben der Weltgesundheits-
      organisation (WHO) über 30 % der Bevölkerung massiv übergewichtig
      (siehe EGGMANN/GERST/MONTAGNANI, S. 10).

[8]   Vgl. hierzu ausführlich MENRAD ET AL., S. 3 und 137 ff., ZENTRUM FÜR
      TECHNOLOGIEFOLGEN-ABSCHÄTZUNG, S. 3.

[9]   Vgl. BAG, Schlussbericht, S. 10 f. und 39.

[10]  Vgl. EGGMANN/GERST/MONTAGNANI, S. 17; BAG, in Kürze, S. 4; ZENTRUM FÜR
      TECHNOLOGIEFOLGEN-ABSCHÄTZUNG, S. 3.

[11]  EGGMANN/GERST/MONTAGNANI, S. 17; KELLER, S. 1.

[12]  Vgl. REMPE, S. 45.

5

stagnierenden Absatz von Lebensmitteln möchten sie mit neuen Produkten zusätzliche Marktanteile erobern.[13]

17   Dieses Kapitel liefert einen Überblick über die Entwicklung des Marktsegments der gesundheitsfördernden Lebensmittel. Dies mit dem Ziel, einen Rückschluss auf die Bedeutung und die Tragweite der Thematik zu gewährleisten. Zu diesem Zweck wird der betreffende Markt nach ökonomischen Gesichtspunkten analysiert; es werden die Ausgangssituation im Lebensmittelmarkt und die bisherige Situation am Markt für gesundheitsfördernde Lebensmittel dargestellt. Hierzu werden Marktdaten und Statistiken sowie die globalen Markteinflüsse, bestimmenden Trends und Kaufmotive der Konsumentinnen und Konsumenten herangeführt und ausgewertet. Es werden auch die massgebenden Interessengruppen, die einen Einfluss auf das Marktsegment ausüben, vorgestellt. Dazu gehören insbesondere die Nahrungsmittelindustrie, die Konsumentinnen und Konsumenten sowie die staatliche Verwaltung.

## II.   Entwicklung des Marktsegments

## A.   Ausgangssituation im Lebensmittelmarkt

18   Seit etwa zwei Jahrzehnten zeichnen sich deutliche Veränderungen sowohl beim Nahrungsmittelangebot als auch bei der Nachfrage nach Lebensmitteln ab.[14] Bezüglich der Nachfrageseite zeigen empirische Untersuchungen, dass diese Veränderungen auf demografische Trends, ein ausdifferenziertes Verbraucher- und Konsumverhalten sowie auf eine positive Einkommensentwicklung zurückzuführen sind.[15] Grundnahrungsmittel sind im Pro-Kopf-Verbrauch stark zurückgegangen. Die heutigen Konsumentinnen und Konsumenten wünschen ein vielfältiges Nahrungsmittelangebot, das den Ernährungstrends Genuss, Gesundheit, Convenience, Ökologie, Sicherheit, Internationalität und Lifestyle gerecht wird.[16]

---

[13]   Vgl. EGGMANN/GERST/MONTAGNANI, S. 17; MENRAD ET AL., S. 211, 223 und 231; ZENTRUM FÜR TECHNOLOGIEFOLGEN-ABSCHÄTZUNG, S. 1.

[14]   DUSTMANN, S. 27; vgl. auch MENRAD, Market and marketing, S. 184.

[15]   Vgl. KUTSCH, S. 14 ff.; EGGMANN/GERST/MONTAGNANI, S. 4 ff.; MENRAD, Market and marketing, S. 185.

[16]   Siehe zu den Bedürfnissen der Konsumentinnen und Konsumenten ausführlich unten Rz. 41 ff.

Die veränderten Bedürfnisse auf Konsumentenseite haben einen direkten 19 Einfluss auf die Angebotsseite. Die Lebensmittelherstellerinnen und -hersteller beginnen ihrerseits damit, entsprechend angepasste neue Produkte herzustellen.[17]

Darüber hinaus sind für die Anbieterinnen und Anbieter, unabhängig von den 20 Entwicklungen der Verbraucherseite, noch weitere Anreize für neue Produktentwicklungen gegeben. Neuartige Lebensmittel entstehen insbesondere aufgrund der sich ändernden makroökonomischen Rahmenbedingungen; so namentlich aufgrund der Schaffung und Erweiterung des EU-Binnenmarktes und des damit verbundenen steigenden Einflusses der EU sowie aufgrund der zunehmenden Globalisierung der Weltmärkte. DUSTMANN zufolge sind auch der technische Fortschritt, die generelle Sättigung der Absatzmärkte in Verbindung mit teilweise erheblichen Überkapazitäten in der Lebensmittelbranche sowie die steigende Verhandlungsmacht des Lebensmittelhandels und nicht zuletzt der Verdrängungswettbewerb in der Ernährungsindustrie für die Weiterentwicklung des Lebensmittelangebots verantwortlich.[18]

Für die Nahrungsmittelindustrie steht dabei viel auf dem Spiel: Angesichts 21 des stagnierenden Absatzes von Lebensmitteln sind die Nahrungsmittelkonzerne gezwungen, mit neuen Produkten zusätzliche Marktanteile zu erobern.[19] Die Schaffung neuer Absatzmöglichkeiten gewinnt deshalb immer grössere Bedeutung.

Die Marktsättigung hat zudem dazu geführt, dass seit Jahren eine ständige 22 Verkürzung der Angebotszyklen der neu auf den Markt gebrachten Produkte stattfindet. Eine hohe Rate an fehlgeschlagenen Produkteinführungen ist die unvermeidliche Folge. Gemäss Expertenschätzungen werden rund drei von vier neu lancierten Lebensmittelprodukten nach den ersten beiden Jahren wieder aus dem Handel genommen.[20] Nahrungsmittelherstellerinnen und -hersteller sehen sich deshalb dazu gezwungen, in immer kürzeren Zeitabständen neue, möglichst innovative Produkte auf den Markt zu bringen. Verheissungsvolle Neuheiten sind ihnen dabei äusserst willkommen.[21]

---

[17]  Vgl. ausführlich DUSTMANN, S. 27; EGGMANN/GERST/MONTAGNANI, S. 7; KELLER, F. 12.; REMPE, S. 46.

[18]  Vgl. DUSTMANN, S. 27.

[19]  Vgl. EGGMANN/GERST/MONTAGNANI, S. 17; KELLER, S. 1; MENRAD ET AL., S. 211, 223 und 231; ZENTRUM FÜR TECHNOLOGIEFOLGEN-ABSCHÄTZUNG, S. 1.

[20]  MENRAD, Market and marketing, S. 185; siehe zu den sog. „Product failures" auch unten Rz. 40.

[21]  DUSTMANN, S. 28.

23 Die hohe Rate an fehlgeschlagenen Produkteinführungen trägt auch dazu bei, dass sich Unternehmen intensiver als bisher mit Produktentwicklungen beschäftigen müssen. Die Neuentwicklungen der letzten Jahre zeigen, dass Produktinnovationen zunehmend an kostenintensive Prozessoptimierungen gebunden sind. Die Markteinführung von neuartigen, innovativen Lebensmitteln ist dabei mit einem äusserst aufwendigen Wertschöpfungsprozess verbunden und insofern den über genügend finanzielle Mittel verfügenden Unternehmen vorbehalten. Gerade für die kleinen Produzentinnen und Produzenten von Esswaren sind die Aussichten somit sehr beschränkt, sich im Markt neuartiger Produkte etablieren zu können. Hierzu notwendig sind grosse Produktionskapazitäten und das entsprechende Know-how, um eigene Forschungs- und Entwicklungsaktivitäten voranzutreiben. Hinzu kommt die teure Markteinführung inklusive aufwendiger, fortlaufender Marketingmassnahmen.[22]

24 Der Lebensmittelmarkt befindet sich somit in einem Wandel. Einer Stagnation der Verkaufszahlen stehen neue Bedürfnisse der Konsumentinnen und Konsumenten sowie eine veränderte Situation auf der Anbieterseite gegenüber. Die Lebensmittelherstellerinnen und -hersteller haben diese Ausgangslage aber erkannt und versuchen, mit neuartigen und immer speziellere Bedürfnisse befriedigenden Lebensmittelprodukten zusätzliche Marktanteile zu gewinnen.

# B. Situation am Markt für gesundheitsfördernde Lebensmittel

## 1. Markt in Zahlen

25 Als Folge der soeben beschriebenen Situation im Lebensmittelmarkt sind seit Mitte der 90er-Jahre unzählige neue Produktkreationen auf den weltweiten Lebensmittelmärkten eingeführt worden. Dazu gehören insbesondere die gesundheitsfördernden Lebensmittel – auch „Functional Food" oder funktionelle Lebensmittel genannt.[23]

---

[22]  Vgl. DUSTMANN, S. 28.; MENRAD, Market and marketing, S. 184; ZENTRUM FÜR TECHNOLOGIEFOLGEN-ABSCHÄTZUNG, S. 7. Vgl. dazu auch die Anliegen der Nahrungsmittelindustrie unten Rz. 79 ff.

[23]  MENRAD, Market and marketing, S. 181; MENRAD, Zukunft, S. 53. Der Begriff der funktionellen Lebensmittel wird unten in Rz. 381 ff. und 457 ff. ausführlich erläutert.

In der Schweiz haben die Konsumentinnen und Konsumenten derzeit die 26 Wahl zwischen weit über 100 verschiedenen Produkten, die einen gesundheitlichen Zusatznutzen versprechen.[24] Der mit diesen Produkten erzielte Jahresumsatz dürfte aktuell bei ca. 450 Mio. Fr. liegen.[25] Nach einer Studie der AC Nielsen Company (Schweiz) GmbH wurden im Jahr 2009 alleine mit angereicherten Joghurts ca. 70 Mio. Fr. umgesetzt;[26] mit Margarinen mit Gesundheitsnutzen ca. 20 Mio. Fr.[27] Der Marktanteil der angereicherten Joghurts liegt in der Schweiz bei 16,5–18 % des gesamten Joghurtumsatzes.[28]

Weltweit betrug der Umsatz der Lebensmittelkonzerne in den Jahren 2008 27 und 2009 im Bereich der angereicherten Lebensmittel je nach Berechnungs- und Eingrenzungsweise zwischen 60[29] und 100[30] Mrd. US-Dollar.

Der Markt für gesundheitsfördernde Lebensmittel wächst dabei mit einem 28 jährlichen Umsatzplus von ca. 10 % deutlich schneller als die gesamte Nahrungsmittelbranche, die lediglich um 2–3 % zulegt.[31] Gewisse Expertenmeinungen gehen sogar von einem Wachstumspotenzial von 20 % pro Jahr aus.[32]

Gemäss der Research-Studie der Bank Julius Bär eröffnen die neuartigen 29 gesundheitsfördernden Lebensmittel den Lebensmittelherstellerinnen und -herstellern „beträchtliche Wachstumschancen".[33] Der Nestlé-Konzern erwirtschafte damit einen jährlichen weltweiten Umsatz zwischen 4 und 5 Mrd. Fr. und wuchs in diesem Bereich zweistellig. Die Lebensmittelproduzentinnen und -produzenten würden sich generell von den neuen Produkten höhere Margen als von den gewöhnlichen Nahrungsmitteln versprechen.[34]

---

[24]  Vgl. MENRAD ET AL., S. 176; ZENTRUM FÜR TECHNOLOGIEFOLGEN-ABSCHÄTZUNG, S. 7.

[25]  Vgl. die Zahlen bei SIGRIST, F. 15.

[26]  Dies entspricht einer Menge von ca. 12 Tonnen Joghurt.

[27]  Dies entspricht einer Menge von ca. 1,5 Tonnen Margarine.

[28]  HEER, S. 13.

[29]  Schätzung der Bank VONTOBEL, basierend auf Zahlen von Leatherhead Foods, veröffentlicht im Cash vom 20. Oktober 2005; vgl. auch MATIASKE, S. 10.; SIRÓ/KÁPOLNA/KÁPOLNA/LUGASI, S. 458, die von ähnlichen Umsatzzahlen ausgehen. SIGRIST geht in seiner Wachstumsstudie zum Gesundheitsmarkt von einem Weltmarktvolumen von 20–70 Mrd. Euro aus (SIGRIST, F. 15).

[30]  Vgl. KELLER, S. 1, der von einem äusserst umfassenden Begriff der funktionellen Lebensmittel ausgeht.

[31]  EGGMANN/GERST/MONTAGNANI, S. 17; KELLER, S. 1.

[32]  Vgl. MEATNMORE.INFO, S. 3, mit Bezug auf den deutschen Lebensmittelmarkt.

[33]  EGGMANN/GERST/MONTAGNANI, S. 17.

[34]  Vgl. so auch KELLER, S. 1. Für Joghurts mit Gesundheitsversprechen zahlen die Konsumentinnen und Konsumenten beispielsweise bis zu 50 % mehr als für ge-

30 Auch der französische Konzern Danone fokussiert seine Strategie auf wachstumsstarke Produktkategorien wie gesundheitlich angereicherte Lebensmittel. Allein mit zwei Produkten (Actimel und Activia) wird ein weltweiter Umsatz von umgerechnet ca. 6 Mrd. Fr. erreicht.[35]

31 Insgesamt dürfte der Marktanteil in Europa, inklusive der Schweiz, aktuell noch bei etwa 1 % des gesamten Lebensmittelmarktes liegen.[36] Lebensmittel mit einem gesundheitlichen Zusatznutzen sind somit noch immer eine relativ kleine Nische, die jedoch sehr ausbaufähig ist.[37]

## 2. Markteinfluss in U.S.A., Japan und Westeuropa

32 Der weltweite Markt für Lebensmittel mit gesundheitlichem Zusatznutzen teilt sich v.a. auf Japan, die USA und Westeuropa auf.[38] Nur ein kleiner Anteil entfällt auf weitere Länder.[39]

33 Die USA stellen mit einem Marktanteil von 50 % der weltweit verkauften gesundheitsfördernden Lebensmittel den grössten und zugleich dynamischsten Markt dar.[40] Förderliche Faktoren für diese Absatzentwicklung waren

---

wöhnliche Joghurts (vgl. BARANDUN, Actimel, S. 1). Die Handelszeitung geht für das Geschäft mit gesundheitsfördernden Lebensmitteln generell von Margen von „20 % und mehr" aus (HEER, S. 13). Siehe zum Preis-/Leistungsverhältnis bei gesundheitsfördernden Lebensmittel unten Rz. 60 ff.

[35] Gemäss Schätzung der Bank VONTOBEL, basierend auf Zahlen von Leatherhead Foods, veröffentlicht im Cash vom 20. Oktober 2005; KELLER, S. 2. Im Jahr 2009 erzielte Actimel 1,2 Mrd. Euro Umsatz, Activia gar 2,6 Mrd. Zusammen macht dies einen Viertel des Konzernumsatzes aus. Gemäss BARANDUN sind Activia und Actimel regelrechte „Blockbuster" für Danone (vgl. BARANDUN, Actimel, S. 1).

[36] MENRAD, Zukunft, S. 55; SIRÓ/KÁPOLNA/KÁPOLNA/LUGASI, S. 458. Siehe zum Marktanteil in Europa auch unten Rz. 36 f.

[37] HOFFMANN, S.1.

[38] DUSTMANN, S. 62; MATIASKE, S. 10; MENRAD, Market and marketing, S. 181.

[39] SIRÓ/KÁPOLNA/KÁPOLNA/LUGASI, S. 458, mit Hinweis auf die neuen Märkte Ungarn, Polen und Russland. Obschon diese Märkte immer noch unterentwickelt seien, wären in den letzten Jahren immer mehr neue Produkte eingeführt worden. Die Nachfrage nach gesundheitlich angereicherten Lebensmitteln sei beträchtlich; insbesondere bei den gut situierten Gesellschaftsschichten. Der Umsatz auf dem russischen Markt wurde im Jahre 2004 auf 75 Mio. US-Dollar geschätzt. Gemäss SIRÓ/KÁPOLNA/KÁPOLNA/LUGASI wird ein jährliches Umsatzwachstum von ca. 20 % erwartet.

[40] MENRAD, Market and marketing, S. 181; SIRÓ/KÁPOLNA/KÁPOLNA/LUGASI, S. 458.

sicherlich die anfangs relativ schwachen rechtlichen Vorgaben für das Bewerben von gesundheitlich angereicherten Lebensmitteln[41] sowie der Umstand, dass die USA einen äusserst umfassenden Begriff der funktionellen Lebensmittel kennen. Gemäss Erhebungen vom Informationsanbieter Datamonitor dürfte der US-Absatzmarkt im Jahre 2009 ca. 25 Mrd. US-Dollar betragen haben. Der Marktanteil entspricht damit etwa 4–6 % des gesamten US-Lebensmittelmarktes.[42]

**Japan** ist das Ursprungsland der angereicherten Lebensmittel, entsprechend    34
gross ist der betreffende Markt. Insgesamt wurden zwischen 1988 und 1998 mehr als 1'700 Produkte lanciert, diese erzeugten einen Umsatz von umgerechnet 14 Mrd. US-Dollar.[43] Japan begann als erstes Land, fokussiert Lebensmittel mit spezifisch gesundheitlichem Zusatznutzen herzustellen und zu vermarkten. Das Unternehmen Yakult Honsha (gegründet 1955) spielte dabei eine massgebende Rolle, indem es begann, Produkte basierend auf dem probiotisch-laktischen Bakterium „Lactobacillus casei Shirota" herzustellen und in Form von fermentierten Milchdrinks (zu je 65 ml) zu verkaufen.

Im Jahre 1984 haben japanische Forscher zum ersten Mal Forschungsergeb-    35
nisse über das Zusammenwirken von Ernährung, Sinnesbefriedigung sowie Anreicherung und Regulierung von physiologischen Systemen veröffentlicht. 1991 führte das Gesundheitsministerium Bewilligungsvorschriften für die eigens dafür erschaffene Lebensmittelkategorie der spezifisch gesundheitsbezogenen Nahrungsmittel ein und nannte diese FOSHU („food for specified health uses"). Dazu gehörte auch die Normierung der entsprechenden gesundheitsbezogenen Anpreisungen (Health Claims). Im Februar des Jahres 2000 wurden bereits 174 FOSHU-Produkte mit einem Marktvolumen von umgerechnet ca. 2 Mrd. US-Dollar bewilligt.[44]

Der **europäische Markt** für Lebensmittel mit gesundheitlichem Zusatznutzen    36
wuchs in den Jahren 2003 bis 2006 von 8 Mrd. US-Dollar auf 15 Mrd. US-Dollar.[45] Insgesamt dürfte der Marktanteil in Europa bei 1 % des gesamten Lebensmittelmarktes liegen. Die meisten Marktuntersuchungen gehen allerdings davon aus, dass ein 5 %-Anteil die realistische Wachstumsgrenze bis

---

[41]  DUSTMANN, S. 62.
[42]  SIRÓ/KÁPOLNA/KÁPOLNA/LUGASI, S. 458
[43]  MENRAD, Market and marketing, S. 181; SIRÓ/KÁPOLNA/KÁPOLNA/LUGASI,
       S. 458.
[44]  Vgl. zum japanischen Markt MENRAD, Market and marketing, S. 181 f.;
       SIRÓ/KÁPOLNA/KÁPOLNA/LUGASI, S. 458.
[45]  SIRÓ/KÁPOLNA/KÁPOLNA/LUGASI, S. 458.

zum Jahre 2013 darstellen dürfte.[46] Innerhalb der EU sind Deutschland, Frankreich, Grossbritannien und die Niederlande die wertmässig grössten Märkte für gesundheitsförderliche Lebensmittel. Generell ist das Interesse der Konsumentinnen und Konsumenten in den zentral- und westeuropäischen und nördlichen Ländern höher als in den Mittelmeerstaaten.[47]

37 Gemäss dem Marktforschungsinstitut AC Nielsen Company ist der **deutsche Markt** mit 5.1 Mrd. Euro Umsatz im Jahr 2008 der grösste in Europa. Sein Wachstumspotenzial wird auf 20 % pro Jahr geschätzt. Gemäss DUSTMANN dürfte der Marktanteil bis zum Jahr 2011 ca. 4 % betragen.[48]

38 Die weltweiten Marktentwicklungen im Bereich der gesundheitsfördernden Lebensmittel machen auch vor der **Schweiz** nicht halt. Über die grossen Märkte USA und Japan sind die neuartigen und innovativen Lebensmittelprodukte zunächst in den v.a. west- und nordeuropäischen Mitgliedstaaten des EU-Binnenmarktes angekommen und danach schliesslich auch in der Schweiz. Gemäss einer im Jahre 2007 durchgeführten Studie der A.C. Nielsen Company gaben immerhin 47 % der Schweizerinnen und Schweizer an, regelmässig oder zumindest manchmal cholesterinreduzierende Öle und Margarinen zu kaufen. Im Falle von angereicherten Fruchtsäften (sog. „ACE-Säften") lagen die entsprechenden Zahlen der Befragten gar bei 53 %.[49]

39 Lebensmittel mit gesundheitsbezogenem Zusatznutzen haben über die letzten Jahre somit einen festen Platz im Produktangebot der weltweiten Lebensmittelmärkte erreicht. Aus ökonomischer Sicht handelt es sich um ein nach wie vor wachsendes Marktsegment.[50]

40 Trotz der Erfolge in der jüngsten Vergangenheit gibt es aber immer auch Produkte, die mangels ökonomischen Erfolgs kurze Zeit nach ihrer Markteinführung wieder vom Lebensmittelmarkt genommen werden. Die Rate an Flops, an sog. „Product failures", ist, wie bereits in Rz. 22 erwähnt, hoch.[51] Für die weltweite Lebensmittelindustrie bleibt dies jedoch ein weiterhin verheissungsvolles und umsatzstarkes Marktsegment, und dies obschon die Ent-

---

[46] MENRAD, Zukunft, S. 73.
[47] MENRAD, Zukunft, S. 55 f.; SIRÓ/KÁPOLNA/KÁPOLNA/LUGASI, S. 458.
[48] Vgl. DUSTMANN, S. 118; so auch MENRAD, Zukunft, S. 73.
[49] THE NIELSEN COMPANY, Survey, F. 14 und 22.
[50] Vgl. MATIASKE, S. 15.
[51] Ein prominentes Beispiel ist die Produktgruppe AVIVA, die im Jahre 1999 in diversen Ländern Europas durch Novartis lanciert wurde. Die AVIVA-Produkte haben die erwarteten Verkaufszahlen bei Weitem nicht erreicht und wurden innert Jahresfrist vom Markt genommen (vgl. MENRAD, Market and marketing, S. 185; SIRÓ/KÁPOLNA/KÁPOLNA/LUGASI, S. 458).

wicklungskosten im Vergleich zu herkömmlichen Lebensmitteln um ein Vielfaches höher liegen.[52]

## 3. Bestimmende Trends und Kaufmotive

### a) Komplexe Produktvorstellungen

Wie bereits im Zuge der Darstellung der Ausgangssituation im Lebens- 41
mittelmarkt beschrieben (vgl. oben Rz. 18), tritt die Nachfrageseite verstärkt
mit komplexen Produktvorstellungen an die Lebensmittelindustrie heran. Die
für das Marktsegment der gesundheitsfördernden Lebensmittel bestimmenden
Trends und Kaufmotive werden nun im Einzelnen erläutert:[53]

### b) Geschmack

Der Trend zu Genuss und der Wunsch nach Geschmackserlebnissen sind 42
generell wichtige Faktoren, welche die Nachfrage nach Lebensmitteln
bestimmen. Produkte, die den Verbraucherwünschen nach Geschmack und
Genuss nicht entsprechen, haben langfristig keine Überlebenschancen am
Markt. Neue Produkte werden von den Konsumentinnen und Konsumenten
zwar ausprobiert und gekauft, wenn diese jedoch nicht schmecken, werden
sie selbstredend nicht fertig gegessen und auch nicht wieder eingekauft.[54]

---

[52] Vgl. MATIASKE, S. 16.

[53] Die Übersicht orientiert sich an DUSTMANN, S. 36 ff. Mithilfe verschiedener
Untersuchungen, die sich mit aktuellen Konsumtrends beschäftigen (u.a. Ergebnissen von spezifischen Gruppendiskussionen und Antworten aus der sog. „Delphi"-Befragung), sowie mithilfe soziodemografischer Analysen können die in
diesem Abschnitt zusammengefasst aufgezählten und erläuterten Ernährungstrends herausgearbeitet werden. DUSTMANN analysiert zunächst allgemeine Lebensmitteltrends und geht dann spezifisch auf die Trends und Einflüsse im Bereich der Lebensmittel mit gesundheitsbezogenem Zusatznutzen ein. Als Basis
seiner Erhebungen und Interpretationen dienen ihm sowohl Verbrauchereinstellungen aus bisherigen (öffentlich zugänglichen) Analysen als auch solche auf
Basis eigener Untersuchungen. Gemäss MENRAD können die Erfolgsfaktoren für
die Distribution von gewöhnlichen Lebensmitteln durchaus auch analog für den
Vertrieb von gesundheitsfördernden Lebensmitteln herangezogen werden
(MENRAD, Market and marketing, S. 187).

[54] Vgl. DUSTMANN, S. 36 f., 41 und 48 ff.

43 Ein ansprechender Geschmack ist deshalb diversen Studien zufolge grundle-
gendes Entscheidungskriterium für den Kauf von Lebensmitteln.[55]

## c) Gesundheit

44 Das Bedürfnis, gesund zu leben und sich entsprechend zu ernähren, ist gerade
auch im Kontext der Verunsicherung über die gesundheitlichen Konsequenzen des Konsums von verunreinigten Lebensmitteln stark in den Fokus ge-
rückt.[56] Unter gesunder Ernährung werden heute v.a. eine abwechslungsreiche Mahlzeitengestaltung und eine ausgewogene Ernährungsweise verstanden.[57] Eine mangelhafte, übermässige oder unausgewogene Ernährung kann
andererseits zu Problemen wie z.B. Vitaminmangel, Übergewicht, Fettleibigkeit und zu damit verbundenen Krankheiten sowie zu psychologischen Störungen und Verhaltensproblemen führen.[58]

45 Heute weiss man, dass Fettleibigkeit u.a. auf einen Mangel an Bewegung und
den häufigen, übermässigen Konsum von Süssigkeiten und anderen Produkten wie Chips, kohlensäurehaltigen Süssgetränken oder Keksen zurückzuführen ist.[59] Die häufigsten gesundheitlichen Probleme, die Übergewicht mit sich
bringt, sind u.a. Glukoseintoleranz, Bluthochdruck, koronare Herzkrankheiten
und Asthma.[60]

46 Der Gesundheitstrend wird auch durch die demografische Entwicklung weiter
unterstützt. Senioren rücken als starke Konsumentengruppe immer mehr in
den Vordergrund.[61] Die Menschen werden weltweit immer älter, und die

---

[55] Vgl. DUSTMANN, S. 37, 41 und 48 ff.; SCHLEIFER, S. 17; ZENTRUM FÜR
TECHNOLOGIEFOLGEN-ABSCHÄTZUNG, S. 8.

[56] DUSTMANN, S. 37; SIGRIST, F. 15 und 18. Siehe zum Thema Risiko, Lebensmittel und Lebensmittelsicherheit auch BIESALSKI/GRIMM, S. 298 ff.

[57] Vgl. AMBROSIUS, S. 81; DER BROCKHAUS, S. 246; HOLLE, S. 18 f.; vgl. auch
BIESALSKI/GRIMM, S. 2.

[58] EGGMANN/GERST/MONTAGNANI, S. 10; siehe zum Thema Übergewicht und
Fettleibigkeit auch DER BROCKHAUS, S. 218 und 636 ff.

[59] Weltweit leiden heute rund eine Milliarde Menschen an Übergewicht. Davon
sind laut Experten etwa 10 % fettleibig. In den USA waren 2003 gemäss Angaben der Weltgesundheitsorganisation (WHO) über 30 % der Bevölkerung massiv
übergewichtig. Insbesondere unter Kindern wird Übergewicht zunehmend zum
Problem. Die WHO schätzt, dass in den USA rund 18 Millionen Kinder im Alter
von unter 5 Jahren bereits übergewichtig sind (vgl. auch EGGMANN/GERST/
MONTAGNANI, S. 10).

[60] EGGMANN/GERST/MONTAGNANI, S. 1; ZENTRUM FÜR TECHNOLOGIEFOLGEN-
ABSCHÄTZUNG, S. 3.

[61] Vgl. DUSTMANN, S. 37; MENRAD, Zukunft, S. 73.

Lebenserwartung steigt stetig an. Im Jahr 1900 lag die durchschnittliche Lebenserwartung noch bei weniger als 50 Jahren – bis Ende 2000 war sie um mehr als 60 % gestiegen. Setzt sich dieser Trend fort, wird die Lebenserwartung in den Industrieländern in Zukunft bei über 90 Jahren liegen.[62]

Gemäss EGGMANN/GERST/MONTAGNANI kann man davon ausgehen, dass die zunehmende Alterung der Bevölkerung einen entscheidenden Einfluss auf die Gesellschaft und die Wirtschaft haben dürfte. Die älter werdende sog. „Babyboomer-Generation" (also die Jahrgänge zwischen 1946 und 1964) und ihre steigende Lebenserwartung führen zu einer enormen demografischen Verschiebung, die manche als „Age Wave" bezeichnen. Die Babyboomer verfügen zudem über eine enorme Kaufkraft (von ca. 2 Billionen US-Dollar), was ca. 50 % der globalen Kaufkraft im Lebensmittelsektor entspricht.[63]   47

Die ersten Vertreter der „Babyboomer-Generation" werden dieses Jahr 70 Jahre alt. Ihre Bedürfnisse und Kaufgewohnheiten werden sich mit zunehmendem Alter unweigerlich verändern: So möchten sie ein jugendliches Aussehen bewahren und bei guter Gesundheit bleiben. Ihr Konsumverhalten wird sich weniger auf Güter und Dienstleistungen, sondern vermehrt auf Wellness, Wellbeing und einen gesunden Lebensstil konzentrieren.[64]   48

Die „Babyboomer" zeigen auch ein deutliches Interesse an Produkten und Dienstleistungen, die ihren Bedürfnissen im fortgeschrittenen Alter nachkommen und ihnen helfen, ein gesundes und ausgewogenes Leben zu führen.[65] Die bei Senioren darüber hinaus festgestellte Tendenz zur Selbstmedikation über eine entsprechende Nahrungswahl bietet eine Plattform für funktionelle, gesundheitsorientierte Produktentwicklungen.[66]   49

Für die erfolgreiche Positionierung von Lebensmitteln ist der Trend Gesundheit somit von zentraler Bedeutung.[67] Die aufgezeigten Verbraucherentwicklungen machen deutlich, dass das allgemeine Interesse an gesunder Ernäh-   50

---

[62]    EGGMANN/GERST/MONTAGNANI, S. 1

[63]    EGGMANN/GERST/MONTAGNANI, S. 9.

[64]    Vgl. HOFFMANN, S. 1; MENRAD, Market and marketing, S. 185; REMPE, S. 46.

[65]    So geben Personen, die über 70 Jahre alt sind, laut US-Statistikbehörde rund 15 % ihres Nettokommens nach Steuern für solche Produkte und Dienstleistungen aus, junge Menschen in den Zwanzigern indes nur 3 %. Und gemäss US Department of Health and Human Services sind über 50 % der Mitglieder von Fitnessclubs in den USA über 40 Jahre alt (EGGMANN/GERST/MONTAGNANI, S. 9).

[66]    DUSTMANN, S. 37.

[67]    Vgl. DUSTMANN, S. 40; SCHLEIFER, S. 17; ZENTRUM FÜR TECHNOLOGIEFOLGENABSCHÄTZUNG, S. 8.

rung grundlegend zugenommen hat.[68] Das zeigen auch die gestiegenen Verbrauchsmengen von Obst, Gemüse und Milchprodukten, aber auch der steigende Absatz aller Produkte, denen gesundheitliche Wirkungen zugesprochen werden.[69]

51 Lebensmittel mit gesundheitsförderndem Zusatznutzen bieten den Konsumentinnen und Konsumenten somit zusätzlich zu einer gesundheitsbewussten Lebensweise die Möglichkeit, etwas Gutes für die Gesundheit und das Wohlbefinden des Körpers zu tun.[70] Die Produkte dienen aber auch dem Ausgleich von Ernährungssünden. Denn obwohl Expertinnen und Experten als Ursachen ernährungsassoziierter Krankheiten primär Übergewicht, eine falsche Ernährungsweise sowie mangelnde Bewegung sehen, gestehen sich die Konsumentinnen und Konsumenten nur ungern eigenes Fehlverhalten ein.[71]

## d) Convenience

52 Gemäss SCHLEIFER zählt das Bedürfnis nach Convenience neben Genuss und Gesundheit zu den drei „Mega-Ernährungstrends".[72]

53 Die Zahl der Haushalte ist im Vergleich zur Entwicklung der Bevölkerungszahl gestiegen. Die durchschnittliche Haushaltsgrösse ist aber gesunken. Folglich gibt es auch vermehrt Single-Haushalte. Mit abnehmender Haushaltsgrösse sinkt die Zahl selbst zubereiteter Mahlzeiten und gleichzeitig steigt damit das Bedürfnis nach Convenience.[73] Des Weiteren nimmt die Inanspruchnahme zeitsparender Essmöglichkeiten mit der Zunahme des Anteils an höher qualifizierten berufstätigen Frauen zu. Ausser-Haus-Verzehr und der steigende Absatz von Convenience-Produkten sind die Folge.[74]

54 Eine aufwendige gesundheitsorientierte Nahrungszusammenstellung wird den Konsumentinnen und Konsumenten somit durch die Integration vieler Komponenten in einem Produkt abgenommen.[75] Insofern fühlen sich die moder-

---

68 Vgl. SIGRIST, F. 18.
69 KÖNIG, S. 35 und 48.
70 DUSTMANN, S. 42; MENRAD, Zukunft, S. 73 f.
71 DUSTMANN, S. 42 und 50; MENRAD, Zukunft, S. 74; REMPE, S. 46. Kritisch DER BROCKHAUS, S. 246.
72 SCHLEIFER, S. 17; vgl. auch MENRAD, Market and marketing, S. 186. Convenience bedeutet zu Deutsch Bequemlichkeit oder Komfort.
73 DUSTMANN, S. 37.
74 DUSTMANN, S. 37. Siehe zu den Convenience-Produkten ausführlich DER BROCKHAUS, S. 208 ff.
75 DUSTMANN, S. 40.

nen Verbraucherinnen und Verbraucher von Lebensmitteln mit breit gefächertem Zusatznutzen vermehrt angesprochen.

## e)     Lifestyle und unterschiedliche Zielgruppen

Tourismus in alle Welt sowie die Globalisierung bedingen eine erhöhte Vielfalt des Nahrungsmittelangebots auf dem heimischen Markt. Ausländische Kost oder sog. „Ethnic Food" gewinnt immer mehr an Bedeutung.[76] Die Schweiz nimmt dabei aufgrund ihrer geografischen Lage eine besondere Position ein. Die Inselstellung inmitten des umliegenden EU-Binnenmarktes ermöglicht es den Schweizer Konsumentinnen und Konsumenten, von den benachbarten Lebensmittelangeboten zu profitieren und sich von neuartigen Produkten inspirieren zu lassen. Die ausländischen Produkte sollen auch auf den heimischen Lebensmittelmärkten erhältlich sein.     55

Ebenfalls von Bedeutung sind Food-Trends, die sich nach Altersgruppen und den entsprechenden Lebensumständen richten. In der aktuellen Konsumforschung wird dabei immer wieder Bezug auf Trendgruppen mit hoher Kaufkraft genommen. Beispiele sind: junge Doppelverdiener, berufstätige qualifizierte Frauen, vermögende Etablierte im Alter von 40 bis 50 Jahren sowie besser verdienende junge Alte. Diese Gruppen gewinnen als Erlebniskonsumenten und Innovatoren stark an Bedeutung.[77]     56

Nahrung mit spezifisch gesundheitsförderndem Zusatznutzen zielt besonders auf die Bedürfnisse und Ansprüche dieser Zielgruppen ab. Marketingstrateginnen und -strategen sprechen in diesem Zusammenhang deshalb auch von einem „Multi-Nischen-Markt". Als typische Käuferinnengruppe gelten dabei berufstätige Frauen zwischen 30 und 50 Jahren, die überdurchschnittlich gut ausgebildet sind. Männer sprechen in der Regel weniger auf die neuen Lebensmittelprodukte an, was die Expertinnen und Experten jedoch darauf zurückführen, dass diese seltener die entsprechenden Supermärkte aufsuchen und auch (noch) weniger informiert sind.[78]     57

Im Zusammenhang mit den Altersgruppen wurde auch bereits auf die sog. „Babyboomer-Generation" eingegangen (vgl. oben Rz. 47 ff.). Diese zeigt ein deutliches Interesse an Produkten und Dienstleistungen, die ihren Bedürfnis-     58

---

[76]   DUSTMANN, S. 37.
[77]   DUSTMANN, S. 37 f.
[78]   MENRAD ET AL., S. 136; ZENTRUM FÜR TECHNOLOGIEFOLGEN-ABSCHÄTZUNG, S. 8.

sen auch im fortgeschrittenen Alter nachkommen und ihnen helfen, ein erfülltes und in Ernährungshinsicht ausgewogenes Leben zu führen.

59    Es nutzen somit vor allem gesundheitsbewusste Personen, die sich der langfristigen Wirkung ihres Ernährungsverhaltens bewusst sind, angereicherte Lebensmittel. Die Lebensmittelexpertinnen und -experten sind sich deshalb auch einig darin, dass gesundheitsfördernde Produkte grundsätzlich auf gesunde Konsumentinnen und Konsumenten abzielen, die etwas zur Prävention oder generell für ihre Gesundheit tun wollen.[79]

### f)    Preis-/Leistungsverhältnis und Polarisierung

60    Mag die Gesundheit ein noch so hohes Gut sein, bei der Auswahl von Esswaren gibt neben Geschmack und Convenience nicht zuletzt der Preis den Ausschlag.[80] Die Aufmerksamkeit für das Preis-/Leistungsverhältnis eines Produktes spiegelt sich dabei in einer gestiegenen Preissensibilität vieler Konsumentinnen und Konsumenten bei gleichzeitig hohem Qualitätsanspruch wider.[81]

61    Die Fachleute sind sich deshalb darüber einig, dass die Konsumentinnen und Konsumenten für ein Lebensmittel mit gesundheitlichem Zusatznutzen höchstens 30–50 % mehr zu zahlen bereit sind als für herkömmliche Waren.[82] Ein deutlicher Preisaufschlag ist nur bei einer konsequenten Qualitätsstrategie und bei einer nachweisbaren Wirkung des Produktes zu rechtfertigen.

62    Nach übereinstimmenden Expertenmeinungen dürften für die Mehrzahl der in der Schweiz auf dem Markt befindlichen angereicherten funktionellen Lebensmittel Preisaufschläge in der Grössenordnung von 10 % bis maximal 30 % gegenüber herkömmlichen Lebensmitteln erzielbar sein.[83] Gemäss einer

---

[79]    Bereits erkrankte Personen sind grundsätzlich nicht die Zielgruppe für solche Lebensmittel; diese sollten sich in die Behandlung einer Ärztin oder eines Arztes begeben. Allerdings könnten in Einzelfällen gesundheitlich angereicherte Produkte die Therapie einer ernährungsbeeinflussten Krankheit unterstützen (vgl. MENRAD ET AL., S. 203; ZENTRUM FÜR TECHNOLOGIEFOLGEN-ABSCHÄTZUNG, S. 8).

[80]    Vgl. MENRAD, Market and marketing, S. 186; ZENTRUM FÜR TECHNOLOGIE-FOLGEN-ABSCHÄTZUNG, S. 8.

[81]    DUSTMANN, S. 38.

[82]    Vgl. MENRAD, Market and marketing, S. 186; ZENTRUM FÜR TECHNOLOGIE-FOLGEN-ABSCHÄTZUNG, S. 8. MENRAD geht in einer späteren Publikation davon aus, dass sogar nur ein begrenzter Preisaufschlag von 20 % realistisch ist (vgl. so MENRAD, Zukunft, S. 74).

[83]    MENRAD ET AL., S. 207.

europaweiten Studie des Markforschungsinstituts AC Nielsen Company aus dem Jahre 2007 gaben denn auch 35 % der Befragten als Hauptgrund dafür, warum sie bisher auf den Kauf von gesundheitsfördernden Lebensmittel verzichtet hätten, an, dass die betreffenden Produkte zu teuer seien.[84]

Anhand der Betrachtung von Preissegmenten ist ein genereller gesellschaftlicher Trend zu beobachten: Das Wohlstandsgefälle innerhalb der Gesellschaft vergrössert sich: Auf der einen Seite steht die wachsende Zahl ärmerer Haushalte Alleinerziehender, auf der anderen Seite die Zunahme der finanzstarken kinderlosen Doppelverdienerhaushalte. Die Polarisierung der Märkte nimmt damit immer mehr zu. Auf Kosten des Mittelsegments wachsen das Hoch- und das Niedrigpreissegment. In den Supermärkten finden sich deshalb neben „Budget"- oder „low price"-Produktlinien immer häufiger auch die teureren, innovativen Lebensmittel mit spezifischem Zusatznutzen.[85]   63

## g)    Lebensmittelsicherheit, Umweltbewusstsein und Verfügbarkeit von Informationen

Die Konsumentinnen und Konsumenten verfügen zunehmend über eine Sensibilisierung für moralische und soziale Fragen. Sie möchten sich aber auch vor Lebensmitteln schützen, die ihre Gesundheit gefährden. Der Aspekt Lebensmittelsicherheit kommt dabei durch das Angebot von möglichst naturbelassenen Erzeugnissen sowie Produkten mit speziellen Gütezeichen zum Ausdruck.[86]   64

Verantwortung gegenüber der Umwelt mündet im Kauf von Produkten aus ökologischer Herstellung, ohne Verwendung von Zusatzstoffen, mit umweltschonenden Verpackungen und kurzen Transportwegen. Eine besondere Bedeutung haben in diesem Zusammenhang – verstärkt durch vergangene Lebensmittelkrisen und -skandale – namentlich Bioprodukte erlangt.[87]   65

Gemäss DUSTMANN wirkt auch der zunehmende Anteil höherwertiger Bildungsabschlüsse, z.B. Universitätsabschlüsse, in der jungen Erwachsenengeneration im Vergleich zu zurückliegenden Generationen unterstützend für den   66

---

[84]   THE NIELSEN COMPANY, Survey, F. 24.
[85]   DUSTMANN, S. 38.
[86]   Siehe zum Begriff der Lebensmittelsicherheit aus schweizerisch-rechtlicher Sicht CLOETTA/VOGELSANGER, S. 107, sowie aus lebensmittelwissenschaftlicher Sicht BIESALSKI/GRIMM, S. 298 f.
[87]   DUSTMANN, S. 38. Siehe zu den Bio-Lebensmitteln unten Rz. 378 ff.

Trend nach mehr Verantwortung gegenüber der eigenen Gesundheit und der Umwelt.[88]

67 Heute wissen die Menschen deutlich besser, wie man ein gesundes Leben führt. Die Konsumentinnen und Konsumenten sind sich immer mehr bewusst, dass eine ausgewogene Ernährung eine unabdingbare Voraussetzung für das Wohlbefinden des menschlichen Köpers ist. Schulen und Regierungen fördern gezielt Informationskampagnen, um die Verbraucher auf die Auswirkungen schlechter Konsumgewohnheiten aufmerksam zu machen. Zudem berichten die Medien über ernährungsbezogene Themen wie ungenügende Etikettierung, schädliche Inhaltsstoffe und irreführende Lebensmittelwerbung.[89]

68 Aufgrund des höheren Bildungsniveaus und des umfassenden Informationsangebots ist mit einem enormen Wissenszuwachs über Ernährungsfragen und -zusammenhänge zu rechnen. Der Anteil unbekümmerter und schlecht informierter Konsumentinnen und Konsumenten geht folglich zurück.[90] Die Durchschnittskonsumentinnen und -konsumenten können Lebensmittel, die über gesundheitsförderliche Eigenschaften aufweisen, immer besser von gewöhnlichen oder gar gesundheitsschädlichen unterscheiden. Zudem verfügen sie über das notwendige Wissen, um die angepriesenen Vorteile optimal für das eigene Wohlbefinden zu nutzen. Gesundheitsförderliche Lebensmittel werden gemäss DUSTMANN darum bereits sowohl als Ergänzung zu herkömmlichen Lebensmitteln, aber auch ersatzweise für herkömmliche Lebensmittel der gleichen Lebensmittelkategorie gekauft.[91]

## 4.  Noch skeptische Schweizer Konsumenten

69 Das Marktforschungsinstitut AC Nielsen Company führte im Jahre 2007 eine europaweite Umfrage zum Thema gesundheitsfördernde Lebensmittel durch. An der Umfrage waren auch Schweizer Konsumentinnen und Konsumenten beteiligt.

---

[88]  DUSTMANN, S. 39.

[89]  EGGMANN/GERST/MONTAGNANI, S. 10. Vgl. etwa die folgenden Zeitungsberichte: FLÜTSCH ANDREAS, Läden deklarieren Herkunft falsch, Tagesanzeiger vom 6. August 2010, Nr. 180, S. 33; KNÜSEL, JAN, Woher kommt mein Gemüse?, TA-online vom 5. August 2010, <http://www.tagesanzeiger.ch/wirtschaft/unternehmen-und-konjunktur/Woher-kommt-mein-Gemuese/story/31544344> (besucht am: 7. August 2010).

[90]  Vgl. DUSTMANN, S. 39.

[91]  DUSTMANN, S. 52.

Die Teilnehmerinnen und Teilnehmer wurden u.a. gefragt, wie oft sie spezifi- 70
sche gesundheitsfördernde Lebensmittelkategorien (wie z.b. angereicherte
Getränke, Joghurts oder Margarinen) einkaufen würden und was die Haupt-
gründe seien, weshalb sie bisher auf den Kauf von angereicherten Produkten
verzichtet hätten.[92]

Die Umfrageergebnisse haben gezeigt, dass sich Schweizer Konsumentinnen 71
und Konsumenten bisher grundsätzlich nicht von einer „Functional-Food-
Euphorie" haben anstecken lassen. Vielmehr sind sie skeptischer eingestellt
als die Verbraucherinnen und Verbraucher in anderen Ländern.[93]

So würden 59 % der Befragten keine Getränke und Lebensmittel kaufen, die 72
dank zusätzlicher Inhaltsstoffe einen positiven Effekt auf die Gesundheit
haben.[94] Laut der Untersuchung liegt der Hauptgrund darin, dass viele den
Zusatznutzen dieser Produkte anzweifeln (weltweit: 38 %, Europa: 53 %,
Schweiz: 59 %). Weiter sind für viele diese Produkte auch zu teuer (weltweit:
38 %, Europa: 35 %, Schweiz: 42 %).[95]

Ein detaillierter Blick auf die einzelnen Produktkategorien offenbart die nach 73
wie vor vorhandene Skepsis der Schweizerinnen und Schweizer. Nur gerade
28 % kaufen regelmässig oder hin und wieder mit Bakterienkulturen angereicherte Getränke. Im Falle von probiotischen Joghurts liegen die entsprechenden Umfrageergebnisse bei lediglich 39 %. Zum Vergleich: In Polen sind es
bei entsprechenden Produktkategorien 67 % (bei mit Bakterienkulturen angereicherten Getränken) resp. 78 % (bei probiotischen Joghurts).[96]

Die Zurückhaltung der Schweizerinnen und Schweizer wirkt sich auch auf die 74
Verkaufszahlen aus. Gemäss Zahlen der AC Nielsen Company wurden mit
probiotischen Joghurts in den Jahren 2007 bis 2009 zwischen 40 und 65 Mio.
Fr. umgesetzt, während sich die Umsätze des gesamten Joghurtmarktes in
derselben Periode zwischen 410 und 465 Mio. Fr. bewegten.[97] Der gesamte
Joghurtmarkt ist somit immer noch um ein Vielfaches umsatzstärker als der-

---

[92] THE NIELSEN COMPANY, Survey, F. 2.
[93] THE NIELSEN COMPANY, Pressemitteilung; vgl. auch KELLER, S. 1.
[94] KELLER, S. 1.
[95] THE NIELSEN COMPANY, Pressemitteilung; vgl. auch THE NIELSEN COMPANY, Survey, F. 24, mit etwas tieferen Zahlen.
[96] THE NIELSEN COMPANY, Survey, F. 15 f.
[97] THE NIELSEN COMPANY, Detailhandel Schweiz, Excel-Aufstellung gemäss AC Nielsen. Gemäss Handelszeitung setzt der Schweizer Detailhandel mit Joghurts fast eine halbe Milliarde Franken um. Davon würden mittlerweile etwa 18 % auf Produkte mit zusätzlichem Gesundheitsnutzen entfallen. Dies entspricht ca. 90 Millionen Fr. (HEER, S. 13).

jenige der angereicherten Joghurts. Es kann aber immerhin festgestellt werden, dass die gesundheitsfördernden Joghurts im besagten Zeitraum jährlich zwischen 25–30 % zulegten, während der gesamte Joghurtmarkt lediglich um 2–5 % anstieg.

75 Bei den Margarinen mit Gesundheitsnutzen sind die Marktentwicklungen ähnlich: In den Jahren 2007 bis 2009 legten die Umsätze um bis zu 10 % zu, während die Verkaufszahlen der herkömmlichen Margarinen nur um 1–2 % zunahmen.[98]

76 Zudem gaben 47 % der Schweizerinnen und Schweizer an, regelmässig oder zumindest hin und wieder cholesterinreduzierende Öle und Margarinen zu kaufen. Bei den angereicherten Fruchtsäften (den sog. „ACE-Säften") lagen die entsprechenden Angaben der Befragten gar bei 53 %.[99]

77 Es kann somit festgestellt werden, dass sich für Lebensmittel mit gesundheitlichem Zusatznutzen in der Schweiz zwar noch immer nicht ein Massenmarkt entwickelt hat. Immerhin bilden sie aber einen Multi-Nischen-Markt, bei dem mit relativ wenigen Produktkategorien (v.a. Getränke, Joghurts und Margarinen) unterschiedliche Nachfragegruppen angezogen werden. Zudem wächst der „gesunde" Markt auch in der Schweiz stark an.[100]

# III. Massgebende Interessengruppen und ihre Anliegen

## A. Allgemeines

78 In diesem Abschnitt werden die massgebenden Interessengruppen, die sog. „Stakeholder" des Marktes, vorgestellt. Neben der Darstellung ihrer grundlegenden Aufgaben- und Wirkungsbereiche geht es im Besonderen darum, ihre Anliegen mit Bezug auf das Marktsegment der gesundheitsfördernden Lebensmittel näher zu betrachten.

---

[98] THE NIELSEN COMPANY, Detailhandel Schweiz, Excel-Aufstellung gemäss AC Nielsen.

[99] THE NIELSEN COMPANY, Survey, F. 14 und 22.

[100] Vgl. auch die Einschätzung bei MENRAD, Zukunft, S. 73; ebenso HEER, S. 13.

# B. Nahrungsmittelindustrie

Die Schweizer Nahrungsmittelindustrie bestand im Jahre 2009 aus 184 Industriebetrieben mit 33'996 Mitarbeitern.[101] Gemäss Angaben des Dachverbandes der Schweizer Nahrungsmittelindustrien (FIAL) ist die Branche stets darum bemüht, sichere und hochwertige Lebensmittel herzustellen. Sie anerkennt auch die Notwendigkeit staatlicher Vorgaben zum Schutz der Konsumentinnen und Konsumenten vor Beeinträchtigung der Gesundheit und vor Täuschung.[102]

79

Als Dachverband hat die FIAL ein Interesse daran, dass das Lebensmittelrecht in der Schweiz einheitlich umsetzbar und stets auf dem neusten Stand und damit nicht zuletzt auch EU-kompatibel ist. Sie gelangt deshalb regelmässig mit Positionspapieren an die Öffentlichkeit und nimmt an Vernehmlassungsverfahren teil. Im Positionspapier vom 7. Juli 2004 zum Lebensmittelrecht und zu dessen Vollzug hat die FIAL unmissverständlich ihre Anliegen geäussert. Diese sind insbesondere auch mit Blick auf die Produktion und den Vertrieb von gesundheitsfördernden Lebensmitteln von Bedeutung.

80

Gemäss den in diesem Positionspapier gestellten Forderungen sollten die Vorschriften des Schweizer Lebensmittelrechts die Wirtschaftsfreiheit der Herstellerfirmen nicht zu stark einschränken. Sie sollten im Einklang mit der Bundesverfassung und verhältnismässig ausgestaltet sein. Staatliche Vorgaben zur Lebensmittelsicherheit und zum Schutz der Konsumenten vor Täuschung sollten stets auf die Auffassungsgabe eines durchschnittlich informierten Konsumenten zugeschnitten werden.[103]

81

Weiter weist die FIAL darauf hin, dass die Schweizer Nahrungsmittelindustrie in allen Branchen exportorientiert sei und im Wettbewerb mit der europäischen Nahrungsmittelindustrie stehe. Die Nahrungsmittelindustrie sei deshalb auf dem Inlandmarkt wie auf den ausländischen Märkten zwingend darauf angewiesen, dass das Schweizer Lebensmittelrecht europakompatibel ausgestaltet sei.[104] Die Dynamik der Rechtsetzung der EU im Bereich des Lebens-

82

---

[101] Gemäss aktuellster Statistik, veröffentlicht im August 2010 für das Jahr 2009 (FIAL, 2009, S. 1). Nicht berücksichtigt sind in der FIAL-Statistik Firmen mit weniger als zehn Beschäftigten. Nicht berücksichtigt sind die Getränkeindustrie, die Futtermittelhersteller sowie die Zulieferbetriebe der Nahrungsmittel-Industrie (z.B. Lieferanten von Zusatzstoffen und Vitaminen).

[102] FIAL, Positionspapier, 1. Punkt.

[103] FIAL, Positionspapier, 2. Punkt. Siehe zum Begriff des Durchschnittskonsumenten unten Rz. 98 ff.

[104] FIAL, Positionspapier, 3. Punkt.

mittelrechts erfordere zudem, dass die Schweiz ihr Lebensmittelrecht laufend aktualisiere und wenn nötig auch restrukturiere.[105]

83 Die Lebensmittelindustrie ist mittlerweile nämlich durchaus in der Lage, etliche sog. „active ingredients" entweder zu isolieren, zu konzentrieren und geeigneten Trägern beizufügen (wie z.B. besonders gut resorbierbares Calcium) oder – wie bei probiotischen Bakterien – aus den seit Jahrtausenden verwendeten Joghurtkulturen die Stämme zu isolieren, die besonders positive gesundheitliche Eigenschaften haben.[106]

84 Während nun aber traditionelle Produkte, und zwar durch ihre oft schon langjährige Marktpräsenz und ihre den Konsumentinnen und Konsumenten vertraute Herstellungsweise, über Merkmale verfügen, die das Konsuminteresse wecken, bedarf es bei der Einführung neuer, mit eben solchen „active ingredients" oder probiotischen Bakterien angereicherten Produkten ausgereifter Marketingstrategien, um das spezifische Charakteristikum der Lebensmittel herauszustellen und die Konsumentinnen und Konsumenten dadurch zum Kauf zu animieren.[107]

85 Trotz sich wandelnder Konsumentenanliegen und des steigenden Informationsangebots, verfügen die potenziellen Kundinnen und Kunden nämlich oft noch nicht über das notwendige (Fach-)Wissen um von den spezifischen gesundheitsbezogenen Eigenschaften resp. von den funktionellen Inhaltsstoffen der neuartigen Lebensmittel optimal zu profitieren. Entsprechende Produktinformationen müssen der Nachfrageseite erst noch zugänglich gemacht werden.[108] Dazu kommt, dass über den vergleichsweise hohen Verkaufspreis der Produkte die aufwendige oftmals langjährige Entwicklungszeit abgegolten werden muss.[109]

86 Aus all diesen Gründen ist es für die Lebensmittelunternehmerinnen und -unternehmer wichtig, dass sie ihre neuen, aufwendig entwickelten Lebensmittel auch gebührend anpreisen können. Die Bewerbung solcher Lebensmit-

---

[105] FIAL, Positionspapier, 4. Punkt.
[106] EXL-PREYSCH, S. 82.
[107] Vgl. REMPE, S. 46.
[108] MENRAD, Market and marketing, S. 186.
[109] Gemäss MENRAD werden bei gewöhnlichen Lebensmitteln die Kosten von der Geschäftsidee bis zur die Markteinführung auf 1–2 Mio. US-Dollar geschätzt. Bei den funktionellen Lebensmitteln werde diese Grobeinschätzung jedoch bei Weitem übertroffen. Gemäss Expertenmeinungen habe die Entwicklung und die anschliessende Markteinführung von Nestlés LC1-Joghurt und von Unilevers Becel pro.activ Margarine je über 50 Mio. US-Dollar gekostet (MENRAD, Market and marketing, S. 184 und 186).

tel mit entsprechenden gesundheitsbezogenen Werbeaussagen ist eine unabdingbare Vorraussetzung, um die Produkte gewinnbringend vermarkten zu können.[110]

Die Lebensmittelindustrie ist deshalb darauf angewiesen, dass bezüglich der    87
gesundheitsbezogenen Anpreisung, Rechtsklarheit und Rechtssicherheit besteht. Die Lebensmittelherstellerinnen und -hersteller müssen wissen, in welchem rechtlichen Rahmen ihre sowohl rein informativen als teilweise auch spektakulären Werbeaussagen tatsächlich zulässig sind. Sie wünschen sich deshalb klar auslegbare und leicht anwendbare Vorschriften. Eine entsprechende europaweit einheitliche regulatorische Handhabe ist aus Sicht der Lebensmittelindustrie folglich unabdingbar.

# C.    Werbeagenturen

Eine Werbeagentur ist ein Dienstleistungsunternehmen, das für Werbetrei-    88
bende die Beratung, Konzeption, Planung, Gestaltung und Realisierung von Werbe- und sonstigen Kommunikationsmassnahmen übernimmt. Die Agentur erbringt als Werbeberaterin somit eine Beratungsleistung, indem sie den Kunden bei der Lösung seiner Marketingprobleme zur Optimierung des Produktabsatzes berät.[111]

Bei Werbemassnahmen geht es vor allem um die Bekanntmachung (sog.    89
„Aufbauwerbung") bzw. in einer späteren Phase um die Erhaltung und Vergrösserung des Bekanntheitsgrades (sog. „Erhaltungswerbung") eines beworbenen Gegenstands sowie um die Übermittlung von Informationen über diesen Gegenstand und/oder über das dahinter stehende Unternehmen.[112]

Die Leistungen der Werbeagentur können dabei in der kreativen Werbekon-    90
zeption sowie in der Realisierung dieser Konzeption bestehen: Einerseits erarbeitet die Werbeagentur Konzepte für die Lösung von Marketingbelangen zur Optimierung des Produktabsatzes des Kunden. Dabei entwickelt und definiert sie Marketing- und Mediastrategien sowie Gestaltungskonzeptionen und -methoden und Werbeideen, verstanden als Ausdruck von Werbemotiv, Werbestil und Werbeaussage. Andererseits kann die Werbeagentur die Reali-

---

[110]  Vgl. REMPE, S. 46.
[111]  SCHWEIGER/SCHRATTENECKER, S. 157; DAVID/REUTTER, S. 409 ff.; PUGATSCH, S. 3.
[112]  DAVID/REUTTER, S. 388.

sation und Implementierung der Werbekonzepte übernehmen, veranlassen und organisieren, d.h. die Werbeaktion vorbereiten und selber durchführen.[113]

91　Mit Bezug auf die Ausgestaltung von gesundheitsbezogener Werbung bedeutet dies Folgendes: Während für die Lebensmittelindustrie die grundsätzliche Möglichkeit der Anpreisung ihrer Produkte von Bedeutung ist, kümmern sich die Werbeagenturen um deren Umsetzung im Einzelnen. Sie gestalten den Marktauftritt der neuartigen Lebensmittel von der Markteinführung bis zum Layout der Verpackungen.

92　Die Hauptpflicht der Werbeagentur besteht darin, Arbeit zugunsten des Kunden zu erbringen. Zu diesem Zweck schliesst die Agentur mit dem Kunden einen Vertrag auf Arbeitsleistung ab. Dieser Vertrag wird „Werbevertrag" genannt und kann Auftrags-, Werkvertrags- und sogar Lizenzvertragselemente enthalten.[114]

93　Bei der Beratungstätigkeit im Bereich der gesundheitsbezogenen Werbung ist aber grundsätzlich das Auftragsrecht massgebend, insbesondere dann, wenn eine auf einem Vertrauensverhältnis basierende geistige Arbeitsleistung geschuldet ist.[115] Die Werbeagentur ist damit zur sorgfältigen Erfüllung und Besorgung der ihr übertragenen Aufgaben verpflichtet und hat alles zu unternehmen, um die vom Kunden erhofften und erstrebten Resultate der Beauftragung bzw. der Werbung herbeizuführen.[116]

94　Zur Sorgfaltspflicht der Werbeagentur zählt dabei die Einhaltung sämtlicher berufsspezifischer Richtlinien. Dazu gehört auch das zur einwandfreien Realisation notwendige werbetechnische Know-how der Werbeberaterinnen und

---

[113]　Vgl. zum Ganzen DAVID/REUTTER, S. 388 f.

[114]　DAVID/REUTTER, S. 387 und S. 391 ff.; GLAUS, S. 109 ff.

[115]　Vgl. PUGATSCH, S. 3. DAVID/REUTTER subsumieren den Werbevertrag teilweise auch unter die Regeln über den Werkvertrag. Dies insbesondere dann, wenn nicht (nur) die Besorgung von Diensten zugunsten des Kunden geschuldet ist, sondern die Erbringung von Resultaten und Ergebnissen für den Kunden im Zentrum des Interesses steht (DAVID/REUTTER, S. 391). Das Bundesgericht hat in seiner bisherigen (spärlichen) Rechtsprechung den Werbevertrag grundsätzlich als Auftrag qualifiziert (vgl. BGE 115 II 57 ff. [58 f.], E.1). Die nachfolgenden Ausführungen beziehen sich auf die Konkretisierung der Sorgfaltspflicht, wie sie für das Auftragsverhältnis nach Art. 398 OR erfolgt.

[116]　Art. 398 Abs. 2 OR; DAVID/REUTTER, S. 414; PUGATSCH, S. 4. Auch DAVID/ REUTTER sind der Ansicht, dass, wenn der Werbeagentur Gestaltungsfreiheit eingeräumt und keine anderen messbaren Vorgaben gemacht werden, eine werkvertragliche Mängelhaftung nicht sachgerecht wäre. Hier solle die Sorgfalts- und Treueverpflichtung des Auftragsrechts als angemessenere Norm zu Anwendung gelangen (DAVID/REUTTER, S. 397).

-berater.[117] Die Agentur ist somit insbesondere dafür verantwortlich, dass die von ihr begleitete Werbung rechtlich zulässig ist und nicht gegen Bestimmungen des Werberechts oder gegen andere massgebende Normen verstösst. Die Empfehlung einer widerrechtlichen Werbung stellt deshalb eine Sorgfaltspflichtverletzung dar. Darum hat die Agentur auch die Pflicht, sich über die Zulässigkeit der von ihr entworfenen Werbung zu vergewissern. Im Zweifelsfalle hat sie sich dazu an eine Spezialistin zu wenden oder einen Rechtsanwalt beizuziehen.[118]

Die Pflicht der Werbeagentur zur Vergewisserung darüber, dass die von ihr gestaltete Werbung zulässig ist, reicht mindestens soweit, als Normen des engeren und weiteren Werberechts betroffen sind. Dazu gehören folglich auch die Anpreisungsvorschriften des Lebensmittelrechts.[119]      95

Die Werbeagenturen haben somit ein Interesse daran, dass der rechtliche Rahmen, in dem sich gesundheitsbezogene Anpreisung bewegt, klar und unmissverständlich ausgestaltet ist. Die Agenturen müssen nachvollziehen können, ab wann sie bei ihren Werbebemühungen Gefahr laufen, in den Bereich von unzulässiger oder täuschender Werbung zu gelangen. Die diesbezüglichen Bestimmungen sollten dabei in einer Art und Weise geregelt sein, die es den Agenturen ermöglicht nur, aber immerhin, die Grundprinzipien und die wichtigsten Kriterien zulässiger gesundheitsbezogener Werbung nachzuvollziehen.      96

Bestehen Zweifel über die Zulässigkeit von Werbeinhalten, so sind die Agenturen aufgrund der auftragsrechtlichen Sorgfaltspflicht dazu verpflichtet, Juristinnen oder Spezialisten heranzuziehen. Dadurch wird schliesslich sichergestellt, dass die Werbeagenturen dem Auftrag der Kundin sowohl in kreativer als auch in rechtlicher Hinsicht mit genügender Sorgfalt entsprechen.      97

# D.   Konsumentinnen und Konsumenten

## 1.   Konsumentenbegriff und -leitbild

End- und Letztverbraucher oder gemeinhin Konsumentinnen und Konsumenten (deutsch-europäische Terminologie: Verbraucherinnen und Verbraucher)      98

---

[117]   PUGATSCH, S. 4.
[118]   DAVID/REUTTER, S. 415; PUGATSCH, S. 4.
[119]   DAVID/REUTTER, S. 415.

bedürfen wegen ihres Informationsdefizits gegenüber kommerziellen Anbietern besonderen Schutzes.[120] Diese Schutzbedürftigkeit ist gerade im Lebensmittelbereich und speziell bei Anpreisungen mit dem Versprechen der Verbesserung der Gesundheit von besonderer Bedeutung. Der Konsumentenbegriff ist dabei einem fortlaufenden Wertewandel unterworfen. Es ist deshalb sinnvoll, zunächst den aktuellen Konsumentenbegriff zu klären um daraus dann die themenspezifischen Anliegen abzuleiten.

99 Für den schweizerischen Konsumentenbegriff findet sich in Art. 3 Konsumkreditgesetz[121] sowie in Art. 2 Abs. 1 Preisbekanntgabeverordnung[122] sinngemäss die folgende Definition: Konsumentinnen und Konsumenten sind Personen, die Waren oder Dienstleistungen für Zwecke kaufen, die nicht im Zusammenhang mit ihrer gewerblichen oder beruflichen Tätigkeit stehen.[123]

100 Eine ähnliche Definition besteht auch nach europäischem Rechtsverständnis. Im Lebensmittelrecht beispielsweise werden die Endverbraucherin und der Endverbraucher in Art. 3 Nr. 18 Verordnung (EG) Nr. 178/2002 (Lebensmittelbasisverordnung) definiert.[124] Als solche gelten die letzten Verbraucherinnen und Verbraucher eines Lebensmittels, die dieses nicht im Rahmen der Tätigkeit in einem Lebensmittelunternehmen verwenden.

101 Der Konsumentenbergriff kann somit sowohl positiv, im Sinne einer Privatperson, die einen Vertrag zu persönlichen oder familiären Zwecken abschliesst, wie auch negativ, im Sinne einer Privatperson, die einen Vertrag abschliesst, der nicht zur beruflichen oder gewerblichen Tätigkeit gerechnet werden kann, verstanden werden. Diese Unterscheidung kann im vorliegenden Zusammenhang jedoch vernachlässigt werden. Im Zentrum der Betrach-

---

[120] Vgl. DAVID, SIWR I/3, S. 195. Eine Unterscheidung der Begriffe „Endverbraucher", „Letztverbraucher" und „Verbraucher" ist dabei für das Rechtsverhältnis und -verständnis nicht von wesentlicher Bedeutung. Der Gesetzessprache folgend wird im schweizerisch-rechtlichen Kontext die Bezeichnung „Konsumentinnen und Konsumenten" verwendet und im europarechtlichen die Terminologie „Verbraucherinnen und Verbraucher.

[121] Bundesgesetz über den Konsumkredit vom 23. März 2001 (KKG; SR 221. 214.1).

[122] Verordnung über die Bekanntgabe von Preisen vom 11. Dezember 1978 (Preisbekanntgabeverordnung, PBV; SR 942.211).

[123] Diese Definition steht in Übereinstimmung mit der Legaldefinition des Verbraucherbegriffs gemäss § 13 BGB, wonach unter dem Verbraucher jede natürliche Person zu verstehen ist, die im Geschäftsverkehr zu Zwecken handelt, die nicht ihrer gewerblichen, handwerklichen oder beruflichen Tätigkeit zugerechnet werden kann.

[124] Siehe zur Lebensmittel-Basisverordnung unten Rz. 295 ff.

tung stehen Konsumentinnen und Konsumenten, die typischerweise Waren oder Dienstleistungen zum persönlichen oder familiären Gebrauch erwerben, namentlich auch zum Gebrauch im Haushalt und in ihrer Freizeit.[125]

Gemäss dieser Definition werden die Konsumentinnen und Konsumenten zwar hinsichtlich ihres faktischen Handelns definiert; es werden dabei aber keine Aussagen darüber gemacht, in welcher Art und Weise sie tatsächlich agieren und welche Fähigkeiten und Schwächen sie innerhalb ihres rechtsgeschäftlichen Handelns mitbringen. Insofern entbehrt die aufgestellte Definition einer eigentlichen Wertung. Es bedarf jedoch eines umfassenderen Begriffsverständnisses, wenn es darum geht, sich ein Urteil über das voraussetzbare Wissen und die Fähigkeiten der Konsumentinnen und Konsumenten zu machen und damit verbunden das Vorliegen einer allfälligen Täuschung oder Irreführung zu beurteilen.[126]    102

Zu diesem Zweck haben Lehre und Rechtsprechung in der EU sowie in der Schweiz typisierte Beschreibungen in Form von Leitbildern entwickelt.[127] Auszugehen ist dabei gemäss übereinstimmender Rechtsauffassung von einem mündigen, durchschnittlichen Konsumenten, von dem erwartet werden darf, dass er einigermassen informiert, angemessen aufmerksam und verständig ist. Referenzgrösse ist damit nicht (mehr) der kritiklose, ja geradezu tölpelhafte Verbraucher, sondern der unvoreingenommene Kunde, der die ihm vermittelten Informationen zu interpretieren und im Gesamtkontext zu würdigen weiss.[128]    103

Der EuGH sieht es als Recht und sogar als Pflicht der Verbraucherinnen und Verbraucher an, sich zu informieren; wobei der Gerichtshof die Erfüllung dieser Aufgaben durch das Instrument der Werbung und der Kennzeichnung für gewährleistet erachtet.[129]    104

---

[125]   Vgl. DAVID, SIWR I/3, S. 196.

[126]   Vgl. REMPE, S. 23 f.

[127]   Vgl. in der Schweiz: Urteil des Verwaltungsgerichts des Kantons Zürich vom 14.1.2010, E. 4.5; vgl. auch BGE 130 II 83 ff. (86). In der EU: EuGH, Rs. C-470/93 (Verein gegen Unwesen im Handel und Gewerbe Köln e. v./Mars GmbH), Slg. 1995, I-1923; EuGH, Rs. C-210/96 (Gut Springenheide und Tusky), Slg. 1998, I-4657, Rn. 31; vgl. auch DAVID, SIWR I/3, S. 195 f.; REMPE, S. 23 ff.

[128]   Vgl. DAVID, SIWR I/3, S. 196; REMPE, S. 26.

[129]   So sei beispielsweise das Zutatenverzeichnis auf der Verpackung eines Lebensmittels durchaus als geeigneter Ort der Deklaration zu bewerten, um auf eine vom Normalfall abweichende Produktzusammensetzung hinzuweisen (vgl. so REMPE, S. 26, mit Verw. auf EuGH, Rs. C-51/94 [Kommission/Deutschland], Slg. 1995, I-3599, in: ZLR 1995, S. 667.

105 Im Nachfolgenden gelten als Konsumentinnen und Konsumenten somit natürliche Personen, die Waren oder Dienstleistungen zum persönlichen oder familiären Gebrauch erwerben und die als mündige, angemessen aufmerksame und verständige Durchschnittsverbraucherinnen und -verbraucher erachtet werden können.

## 2. Konsumentenanliegen

106 Lebensmitteltrends wie Gesundheit, Convenience und Lifestyle spielen für die Konsumentinnen und Konsumenten von heute eine entscheidende Rolle (vgl. oben Rz. 41 ff.). Die Abdeckung dieser Konsumentenbedürfnisse darf aber auf der Anbieterseite nicht zu einer allzu leichtfertigen Produktions- und Vertriebsweise führen. Die auf den Markt gebrachten neuartigen Lebensmittelprodukte müssen stets mit den Grundprinzipien des Lebensmittelrechts, namentlich dem Gesundheits- und Täuschungsschutz, im Einklang sein.

107 Obschon das Zusammenwirken von Gesundheit und Ernährung von den Konsumentinnen und Konsumenten immer besser verstanden wird, muss die „Glaubensfrage", also die Frage nach der Wirksamkeit gesundheitsfördernder Ernährung immer gestellt werden.[130] Mit anderen Worten: Die Produkte müssen die von der Anpreisung vermittelten Erwartungen auch erfüllen. Die Konsumentinnen und Konsumenten müssen gerade in diesem sensiblen Bereich vor Täuschung und Irreführung geschützt werden, deshalb stehen die gesundheitsbezogenen Werbeaussagen auch besonders im Fokus. Die gemachten Anpreisungen für gesundheitsförderliche Lebensmittel müssen stets verständlich und wahrheitsgemäss sein und einer wissenschaftlichen Überprüfung am Produkt standhalten.[131]

108 Die in der Anpreisung verwendeten Angaben dürfen die gesundheitsfördernden Lebensmittel auch nicht zu sehr in die Nähe von Arzneimitteln rücken und somit einer Selbstmedikation Vorschub leisten und den Konsumentinnen und Konsumenten suggerieren, dass sie sich ohne diese Produkte nicht mehr bedarfsgerecht und gesund ernähren könnten oder gar auf die Konsultation einer Ärztin oder eines Arztes verzichten könnten.[132]

109 Aus Konsumentensicht sollten in der Lebensmittelwerbung gesundheitsbezogene Angaben somit nur verwendet werden dürfen, wenn die angepriesene Wirkung auch tatsächlich wissenschaftlich erwiesen ist und die beworbenen

---

[130] Vgl. SIGRIST, F. 15.
[131] Vgl. MICHEL-DREES, S. 84.
[132] MICHEL-DREES, S. 84 f.

Eigenschaften mit der grundlegenden Funktion eines Lebensmittels nicht im Widerspruch stehen. Ein Lebensmittel soll dem Aufbau und der Energieversorgung des menschlichen Körpers dienen und nicht der Heilung von Krankheiten.[133] Darüber hinaus haben die Konsumentinnen und Konsumenten auch einen Anspruch darauf zu erfahren, inwiefern die neuartigen und innovativen Lebensmittelprodukte gegenüber den „traditionellen" tatsächlich einen Zusatznutzen bringen.

Wie in Rz. 26 erwähnt, spielen auf dem Markt für gesundheitsfördernde Lebensmittel die probiotischen Joghurts und die Milchmischgetränke eine zentrale Rolle. Vor allem die Wirksamkeit dieser Produkte wurde in der Vergangenheit aber wiederholt angezweifelt.[134] Auch hier ist aus Konsumentensicht die wissenschaftliche Nachweisbarkeit der angepriesenen positiven Eigenschaften unbedingt notwendig. Angaben über Wirkungen oder Eigenschaften eines Lebensmittels müssen wissenschaftlich hinreichend gesichert sein, ansonsten sind sie täuschend und irreführend.[135] 110

# E. Ernährungsberatung

Die Ernährungsberaterinnen und Ernährungsberater beschäftigen sich u.a. mit der Frage, ob durch Lebensmittel mit gesundheitlichem Zusatznutzen ein Weg aus der Fehl- und Mangelernährung gefunden werden kann. 111

Grundsätzlich befürworten sie den Einsatz von gesundheitsfördernden Lebensmitteln.[136] Sie weisen gleichzeitig aber darauf hin, dass die positiven Wirkungen bei manchen Lebensmitteln zwar unumstritten seien, bei anderen Zusätzen hingegen eine Wirkung nur in Kombination mit bestimmten Inhaltsstoffen spürbar sei. Gewisse Lebensmittelzusätze seien sogar ganz wirkungslos. Aufgrund der grossen Vielzahl ständig neu erscheinender Produkte bestehe auch die Gefahr von Informationslücken bei den Konsumentinnen und 112

---

[133] Siehe zur Abgrenzung Lebensmittel – Heilmittel unten Rz. 354 ff.

[134] Bislang hat die Europäische Agentur für Lebensmittelsicherheit (EFSA) ca. 200 probiotische Zusätze überprüft: Bei keinem Einzigen wurde die Wirksamkeit bestätigt. Die probiotischen Keime, deren Wirksamkeit bewiesen werden sollte, waren in der Regel zu wenig genau definiert (vgl. BARANDUN, Actimel, S. 1; BARANDUN, Werbeversprechen, S. 53; kritisch auch DE VRESE/SCHREZENMEIR, S. 4 ff.; siehe zu den probiotischen Milchprodukten auch ausführlich unten Rz. 488 ff.).

[135] Vgl. Art. 10 Abs. 2 Bst. a LGV. Auf die lebensmittelrechtlichen Täuschungsverbote wird weiter unten in den Rz. 529 ff. ausführlich eingegangen.

[136] Statt vieler AMBROSIUS, S. 81.

Konsumenten. Nicht selten würden mit Vitaminen angereicherte Bonbons oder Süssigkeiten von Kindern verzehrt, weil deren Eltern glaubten, diese Lebensmittel seien gesund. Mit Calcium angereicherte Fruchtsäfte könnten hingegen durchaus einen Beitrag zur Osteoporoseprävention leisten.[137]

113   Im Kampf gegen ernährungsabhängige Gesundheitsbeeinträchtigungen ist aus Sicht der Ernährungsberatung deshalb eine differenzierte Auseinandersetzung mit dem Thema unverzichtbar. Lebensmittel mit gesundheitlichem Zusatznutzen können insbesondere dann einen Beitrag zur Verbesserung des Wohlbefindens der Konsumentinnen und Konsumenten leisten, wenn aufgrund einer ausführlichen Ernährungsanamnese mit Nährwertanalyse die bisherigen Stärken und Schwächen ihrer Ernährungsweise bewusst gemacht werden. Starken Defiziten oder Schwächen des Ernährungsverhaltens kann dann durch den gezielten Einsatz von angereicherten Lebensmitteln entgegengewirkt werden.[138]

114   Es gehört deshalb in Zukunft zu den Anliegen aber auch zu den Aufgaben der Ernährungsberatung, eine Sensibilisierung der Bevölkerung für den Umgang mit gesundheitsfördernden Lebensmitteln zu erreichen. Ein allzu „fortschrittsgläubiger" Umgang nach dem Motto „Die vitaminisierte Bratwurst wird schon gesund sein", bringt für die Konsumentinnen und Konsumenten keine Vorteile und wird daher abgelehnt. Die Ernährungsberatung weist deshalb nachdrücklich darauf hin, dass eine ausgewogene Ernährung immer noch am besten vor ernährungsbedingten Gesundheitsbeeinträchtigungen schützt.

115   Es ist denn auch die Forderung der Ernährungsberaterinnen und Ernährungsberater, bei gesundheitsbezogener Lebensmittelanpreisung entsprechende Hinweise über eine ausgeglichene Ernährungsweise gesetzlich vorzuschreiben.[139]

# F.    Staatliche Verwaltung

## 1.    Eidgenössisches Departement des Innern (EDI)

116   Das EDI bezeichnet sich auf seiner Homepage als „Departement des Alltags". Es behandelt somit Themen und Dossiers, die das tägliche Leben der Bevölkerung betreffen – z.B. die Altersvorsorge (AHV und Pensionskassen), Kran-

---

[137]   AMBROSIUS, S. 81.
[138]   AMBROSIUS, S. 81.
[139]   AMBROSIUS, S. 81.

ken-, Unfall- und Invalidenversicherungen, Sucht- und Aidsprävention, Forschung und Bildung, Kulturförderung, Familienpolitik, Gleichstellung von Frau und Mann, Gleichstellung von Menschen mit Behinderungen, Rassismusbekämpfung, Statistik, Archivierung und nicht zuletzt auch Lebensmittelkontrolle und Lebensmittelsicherheit.[140]

In den Aufgabenbereich des EDI fällt damit insbesondere das Gesundheitswesen. Primäres Ziel ist die Förderung der Gesundheit aller in der Schweiz lebenden Menschen. Es will einerseits die einzelnen befähigen, ihre Verantwortung für die eigene Gesundheit wahrzunehmen; andrerseits will es, dass Gesundheitsförderung, Prävention und Gesundheitsschutz sowie Heilung und Linderung von Krankheiten und Unfällen im Hinblick auf den grösstmöglichen Gesundheitsgewinn für alle realisiert werden.[141]    117

Um diese Aufgaben wahrnehmen zu können, ist das EDI zum Erlass von Rechtsvorschriften in Form von Verordnungen – gemäss Übertragung der Zuständigkeit durch den Bundesrat – ermächtigt.[142]    118

Im Lebensmittelbereich führt das EDI durch sog. horizontale und vertikale Verordnungen das LMG sowie die darauf gestützten bundesrätlichen Verordnungen näher aus.[143] Für Fragestellungen rund um die Anpreisung von Lebensmitteln ist dabei die vom EDI per 23. November 2005 erlassene Verordnung über die Kennzeichnung und Anpreisung von Lebensmitteln von besonderer Bedeutung.[144]    119

---

[140] Vgl. die Homepage des EDI, Das Sozialsystem nachhaltig sichern, Bern 2009 (zuletzt aktualisiert am 1. November 2009), <http://www.edi.admin.ch/org/index.html?lang=de> (besucht am: 10. April 2011).

[141] Vgl. die Homepage des EDI, Bundesämter und zugeordnete Bereiche, Bundesamt für Gesundheit (BAG), Bern 2010 (zuletzt aktualisiert am 1. Januar 2010) <http://www.edi.admin.ch/org/00344/00353/00358/index.html?lang=de> (besucht am: 10. April 2011).

[142] Vgl. Art. 48 Abs. 1 RVOG. Eine solche Subdelegation liegt dann vor, wenn eine dem Bundesrat delegierte Rechtsetzungsbefugnis von diesem an ein Departement oder eine dem Departement untergeordnete Amtsstelle weiterdelegiert wird. Eine Subdelegation ist eine Änderung der sich aus Verfassung und Gesetz ergebenden Zuständigkeitsordnung durch die Exekutive (HÄFELIN/HALLER/KELLER, Nr. 1875).

[143] Siehe zu den horizontalen und vertikalen Verordnungen unten Rz. 221.

[144] Siehe zur LKV unten Rz. 236 ff.

## 2. Bundesamt für Gesundheit (BAG)

120 Das BAG ist dem EDI unterstellt. Es vertritt als nationale Behörde die Schweiz in Gesundheitsbelangen in internationalen Organisationen und gegenüber anderen Staaten. Auf nationaler Ebene ist das BAG – zusammen mit den 26 Kantonen – verantwortlich für die öffentliche Gesundheit und für die Entwicklung der nationalen Gesundheitspolitik.[145]

121 Oberstes Ziel aller Aktivitäten und Bemühungen des BAG ist die Erhaltung und Förderung der Gesundheit aller in der Schweiz lebenden Menschen. Unter Gesundheit wird dabei mehr verstanden als nur das Fehlen von Krankheiten. Gesundheit wird vielmehr als eine der wichtigen Voraussetzungen wahrgenommen, die eine produktive und selbstbestimmte Lebensführung ermöglichen.[146] Entsprechend breit gefächert ist das Aufgabengebiet des Amtes.[147]

122 Sichere Lebensmittel bilden dabei gemäss BAG einen wichtigen Grundpfeiler für eine gute Gesundheit der Bevölkerung.[148] Im Bereich des Verbraucher-

---

[145] BAG, in Kürze, S. 2.

[146] BAG, Gesundheitswesen, S. 7. Diese Leitidee geht vom modernen Gesundheitsbegriff der WHO eines körperlichen, psychischen und sozialen Wohlbefindens – und nicht nur vom traditionellen „Fehlen von Krankheiten" – aus (BAG, Leitbild, S. 15). Siehe zum Begriff Gesundheit, insbesondere zum ganzheitlichen Gesundheitsbegriff, auch ausführlich unten Rz. 422 ff.

[147] Gemäss BAG gehört zu diesen Aufgaben die Pflege und Entwicklung der sozialen Kranken- und Unfallversicherung. Kernaufgaben sind Fragen rund um die Leistungen zulasten der obligatorischen Krankenpflegeversicherung und die Aufsicht über die sozialen Kranken- und Unfallversicherungen. Das BAG wacht auch über die gesetzlichen Vorschriften zum Verbraucherschutz – insbesondere Lebensmittel, Chemikalien, Heilmittel, kosmetische Produkte und Gebrauchsgegenstände wie z.B. Spielzeuge – und beaufsichtigt deren Vollzug. Es ist zuständig für die Überwachung übertragbarer Krankheiten und die Aufsicht über den Strahlenschutz. Das BAG ist darüber hinaus verantwortlich für nationale Programme zur Reduktion des Suchtverhaltens (Tabak, Alkohol und illegale Drogen) sowie zur Förderung gesunder Lebensweisen (Ernährung und Bewegung) und für das nationale HIV/Aids-Programm. Weiter ist es zuständig für die gesetzlichen Regelungen der Aus- und Weiterbildung von Ärzt/innen, Zahnärzt/-innen, Apotheker/-innen, Chiropraktor/-innen und Tierärzt/-innen und erteilt entsprechende eidgenössische Diplome. Nicht zuletzt ist das Amt aber auch verantwortlich für die Gesetzgebung und die Aufsicht in den Bereichen biologische Sicherheit, Forschung am Menschen (inkl. Stammzellenforschung) und Transplantationsmedizin (vgl. zum Ganzen BAG, in Kürze, S. 2).

[148] Der weltweite Handel stellt die Lebensmittelsicherheit in der Schweiz täglich vor neue Herausforderungen. Damit der hohe Sicherheitsstandard in der Schweiz beibehalten werden kann und die Konsumentinnen und Konsumenten jederzeit

schutzes unterstehen dem BAG deshalb insbesondere die Lebensmittelsicherheit und die Aufsicht über die Lebensmittelkontrolle.[149] Das BAG sorgt dafür,
dass die Lebensmittel und Gebrauchsgegenstände in der Schweiz sicher sind,
indem es die Zulassung und Forschung regelt sowie die Verbraucheranliegen
Gesundheitsschutz und Täuschungsschutz konsistent umsetzt.[150]

In den Aufgabenbereich des BAG fällt somit auch die Regulierung des Mark-   123
tes für gesundheitsfördernde Lebensmittel. Wie noch ausführlich zu erörtern
sein wird, dürfen gesundheitsbezogene Angaben über Lebensmittel nur gemacht werden, wenn sie in einer vom BAG erstellten Liste, dem sog. „Anhang 8 zur LKV", freigegeben und vorgesehen sind.[151] Dem BAG untersteht
zudem auch das Bewilligungsverfahren für weitere, noch nicht in Anhang 8
aufgeführte gesundheitsbezogene Angaben.[152]

Das BAG trägt auch zum Abbau von Handelshemmnissen bei, indem es die   124
rechtlichen Grundlagen im Bereich der Lebensmittelsicherheit laufend dem
internationalen Stand von Wissenschaft und Technik sowie dem Recht der
wichtigsten Handelspartner der Schweiz anpasst und die notwendigen Entscheidungen über die Verkehrsfähigkeit von ausländischen Produkten trifft.[153]

---

geschützt sind, braucht es gemäss BAG deshalb eine stets aktuelle Risikobewertung, eine fortschrittliche Gesetzgebung, einen funktionierenden Vollzug, eine
offene Risikokommunikation und eine gute Zusammenarbeit auf nationaler und
internationaler Ebene (vgl. zum Ganzen die Übersicht über den Verbraucherschutz, BAG, in Kürze, S. 14).

[149]   Vgl. BAG, Gesundheitswesen, S. 8; BAG, in Kürze, S. 2 und 14.
[150]   Vgl. BAG, Gesundheitswesen, S. 8.
[151]   Vgl. Art. 29f Abs. 2 LKV. In der Schweiz hat eine Arbeitsgruppe im Auftrag des
BAG zunächst eine Liste der zulässigen Anpreisungen für Vitamine und Mineralstoffe erarbeitet. Diese Liste diente als Grundlage für die Erstellung des Anhangs 8 der LKV (vgl. NELLEN-REGLI, Health Claims, S. 1). Siehe dazu unten
Rz. 832 ff.
[152]   Vgl. Art. 29g LKV. Siehe zum Bewilligungsverfahren für neue gesundheitsbezogene Angaben unten ausführlich Rz. 846 ff. und zur Zuständigkeit des BAG
unten Rz. 239.
[153]   BAG, in Kürze, S. 14; vgl. hierzu beispielhaft den Wortlaut in Art. 41 LKV. In
Abs. 1 wird ausdrücklich auf die „wichtigen Handelspartner" sowie in Abs. 2 auf
die „Anpassung der Anhänge 7 und 8 an die EG-Health-Claims-Verordnung"
hingewiesen.

# 3. Kantonale Laboratorien

125 Die Kontrolle der Lebensmittel und Gebrauchsgegenstände[154] ist Aufgabe der Kantone. Ihnen obliegt der Vollzug der eidgenössischen Lebensmittelbestimmungen, soweit nicht der Bund zuständig ist.[155] Unter der Leitung der Kantonschemikerin oder des Kantonschemikers führen die zuständigen Ämter, auch Kantonale Laboratorien genannt, Inspektionen in den Betrieben und umfassende Laboruntersuchungen durch.[156] Sie wachen über die Einhaltung der gesetzlichen Vorschriften und sorgen für eine hohe Lebensmittelsicherheit und einen umfassenden Verbraucherschutz. Alle Betriebe werden risikobasiert in definierten Intervallen kontrolliert.[157] In Problembetrieben werden häufigere (Nach-)Kontrollen durchgeführt.[158]

126 Den Kantonalen Laboratorien obliegt damit auch die Kontrolle der gesundheitsfördernden Lebensmittel. Die Kontrollorgane überprüfen die Lebensmit-

---

[154]  Siehe zu den Lebensmitteln und Gebrauchsgegenständen unten Rz. 342 ff.

[155]  Vgl. Art. 40 Abs. 1 LMG, wobei dem BAG die Aufsicht über den kantonalen Vollzug obliegt (Art. 36 Abs. 1 LMG i.V.m. Art. 60 Abs. 1 LGV).

[156]  Neben einer Kantonschemikerin oder einem Kantonschemiker setzen die Kantone die notwendige Anzahl Lebensmittelinspektorinnen und -inspektoren, Lebensmittelkontrolleurinnen und -kontrolleure sowie amtliche Fachassistentinnen und -assistenten ein (Art. 40 Abs. 2 LMG). Die Kantonschemikerin oder der Kantonschemiker koordinieren dabei die Tätigkeit der ihnen unterstellten Fachkräfte (Art. 40 Abs. 4 LMG). Im Labor werden Produkte, die der Lebensmittelgesetzgebung unterstellt sind, chemisch, mikrobiologisch, physikalisch und sensorisch geprüft. Dazu stehen dem Kantonschemiker ausgewiesene Spezialisten für die einzelnen Fachgebiete mit den nötigen modernsten Analyseapparaturen zur Seite. Überprüft werden im Labor Nahrungsmittel (inkl. Trinkwasser), Genussmittel (z.B. alkoholische Getränke), Bedarfsgegenstände wie z.B. Geschirr und Verpackungsmaterialien für Lebensmittel, Kosmetika, Gegenstände, die mit der Haut oder Schleimhaut in Kontakt kommen (z.B. Modeschmuck, Textilien), Kinderspielwaren und weitere Gegenstände des täglichen Gebrauchs. Die Kontrolle umfasst auch Inspektionen in den rund 11'000 Lebensmittelbetrieben, die jederzeit unangemeldet kontrolliert werden dürfen.

[157]  Die kantonalen Lebensmittelinspektoren sind dabei nicht auf sich alleine gestellt. Der grösste Teil der Routinekontrollen in den Betrieben ist den Gemeinden auferlegt, welche dazu Lebensmittelkontrolleurinnen und Lebensmittelkontrolleure angestellt haben. Sie werden durch das Kantonale Labororatorium ausgebildet und unterstehen fachlich dem Kantonschemiker (vgl. zum Ganzen die Informationen auf der Homepage des Kantonalen Laboratoriums Zürich <http://www.klzh.ch/portrait/aufgabe.cfm> [besucht am: 10. April 2011]; vgl. auch CLOETTA/VOGELSANGER, S. 29 ff.).

[158]  Art. 56 Abs. 1 LGV.

tel, die Verpackungen und Anpreisungen stichprobenweise.[159] Wird festgestellt, dass die gesetzlichen Anforderungen nicht erfüllt sind, so beanstanden die Kontrollorgane das Lebensmittel und teilen die Beanstandung den Betroffenen schriftlich mit.[160] Die Kantonschemikerinnen und Kantonschemiker entscheiden dann, ob die beanstandeten Waren mit Auflagen verwertet werden dürfen oder durch die Betroffenen beseitigt oder auf deren Kosten eingezogen und unschädlich gemacht werden müssen.[161]

Damit die Kantonalen Laboratorien die ihnen zugewiesene Aufgabe der Lebensmittelkontrolle wahrnehmen können, sind sie auf klare und bestimmte gesetzliche Vorgaben angewiesen. Es ist den Kantonschemikerinnen und Kantonschemiker deshalb ein Anliegen, dass (neues) Lebensmittelrecht vollziehbar und griffig ist und keine regulatorische Unklarheiten schafft. Diese Gefahr besteht insbesondere dann, wenn Harmonisierungsbestrebungen auf Bundesebene zu rasch umgesetzt werden, ohne sich vorgängig mit den Vollzugsorganen abzustimmen und ohne sich damit über die Folgen für den Schweizer Lebensmittelmarkt bewusst zu sein.    127

## G.  Juristinnen und Juristen in Zeiten von Legal Management

Nach traditionellem Rollenverständnis beraten Juristinnen und Juristen Klienten und stehen ihnen mit fachspezifischem Wissen zur Seite. Die Legal-Management-Lehre fordert darüber hinaus einen zeitgemässen und differenzierten Umgang mit den rechtlichen und regulatorischen Aspekten unternehmerischen Handelns. Diese Aspekte sind zwar häufig nicht die ursprünglichen Triebkräfte des Geschäfts, sie haben aber einen starken Einfluss auf die laufende Geschäftstätigkeit der Unternehmen. Die Legal-Management-Lehre geht dabei von einer Unternehmensumwelt aus, von zunehmender Komplexität, mit ständig wachsenden rechtlichen Einflüssen und entsprechendem Wachstum des Schadenpotenzials, in einer immer stärker globalisierten und technisierten Welt.[162]    128

---

[159]  Art. 24 Abs. 1 LMG.
[160]  Art. 27 Abs. 1 und Abs. 3 LMG.
[161]  Art. 28 Abs. 1 Bst. a–c LMG. Siehe zum Vollzug der Lebensmittelkontrolle ausführlich unten Rz. 965 ff.
[162]  Vgl. zum Ganzen TAISCH, S. 277 f. Siehe zur Legal-Management-Lehre auch STAUB LEO, Legal Management, Management von Recht als Führungsaufgabe, 2. Aufl., Zürich 2006.

129 Um die rechtlichen und regulatorischen Risiken, insbesondere im Bereich des sich rasch wandelnden Lebensmittelrechts, richtig einschätzen zu können, fordert die Legal-Management-Lehre eine pro-aktive Auseinandersetzung und Auswertung der entstehenden Risiken und Chancen. Der Umgang mit der rechtlichen Dimension der Unternehmensumwelt ist gemäss der Legal-Management-Lehre sogar zu einem Erfolgsfaktor geworden; eine frühzeitige, opportunistische Anpassung an die rechtlichen und regulatorischen Rahmenbedingungen kann gegenüber den Mitbewerbern ausschlaggebend sein und frühzeitig neue Chancen eröffnen.[163]

130 Früher wurde von den Unternehmen gegenüber den Juristinnen und Juristen häufig eine sog. „not beging part of the business"-Philosophie vertreten, mit einer scharfen Trennung von Management und Recht.[164] Die internen Rechtsabteilungen standen der hauseigenen Tätigkeit zwar näher, hatten aber häufig eine Art „Satellitenstellung" innerhalb des Unternehmens inne und dienten der Geschäftsleitung oder den Handelstreibenden als assistierende Stabsstellen. Nur langsam und aufgrund der immer stärker werdenden Regulierungsdichte wurde die interne Rechtsabteilung vom Management enger und häufiger in die Entscheidungsprozesse miteinbezogen; sie blieb dabei aber stets in der Rolle der Stabsfunktion innerhalb des Unternehmens.[165]

131 Die Legal-Management-Lehre fordert nun, dass die rechtliche und regulatorische Dimension nicht auf eine Stabsfunktion oder Satellitenstellung reduziert sein sollte. Vielmehr muss die unternehmensinterne Rechtsanwendung und -umsetzung zu einem festen Bestandteil des Managements und damit der Geschäftstätigkeit werden. Die hinzugezogenen Juristinnen und Juristen sollten eine Querschnittfunktion innerhalb des Unternehmens einnehmen, die sich durch alle Managementebenen und durch die einzelnen Geschäftsbereiche hindurchzieht.[166]

132 Im Lebensmittelsektor ist die Umsetzung von Legal Management aufgrund der sich ständig ändernden und anwachsenden Lebensmittelgesetzgebung sowie der länderübergreifenden Harmonisierung des Rechts besonders angebracht. Nur eine fortlaufende und pro-aktive Anpassung an die rechtlichen

---

[163] Vgl. TAISCH, S. 277.

[164] Die Rechtsberatung wurde oft erst hinzugezogen, wenn Verstösse bereits gemeldet wurden oder Klagen drohten (TAISCH, S. 278).

[165] Vgl. TAISCH, S. 278 f. Lange Einarbeitungszeiten bei zu Beginn noch fehlender branchenspezifischer Fachkenntnis waren zusätzlich hemmende Faktoren bei der Integration der Abteilungen in die tagtägliche Geschäftstätigkeit des Unternehmens (KPMG LEGAL, S. 2).

[166] Vgl. TAISCH, S. 279.

und regulatorischen Rahmenbedingungen gewährleistet die Einhaltung des Rechts und eröffnet im Idealfall gar Chancen für neue Geschäftsmöglichkeiten.

Moderne Lebensmittelunternehmen verfügen sogar häufig über interne Regulierungsspezialisten, auch „Regulation Officers" genannt, die über die neusten Entwicklungen des Rechts informiert sind und diese Informationen an das Management sowie an interne und externe Juristinnen und Juristen weiterleiten. 133

„Regulation Officers", Juristinnen und Juristen sollten denn auch nicht mehr streng von Geschäftsentscheidungen ausgeschlossen sein. Sie sollten möglichst frühzeitig in den Wertschöpfungsprozess der Unternehmen – von der Produktentwicklung bis zu Vertrieb und Verkauf – miteinbezogen werden. Der rechtzeitige Miteinbezug rechtlicher Aspekte verhindert unangenehme und kostenintensive Überraschungen bei der Realisierung eines Projekts oder einer neuen Geschäftsidee.[167] 134

## IV. Zusammenfassung und Folgerungen

Der Lebensmittelmarkt befindet sich in einem grundlegenden Wandel. Einer Stagnation der Verkaufszahlen stehen neue Bedürfnisse der Konsumentinnen und Konsumenten gegenüber. Die Lebensmittelherstellerinnen und -hersteller haben diese Ausgangslage aber erkannt und versuchen, mittels neuartiger und innovativer Lebensmittelprodukte zusätzliche Marktanteile zu gewinnen. Seit Mitte der 90er-Jahre sind weltweit unzählige neue Produktkreationen auf den Lebensmittelmärkten eingeführt worden. Dazu gehören insbesondere gesundheitsfördernde Lebensmittel, die auch unter den Bezeichnungen „Functional Food" oder funktionelle Lebensmittel bekannt sind. Diese Lebensmittel bieten den Konsumentinnen und Konsumenten zusätzlich zu einer gesundheitsbewussten Ernährungsweise die Möglichkeit, etwas Gutes für die Gesundheit und das Wohlbefinden des Körpers zu tun. 135

Weltweit beträgt der Umsatz der Lebensmittelkonzerne in diesem Marktsegment zwischen 60 und 100 Mrd. US-Dollar. Die weltweiten Produktentwicklungen haben auch vor dem Schweizer Lebensmittelmarkt nicht halt gemacht. Über die grossen Märkte USA und Japan sind die neuartigen und innovativen Lebensmittel zunächst in den west- und nordeuropäischen EU-Mitgliedstaaten angekommen und danach schliesslich in die Schweiz gelangt. Hier 136

---

[167] Vgl. KPMG LEGAL, S. 3.

haben die Konsumentinnen und Konsumenten derzeit die Wahl zwischen weit über 100 verschiedenen Produkten, die einen gesundheitlichen Zusatznutzen versprechen. Der mit diesen Produkten erzielte Jahresumsatz dürfte bei ca. 450 Mio. Fr. liegen. Der Markt für gesundheitsfördernde Lebensmittel wächst mit einem jährlichen Umsatzplus von bis zu 20 % deutlich schneller als der Markt für die übrigen Nahrungsmittel, der lediglich um 2–3 % zulegt.

137 Die Kundinnen und Kunden haben dabei immer komplexere Produkterwartungen: Sie wünschen ein vielfältiges Nahrungsmittelangebot, das Ernährungstrends wie Genuss, Gesundheit, Convenience, Ökologie, Sicherheit, Internationalität und Lifestyle gerecht wird. Lebensmittel sollten demnach ansprechend schmecken und dem Bedürfnis, gesund zu leben und sich entsprechend zu ernähren, gerecht werden. Gerade auch Menschen ab dem 60. Lebensjahr rücken dabei als starke Konsumentengruppe immer mehr in den Vordergrund. Angereicherte Produkte richten sich aber auch an die immer kleiner werdenden Haushalte, in denen nur noch selten ausgiebig gekocht wird. Darüber hinaus zielt Nahrung mit spezifisch gesundheitsförderndem Zusatznutzen auf weitere Zielgruppen, wie z.B. berufstätige Frauen zwischen 30 und 50 Jahren, die überdurchschnittlich gut ausgebildet sind, ab. Marketingstrateginnen und -strategen sprechen in diesem Zusammenhang deshalb auch von einem „Multi-Nischen-Markt". Eine aufwendige gesundheitsorientierte Nahrungszusammenstellung wird durch die Integration vieler Komponenten in einem Produkt teilweise abgenommen. Ein deutlicher Preisaufschlag (ca. 30 %) ist aber aus Konsumentensicht nur bei einer konsequenten Qualitätsstrategie und bei einer nachweisbaren Wirkung des Produktes zu rechtfertigen.

138 Zu den massgebenden Interessengruppen des Marktsegments der gesundheitsfördernden Lebensmittel gehören die Nahrungsmittelindustrie, die Konsumentinnen und Konsumenten, die Werbeagenturen, die Ernährungsberater, die staatliche Verwaltung – bestehend aus EDI, BAG und den Kantonalen Laboratorien – sowie die Juristinnen und Juristen. Als sog. „Stakeholder" haben sie eine exakte Vorstellung davon, wie der lebensmittelrechtliche Rahmen des besagten Marktsegments, insbesondere bezüglich Anpreisungsfragen, ausgestaltet sein soll.

139 Die Nahrungsmittelindustrie fordert, dass das Schweizer Lebensmittelrecht einheitlich umsetzbar und stets auf dem neusten Stand und damit nicht zuletzt auch EU-kompatibel ist. Die Vorschriften sollten die Wirtschaftsfreiheit der Gewerbetreibenden aber nicht zu stark einschränken. Zum Schutz vor Täuschung sollten die rechtlichen Vorgaben dabei auf die Auffassungsgabe eines durchschnittlich informierten Konsumenten zugeschnitten sein. Für die Unternehmen ist weiter entscheidend, dass sie neuartige, aufwendig entwickelte

Lebensmittel auch gebührend vermarkten und vertreiben können. Sie fordern deshalb, dass bezüglich gesundheitsbezogener Anpreisung Rechtsklarheit und Rechtssicherheit besteht.

Auf der Nachfrageseite stehen die Konsumentinnen und Konsumenten. Als 140 Konsumenten gelten natürliche Personen, die Waren oder Dienstleistungen zum persönlichen oder familiären Gebrauch erwerben. Sie werden von Lehre und Rechtsprechung, sowohl in der Schweiz als auch in der EU, als mündige, angemessen aufmerksame und verständige Durchschnittsverbraucherinnen und -verbraucher erachtet. Ihre Bedürfnisse nach Gesundheit, Convenience und Lifestyle möchten sie mit neuartigen „Food-Produkten" zwar befriedigen, gleichzeitig sind sie aber darauf angewiesen, dass lebensmittelrechtliche Maximen wie Gesundheits- und Täuschungsschutz eingehalten werden. Die von der Lebensmittelwerbung vermittelten Erwartungen müssen durch das Produkt auch tatsächlich erfüllt werden. Für gesundheitsbezogene Werbung bedeutet dies: Die gemachten Anpreisungen müssen stets verständlich und wahrheitsgemäss sein und einer wissenschaftlichen Überprüfung am Produkt standhalten.

Die Werbeagenturen erbringen eine Beratungsleistung, indem sie ihre Kun- 141 dinnen und Kunden bei der Lösung von Marketingproblemen zur Optimierung des Produktabsatzes beraten. Da die Agenturen bei ihrer Beratungstätigkeit grundsätzlich dem Auftragsrecht unterstehen, sind sie zur sorgfältigen Erfüllung und Besorgung der ihnen übertragenen Aufgaben verpflichtet und haben alles zu unternehmen, um die von den Kunden erhofften und erstrebten Resultate herbeizuführen. Die Agentur ist damit auch dafür verantwortlich, dass die von ihr begleitete Werbung rechtlich zulässig ist. Die Agentur hat die Pflicht, sich über die Zulässigkeit der von ihr entworfenen Werbung zu vergewissern. Im Zweifelsfalle hat sie sich dazu an eine Spezialistin zu wenden oder einen Rechtsanwalt beizuziehen. Für die Agenturen muss deshalb in den Grundzügen nachvollziehbar sein, ab wann sie bei ihren Werbebemühungen Gefahr laufen in den Bereich von unzulässiger oder täuschender Werbung zu gelangen. Die Werbeagenturen haben also auch ein Interesse daran, dass der rechtliche Rahmen, in dem sich die gesundheitsbezogene Werbung bewegt einfach, klar und unmissverständlich ausgestaltet ist.

Die Ernährungsberatung begrüsst gesundheitsfördernde Lebensmittel grund- 142 sätzlich als Mittel zur Bereicherung der herkömmlichen Ernährungsweise. Ein allzu „fortschrittsgläubiger" Umgang nach dem Motto „Die vitaminisierte Bratwurst wird schon gesund sein" wird aber abgelehnt. Die Ernährungsberatung weist deshalb nachdrücklich darauf hin, dass eine ausgewogene Ernährung immer noch am besten vor ernährungsbedingten Gesundheitsbeeinträchtigungen schützt. Es ist denn auch die Forderung der Ernährungsberaterinnen und Ernährungsberater, dass bei gesundheitsbezogenen Produkten Hinweise über eine ausgeglichene und ausgewogene Ernährungsweise gesetzlich vorgeschrieben sein sollten.

143 Aus Sicht der staatlichen Verwaltung setzen sich auf Bundesebene EDI und BAG und auf kantonaler Ebene die Kantonalen Laboratorien mit dem Marktsegment auseinander. Während EDI und BAG die massgebenden Vorschriften erlassen und die Regulierung fortlaufend dem Recht der wichtigsten Handelspartner der Schweiz anpassen, vollziehen die Kantonalen Laboratorien die Lebensmittelkontrolle auf dem ihnen unterstehenden Lebensmittelmarkt. Dafür benötigen sie klare und bestimmte Normen, die einen griffigen Vollzug ermöglichen. Vorschnelle Harmonisierungsbemühungen auf Bundesebene dürfen den Vollzug in den Kantonen nicht vereiteln.

144 Spezialisierte Juristinnen und Juristen kennen die einschlägigen lebensmittelrechtlichen Normen und sind über aktuelle Entwicklungen des Rechts informiert. In Zeiten von Legal Management sollen die hinzugezogenen Juristinnen und Juristen deshalb eine Querschnittsfunktion innerhalb des Unternehmens einnehmen, die sich durch alle Managementebenen und durch die einzelnen Geschäftsbereiche hindurchzieht. Die entsprechenden rechtlichen Vorgaben der Produkteinführung und -vermarktung, namentlich im Bereich der Health Claims, können so unmittelbar in das unternehmerische Handeln einfliessen und spätere – oft kostenintensive – Anpassungen vermeiden.

145 Im Zusammenhang mit gesundheitsfördernden Lebensmitteln bestehen bei den massgebenden Interessengruppen somit unterschiedliche Anliegen. Eine Regulierung der gesundheitsbezogenen Anpreisung wird aber von allen Marktteilnehmern grundsätzlich begrüsst. Im Anschluss an den Gang der Untersuchung wird deshalb im letzten Teil (vgl. unten Rz. 1063 ff.) zu untersuchen sein, inwiefern die derzeit einschlägigen Anpreisungsvorschriften den einzelnen Anspruchsgruppen gerecht werden.

# 2. Kapitel: Rechtsgrundlagen

## I.    Vorbemerkungen

Nachdem im vorstehenden ersten Kapitel die Entwicklung des Marktseg-     146
ments der gesundheitsfördernden Lebensmittel und insbesondere die massgebenden Interessengruppen näher aufgezeigt wurden, werden nachfolgend die
für diesen Bereich relevanten Rechtsgrundlagen dargestellt.

Es kann dabei davon ausgegangen werden, dass das Lebensmittelrecht heute     147
zu einer Querschnittsmaterie geworden ist. Die entsprechenden Regelungen
betreffen nicht nur ein enges Rechtssegment, sondern vielmehr verschiedene
Rechtsgebiete. Diese Entwicklung wird durch den in starkem Masse globalen
Charakter des Lebensmittelrechts und die damit verbundenen laufenden Har-
monisierungen noch verstärkt.[168]

Angesichts des stark steigenden Volumens des grenzüberschreitenden Güter-     148
handels nimmt die Handlungsfähigkeit nationaler Gesetzgeber zusehends ab;
gleichzeitig steigt der Bedarf an harmonisierenden internationalen Regelungen.[169] Das Schweizer Lebensmittelrecht kann somit auch nicht mehr isoliert
betrachtet werden.

Die nachfolgende Übersicht über die Rechtsgrundlagen stellt deshalb eine     149
vom Verfasser mit Blick auf die Thematik der gesundheitsbezogenen Anpreisung von Lebensmitteln begrenzte Auswahl dar. Es werden die im Verlaufe
der Untersuchung herangeführten schweizerischen und europäischen Vorschriften erfasst.

Zunächst wird auf die Rechtsgrundlagen in der Schweiz eingegangen. Auf     150
Verfassungsstufe werden die Rechtsetzungskompetenzen des Bundes sowie
die betroffenen Grundrechte vorgestellt. Anschliessend wird das einschlägige
Gesetzes- und Verordnungsrecht behandelt, wobei thematisch zuerst auf die
lebensmittelrechtlichen Normen eingegangen wird, dann auf die weiteren
relevanten Vorschriften. Zu den zu erfassenden EU-Bestimmungen gehören
die unionsrechtlichen Vorgaben gemäss Vertrag über die Arbeitsweise der
Europäischen Union (AEUV) sowie die für Lebensmittel- und Anpreisungsfragen massgebenden Verordnungen und Richtlinien.

Die Harmonisierungsbestrebungen im Lebensmittelrecht wurden bereits     151
mehrfach erwähnt (vgl. oben Rz. 8, 127 und 147 f.). Der Vorbildfunktion des

---

[168]    WEBER, S. 17.
[169]    Siehe so auch WEBER, S. 2.

43

EU-Lebensmittelrechts ist deshalb ein gesonderter Abschnitt am Ende dieses Kapitels gewidmet.

## II.   Rechtsgrundlagen in der Schweiz

## A.   Verfassungsrecht

### 1.   Allgemeines

152  Zentrale Verfassungsgrundlagen für das schweizerische Lebensmittelrecht sind Art. 118 BV (Schutz der Gesundheit) und Art. 97 BV (Schutz der Konsumentinnen und Konsumenten). Diese Bestimmungen geben dem Bund die Kompetenz, Massnahmen zum Schutz der Konsumentinnen und Konsumenten zu treffen und Vorschriften über den Umgang mit Lebensmitteln und Gegenständen, welche die Gesundheit gefährden können, zu erlassen.[170]

153  Mit Blick auf Anpreisungsfragen ist darüber hinaus auch Art. 96 BV (Massnahmen gegen den unlauteren Wettbewerb) von Belang. Diese Bestimmung verpflichtet den Bund, Massnahmen gegen den unlauteren Wettbewerb zu treffen.

154  Bei den Grundrechten steht das Recht auf Werbung in besonderem Fokus. Davon betroffen sind die Wirtschaftsfreiheit (Art. 27 BV und Art. 94 ff. BV) sowie die Meinungs-, Informations- und Medienfreiheit (Art. 16 BV, Art. 17 BV und Art. 10 EMRK).

155  Diese verfassungsrechtlichen Grundlagen setzen den Rahmen, in dem sich Lebensmittelwerbung bewegen darf. Grundsätzlich ist sie erlaubt; aufgrund öffentlicher Interessen kann sie jedoch eingeschränkt werden.[171]

### 2.   Rechtsetzungskompetenzen des Bundes

#### a)   Schutz der Gesundheit (Art. 118 BV)

156  Art. 118 Abs. 1 BV beauftragt den Bund in allgemeiner Form, Massnahmen zum Schutz der Gesundheit zu treffen.[172] Diese Anordnung begründet indes-

---

[170]  Vgl. KLEMM, S. 89.
[171]  Vgl. EGGENBERGER STÖCKLI, Heilmittel, S. 64, bezüglich Arzneimittelwerbung.
[172]  POLEDNA, SG-Komm BV, N 2 zu Art. 118 BV.

sen nicht eine Zuständigkeit des Bundes, sondern sie ist ausdrücklich eingeschränkt darauf, dass der Bund „im Rahmen seiner Zuständigkeit" die ange-
brachten Massnahmen trifft. Gesetzgebungskompetenzen hat der Bund lediglich, wenn ausdrückliche Kompetenznormen vorliegen.[173]

Bei Art. 118 Abs. 1 BV handelt es sich somit um einen nicht Kompetenz    157
begründenden, gesundheitspolizeilich motivierten Handlungsauftrag, der
insbesondere im Rahmen des Gesetzgebungsauftrags resp. der Zuständigkeitsordnung gemäss Abs. 2 zu erfüllen ist.[174]

Art. 118 Abs. 2 BV verpflichtet den Bund, in drei Teilbereichen Vorschriften    158
zum Schutz der Gesundheit zu erlassen.[175] Art. 118 Abs. 2 Bst. a BV will in
erster Linie die Allgemeinheit, insbesondere die Konsumentinnen und Konsumenten, vor Gesundheitsschädigungen schützen.[176] Erfasst werden sollen
Gegenstände wie Lebensmittel (aber auch Heilmittel sowie Betäubungsmittel), die von Personen ohne besondere Kenntnisse oder spezielle Ausbildung
verwendet werden und dabei die Gesundheit gefährden können.[177] Die Formulierung „… Umgang mit" bringt zum Ausdruck, dass jede erdenkliche
Tätigkeit erfasst ist, namentlich das Herstellen, Verarbeiten, Einführen, Inverkehrbringen, Anpreisen und Bewerben von Lebensmitteln, einschliesslich
ihres Konsums.[178]

---

[173]  WEBER, S. 14
[174]  BIAGGINI, N 3 zu Art. 118 BV.
[175]  Art. 118 Abs. 2 BV verpflichtet den Bund, zu drei abschliessend aufgezählten,
       aber nicht unbedingt klar abgegrenzten Teilbereichen Vorschriften zu erlassen.
       Es handelt sich dabei um folgende Teilbereiche: den Umgang mit bestimmten
       Waren (Bst. a); die Bekämpfung bestimmter Krankheiten (Bst. b) und den
       Schutz vor ionisierenden Strahlen (Bst. c). Die Bundeskompetenz im Bereich
       des Gesundheitsschutzes ist in diesem Sinne fragmentarischer Natur. Für die drei
       genannten Teilbereiche verfügt der Bund über eine umfassende, d.h. nicht auf
       den Erlass von Grundsätzen beschränkte, konkurrierende Gesetzgebungskompe-
       tenz, die er weitgehend ausgeschöpft hat (vgl. GÄCHTER/VOLLENWEIDER,
       Nr. 107; POLEDNA, SG-Komm BV, N 7 zu Art. 118 BV; vgl. auch WEBER,
       S. 14).
[176]  Art. 118 Abs. 2 Bst. a BV schützt damit nicht allein die Gesundheit, sondern
       stellt zugleich auch eine Konsumentenschutzbestimmung dar (POLEDNA, SG-
       Komm BV, N 10 zu Art. 118 BV; WEBER, S. 14).
[177]  BIAGGINI, N 7 zu Art. 118 BV; POLEDNA, SG-Komm BV, N 9 f. zu Art. 118 BV.
[178]  BIAGGINI, N 7 zu Art. 118 BV; POLEDNA, SG-Komm BV, N 11 zu Art. 118 BV.

159 Der Umsetzung dieses Gesetzgebungsauftrags dienen im Lebensmittelbereich das LMG und die zahlreichen darauf gestützten Verordnungen.[179] Art. 118 Abs. 2 Bst. a BV bildet insofern eine zentrale verfassungsrechtliche Grundlage der Lebensmittelgesetzgebung. Das zu erlassende Lebensmittelrecht soll die Konsumentinnen und Konsumenten vor Lebensmitteln schützen, welche die Gesundheit gefährden können.[180]

## b) Schutz der Konsumentinnen und Konsumenten (Art. 97 Abs. 1 BV)

160 Gemäss Art. 97 Abs. 1 BV soll der Bund Massnahmen zum Schutz der Konsumentinnen und Konsumenten treffen. Die Kompetenz des Bundes zum Erlass von Konsumentenschutzrecht ist nicht auf bestimmte, verbraucherspezifische Themen eingeschränkt, sondern in eine generalklauselartige Formulierung gefasst.[181] Damit impliziert Art. 97 Abs. 1 BV, dass das Konsumentenschutzrecht auf zahlreiche Erlasse verteilt ist.[182]

161 Zu diesen Erlassen gehören auch das LMG und die darauf gestützten Verordnungen, die den Schutz der Konsumentinnen und Konsumenten im Zusammenhang mit Lebensmitteln bezwecken. Im Sinne eines umfassenden Konsumentenschutzes sollen diese vor Lebensmitteln, welche die Gesundheit gefährden können, sowie vor jeglicher Form der Täuschung im Zusammenhang mit Lebensmitteln geschützt werden.[183]

162 Das Konsumentenschutzrecht hat im Bereich des Lebensmittelrechts einen nahen Bezug zum Lauterkeits- und Gesundheitsrecht. So sind Begriffe wie Täuschung und Irreführung über die Produkteigenschaften oder die angepriesenen Wirkungen eines Lebensmittels auch aus verbraucherschutzrechtlicher Sicht von Bedeutung.[184]

---

[179] Vgl. die Übersicht bei BIAGGINI, N 9 zu Art. 118 BV sowie die Homepage des BAG: <www.bag.admin.ch/themen/lebensmittel/04865/index.html?lang=de> (besucht am: 11. April 2011).

[180] Vgl. Art. 1 Bst. a LMG.

[181] Botschaft BV, S. 302.

[182] JACOBS, SG-Komm BV, N 7 zu Art. 97 BV.

[183] Vgl. Art. 1 Bst. a und c LMG; siehe zum Zweck des LMG und zu den darauf gestützten Verordnungen unten Rz. 222 ff.

[184] WEBER, S. 18.

### c) Massnahmen gegen den unlauteren Wettbewerb (Art. 96 Abs. 2 Bst. b BV)

Art. 96 Abs. 2 Bst. b BV verpflichtet den Bund, Massnahmen gegen den un- 163
lauteren Wettbewerb zu treffen. Aufgrund der speziellen Entstehungsge-
schichte (Schaffung der Verfassungsgrundlage nach dem Vorliegen des Gesetzes) lässt sich der Verfassungsbegriff des unlauteren Wettbewerbs mithilfe
des (vorbestehenden) UWG konkretisieren.[185]

Gemäss Art. 2 UWG gilt als unlauter jedes täuschende oder in anderer Weise 164
gegen den Grundsatz von Treu und Glauben verstossende Verhalten oder
Geschäftsgebaren, welches das Verhältnis zwischen Mitbewerbern oder zwischen Anbietern und Abnehmern beeinflusst.

Art. 96 Abs. 2 Bst. b BV bildet damit die verfassungsrechtliche Grundlage für 165
einen lauteren und unverfälschten Wettbewerb.[186] Diese Bestimmung legt den
Grundstein für lauterkeitsrechtliche Prinzipien, die insbesondere bei der Anpreisung von Lebensmitteln beachtet werden müssen.[187]

## 3. Grundrechte

### a) Allgemeines

Dieser Abschnitt geht der Frage nach, inwiefern ein verfassungsmässig garan- 166
tiertes Recht auf Werbung besteht. Verschiedene Grundrechte haben einen
Einfluss auf Werbung und Vertrieb; deren Gehalt und Grenzen sind aber
unterschiedlich geregelt.

Mit Blick auf die gesundheitsbezogene Anpreisung von Lebensmitteln sind 167
die folgenden Grundrechte massgebend: Die Wirtschaftsfreiheit gemäss
Art. 27 und 94 ff. BV und die Meinungs-, Informations- und Medienfreiheit
nach Art. 16 und 17 BV sowie Art. 10 EMRK. Diese Freiheitsrechte werden
nun im Einzelnen skizziert.

---

[185] JACOBS, SG-Komm BV, N 46 zu Art. 96 BV.
[186] JACOBS, SG-Komm BV, N 41 zu Art. 96 BV.
[187] Vgl. FRICK, Lebensmittel, S. 248.

## b) Wirtschaftsfreiheit (Art. 27 und Art. 94 ff. BV)

### aa. Allgemeines

168 Die Gewährleistung der Wirtschaftsfreiheit findet sich in Art. 27 BV. Dessen Abs. 2 BV konkretisiert die Wirtschaftsfreiheit in ihrem grundrechtlichen Gehalt schwerpunktartig und beispielhaft. Sie umfasst namentlich die freie Wahl des Berufs sowie den freien Zugang zu einer privatwirtschaftlichen Erwerbstätigkeit und deren freier Ausübung.[188]

169 Bei der Bestimmung des Umfangs der Wirtschaftsfreiheit sind – neben Art. 36 BV – auch die im Aufgabenteil der Verfassung enthaltenen Art. 94–107 BV zu beachten. Art. 94 BV formuliert dabei die Grundsätze der Wirtschaftsordnung.[189] Die Bundesverfassung verankert in Art. 94 BV aber kein bestimmtes Wirtschaftsmodell oder -system. Art. 94 BV ist eher als „Grundentscheid" für eine „marktorientierte Privatwirtschaft" aufzufassen.[190]

170 Mit der Regelung der Wirtschaftsfreiheit an zwei Stellen (Art. 27 BV und Art. 94–107 BV) bringt die Verfassung in systematischer Hinsicht die unterschiedlichen Bedeutungsschichten des Verfassungsgrundsatzes der Wirtschaftsfreiheit als Grundrecht des Einzelnen (Art. 27 BV) und als Grundentscheidung für eine marktwirtschaftlich organisierte Wirtschaft (Art. 94 BV) zum Ausdruck.[191]

### bb. Sachlicher Schutzbereich

171 Die Wirtschaftsfreiheit bedeutet das Recht des Einzelnen, uneingeschränkt von staatlichen Massnahmen jede privatwirtschaftliche Erwerbstätigkeit frei auszuüben und einen privatwirtschaftlichen Beruf frei zu wählen. Garantiert

---

[188] HÄFFELIN/HALLER/KELLER, Nr. 619; RHINOW, S. 308; RICHLI, Wirtschaftsverfassungsrecht, Nr. 132.

[189] HÄFFELIN/HALLER/KELLER, Nr. 620.

[190] HÄFFELIN/HALLER/KELLER, Nr. 627; RICHLI, Wirtschaftsverfassungsrecht, Nr. 134.

[191] In der Folge können drei Hauptaspekte der Wirtschaftsfreiheit unterschieden werden: Art. 94 BV stellt als Grundentscheidung für eine Wirtschaftsordnung des freien Wettbewerbs die institutionelle Funktion; Art. 27 BV die individualrechtliche Funktion (Wirtschaftsfreiheit als Grundrecht) und Art. 95 ff. die bundesstaatsrechtliche Funktion (Bundeskompetenzen im Interesse eines einheitlichen Wirtschaftsraums Schweiz) dar. Es ergibt sich somit gleichsam eine funktionale Dreiteilung (HÄFFELIN/HALLER/KELLER, Nr. 621, m.w.Verw.; vgl. dazu auch ausführlich RICHLI, Wirtschaftsverfassungsrecht, Nr. 133 ff.)

werden einerseits die freie Konkurrenz im Wirtschaftsleben und andererseits die Freiheit der Berufswahl im privatwirtschaftlichen Bereich.[192]

Die Wirtschaftsfreiheit gewährleistet dem Einzelnen somit die freie Wahl der privatwirtschaftlichen Erwerbstätigkeit.[193] Vom Schutzobjekt erfasst sind alle damit im Zusammenhang stehenden Handlungen.[194] Dazu gehört – neben der freien Wahl bezüglich Ort und Zeit der privatwirtschaftlichen Tätigkeit, der freien Wahl der sachlichen Mittel sowie der Gestaltung der Geschäftsbeziehungen – insbesondere die freie Werbung.[195] Damit ist die freie Werbung verfassungsrechtlich geschützt (vgl. sogleich unten Rz. 176 ff.).[196]     172

Die Wirtschaftsfreiheit schützt aber nur privatwirtschaftliche Tätigkeit, die zum Zwecke des Erwerbs ausgeübt wird. Nicht gewerbsmässige Handlungen werden von der Wirtschaftsfreiheit nicht erfasst.[197]     173

*cc.     Persönlicher Schutzbereich*

Das Grundrecht der Wirtschaftsfreiheit steht natürlichen und juristischen Personen des Privatrechts zu.[198] Zu den berechtigten natürlichen Personen gehören Schweizer Staatsangehörige sowie Ausländerinnen und Ausländer mit Niederlassungsbewilligung.[199] Ausländerinnen ohne Niederlassungsbewilligung oder ohne sonstige Freistellung von arbeitsmarktlichen Begrenzungsmassnahmen können sich demnach (noch) nicht auf die Wirtschaftsfreiheit berufen.[200] Selbstständig und unselbstständig Erwerbende sind gleichermassen geschützt.[201]     174

---

[192]   HÄFFELIN/HALLER/KELLER, Nr. 628 f.; RICHLI, Wirtschaftsverfassungsrecht, Nr. 132 und 188 ff.

[193]   HÄFFELIN/HALLER/KELLER, Nr. 640, unter Verweis auf BGE 105 Ia 67 ff. (71).

[194]   Vgl. HÄFFELIN/HALLER/KELLER, Nr. 640 ff.; vgl. auch die Übersicht bei RICHLI, Wirtschaftsverfassungsrecht, Nr. 188.

[195]   VALLENDER, SG-Komm BV, N 18 zu Art. 27 BV. Weitere Teilaspekte des Schutzes aller im Rahmen einer privatwirtschaftlichen Tätigkeit ausgeübten Handlungen sind die organisatorische Freiheit sowie die Benutzung des öffentlichen Grundes (HÄFFELIN/HALLER/KELLER, Nr. 646 und 648).

[196]   RICHLI, Wirtschaftsverfassungsrecht, Nr. 188.

[197]   Vgl. VALLENDER, SG-Komm BV, N 18 zu Art. 27 BV.

[198]   Vgl. HÄFFELIN/HALLER/KELLER, Nr. 654 ff.; RHINOW, S. 309.

[199]   HÄFFELIN/HALLER/KELLER, Nr. 655; RHINOW, S. 309.

[200]   VALLENDER, SG-Komm BV, N 30 zu Art. 27 BV. Ausländer mit einer Aufenthaltsbewilligung geniessen gemäss aktueller Rechtsprechung des Bundesgerichtes den Schutz der Wirtschaftsfreiheit, sofern sie nicht unter arbeitsmarktliche Begrenzungsmassnahmen fallen und Anspruch auf Erneuerung der Aufenthalts-

175 Neben den natürlichen Personen schützt die Wirtschaftsfreiheit auch juristische Personen des Privatrechts mit Sitz in der Schweiz. Die Frage, ob sich auch ausländische juristische Personen auf die Wirtschaftsfreiheit berufen können, hat das Bundesgericht in BGE 125 I 182 ff. (197 f.) offen gelassen.[202] Ausserhalb des Schutzbereichs der Wirtschaftsfreiheit stehen dagegen die juristischen Personen des öffentlichen Rechts.[203]

### dd.  Recht auf Werbung insbesondere

176 Die bisherige Rechtsprechung ordnet das Recht auf Werbung – als Handlung in Ausübung privatwirtschaftlicher Erwerbstätigkeit – seit jeher dem Grundrecht der Wirtschaftsfreiheit (früher der Handels- und Gewerbefreiheit) zu.[204] Die Freiheit der Werbung ist somit verfassungsrechtlich geschützt.[205] Der Erwerbstätige darf für seine Produkte und Dienstleistungen frei werben. Dazu gehört, dass er selber bestimmen kann, ob und in welchem Umfang er in den Medien Werbung treiben will.[206]

177 Marktteilnehmerinnen und -teilnehmer müssen ihre privatwirtschaftliche Tätigkeit nicht nur ungestört ausüben können, sie sind auch darauf angewiesen, das Publikum auf sich aufmerksam zu machen und ihm ihre Waren und Dienstleistungen anzubieten. In einem marktwirtschaftlichen System ist die Werbung „une manière naturelle, voire nécessaire, de pratiquer la vente, car les producteurs et les négociants doivent renseigner les consommateurs sur les prix et les qualités de leurs marchandises". Es wird deshalb grundsätzlich jede Art von Werbung geschützt.[207]

---

bewilligung haben (vgl. HÄFFELIN/HALLER/KELLER, Nr. 655, unter Verweis auf BGE 123 I 212 ff. [214 ff.], E. 2).

[201]   Vgl. RHINOW, S. 309; VALLENDER, SG-Komm BV, N 15 zu Art. 27 BV.

[202]   RICHLI, Wirtschaftsverfassungsrecht, Nr. 171; VALLENDER, SG-Komm BV, N 32 zu Art. 27 BV, m.w.H.

[203]   HÄFFELIN/HALLER/KELLER, Nr. 656; RHINOW, S. 309; VALLENDER, SG-Komm BV, N 32 zu Art. 27 BV.

[204]   Vgl. BGE 125 I 417 ff. (421); BGE 123 I 201 ff. (205 und 209); BGE 118 Ib 356 ff. (363); BGE 104 Ia 473 ff. (475), E. 2; BGE 96 I 699 ff. (701), E. 2.

[205]   Vgl. HÄFFELIN/HALLER/KELLER, Nr. 647; KNAAK/RITSCHER, Nr. 15; NOBEL/WEBER, S. 115, N 192; STRAUB, S. 90; RICHLI, Wirtschaftsverfassungsrecht, Nr. 188, m.w.Verw.; VALLENDER, SG-Komm BV, N 18 zu Art. 27 BV.

[206]   HÄFFELIN/HALLER/KELLER, Nr. 647.

[207]   Vgl. VALLENDER, SG-Komm BV, N 20 zu Art. 27 BV unter Verweis auf BGE 123 I 201 ff. (205).

Das Bundesgericht hat auch schon früh erkannt, dass zwischen der eigentlichen Reklame und der Werbung im weitesten Sinn (z.B. Public Relations) keine deutliche Grenze gezogen werden kann.[208] Das in der Wirtschaftsfreiheit enthaltene Recht auf Werbung ist umfassend; es besteht im Recht, dem Publikum die eigenen wirtschaftlichen Leistungen bekannt zu geben, wo und wie es beliebt.[209]

178

Seinem Wesen nach umfasst das Recht auf Werbung somit alle Werbe- und Vertriebsmöglichkeiten. Dazu gehört auch das Recht, die eigenen Waren und Dienstleistungen zu kennzeichnen und zu individualisieren, damit das Publikum sie identifizieren kann. Die Marktteilnehmerinnen und -teilnehmer sind grundsätzlich frei, Umfang, Ort und Zeit ihrer Werbung zu bestimmen und die ihnen zusagenden Vertriebsarten zu wählen.[210]

179

Die Wirtschaftsfreiheit schützt aber nur jene privatwirtschaftliche Tätigkeit, die zum Zwecke des Erwerbs ausgeübt wird.[211] Ist die gewählte Kommunikationsform nicht gewinnorientiert, so kann die Werbefreiheit als Teilaspekt der Wirtschaftsfreiheit nicht angerufen werden. Meinungsäusserungen, die nicht kommerziellen Zwecken dienen, fallen in den Schutzbereich der Meinungsfreiheit.[212]

180

### ee.  Beschränkung der Werbefreiheit

Die Wirtschaftsfreiheit gilt nicht absolut; auch die darin enthaltene Freiheit der Werbung kennt Grenzen.[213] Eine Definition dessen, was eine Einschränkung vom Grundsatz der Wirtschaftsfreiheit ist, fehlt in der Verfassung. Art. 94 Abs. 4 BV bezeichnet „insbesondere auch Massnahmen, die sich ge-

181

---

[208]  DAVID/REUTTER führen dazu aus, dass es nicht darauf ankommt, ob die Werbung im Auftrag oder gegen Bezahlung der Werbenden erfolgt. Geschützt seien etwa auch jene Handlungen, bei denen die Marktteilnehmerinnen und -teilnehmer die Presse ermuntern, im redaktionellen Teil über ihre Unternehmen und deren Produkte und Dienstleistungen zu berichten (Public Relations) (vgl. DAVID/REUTTER, S. 18, unter Verweis auf BGE 87 I 262 ff. [264], E. 1).

[209]  DAVID/REUTTER, S. 19.

[210]  DAVID/REUTTER, S. 20.

[211]  Vgl. VALLENDER, SG-Komm BV, N 18 zu Art. 27 BV.

[212]  Vgl. BGE 125 I 417 ff. (420 f.), E. 3a; DAVID/REUTTER, S. 19; STRAUB, S. 90; VALLENDER, SG-Komm BV, N 20 zu Art. 27 BV. Siehe zu Meinungsäusserungen mit ideellem Inhalt unten Rz. 191 ff. und zur Abgrenzung von kommerziellen und ideellen Äusserungen unten Rz. 200 ff.

[213]  Vgl. KNAAK/RITSCHER, Nr. 18; STRAUB, S. 91; VALLENDER, SG-Komm BV, N 20 und 34 zu Art. 27 BV.

gen den Wettbewerb richten", als grundsatzwidrig. In Anlehnung daran unterscheidet die Lehre zwischen grundsatzkonformen und grundsatzwidrigen Massnahmen.[214]

182 Grundsatzwidrig sind Massnahmen, die den freien Wettbewerb behindern, um gewisse Gewerbezweige oder Bewirtschaftungsformen zu sichern oder zu begünstigen[215] oder um das Wirtschaftsleben nach einem festen Plan zu lenken.[216] Grundsatzwidrige Eingriffe weichen damit vom Grundsatz der Wirtschaftsfreiheit ab und richten sich gegen den freien Wettbewerb. Solche Einschränkungen darf nur der Bund erlassen, und zwar nur dort, wo die Verfassung solche Abweichungen vorsieht.[217] Solche Verfassungsvorbehalte (Abweichungen vom Grundsatz der Wirtschaftsfreiheit) finden sich u.a. im Bereich der Konjunkturpolitik (Art. 100 Abs. 3 BV), in der Aussenwirtschaftspolitik (Art. 101 Abs. 2 BV) oder in der Landesversorgung (Art. 102 Abs. 2 BV).[218]

183 Grundsatzkonform sind Massnahmen, die mit dem Grundsatz der Wirtschaftsfreiheit vereinbar sind. Grundsatzkonforme Einschränkungen müssen den allgemein geltenden Anforderungen, wie sie sich aus Art. 36 BV ergeben (gesetzliche Grundlage, öffentliches Interesse, Verhältnismässigkeit), genügen und ferner den Grundsatz der Gleichbehandlung der direkten Konkurrenten beachten. Ausserdem dürfen solche Eingriffe die Wirtschaftsfreiheit nicht ihres Gehaltes entleeren (sog. Schutz des Kerngehaltes).[219]

184 Die Gründe für solche grundsätzlich zulässigen Eingriffe liegen namentlich im Polizeigüterschutz oder in der Verfolgung „polizeiverwandter" sozialpolitischer Ziele. Solche Einschränkungen dienen damit dem Schutz der öffentli-

---

[214] HÄFFELIN/HALLER/KELLER, Nr. 657; RHINOW, S. 313; VALLENDER, SG-Komm BV, N 33 zu Art. 27 BV.

[215] Vgl. BGE 125 I 335 ff. (337).

[216] Vgl. BGE 111 Ia 184 ff. (186); HÄFFELIN/HALLER/KELLER, Nr. 658.

[217] Art. 94 Abs. 4 BV; HÄFFELIN/HALLER/KELLER, Nr. 661; VALLENDER, SG-Komm BV, N 36 zu Art. 27 BV. Vorbehalten bleiben kantonale Regalrechte (vgl. dazu HÄFFELIN/HALLER/KELLER, Nr. 719 ff.). Bund und Kantone dürfen die Wirtschaftsfreiheit somit nur dann in grundsatzwidriger Art und Weise einschränken, wenn sie von der Bundesverfassung dazu ermächtigt sind und die in Art. 36 BV vorgesehenen Voraussetzungen erfüllt sind (vgl. STRAUB, S. 91).

[218] Vgl. zu den grundsatzwidrigen Eingriffen auch ausführlich HÄFFELIN/HALLER/KELLER, Nr. 661–666.

[219] Vgl. HÄFFELIN/HALLER/KELLER, Nr. 668; STRAUB, S. 91; VALLENDER, SG-Komm BV, N 34 zu Art. 27 BV.

chen Ordnung, Gesundheit, Sittlichkeit und Sicherheit oder von Treu und Glauben im Geschäftsverkehr.[220]

Einschränkungen der Werbefreiheit sind somit nur dann zulässig, wenn sie grundsatzkonform sind.[221] Namentlich zwecks Polizeigüterschutzes sind verhältnismässige Einschränkungen häufig angezeigt.[222] Hierzu gehören jene Werbevorschriften, die den Schutz der öffentlichen Ordnung vor einer schrankenlosen Freiheit bezwecken. Sie sollen die mit der Ausübung bestimmter Gewerbe verbundenen Gefahren abwehren und die traditionellen Polizeigüter wie Gesundheit und Treu und Glauben im Geschäftsverkehr schützen.[223] Solche Schranken der Werbefreiheit ergeben sich typischerweise aus dem UWG.[224]

185

Einschränkungen der Werbefreiheit finden sich aber auch im Lebensmittelrecht. Es ist den Lebensmittelherstellerinnen und -herstellern nicht gestattet, ihre Produkte völlig frei zu bewerben. Gerade im Nahrungsmittelbereich müssen die Konsumentinnen und Konsumenten besonders vor gesundheitsgefährdenden Einflüssen, insbesondere vor Täuschung und Irreführung, geschützt werden. Werbung für gesundheitsfördernde Lebensmittel ist somit zwar grundsätzlich möglich; jedoch nicht in uneingeschränktem Masse. Gesundheitsbezogene Lebensmittelanpreisungen sind folglich nur in gesetzlich genau umschriebenen Schranken zulässig. Eine solche normative Schranke bildet die LKV, welche die Kennzeichnung und Anpreisung von Lebensmitteln regelt.[225]

186

---

[220]  Vgl. VALLENDER, SG-Komm BV, N 34 zu Art. 27 BV. Der Bund ist gemäss Art. 95 Abs. 1 BV ausdrücklich befugt, Vorschriften über die Ausübung der privatwirtschaftlichen Erwerbstätigkeit zu erlassen. Es handelt sich dabei um eine nachträglich derogatorische Kompetenz des Bundes. Im Übrigen sind die Kantone dafür zuständig die Ausübung der privatwirtschaftlichen Erwerbstätigkeit in grundsatzkonformer Weise zu regeln (HÄFFELIN/HALLER/KELLER, Nr. 667).

[221]  Vgl. DAVID/REUTTER, S. 25, unter Hinweis auf BGE 125 II 129 ff. [149], E. 10a; BGE 121 I 279 [288], E. 6c.bb und cc; siehe auch BGE 119 Ia 378 ff. [382], E. 5b).

[222]  BGE 125 I 417 ff. (422), E. 4a.

[223]  DAVID/REUTTER, S. 24.

[224]  HÄFFELIN/HALLER/KELLER, Nr. 647.

[225]  Siehe zur LKV unten Rz. 236 ff. und zur Frage der Verfassungsmässigkeit von Abschnitt 11a der LKV unten Rz. 1007 ff.

### c) Meinungs-, Informations- und Medienfreiheit (Art. 16 f. BV und Art. 10 EMRK)

#### aa. *Allgemeines*

187 Die Meinungs-, Informations- und Medienfreiheit garantiert die Freiheit der sozialen Kommunikation. Einerseits schützt sie ein existenzielles menschliches Bedürfnis nach Mitteilung und Kommunikation mit anderen Menschen, andererseits bildet die ungehinderte politische Meinungsäusserung und Informationsverbreitung eine unerlässliche Voraussetzung für eine freie demokratische Willensbildung und -betätigung.[226]

188 Während das Recht auf Äusserung und Verbreitung von Meinungen, einschliesslich des Rechts auf Empfang von Informationen aus allgemein zugänglichen Quellen, in Art. 16 BV verankert ist (Meinungs- und Informationsfreiheit), regelt Art. 17 BV die Freiheit von Presse, Radio und Fernsehen sowie andere Formen der öffentlichen fernmeldetechnischen Verbreitung von Darbietungen und Informationen, wobei in Abs. 3 das Redaktionsgeheimnis eingeschlossen wird (Medienfreiheit). Bei der Konkretisierung der genannten Grundrechte ist auch Art. 10 EMRK zu berücksichtigen.[227]

189 Der Meinungsfreiheit des Art. 16 BV kommt insofern eine Auffangfunktion zu, als sie nur Meinungsäusserungen abdeckt, die nicht unter dem Schutz spezifischer anderer Kommunikationsgrundrechte stehen. So schützt die Medienfreiheit (Art. 17 BV) die Verbreitung einer Meinung mit dem Mittel der

---

[226]  Vgl. HÄFFELIN/HALLER/KELLER, Nr. 447. Die Meinungsfreiheit gilt als Hauptgrundrecht innerhalb der genannten Kommunikationsgrundrechte. Der Austausch von Meinungen und die Auseinandersetzung mit anderen Menschen ist eine wesentliche Voraussetzung menschlicher Existenzentfaltung. Gleichzeitig stellt die freie und ungestörte Bildung und Mitteilung von Meinungen das unerlässliche Fundament jeder demokratischen und rechtsstaatlichen Ordnung dar (vgl. KLEY/TOPHINKE, SG-Komm BV, N 2 zu Art. 16 BV unter Verweis auf BGE 96 I 586 ff. [592], E. 6).

[227]  Vgl. die Übersicht bei HÄFFELIN/HALLER/KELLER, Nr. 450. Nachfolgend werden die Meinungs-, Informations- und Medienfreiheit wegen ihres engen sachlichen Zusammenhangs gemeinsam behandelt. In verfassungsrechtlichen Verfahren vor den Gerichten wird regelmässig die gleichzeitige Verletzung mehrerer dieser Grundrechte gerügt, was wegen der Überlappung der Schutzbereiche durchaus angezeigt ist. Andere Lehrbücher (vgl. NOBEL/WEBER, S. 38, N 4) gehen aufgrund der überragenden Bedeutung der Meinungsfreiheit sowie mit Blick auf die umfassende Erläuterung des Medienverfassungsrechts jedoch einzeln auf die verschiedenen Grundrechte ein.

Druckerpresse und die Radio- und Fernsehfreiheit (Art. 17 und 93 Abs. 2 BV) die Verbreitung mit dem Mittel der elektronischen Medien.[228]

Die Meinungsfreiheit kann somit als Grundnorm verstanden werden. Sie bildet den verfassungsrechtlichen Schirm, unter dem die Freiheitsrechte betreffend Information, Presse, Film, Rundfunk, Kunst und Wissenschaft sowie zum Koalitionsrecht zusammengefasst werden.[229]     190

### bb. *Sachlicher Schutzbereich*

Die *Meinungsfreiheit* umfasst gemäss Art. 16 Abs. 2 BV das Recht jeder    191
Person, Meinungen frei zu bilden und sie ungehindert zu äussern und zu verbreiten. Der Begriff der Meinung ist dabei weit zu verstehen.[230] Nach der bundesgerichtlichen Praxis fallen darunter insbesondere „die Ergebnisse von Denkvorgängen sowie rational fassbar und mitteilbar gemachte Überzeugungen in der Art von Stellungnahmen, Wertungen, Anschauungen, Auffassungen und dergleichen".[231] Der Begriff der Meinung bezieht sich zudem nicht nur auf persönliche Ideen und Werturteile, sondern auch auf Informationen und Nachrichten, d.h. auf Tatsachendarstellungen.[232]

Der Bedeutung entsprechend, die der Meinungsfreiheit in einem pluralisti-    192
schen und demokratischen Gemeinwesen zukommt, werden nicht nur Meinungen und Informationen geschützt, die den staatlichen Behörden oder der Mehrheit der Bevölkerung genehm sind und als harmlos eingestuft werden[233], sondern gerade auch Minderheitsmeinungen sowie kritische, provozierende, schockierende oder beunruhigende Äusserungen.[234] Jedermann soll sich eine

---

[228]  KLEY/TOPHINKE, SG-Komm BV, N 3 zu Art. 16 BV. Vgl. dazu auch NOBEL/WEBER, die darauf hinweisen, dass in der Lehre kein Konsens darüber bestehe, ob die Meinungsfreiheit als Hauptgrundrecht oder als blosse Residualnorm innerhalb der Kommunikationsgrundrechte aufzufassen sei (NOBEL/WEBER, S. 52, N 39).

[229]  NOBEL/WEBER, S. 52, N 39.

[230]  HÄFELIN/HALLER/KELLER, Nr. 454; KLEY/TOPHINKE, SG-Komm BV, N 4 zu Art. 16 BV.

[231]  BGE 117 Ia 472 ff. (478), E. 3c, m.w.H. Gemäss diesem Entscheid fallen auch das Kunstschaffen und dessen Erzeugnisse unter den weitgefassten Meinungsbegriff.

[232]  BGE 113 Ia 309 ff. (319), E. 5a; vgl. auch DAVID/REUTTER, S. 28.

[233]  Vgl. BGE 101 Ia 252 ff. (258), E. 3c.

[234]  Vgl. KLEY/TOPHINKE, SG-Komm BV, N 6 zu Art. 16 BV mit weiterführenden Hinweisen auf die Rechtsprechung.

Meinung bilden können und diese ohne obrigkeitliche Beeinträchtigung im Rahmen der gesetzlichen Schranken öffentlich kundtun dürfen.[235]

193 Nach bundesgerichtlicher Rechtsprechung bezieht sich der Schutz der Meinungsfreiheit des Art. 16 BV grundsätzlich nur auf Äusserungen mit ideellen Inhalten. Mitteilungen, die kommerziellen Zwecken dienen, fallen in den Geltungsbereich der Wirtschaftsfreiheit des Art. 27 BV (vgl. oben Rz. 172 und 178).[236]

194 Gemäss Art. 16 Abs. 3 BV hat jede Person das Recht, Informationen frei zu empfangen, aus allgemein zugänglichen Quellen zu beschaffen und zu verbreiten. Das Bundesgericht betrachtete seit jeher die *Informationsfreiheit* als Teilgehalt der Meinungs- und auch der Pressefreiheit.[237] Die Informationsfreiheit garantiert somit das Recht, Nachrichten und Meinungen ohne Eingriffe der Behörden zu empfangen, aus allgemein zugänglichen Quellen aktiv zu beschaffen und sie wieder zu verbreiten.[238]

195 Die Empfangsfreiheit gewährleistet namentlich das Recht, alle in den Äther ausgestrahlten und für die Öffentlichkeit bestimmten Nachrichten und Programme zu empfangen und die dafür notwendigen Einrichtungen zu betreiben. Der Staat darf den Einzelnen grundsätzlich den Empfang gewisser Sendungen nicht verunmöglichen.[239] Von der Informationsfreiheit ist auch das Recht auf aktives Beschaffen von Informationen erfasst. Allerdings besteht der grundrechtlich geschützte Informationsanspruch nur hinsichtlich allgemein zugänglicher Quellen.[240]

196 Die *Medienfreiheit* gemäss Art. 17 BV ist eine wesentliche Ausprägung der Meinungs- und Informationsfreiheit; insofern hat sie eine Sonderstellung inne, die auf dem instrumentellen Charakter der Medien beruht. Die Medien eröffnen nämlich die Möglichkeit, über die private Kommunikation hinaus Aufmerksamkeit in der Öffentlichkeit zu schaffen. Sie bieten Gelegenheit,

---

[235] NOBEL/WEBER, S. 39, N 4.

[236] Grundlegend BGE 125 I 417 ff. (420 f.), E. 3a; vgl. auch HÄFFELIN/HALLER/ KELLER, Nr. 455; KLEY/TOPHINKE, SG-Komm BV, N 7 zu Art. 16 BV.

[237] BGE 120 Ia 190 ff. (192), E. 2a; BGE 113 Ia 309 ff. (317), E. 4b; BGE 104 Ia 88 ff. (94), E. 4b und (97), E. 5c. Den Entscheiden lag die Überlegung zugrunde, dass die freie Weitergabe von Informationen sowie die Möglichkeit, unterschiedliche Ansichten zur Kenntnis zu nehmen, unerlässliche Voraussetzungen für eine eigenständige Meinungsbildung sind (vgl. auch KLEY/TOPHINKE, SG-Komm BV, N 28 zu Art. 16 BV).

[238] BGE 113 Ia 309 E. 4b, S. 317.

[239] BGE 114 IV 112 E. 2d, S. 115; KLEY/TOPHINKE, SG-Komm BV, N 29 f. zu Art. 16 BV.

[240] KLEY/TOPHINKE, SG-Komm BV, N 31 f. zu Art. 16 BV, m.w.H.

Meinung wirksam werden zu lassen. Durch Medien wird der gemeinsame Wahrnehmungsraum gestaltet, in dem sich Austausch und Selbstwahrnehmung in der Gesellschaft vollziehen und in dem Mitgestaltung vorbereitet, beobachtet und bewertet wird.[241]

Die Pressefreiheit im Verständnis von Art. 17 BV ist somit ein klassisches, subjektives öffentliches Recht. Es setzt dem Staat Schranken, ermöglicht als demokratische Errungenschaft Kritik am Staat und trägt mithin massgeblich zur öffentlichen Meinungsbildung bei.[242]   197

Die Pressefreiheit gilt dabei für alle Arten von Druck- und Reproduktionsmedien, unabhängig von ihren Entstehungs-, Erscheinungs- und Verbreitungsmodalitäten.[243] Nach der Rechtsprechung des Bundesgerichts gilt der Schutz der Medienfreiheit aber nur, wie bereits in Rz. 193 erwähnt, für Äusserungen mit ideellem Gehalt.[244]   198

## cc. *Persönlicher Schutzbereich*

Die Meinungs-, Informations- und Medienfreiheit steht allen Personen zu; natürlichen und juristischen, schweizerischen und ausländischen, minderjährigen und volljährigen. Auch die als Vereine und damit als juristische Personen gemäss Art. 60 ff. ZGB gebildeten politischen Parteien können sich darauf berufen. Den Ausländerinnen und Ausländern wird die vollumfängliche Meinungsfreiheit gewährleistet.[245]   199

---

[241]   Vgl. BURKERT, SG-Komm BV, N 13 zu Art. 17 BV.

[242]   NOBEL/WEBER, S. 86, N 119. Vgl. auch das Zensurverbot gemäss Art. 17 Abs. 2 BV.

[243]   BURKERT, SG-Komm BV, N 14 zu Art. 17 BV, unter Verweis auf BGE 96 I 586 ff. (588), E. 3a.

[244]   BGE 125 I 417 ff. (421 f.), E. 3a und b; BGE 120 Ib 142 ff. (144), E. 3a; BGE 113 Ia 309 ff. (316), E. 4b; BGE 100 Ia 445 ff. (453).

[245]   Vgl. zur Medienfreiheit: BURKERT, SG-Komm BV, N 25 zu Art. 17 BV; HÄFFELIN/HALLER/KELLER, Nr. 481 ff. (mit weiterführenden Hinweisen zu den Schweizer Staatsangehörigen und Ausländerinnen und Ausländern) und zur Meinungs- und Informationsfreiheit: KLEY/TOPHINKE, SG-Komm BV, N 12 zu Art. 16 BV; NOBEL/WEBER, S. 53, N 41 ff., S. 73, N 89 f., S. 88, N 126 ff., mit weiterführenden Hinweisen zu den Ausländerinnen und Ausländern sowie zu den juristischen Personen und (akkreditierten) Journalisten.

## dd.  Recht auf Werbung insbesondere

200 Nach bundesgerichtlicher Rechtsprechung bezieht sich der Schutz der Meinungs-, Informations- und Medienfreiheit gemäss Art. 16 und 17 BV grundsätzlich nur auf Meinungsäusserungen mit ideellen Inhalten. Mitteilungen, die kommerziellen Zwecken dienen, wie z.b. Produktanpreisungen, fallen traditionell in den Geltungsbereich der Wirtschaftsfreiheit nach Art. 27 BV (vgl. oben Rz. 178 und 193).[246]

201 Damit fallen Presseerzeugnisse mit rein ideellem Inhalt nach wie vor unter die Pressefreiheit. Dient das Druckerzeugnis kommerziellen Zwecken, beispielsweise im Fall von Gratisanzeigern ohne redaktionellen Teil, Werbeplakaten, Prospekten, Katalogen, Preislisten oder Inseratenteilen, so liegt kein Presseerzeugnis im Sinne von Art. 17 BV vor. Solche Druckerzeugnisse unterstehen der Wirtschaftsfreiheit gemäss Art. 27 BV.[247] Nur wenn das Inserat selber einen ideellen, etwa politischen Inhalt aufweist, fällt es auch unter die Pressefreiheit.[248]

202 Diese Praxis wird von der Lehre jedoch scharf kritisiert: Die Unterscheidung zwischen meinungsbildenden, ideellen und gewerbsmässigen, kommerziellen Inhalten sei im konkreten Einzelfall äusserst schwierig, da sich die Formen im Laufe der Zeit angenähert hätten. Die bisherigen höchstrichterlichen Differenzierungen und Abschichtungsversuche würden vor allem vor dem Hintergrund von Art. 17 BV nicht überzeugen.[249] NOBEL/WEBER weisen etwa zu Recht auf die besondere Einordnungsproblematik bei sog. „Publireportagen" hin, die i.d.R. der Anpreisung von Produkten oder Dienstleistungen dienen, aber im redaktionellen Teil eines Blattes erscheinen. Auch diese Spielformen der Presse seien ohne Weiteres der Pressefreiheit zu unterstellen, selbst wenn sie von geringerem ideellem Gehalt sind. Zu schützen sei in diesen Fällen

---

[246]  BGE 125 I 417 ff. (420 f.), E. 3a; BURKERT, SG-Komm BV, N 15 ff. zu Art. 17 BV; HÄFFELIN/HALLER/KELLER, Nr. 455 und 474; KLEY/TOPHINKE, SG-Komm BV, N 7 zu Art. 16 BV; NOBEL/WEBER, S. 56, N 49, S. 86, N 123 ff., S. 117, N 197; STRAUB, S. 90.

[247]  BGE 125 I 417 E. 3; 101 Ia 453; HÄFFELIN/HALLER/KELLER, Nr. 474.

[248]  Vgl. BGE 128 I 295 E. 5a; DAVID/REUTTER, S. 19; NOBEL/WEBER, S. 87, N 123. Das Bger hat in der Vergangenheit damit begonnen, die Werbung als kommerzielle Kommunikation bei Äusserungen ideeller Vereine oder der Presse nicht mehr einzig der Wirtschaftsfreiheit, sondern auch der Meinungsäusserungsfreiheit zuzuordnen; reine Wirtschaftswerbung hat es bis anhin aber nicht unter den Schutz der Meinungsfreiheit gestellt (BGE 123 IV 211 ff. [215 f.], E. 3b.; BGE 123 II 402 ff. [414], E. 5a).

[249]  Vgl. so BURKERT, SG-Komm BV, N 16 zu Art. 17 BV; DAVID/REUTTER, S. 18 f. und 29; NOBEL/WEBER, S. 87, N 124, m.w.Verw.

weniger die Werbebotschaft an die Konsumentinnen und Konsumenten als die gestalterische Freiheit der Redaktion.[250]

Für die Medien ist Werbung nicht allein ein wichtiges Element der Existenz- 203 sicherung, sondern Werbung wird zunehmend bewusst gewählter Bestandteil der Gesamtaussage eines Medienorgans. Diese Entwicklung gehört zu den technologischen, wirtschaftlichen und gesellschaftlichen Veränderungen der Medienlandschaft und muss bei der verfassungsmässigen Beurteilung eben- falls berücksichtigt werden. BURKERT und auch DAVID/REUTTER sind deshalb der Ansicht, die Meinungsfreiheit und speziell die Medienfreiheit nach Art. 17 BV würden auch Werbeäusserungen und insbesondere auch den Inse- ratenteil einer Zeitung erfassen.[251]

Darüber hinaus gilt es zu beachten, dass auch wirtschaftsrelevante Äusserun- 204 gen im öffentlichen Interesse erfolgen können. Dies ist etwa dann der Fall, wenn Handelswaren im Hinblick auf gesundheitliche, politische oder andere Aspekte kritisch beleuchtet und auf diese Weise den Marktteilnehmenden not- wendige Informationen vermittelt werden. Auch bei einer Zuordnung zur Wirtschaftsfreiheit muss dem ideellen Gehalt solcher Mitteilungen grundsätz- lich Rechnung getragen werden.[252]

Mit diesen Lehrmeinungen im Einklang steht die Rechtsprechung des EGMR, 205 der im Rahmen von Art. 10 EMRK auch Anpreisungen und andere wirt- schaftsbezogene Informationen schützt.[253] Der Schutzbereich der EMRK geht damit über denjenigen von Art. 16 und 17 BV hinaus, was darauf zurückzu- führen ist, dass die EMRK keinen Artikel enthält, der spezifisch die Wirt- schaftsfreiheit schützt.[254]

Die Zuordnung kommerzieller Mitteilungen zum einen oder anderen Grund- 206 recht spielt für die Schrankenregelung eine Rolle. So sind vom Grundsatz her an die Einschränkung der Meinungsfreiheit als ideelles Grundrecht höhere Anforderungen zu stellen als an diejenige der Wirtschaftsfreiheit. Gemäss den Lehrmeinungen zu Art. 10 EMRK geniesst die kommerzielle Werbung somit zwar Grundrechtsschutz, kann aber – namentlich gegenüber ideellen Äusse-

---

[250]  NOBEL/WEBER, S. 87 f., N 124.

[251]  BURKERT, SG-Komm BV, N 16 zu Art. 17 BV; DAVID/REUTTER, S. 29.

[252]  Vgl. KLEY/TOPHINKE, SG-Komm BV, N 7 zu Art. 16 BV; NOBEL/WEBER, S. 56, N 49.

[253]  EGMR-Urteil vom 24. Februar 1994, Casado Coca gegen Spanien, Nr. 15450/89, Ser. A Nr. 285-A, Ziff. 35 ff., mit Hinweis auf das frühere, noch weniger weit- gehende Urteil vom 22. Mai 1990, Autronic AG gegen die Schweiz, Ser. A Nr. 178, Ziff. 47.

[254]  KLEY/TOPHINKE, SG-Komm BV, N 7 zu Art. 16 BV.

rungen, wie politischen Aussagen – stärker eingeschränkt werden.[255] Die EMRK lässt denn auch den Vertragsstaaten im Bereich der Regulierung wirtschaftlicher Sachverhalte einen grösseren Gestaltungsspielraum als bei der Einschränkung politischer Meinungsbildung.

207 Das Bundesgericht hat sich vor der Praxis des EGMR bezüglich Art. 10 EMRK nicht verschlossen. Im „Kuh-Lovely-Werbung"-Entscheid (BGE 127 II 91 ff.) werden Art. 27 BV und Art. 10 EMRK nebeneinander geprüft. Das Bundesgericht führt hierzu ausdrücklich aus: „... kann auch eine Werbebotschaft in den Geltungsbereich von Art. 10 EMRK fallen und ist mit dem beanstandeten Werbeverbot ein Eingriff in die Wirtschaftsfreiheit verbunden ...".[256]

208 Im zu prüfenden Entscheid war die fragwürdige lebensmittelrechtliche Vorschrift genügend klar bestimmt (alt: Art. 19 Abs. 1 Bst. c LMV, neu: Art. 10 Abs. 2 Bst. c LGV). Der Eingriff in Art. 27 BV und Art. 10 EMRK lag auch im öffentlichen Interesse (Abgrenzung der Anwendung der Heilmittel- von der Lebensmittelgesetzgebung aus gesundheitspolizeilichen Gründen). Das Bundesgericht kam deshalb zum Schluss: „Der mit dem Verbot krankheitsbezogener Werbung verbundene Eingriff in die Meinungsäusserungsfreiheit (Art. 10 EMRK) bzw. die Wirtschaftsfreiheit (Art. 27 BV) ist – mit Blick auf die damit verfolgten gewichtigen öffentlichen Interessen – nicht schwerwiegend und sowohl erforderlich wie geeignet, um diese zu schützen. Er ist deshalb im Sinne von Art. 10 Ziff. 2 EMRK bzw. Art. 36 BV gerechtfertigt."[257]

209 Bis anhin hat das Bundesgericht reine Wirtschaftswerbung aber lediglich auch nach Art. 10 EMRK geprüft. Eine gleichzeitige Unterstellung kommerzieller Mitteilungen unter die Wirtschaftsfreiheit nach Art. 27 BV und die Meinungsfreiheit nach Art. 16 f. BV findet sich nach wie vor nicht.[258]

#### d) Stellungnahme zum Grundrechtsgehalt der Werbefreiheit

210 Die bisherige höchstrichterliche Differenzierung vermag vor allem vor dem Hintergrund der Medienfreiheit nach Art. 17 BV nicht zu überzeugen. Wie BURKERT zu Recht ausführt, durchdringen in der Medienlandschaft, im Zuge der Ökonomisierung vieler Lebensbereiche, die Themen Wettbewerb, Markt und Werbung immer stärker politische, kulturelle und andere ideelle Themen.

---

255 HÄFFELIN/HALLER/KELLER, Nr. 455; NOBEL/WEBER, S. 56, N 49, m.w.Verw.
256 BGE 127 II 91 ff. (103), E. 4a.
257 BGE 127 II 91 ff. (103), E. 4b.
258 Vgl. BGE 123 IV 211 ff. (215 f.), E. 3b.

Davon in starkem Mass betroffen sind auch Themen wie Ernährung und Gesundheit. Gleichzeitig fliessen auch ideelle Themen immer häufiger in die allgemeine Werbung ein.[259]

Nach der hier vertretenen Ansicht muss jedes Werbemittel immer im Einzelfall geprüft werden. Eine generelle Zuordnung zum einen oder anderen Grundrecht ist wenig sinnvoll. Entscheidend ist letztlich immer der Meinungsgehalt einer Werbeaussage. Werbung, die einen wertenden Inhalt hat oder Angaben enthält, die der Meinungsbildung dienen, verdient einen erhöhten Schutz und fällt folglich auch unter die Meinungsfreiheit. Bei der Beurteilung, ob neben Art. 27 BV gleichzeitig auch die Meinungs-, Informations- und Medienfreiheit nach Art. 16 f. BV ins Gewicht fällt, müssen in Anlehnung an BGE 123 IV 211 ff. m.E. die folgenden Voraussetzungen erfüllt sein:   211

Die Werbung betrifft ein *Thema von öffentlichem Interesse*, wie etwa die Gesundheit, und die Urheber der Äusserung bzw. die an deren Weiterverbreitung Beteiligten möchten im Sinne einer subjektiven Stellungnahme eine *Gegenposition* zu anderen Stellungnahmen vermitteln.[260] Dass die Werbetreibenden gleichzeitig auch wirtschaftliche Interessen verfolgen, liegt in der Natur der Anpreisung und darf ihnen nicht entgegengehalten werden.   212

Werbeaussagen müssen aber immer über einen gewissen Meinungsgehalt verfügen (vgl. soeben oben: Thema von öffentlichem Interesse). Werbeaussagen wie z.B. *„Heute 10 % billiger"* oder *„Alles muss weg"* sind somit von der Meinungsfreiheit nicht erfasst und fallen unter die Wirtschaftsfreiheit.   213

Gerade im Lebensmittelbereich ist es üblich, dass Lebensmittelhersteller oder Warenhäuser Fachberichte über neuartige Produkte und ihre Wirkungen publizieren. Diese Informationen werden von Spezialistinnen und Spezialisten verfasst und in den hauseigenen Medien veröffentlicht. Die in periodischen Zeitabständen erscheinenden Publikationen gehen dabei über gewöhnliche Prospekte oder Kleinanzeigen hinaus. Die Konsumentinnen und Konsumenten sollen dadurch die Möglichkeit erhalten, mehr zu erfahren über die Wirkungen und Funktionen eines neuen Lebensmittelproduktes.[261]   214

Solche umfassenden Werbeformen fallen nach der hier vertretenen Ansicht sowohl unter die Wirtschaftsfreiheit als auch unter die Meinungs-, Informations- und Medienfreiheit.   215

---

[259]  Vgl. BURKERT, SG-Komm BV, N 16 zu Art. 17 BV.
[260]  BGE 123 IV 211 ff. (216), E. 3b.
[261]  Vgl. z.B. KOCI PETRA, Das Sonnenvitamin, Vitamin D ist wichtig für gesunde Knochen, in: Vivai, Das Wohlfühl- und Nachhaltigkeitsmagazin der Migros 01/2010, S. 30 f.

216 Diese Ansicht wird auch dem aktuellen Konsumentenleitbild gerecht (vgl. oben Rz. 103 ff.). Die gegenwärtigen Konsumentinnen und Konsumenten können als mündige, angemessen aufmerksame und verständige Durchschnittsverbraucherinnen und -verbraucher erachtet werden. Darüber hinaus sind sie für Lebensmittelfragen sensibilisiert und möchten über neue Entwicklungen informiert werden (vgl. oben Rz. 49 f. und 67 f.). Sie nutzen somit die ihnen zur Verfügung stehenden Informationskanäle und sind durchaus in der Lage zu unterscheiden, ob von den Marktteilnehmern reine Produktwerbung oder darüber hinausreichende Informationsvermittlung betrieben wird.

217 Eine generelle Unterstellung jeglicher Lebensmittelwerbung sowohl unter die Wirtschaftsfreiheit nach Art. 27 BV als auch unter die Meinungs-, Informations- und Medienfreiheit gemäss Art. 16 und 17 BV wird aber abgelehnt. Ergibt die Prüfung im Einzelfall jedoch, dass die in Rz. 212 erwähnten Voraussetzungen erfüllt sind, so sollen nach der hier vertretenen Ansicht gleichzeitig die Grundrechte nach Art. 27 BV als auch nach Art. 16 f. BV aufgerufen werden können.

# B.    Gesetzes- und Verordnungsrecht

## 1.    Allgemeines

218 Nach den Verfassungsgrundlagen werden nun die für die gesundheitsbezogene Anpreisung von Lebensmitteln massgebenden Schweizer Gesetze und Verordnungen behandelt.

219 Als Erstes wird das LMG als zentrale Norm und Ausgangspunkt des nationalen Lebensmittelrechts dargestellt, dann werden die LGV sowie die LKV skizziert. Schliesslich folgen Ausführungen über die Verordnungen des EDI über die Speziallebensmittel, über den Zusatz essenzieller oder physiologisch nützlicher Stoffe zu Lebensmitteln und über die in Lebensmitteln zulässigen Zusatzstoffe.

220 Anschliessend werden weitere thematisch relevante Bestimmungen behandelt. Dazu gehören das UWG, die Grundsätze der Schweizerischen Lauterkeitskommission, das HMG und die darauf gestützte Arzneimittel-Werbeverordnung, AWV, sowie das THG.

221 Aufgrund der Vielfalt vorhandener Lebensmittel wird auf Verordnungsstufe zwischen horizontalen und vertikalen Verordnungen unterschieden. Die horizontalen Vorschriften gelten für alle Lebensmittel gleichermassen, während

die vertikalen produktbezogen sind.[262] Auf diese regelungssystematische Ausrichtung wird bei den jeweiligen Erlassen hingewiesen.

## 2.  LMG

### a)  Zweck und Inhalt

Das Bundesgesetz über Lebensmittel und Gebrauchsgegenstände (Lebensmittelgesetz, LMG) wurde am 9. Oktober 1992 verabschiedet und 1995 in Kraft gesetzt.[263]  222

Nach seiner Zweckbestimmung möchte das Gesetz die Konsumentinnen und Konsumenten vor Lebensmitteln schützen, welche die Gesundheit gefährden können, und den hygienischen Umgang mit Lebensmitteln sicherstellen.[264] Zudem bezweckt das Gesetz, die Konsumentinnen und Konsumenten im Zusammenhang mit Lebensmitteln vor Täuschungen zu schützen.[265] Der Schutz vor Täuschung ist dabei in der Praxis oft wichtiger als der Gesundheitsschutz; teilweise überschneiden sich die beiden Regelungsziele auch.[266] Die Lebensmittelgesetzgebung wird aber letztlich immer direkt in den Dienst der Konsumentinnen und Konsumenten gestellt.[267]  223

Das LMG definiert den Begriff des Lebensmittels[268] und legt weitere für das Inverkehrbringen von Lebensmitteln wichtige Regeln fest. So dürfen Lebensmittel, die den Anforderungen des LMG und den darauf gestützten Verordnungen nicht entsprechen, nicht an die Konsumentinnen und Konsumenten abgegeben werden.[269]  224

Ein gesonderter Abschnitt ist der Täuschung bei Lebensmitteln gewidmet.[270] Art. 18 LMG statuiert einen umfassenden Täuschungsschutz: alle Angaben, die im Zusammenhang mit Lebensmitteln gemacht werden, müssen den Tatsachen entsprechen und dürfen in keiner Weise täuschend sein. Entgegen der landläufigen Meinung, dass alle Anpreisungen, die den Tatsachen entsprechen, nicht auch täuschend sein können, berücksichtigt das LMG somit, dass  225

---

[262]  Vgl. WEBER, S. 2.
[263]  AS 1995 1469.
[264]  Art. 1 Bst. a und b LMG.
[265]  Art. 1 Bst. c LMG.
[266]  WEBER, S. 18.
[267]  Vgl. DAVID/REUTTER, S. 287.
[268]  Vgl. Art. 3 LMG; siehe zum Begriff des Lebensmittels unten Rz. 337 ff.
[269]  Art. 6 Abs. 1 LMG.
[270]  Vgl. den Titel des 4. Abschnitts: „Täuschung bei Lebensmitteln".

auch mit Wahrheit getäuscht werden kann.[271] Im LMG finden sich auch sonst grundlegende spezialgesetzliche Einschränkungen betreffend die Anpreisung von Lebensmitteln.[272]

## b) Revision

226 Als Jahrhundertwerk wurde das neue Lebensmittelrecht bezeichnet, als es 1995 nach über 20-jähriger Vorbereitungszeit in Kraft trat. Es löste das Lebensmittelgesetz von 1905 und die Lebensmittelverordnung von 1936 ab. Zu den Zielen gehörte auch eine bestmögliche Ausrichtung auf das EU-Recht.

227 Die bereits bei der Einführung des neuen Rechts angekündigte Prognose, es werde wohl kaum wieder 90 Jahre bis zur nächsten Revision dauern, hat sich inzwischen bewahrheitet. Die rasante Rechtsetzung der EU sowie die generelle Entwicklung im Verbraucherschutz machen laufende Anpassungen erforderlich.[273]

228 Nach der Ablehnung des Beitritts der Schweiz zum EWR hat der Bundesrat, um die wirtschaftliche Abschottung der Schweiz vom übrigen Europa zu verhindern, ein Programm zur marktwirtschaftlichen Erneuerung beschlossen. Seither hat sich das Schweizer Lebensmittelrecht in mehreren grösseren Revisionsschritten dem Recht der EU angenähert.[274]

229 Als nächste grosse Etappe hat der Bundesrat per 1. Juli 2009 das Vernehmlassungsverfahren zur weiteren Revision des Lebensmittelgesetzes eröffnet. Mit den vorgeschlagenen Änderungen soll die Schweiz zukünftig an den Systemen der Lebensmittel- und Produktsicherheit der EU teilnehmen können. Dies wird als eine unverzichtbare Voraussetzung für die Gewährleistung des Gesundheitsschutzes in einem globalisierten Markt erachtet. Die Angleichung, die der Bundesrat vorschlägt, soll gleichzeitig zur Vereinfachung des

---

[271] Vgl. KLEMM, S. 94. Der in Art. 18 LMG grundsatzmässig statuierte Täuschungsschutz wird in Art. 10 LGV näher ausgeführt (vgl. unten Rz. 233).

[272] Vgl. auch FRICK, Lebensmittel, S. 249 f. Gemäss Art. 2 Abs. 1 Bst. b LMG erfasst der Geltungsbereich des LMG ausdrücklich das Anpreisen von Lebensmitteln.

[273] Vgl. KLEMM, S. 87.

[274] Im Jahre 1995: neues Lebensmittelgesetz und Totalrevision des Verordnungsrechts; 1999: bilaterales Abkommen zwischen der Schweiz und der EU über den Handel mit landwirtschaftlichen Erzeugnissen (Landwirtschaftsabkommen); 2004: Übernahme des EG-Hygienerechts für sämtliche Lebensmittel tierischer Herkunft (vgl. zum Ganzen BAG, Vernehmlassungsverfahren, S. 1).

Warenverkehrs mit der EU und zur Senkung des Preisniveaus in der Schweiz beitragen.[275]

Der Bundesrat hat den Vernehmlassungsbericht über die Revision des LMG (sog. LMG 2010) im zweiten Halbjahr 2010 zur Kenntnis genommen und das EDI beauftragt, einen Entwurf des LMG und die Botschaft auszuarbeiten. Die vorgeschlagene Revision stiess bei Kantonen, Parteien und betroffenen Kreisen grossmehrheitlich auf Zustimmung. Der Entwurf soll dem Parlament 2011/2012 zur Beratung vorgelegt werden. Mit dem Inkrafttreten des revidierten LMG kann frühestens im Jahre 2013 gerechnet werden.[276]  230

## 3.   LGV

Die LGV kann als „Dach" des Schweizer Lebensmittel-Verordnungsrechts bezeichnet werden. Die auf Stufe Bundesrat angesiedelte Verordnung nimmt dabei eine Scharnierfunktion zwischen Lebensmittelgesetz und Departementsverordnungen ein.[277]  231

Der Inhalt der LGV beschränkt sich auf allgemeine Bestimmungen über Lebensmittel, Gebrauchsgegenstände, Hygiene und Kontrollen. Daneben enthält sie detaillierte Regelungen in den Bereichen Ein-, Durch- und Ausfuhr von Lebensmitteln. Im Rahmen der gesetzlichen Möglichkeiten wurden auch Begriffsdefinitionen und einschlägige Bestimmungen aus dem EU-Recht übernommen.[278]  232

Die LGV führt, gestützt auf das LMG, die Regeln für das Abgeben und Anpreisen von Lebensmitteln weiter aus.[279] Art. 2 Abs. 1 Bst. i LGV definiert den Begriff der Anpreisung für das gesamte Lebensmittelrecht.[280] Die LGV konkretisiert in Art. 10 auch das bereits erwähnte Täuschungsverbot (gemäss  233

---

[275]  BAG, Vernehmlassungsverfahren, S. 1. Siehe zur Vorbildfunktion des EU-Rechts ausführlich unten Rz. 321 ff.

[276]  Der aktuelle Stand der Revision kann eingesehen werden auf: <http://www.bag.admin.ch/themen/lebensmittel/04865/05022/07826/index.html?lang=de> (besucht am: 13. April 2011).

[277]  Vgl. die Übersicht auf der Homepage des BAG, Rechts- und Vollzugsgrundlagen: <www.bag.admin.ch/themen/lebensmittel/04865/index.html?lang=de> (besucht am: 13. April 2011).

[278]  Vgl. den in Art. 1 Abs. 2 LGV enthaltenen Verweis auf geltendes EU-Recht für nicht im schweizerischen Recht definierte Begriffe. Siehe zum Verhältnis LGV und EU-Recht ausführlich KLEMM, S. 99.

[279]  Art. 1 Abs. 1 Bst. a LGV.

[280]  Siehe zum Begriff der Anpreisung unten Rz. 390 ff.

Art. 18 LMG) und zählt Spezialtatbestände auf, die bei der Anpreisung von Lebensmitteln zu beachten sind.[281] So wird beispielsweise explizit das Verbot der Verwendung von krankheitsbezogenen Angaben zu Anpreisungszwecken genannt.[282]

234    In der LGV geregelt sind auch die Rechtsetzungskompetenzen. Die LGV erteilt dem EDI die Kompetenz zum Erlass von Departementsverordnungen und führt auf, in welchen Bereichen Revisionen durch das ihm unterstellte BAG durchgeführt werden können.[283] Dies betrifft im Wesentlichen Angaben und Anhänge zu einzelnen Verordnungen, wie Grenz- und Toleranzwerte, deren Anpassung wissenschaftliche Kenntnisse erfordert und unbestritten ist.[284] Die LGV bestimmt auch, in welchen Bereichen ein Bewilligungsverfahren beim BAG vorgesehen ist.[285]

235    Eine entsprechende Zuständigkeit von EDI und BAG findet sich auch im Bereich der gesundheitsbezogenen Lebensmittelwerbung. Hier findet sich die Rechtsetzungskompetenz des EDI in Art. 10 Abs. 3 i.V.m. Art. 26 Abs. 6 LGV[286]. Art. 10 Abs. 3 LGV bestimmt, dass das EDI die „Grenzen zulässiger Anpreisung" von Lebensmitteln weiter festlegen soll und Art. 26 Abs. 6 LGV sieht vor, dass das EDI bestimmen kann, dass die Verwendung von gesundheitsbezogenen Angaben im Zusammenhang mit Lebensmitteln dem BAG vor der Abgabe des betreffenden Lebensmittels an die Konsumentinnen und Konsumenten gemeldet werden muss und dass das BAG über die wissenschaftliche Begründung einer solchen Angabe zu informieren ist.

---

[281]    Siehe zu den Täuschungstatbeständen nach Art. 10 Abs. 2 LGV unten Rz. 535 ff.

[282]    Vgl. Art. 10 Abs. 2 Bst. c LGV; siehe dazu unten Rz. 546 ff.

[283]    Vgl. zum Erlass von Departementsverordnungen durch das EDI Art. 15 LGV: „Das EDI regelt die Zulässigkeit, die Höchstmengen sowie die Kennzeichnung der einzelnen Zusatzstoffe."

[284]    Vgl. zur Revision durch das BAG Art. 24 Abs. 3 LGV: „Das BAG nimmt die Beurteilung vor und erlässt eine Liste des Materials, welches die Voraussetzung nach (Art. 23) Absatz 1 Buchstabe c erfüllt." Oder Art. 64 Abs. 1 LGV: „Das BAG erstellt gemeinsam mit den Bundesämtern für Veterinärwesen und für Landwirtschaft und nach Anhörung der zuständigen kantonalen Vollzugsbehörden einen mehrjährigen nationalen Kontrollplan."

[285]    Vgl. zum Bewilligungsverfahren beim BAG Art. 22 Abs. 1 LGV: „Lebensmittel, Zusatzstoffe und Verarbeitungshilfsstoffe, die gentechnisch veränderte Organismen sind, solche enthalten oder daraus gewonnen wurden und die zur Abgabe an Konsumentinnen und Konsumenten bestimmt sind, bedürfen der Bewilligung durch das BAG."

[286]    Eingefügt durch Ziff. I der V vom 7. März 2008 (AS 2008 789).

# 4.   LKV

Den Rechtsetzungsauftrag gemäss Art. 10 Abs. 3 LGV erfüllt das EDI mit der    236
Verordnung über die Kennzeichnung und Anpreisung von Lebensmitteln
(LKV) vom 23. November 2005.[287] Die horizontale Verordnung bestimmt,
mit welchen Angaben und in welcher Form Lebensmittel im Allgemeinen
gekennzeichnet sein müssen und in welcher Form sie angepriesen werden
dürfen.[288]

Die LKV enthält den bisherigen allgemeinen Teil der Lebensmittelverord-    237
nung. Dazu gehören namentlich die umfangreichen Vorschriften über die
zwingend erforderlichen Angaben für vorverpackte Lebensmittel sowie die
Nährwertkennzeichnung. Produktbezogene Kennzeichnungsvorschriften finden sich aber in den vertikalen Departementsverordnungen.[289]

Mit Änderung des EDI vom 7. März 2008 wurde der Abschnitt 11a über    238
nährwert- und gesundheitsbezogene Angaben neu hinzugefügt.[290] Dieser Abschnitt legt in den Artikeln 29a–29i LKV fest, was nährwert- und gesundheitsbezogene Angaben sind und inwiefern diese zur Anpreisung von Lebensmitteln verwendet werden dürfen. Neben Listen mit erlaubten, vom BAG
bereits freigegebenen Angaben[291] ist auch ein Verfahren zur Bewilligung
neuer Angaben vorgesehen.[292]

Dieses Bewilligungsverfahren untersteht ebenfalls dem BAG. In Ausübung    239
seiner Kompetenz gemäss Art. 26 Abs. 6 LGV hat das EDI die Kontrolle und
Aufsicht über die gesundheitsbezogenen Angaben dem BAG unterstellt
(vgl. soeben oben Rz. 235).[293]

---

[287]   Vgl. hierzu den Ingress der LKV: „Das Eidgenössische Departement des Innern
(EDI), gestützt auf die Artikel 10 Absatz 3, 26 Absätze 2, 5 und 5[bis] ... verord-
net: ...". Wobei davon auszugehen ist, dass mit Art. 26 *Abs. 5[bis]* LKV der neu
eingefügte *Abs. 6* gemeint ist (Fassung gemäss Ziff. I der V des EDI vom
7. März 2008 [AS 2008 789 und 1029]).

[288]   Art. 1 Abs. 1 LKV.

[289]   Das ursprünglich angestrebte Zusammenfassen sämtlicher Kennzeichnungsvorschriften in einer Verordnung erlitt in der Anhörung Schiffbruch und konnte
nicht realisiert werden (KLEMM, S. 100).

[290]   Eingefügt mit Änderung des EDI vom 7. März 2008, Inkrafttreten am 1. April
2008 (AS 2008 1029). Siehe zum Begriff der nährwertbezogenen Angabe unten
Rz. 433 f. und zum Begriff der gesundheitsbezogenen Angabe unten Rz. 416 ff.

[291]   Siehe Anhänge 7 und 8 der LKV.

[292]   Bewilligung durch das BAG gemäss Art. 29g LKV; siehe zum Bewilligungsverfahren unten Rz. 846 ff.

[293]   Vgl. zu den Aufgaben des BAG auch oben Rz. 120 ff.

240　Die Bestimmungen über die Lebensmittelwerbung in der LKV sind grundsatzkonforme, gesundheitspolizeiliche Vorschriften, welche die Wirtschaftsfreiheit der Betroffenen einschränken (vgl. oben Rz. 183 ff.). Die LKV schränkt damit die Werbefreiheit ein durch eine gesetzlich vorgeschriebene Vorgehensweise zur Verwendung von gesundheitsbezogenen Angaben.

241　Einschränkungen von Grundrechten bedürfen einer gesetzlichen Grundlage, die genügend bestimmt sein muss, damit die Betroffenen ihr Verhalten nach den vorhersehbaren Folgen richten können (vgl. oben Rz. 181 ff.). Die Hinzufügung von Abschnitt 11a über nährwert- und gesundheitsbezogene Angaben in die LKV dient damit auch der Umsetzung dieses verfassungsmässigen Anspruchs.[294]

## 5.　Speziallebensmittelverordnung

242　Die Verordnung des EDI über Speziallebensmittel ist eine vertikale Verordnung. Sie umschreibt die Speziallebensmittel, legt die Anforderungen an sie fest und regelt deren besondere Kennzeichnung und Anpreisung.[295]

243　Art. 2 Abs. 1 Speziallebensmittelverordnung definiert Speziallebensmittel als Lebensmittel, die für eine besondere Ernährung bestimmt sind und aufgrund ihrer Zusammensetzung oder des besonderen Verfahrens ihrer Herstellung entweder den besonderen Ernährungsbedürfnissen von Menschen entsprechen, die aus gesundheitlichen Gründen eine andersartige Kost benötigen; oder aber dazu beitragen, bestimmte ernährungsphysiologische oder physiologische Wirkungen zu erzielen.

244　In Art. 2 Abs. 2 Speziallebensmittelverordnung findet sich eine abschliessende Aufzählung dieser Speziallebensmittel. Darunter fallen namentlich laktosearme und laktosefreie Lebensmittel, eiweissarme und glutenfreie Lebensmittel, für Diabetiker verwendbare Lebensmittel, Lebensmittel für eine gewichtskontrollierende Ernährung, Säuglingsanfangsnahrung, diätetische Lebensmittel für besondere medizinische Zwecke, Nahrungsergänzungsmittel und koffeinhaltige Spezialgetränke.

245　Speziallebensmittel müssen sich von normalen Lebensmitteln vergleichbarer Art (sog. „Normalerzeugnisse") durch ihre Zusammensetzung oder ihr Her-

---

294　Vgl. EGGENBERGER STÖCKLI, Arzneimittel-Werbeverordnung, N 5 zu Art. 1 AWV, bezüglich Arzneimittelwerbung. Siehe zur Frage der Verfassungsmässigkeit von Abschnitt 11a der LKV auch ausführlich unten Rz. 1007 ff.

295　Art. 1 Speziallebensmittelverordnung.

stellungsverfahren deutlich unterscheiden.[296] Zusätzlich zu den üblichen Kennzeichnungsvorschriften gemäss LKV müssen deshalb besondere Hinweise auf den Produkten angebracht werden.[297]

Allgemeine Hinweise auf die besondere Zweckbestimmung und die besonderen ernährungsphysiologischen oder physiologischen Eigenschaften eines Speziallebensmittels sind nur zulässig, wenn sie wissenschaftlich belegt werden können.[298]    246

## 6. Verordnung des EDI über den Zusatz essenzieller oder physiologisch nützlicher Stoffe zu Lebensmitteln

Gemäss Art. 18 Abs. 2 LGV hat das EDI die Rechtsetzungskompetenz die Anreicherung von Lebensmitteln mit essenziellen oder physiologisch nützlichen Stoffen wie Vitaminen, Mineralstoffen und sonstigen Stoffen sowie deren Kennzeichnung und Anpreisung zu regeln.[299]    247

Der Zusatz von essenziellen oder physiologisch nützlichen Stoffen zu Lebensmitteln dient dabei der Erhaltung oder Verbesserung des Nährwertes sowie der Förderung der Gesundheit der Bevölkerung.[300] Die zulässigen Vitamine, Mineralstoffe und sonstigen Stoffe resp. deren Verbindungen finden sich in den Anhängen der Verordnung.[301]    248

Die horizontale Verordnung regelt die zulässigen Höchstmengen der angereicherten essenziellen oder physiologisch nützlichen Stoffe sowie die Überdosierung der empfohlenen Tagesrationen der Vitamine.[302] In der Verordnung    249

---

[296]   Art. 3 Abs. 1 Speziallebensmittelverordnung.
[297]   So z.B. Hinweise auf die Besonderheiten der qualitativen und quantitativen Zusammensetzung oder den besonderen Herstellungsprozess, durch den das Erzeugnis seine besonderen nutritiven Eigenschaften erhält (Art. 4 Abs. 1 Bst. a Speziallebensmittelverordnung).
[298]   Art. 4 Abs. 6 Speziallebensmittelverordnung.
[299]   Art. 1 Abs. 1 Verordnung des EDI über den Zusatz essenzieller oder physiologisch nützlicher Stoffe zu Lebensmitteln vom 23. November 2005 (SR 817. 022.32).
[300]   Art. 18 Abs. 1 LGV.
[301]   Vgl. Art. 2 Abs. 1 und 2 Verordnung des EDI über den Zusatz essenzieller oder physiologisch nützlicher Stoffe zu Lebensmitteln.
[302]   Vgl. Art. 3 und 4 Verordnung des EDI über den Zusatz essenzieller oder physiologisch nützlicher Stoffe zu Lebensmitteln.

finden sich auch Regeln über die Zusätze zu Speisesalz und Trinkwasser[303] sowie über die Kennzeichnung der angereicherten Produkte[304].

250 Die Verordnung regelt somit in technischer Hinsicht die Voraussetzungen zur Anreicherung von Lebensmitteln mit essenziellen oder physiologisch nützlichen Stoffen. Gesundheitsangaben finden sich ausschliesslich bei den Speisesalzen.[305] Die Hinweise bei jodiertem Speisesalz *„Genügende Jodversorgung verhindert Kropfbildung"*, und bei fluoridiertem Speisesalz *„Fluorid wirkt der Zahnkaries entgegen"*, sind aus Gründen der Volksgesundheit zulässig und sind regelungshistorisch entstanden.[306] Ansonsten ist die Verwendung von gesundheitsbezogenen Angaben in Abschnitt 11a der LKV (vgl. oben Rz. 236 ff.) und nicht in der Verordnung des EDI über den Zusatz essenzieller oder physiologisch nützlicher Stoffe zu Lebensmitteln geregelt.

## 7. ZuV

251 Gemäss Art. 15 LGV hat das EDI die Rechtsetzungskompetenz, die Zulässigkeit, die Höchstmengen sowie die Kennzeichnung der einzelnen Zusatzstoffe zu regeln. Diesem Regelungsauftrag kommt das EDI mit der Zusatzstoffverordnung (ZuV) nach. In dieser horizontalen Verordnung sind alle Zusatzstoffe in Anhängen aufgelistet, die für Lebensmittel zulässig sind.

252 Art. 4 Abs. 2 LMG definiert Zusatzstoffe als Stoffe, die bei der Herstellung von Lebensmitteln zur Erzielung bestimmter Eigenschaften oder Wirkungen verwendet werden. Die LGV führt diese Definition in Art. 2 Abs. 1 Bst. 1 Ziff. 1 und 2 weiter aus, als Stoffe, die Lebensmitteln aus technologischen oder sensorischen Gründen absichtlich direkt oder indirekt zugesetzt werden, mit oder ohne Nährwert, und die als solche oder in Form von Folgeprodukten

---

303   Vgl. Art. 5 Verordnung des EDI über den Zusatz essenzieller oder physiologisch nützlicher Stoffe zu Lebensmitteln.

304   Auf den Zusatz essenzieller oder physiologisch nützlicher Stoffe zu einem Lebensmittel ist im Verzeichnis der Zutaten des Lebensmittels hinzuweisen (Art. 6 Abs. 1). Werden einem Lebensmittel Vitamine, Mineralstoffe oder sonstige Stoffe zugesetzt, so ist eine Nährwertkennzeichnung nach den Artikeln 22–29 LKV zwingend. Davon ausgenommen ist die Verwendung von iodiertem oder fluoridiertem Speisesalz, Kochsalz oder Salz (Art. 6 Abs. 1[bis]).

305   Vgl. Art. 6 Abs. 5 Verordnung des EDI über den Zusatz essenzieller oder physiologisch nützlicher Stoffe zu Lebensmitteln.

306   Bei den Speisesalzhinweisen handelt es sich eigentlich um krankheitsbezogene Angaben, die für Lebensmittel nicht zulässig sind (vgl. Art. 10 Abs. 2 Bst. c LGV). Diese Hinweise sind aber regelungshistorisch zur Stärkung und Förderung der Volksgesundheit entstanden und auf Speisesalze beschränkt.

ganz oder teilweise in diesen Lebensmitteln verbleiben oder als Stoffe einem Lebensmittel zugesetzt werden, um diesem einen besonderen Geruch oder Geschmack zu verleihen (sog. „Aromen").

Durch die Verwendung dieser Zusatzstoffe darf die Gesundheit jedoch nicht gefährdet werden.[307] Deshalb werden die zulässigen Zusatzstoffe für die einzelnen Lebensmittel sowie ihre Höchstmengen (Grenzwerte) vom EDI aufgrund einer toxikologischen oder einer epidemiologischen Beurteilung festgelegt.[308]     253

Die ZuV regelt somit in technischer Hinsicht die zulässige Verwendungsweise von Zusatzstoffen. Die Zusatzstoffe werden Lebensmitteln aus technologischen oder sensorischen Gründen, etwa um diesen einen besonderen Geruch oder Geschmack zu verleihen, zugefügt. Eine gesundheitsfördernde Wirkung wird durch die Anreicherung mit den entsprechenden Stoffen nicht beabsichtigt.     254

## 8.  Weitere Bestimmungen

### a)  UWG

Der Zweck des UWG ist es, den lauteren und unverfälschten Wettbewerb im Interesse aller Beteiligten zu gewährleisten.[309] Art. 2 UWG verbietet deshalb jedes täuschende und in anderer Weise gegen den Grundsatz von Treu und Glauben verstossende Verhalten. Diese Definition weist die typischen Züge einer Generalklausel auf und gilt als Richtschnur für einen lauteren Wettbewerb.[310] Art. 3 Bst. b UWG spezifiziert das allgemeine Täuschungsverbot der Generalklausel. Verboten sind namentlich unrichtige oder irreführende Angaben über Waren, Werke oder Leistungen.[311]     255

Unter dem UWG sind Lebensmittel eine Ware wie jede andere; gesundheitspolizeiliche Aspekte treten gegenüber den lauterkeitsrechtlichen in den Hintergrund.[312] Die Bestimmungen des UWG sind auf die Anpreisung von Lebensmitteln anwendbar, soweit das Verhältnis zwischen den Mitbewerberinnen und Mitbewerbern, also ein Wettbewerbsverhältnis, betroffen ist.[313] Es     256

---

307   Art. 10 Abs. 1 LMG.
308   Art. 10 Abs. 2 Bst. a LMG.
309   Art. 1 UWG.
310   DAVID/JACOBS, Nr. 51 und 54; PEDRAZZINI/PEDRAZZINI, Nr. 1.32 f.
311   DAVID/JACOBS, Nr. 181 f.; FRICK, Lebensmittel, S. 248.
312   Vgl. EGGENBERGER STÖCKLI, Heilmittel, S. 72.
313   Vgl. DAVID/JACOBS, Nr. 19 f.; EGGENBERGER STÖCKLI, Heilmittel, S. 72.

gibt nur wenige materielle UWG-Vorschriften, welche die Thematik der Anpreisung nicht tangieren würden.[314] Die meisten Beschränkungen im Bereich
der Anpreisung von Lebensmitteln lassen sich deshalb auf die allgemeinen
lauterkeitsrechtlichen Grundsätze zurückführen.[315]

### b) Grundsätze der Schweizerischen Lauterkeitskommission

257 Anbieter- und Nachfrageseite sind gleichermassen daran interessiert, dass
unlautere kommerzielle Kommunikation ausgemerzt wird.[316] Die Werbebranche unterhält deshalb seit 1966 eine Selbstkontrolle, die heute Konsumentinnen und Konsumenten, Medienschaffende sowie Werberinnen und
Werber paritätisch im Rahmen der Schweizerischen Lauterkeitskommission
ausüben.[317] Jede Person ist befugt, Werbung, die ihrer Meinung nach unlauter
ist, bei dieser Kommission zu beanstanden.[318]

258 Die Kommission stützt sich bei ihrer Arbeit auf die über 40 Grundsätze zur
„Lauterkeit in der kommerziellen Kommunikation", welche die schweizeri-

---

[314] Siehe zum Verhältnis UWG und Werbung PEDRAZZINI/PEDRAZZINI, Nr. 7.23 ff.

[315] Vgl. FRICK, Lebensmittel, S. 248; siehe zur Bedeutung des UWG für die Anpreisung von Lebensmitteln unten Rz. 577 ff.

[316] Siehe zum Begriff der kommerziellen Kommunikation basierend auf Grundsatz
Nr. 1.2 der SCHWEIZERISCHEN LAUTERKEITSKOMMISSION unten Rz. 393 f.

[317] Die Schweizerische Lauterkeitskommission ist das ausführende Organ der Stiftung der Schweizer Werbung für die Lauterkeit in der kommerziellen Kommunikation. Sie wird von zahlreichen bedeutenden Organisationen und Verbänden
der schweizerischen Kommunikationsbranche finanziert und bezweckt die
Selbstkontrolle in der Werbung (vgl. DAVID, SIWR I/3, S. 302).

[318] Jedermann kann bei der Lauterkeitskommission wegen Werbemassnahmen
Beschwerde erheben, die nach seiner Meinung gegen deren Grundsätze verstossen. Der Beschwerdegegnerin wird Gelegenheit zur Stellungnahme gegeben, und
falls sich der Verstoss erhärtet, wird sie von der Lauterkeitskommission aufgefordert, die beanstandete Werbemassnahme sofort zu unterlassen. An Sanktionen
stehen der Kommission die Publikation ihres Entscheides unter voller Namens-
nennung in der Presse oder die Empfehlung an die Medien zur Verfügung, die
beanstandete Werbung nicht mehr zu veröffentlichen. Sind für die beanstandeten
Werbungen Werbeagenturen verantwortlich, so können auch Empfehlungen auf
Ausschluss aus Fachverbänden oder auf Entzug der Beraterkommissionierung
ausgesprochen werden (vgl. zum Ganzen David, SIWR I/3, S. 302, sowie die
Ausführungen, Wegleitungen und Mustervorlagen auf: <www.lauterkeit.ch/
beschwerde.htm> [besucht am: 11. Januar 2011]).

schen Regelungen des Lauterkeits- und Werberechts zum Teil wiederholen, zum Teil aufgrund der Rechtsprechung konkretisieren.[319]

In den Grundsätzen zur „Lauterkeit in der kommerziellen Kommunikation" wird im ersten Kapitel der Begriff der kommerziellen Kommunikation definiert[320] sowie das lauterkeitsrechtliche Wahrheitsgebot verankert, indem beworbene Tatsachen immer objektiv belegbar sein müssen.[321]   259

Das zweite Kapitel enthält eine Auflistung unzulässiger Aussagen. Dazu gehört Grundsatz 2.4 über die Verwendung von Medizinalpersonen in der Werbung. Demnach ist es nicht gestattet in der Werbung für Erzeugnisse, „die der staatlichen Kontrolle nicht unterstehen, aber mit der Gesundheit in Verbindung gebracht werden, auf Medizinalpersonen oder medizinisch-technisches Fachpersonal als Referenzen oder anderweitig hinzuweisen, um dem beworbenen Erzeugnis den Anschein eines Heilmittels oder eines heilmittelähnlichen Produktes zu geben".   260

Von diesem Grundsatz betroffen sind damit auch Lebensmittel (Erzeugnisse), die – entsprechend beworben – fälschlicherweise der Eindruck vermitteln könnten, es handle sich hierbei um ein Heilmittel. Auf einem Lebensmittel abgedruckte Empfehlungen von Ärztinnen oder Ärzten wie *„Täglich am besten einen Becher Joghurt konsumieren. Ist gut für Ihre Verdauung"* sind gemäss Grundsatz 2.4 somit verboten.[322]   261

Im dritten Kapitel finden sich unter dem Titel „Grundlagen" weitere Ausführungen. Aus lebensmittelrechtlicher Sicht von Interesse ist Grundsatz 3.6 über Werbung mit Selbstverständlichkeiten. Demnach ist jede Werbung, die für einzelne Waren, Werke oder Leistungen bestimmte Eigenschaften hervorhebt, irreführend und damit unlauter, wenn diese Eigenschaften für die meisten dieser Waren, Werke und Leistungen ohnehin zutreffen, üblich oder vorgeschrieben sind.   262

Bei der Werbung mit Selbstverständlichkeiten liegt immer eine Irreführung durch objektiv richtige Aussagen vor. Der Adressat wird irregeführt, weil er die Betonung der Selbstverständlichkeit bezüglich des Gegenstandes der An-   263

---

[319]   DAVID, SIWR I/3, S. 302.

[320]   SCHWEIZERISCHE LAUTERKEITSKOMMISSION, Grundsatz Nr. 1.2.

[321]   Vgl. SCHWEIZERISCHE LAUTERKEITSKOMMISSION, Grundsätze Nr. 1.1, 1.8 und 1.9.

[322]   Aufmachungen, irgendwelcher Art, die einem Lebensmittel den Anschein eines Heilmittels geben, sind auch nach Art. 10 Abs. 2 Bst. d LGV verboten. Auf den lebensmittelrechtlichen Täuschungstatbestand wird unten (vgl. Rz. 554 ff.) eingegangen.

gabe für eine Besonderheit hält. Das ist etwa auch dann der Fall, wenn mit gesetzlich vorgeschriebenen Eigenschaften oder zum Wesen der Warengattung gehörenden Umständen geworben wird und die Adressatin und der Adressat deshalb irrigerweise annehmen, es handle sich um einen Vorzug gerade des beworbenen Produkts gegenüber den Konkurrenzerzeugnissen.[323]

264 Damit gemeint sind Anpreisungen wie z.B. *„Extrakt aus reinem Kaffee"*, da nach den zwingenden lebensmittelrechtlichen Bestimmungen Kaffee-Extrakt ohnehin nur reinen Röstkaffee ohne fremde Zusätze enthalten darf.[324]

265 Für die Lebensmittelwerbung von Bedeutung ist auch Grundsatz 3.12 über die Trennung zwischen redaktioneller Information und kommerzieller Kommunikation. Kommerzielle Kommunikation, gleichgültig in welcher Form sie erscheint oder welchen Werbeträger sie benutzt, soll als solche eindeutig erkennbar und vom übrigen Inhalt klar getrennt sein. Wird sie in Werbeträgern veröffentlicht, die gleichzeitig Nachrichten und Meinungen publizieren, muss sie so gestaltet und gekennzeichnet sein, dass sie als bezahlte Einschaltung klar erkennbar ist.

266 In den Grundsätzen der Schweizerischen Lauterkeitskommission finden sich somit Regeln über die kommerzielle Kommunikation, die auch bei der Lebensmittelwerbung, insbesondere bei der gesundheitsbezogenen, beachtet werden müssen.

## c)    HMG

267 Das HMG soll zum Schutz der Gesundheit von Mensch und Tier gewährleisten, dass nur qualitativ hochwertige, sichere und wirksame Heilmittel in den Verkehr gebracht werden.[325] Zudem soll es Konsumentinnen und Konsumenten von Heilmitteln vor Täuschung schützen und dazu beitragen, dass die in Verkehr gebrachten Heilmittel ihrem Zweck entsprechend und massvoll verwendet werden.[326]

268 Die Zweckbestimmung wird – bezüglich der Arzneimittelwerbung – in den Art. 31 ff. HMG konkretisiert. Demgemäss ist Arzneimittelwerbung grund-

---

[323]    Vgl. BAUDENBACHER/GLÖCKNER, N 56 zu Art. 3 Bst. b UWG; PUGATSCH, S. 30.

[324]    Vgl. ZR 49 Nr. 1.

[325]    Siehe zum Heilmittelbegriff unten Rz. 346 ff.

[326]    Art. 1 Abs. 1 HMG und Art. 1 Abs. 2 Bst. a und b HMG.

sätzlich zulässig; Einschränkungen gibt es aber je nach Adressatenkreis und je nach Art des beworbenen Arzneimittels.[327]

Die Definition der Arzneimittel im HMG ist relevant für die Abgrenzung zwischen Arzneimitteln und Lebensmitteln. Art. 3 Abs. 2 LMG legt grundsatzmässig fest, dass Nahrungsmittel nicht als Heilmittel angepriesen werden dürfen. In der Praxis muss oft einzelfallweise über die Abgrenzung und die zulässigen Anpreisungen entschieden werden. Als Orientierungshilfe haben Swissmedic und BAG die Zusammenstellung „Abgrenzungskriterien Arzneimittel – Lebensmittel bzw. Gebrauchsgegenstände" herausgegeben.[328]

269

#### d)   THG

Das THG wurde 1995 erlassen und 2009 revidiert.[329] Es hat zum Ziel, technische Handelshemmnisse zu vermeiden, zu beseitigen oder abzubauen.[330] Dieses Ziel wird mit drei Instrumenten verfolgt, die allesamt im THG verankert sind: der Harmonisierung der schweizerischen technischen Vorschriften mit denjenigen der EU[331], staatsvertraglichen Vereinbarungen sowie der autonomen Anwendung des „Cassis de Dijon"-Prinzips.[332]

270

---

[327]   EGGENBERGER STÖCKLI, Heilmittel, S. 65. Art. 31 ff. HMG sind in der Verordnung über die Arzneimittelwerbung vom 17. Oktober 2001 (Arzneimittel-Werbeverordnung, AWV; SR 812.212.5) näher ausgeführt.

[328]   Die „Abgrenzungskriterien Arzneimittel – Lebensmittel bzw. Gebrauchsgegenstände" von BAG und SWISSMEDIC sind abrufbar unter: <http://www. bag.admin.ch/themen/lebensmittel/04865/04896/index.html?lang=de> (besucht am: 14. April 2011). Auf die Abgrenzung und die Abgrenzungskriterien wird unten in Rz. 354 ff. eingegangen.

[329]   AS 1996 1725 (Einführung); AS 2010 2617 (Änderung). Vgl. zum Ganzen die informative Homepage des SECO, Bundesgesetz über die technischen Handelshemmnisse (THG) und das „Cassis de Dijon"-Prinzip, <http://www.seco.admin.ch/themen/00513/00730/index.html?lang=de> (besucht am: 14. April 2011).

[330]   Gemäss Art. 3 Bst. a THG gelten als technische Handelshemmnisse Behinderungen des grenzüberschreitenden Verkehrs von Produkten aufgrund: 1. unterschiedlicher technischer Vorschriften oder Normen, 2. der unterschiedlichen Anwendung solcher Vorschriften oder Normen oder 3. der Nichtanerkennung insbesondere von Prüfungen, Konformitätsbewertungen, Anmeldungen oder Zulassungen.

[331]   Als technische Vorschriften gelten gemäss Art. 3 Bst. b THG rechtsverbindliche Regeln, deren Einhaltung die Voraussetzung bildet, damit Produkte angeboten, in Verkehr gebracht, in Betrieb genommen, verwendet oder entsorgt werden dürfen. Technische Vorschriften sind somit verbindliche Produktvorschriften, die der Staat zum Schutz des Ordre public festlegt. Solche Vorschriften dienen ins-

271 Im Lebensmittelbereich, wo seit jeher Harmonisierungsbestrebungen bestehen, spielt das THG somit eine entscheidende Rolle. Einerseits bildet es die
hierfür notwendige gesetzliche Grundlage. Andererseits trägt es dazu bei,
einen im Innern wie auch gegen aussen offenen Schweizer Lebensmittelmarkt
zu schaffen.[333]

272 Die mit der Revision des THG erfolgte Einführung des „Cassis de Dijon"-
Prinzips hat Folgen für das Schweizer Lebensmittelrecht und damit auch für
die Regulierung der gesundheitsbezogenen Lebensmittelwerbung. Dieser
Thematik ist unter dem Titel „Health Claims, THG und „Cassis de Dijon"-
Prinzip ein separates Kapitel gewidmet (vgl. unten Rz. 994 ff.).

## e) WHO-Verfassung

273 Die Verfassung der WHO statuiert, dass ihr Ziel die Verwirklichung des
bestmöglichen Gesundheitsniveaus für alle Menschen ist.[334] Ihre Hauptaufga-
be ist demnach die Bekämpfung von Erkrankungen sowie die Förderung der
allgemeinen Gesundheit unter Menschen auf der Welt.[335]

274 Die WHO-Verfassung definiert in der Präambel den Begriff der Gesundheit
umfassend als ein Zustand des vollständigen körperlichen, geistigen und sozialen Wohlergehens und nicht nur als das Fehlen von Krankheit oder Gebre-
chen".

275 Die umfassende Definition in der WHO-Verfassung ist für ein zeitgemässes
Verständnis des Gesundheitsbegriffs unerlässlich. Der WHO-Gesundheits-
begriff wird deshalb später bei den Begriffsdefinitionen als Auslegungshilfe
herangeführt (vgl. unten Rz. 422 ff.).

---

besondere dem Schutz der öffentlichen Sittlichkeit, Ordnung und Sicherheit,
dem Schutz des Lebens und der Gesundheit von Menschen, Tieren und Pflanzen,
dem Schutz der Konsumenten, der Umwelt oder der Lauterkeit im Handelsver-
kehr. Technische Vorschriften beziehen sich auf das Produkt (Beschaffenheit,
Verpackung und Beschriftung; z.B. Kennzeichnungsvorschriften bei Lebensmitteln), auf Verfahren (Herstellung, Transport, Lagerung; z.B. Hygienevorschriften
für die Aufbereitung von Milch) sowie auf die Konformitätsbewertung (Prüfungen, Inspektionen und Zertifizierungen) oder auch die Zulassung von Produkten
(z.B. Zulassung von Arzneimitteln).

[332] Vgl. Art. 1 THG.
[333] Vgl. Botschaft THG, S. 522.
[334] Art. 1 WHO-Verfassung.
[335] Vgl. Präambel der WHO-Verfassung.

# III. Rechtsgrundlagen in der EU

## A. Allgemeines

Die EU ist im Bereich des Lebensmittelrechts durch den Erlass von Verord-   276
nungen und Richtlinien intensiv aktiv geworden. Dabei sind zwei Stossrich-
tungen massgebend: Einerseits ergibt sich die praktische Bedeutung der
Rechtsetzungsbemühungen aus der Tatsache, dass der Handel mit Lebensmitteln einen wichtigen Bereich des Binnenmarktes darstellt.[336] Andererseits ist
der rechtliche Schutz der Interessen der Verbraucherinnen und Verbraucher
sowie der Käuferinnen und Käufer von Waren in den westlichen Industrie-
staaten seit den 50er-Jahren bevorzugter Gegenstand von Reformbemühun-
gen. Entsprechend soll auch die EU einen Beitrag zur Verbesserung des
Verbraucherschutzes leisten.[337]

Zu den Aspekten des europäischen Verbraucherschutzes gehören dabei – der   277
klassischen staatlichen Aufgabenzuordnung folgend – der Verbraucherschutz
als Teil der Vorsorge für die Gesundheit und Sicherheit der Bevölkerung
sowie die Sicherung des lauteren Handelsverkehrs. Im allgemeinen Sprach-
gebrauch der EU und ihrer Mitgliedstaaten werden dem Verbraucherschutz
Massnahmen zum Schutz der Verbraucherinnen und Verbraucher vor Schäden, Gefahren, Nachteilen und Irreführung zugerechnet.[338]

Dem Thema Verbraucherschutz kommt allgemein in den Tätigkeiten und   278
Grundsätzen der Union eine massgebende Bedeutung zu. So können verbrau-
cherschutzpolitische Gesichtspunkte und Aspekte gar eine Einschränkung der
in Art. 28 AEUV ff. (ex-Art. 23 ff. EGV)[339] garantierten Freiheit des Warenverkehrs begründen.[340]

Im Nachfolgenden werden daher die unionsrechtlichen Vertragsgrundlagen   279
für den Verbraucherschutz im Lebensmittelbereich behandelt. Dazu gehören

---

[336]  Ein durchschnittlicher Haushalt in Europa gibt ca. 12 % seines verfügbaren
     Einkommens für Nahrungsmittel aus (vgl. WEBER, S. 12, m.w.H.).
[337]  Vgl. BIEBER/EPINEY/HAAG, N 1 zu § 31. Ex-Art. 3 Bst. t EGV sprach bezüglich
     „Tätigkeit der Gemeinschaft" unmissverständlich von einem „Beitrag zur Ver-
     besserung des Verbraucherschutzes" (neu Art. 4 Abs. 2 Bst. t AEUV ist als reine
     Zuständigkeitsaufteilung zwischen EU und Mitgliedstaaten formuliert).
[338]  BIEBER/EPINEY/HAAG, N 2 f. zu § 31.
[339]  Im AEUV werden Verweise auf die Artikel der EGV mit „(ex-Art. XX EGV)"
     bezeichnet. Zur besseren Orientierung werden die entsprechenden Verweise
     ebenfalls so wiedergegeben.
[340]  BIEBER/EPINEY/HAAG, N 5 zu § 31.

die Angleichungsermächtigung nach Art. 114 AEUV (ex-Art. 95 EGV) und die Gesundheits- und Verbraucherschutzbestimmungen gemäss Art. 168 f. AEUV (ex-Art. 152 f. EGV).

280  Anschliessend an die Vertragsgrundlagen werden die für den Health-Claims-Bereich relevanten Verordnungen und Richtlinien dargestellt.

# B.  AEUV

## 1.  Angleichungsermächtigung nach Art. 114 AEUV

281  Ex-Art. 3 Bst. h EGV gab grundsatzmässig vor, dass die Rechtsangleichung die Errichtung und das Funktionieren des „Gemeinsamen Marktes" gewährleisten soll. Da der Vertrag keine Begriffsbestimmung des „Gemeinsamen Marktes" enthielt, war der Begriff im Gesamtkontext der vertraglichen Vorschriften zu konkretisieren.[341] Um die der angestrebten Verwirklichung des Binnenmarktes noch entgegenstehenden Rechtsunterschiede auf flexible Weise ausräumen zu können, wurde der EG-Vertrag um die Bestimmung des Art. 95 EGV ergänzt.[342]

282  Ex-Art. 95 EGV wurde sinngemäss als Art. 114 in den AEUV übernommen. Art. 114 AEUV sieht vor, dass die für die Verwirklichung der Ziele in Art. 26 AEUV („Verwirklichung des Binnenmarktes"; ex-Art. 14 EGV) erforderlichen Angleichungen von Rechtsunterschieden nach besonderen, flexibleren Regeln vorgenommen werden sollen. Art. 114 AEUV hat damit ein sehr weites Anwendungsfeld, das auf die in Art. 26 AEUV gesteckten Ziele ausgerichtet ist.[343]

283  Art. 114 Abs. 1 AEUV ermächtigt die Unionsorgane dabei zu „Massnahmen zur Angleichung der Rechts- und Verwaltungsvorschriften, welche die Schaffung und das Funktionieren des Binnenmarktes zum Gegenstand haben". Die

---

[341]  BIEBER/EPINEY/HAAG, N 9 zu § 10.

[342]  LEIBLE/SCHRÖDER, AEUV-Komm, N 1 zu Art. 114 EUV/AEUV.

[343]  BIEBER/EPINEY/HAAG, N 15 zu § 10; vgl. zur Rechtsangleichung im Binnenmarkt ausführlich LEIBLE/SCHRÖDER, AEUV-Komm, N 4 f. (sytematische Stellung und Normzweck), N 18 ff. (Begriff) und N 38 ff. (Voraussetzungen) zu Art. 114 EUV/AEUV.

zu beseitigenden oder zu verhindernden Wettbewerbsverzerrungen oder -hindernisse müssen auch tatsächlich spürbar sein.[344]

Die Angleichungsmassnahmen nach Art. 114 AEUV werden vom Europäischen Parlament und vom Europäischen Rat im ordentlichen Gesetzgebungsverfahren und nach Anhörung des Wirtschafts- und Sozialausschusses erlassen.[345]    284

Art. 114 Abs. 3 AEUV gibt für den Inhalt der zu erlassenden Angleichungsmassnahmen vor, dass die Kommission in ihren Vorschlägen in den Bereichen Gesundheit, Sicherheit, Umweltschutz und Verbraucherschutz von einem hohen Schutzniveau auszugehen hat. Sie wird überdies verpflichtet, alle auf wissenschaftliche Ergebnisse gestützten neuen Entwicklungen in ihren Vorschlägen zu berücksichtigen.    285

Die Bestimmung des Art. 114 AEUV bildet somit die zentrale vertragliche Grundlage für den Erlass von harmonisierendem Lebensmittelrecht. Auf Art. 114 AEUV basieren Vorschriften wie insbesondere die Lebensmittel-Basisverordnung und die EG-Health-Claims-Verordnung.    286

## 2.    Gesundheitswesen und Verbraucherschutz nach Art. 168 f. AEUV

### a)    Allgemeines

Trotz der getrennten Erfassung des Gesundheits- und Verbraucherschutzes in zwei Bestimmungen (Art. 168 und 169 AEUV) sind diese beiden Bereiche eng miteinander verflochten und weisen zahlreiche Berührungspunkte auf. Massnahmen der Union betreffen denn auch meist sowohl den einen als auch den anderen Aspekt.[346]    287

Die Ex-Art. 152 f. wurden sinngemäss in die Art. 168 f. AEUV überführt. Anpassungen ergaben sich lediglich aufgrund veränderter Bezeichnungen[347] und Gesetzgebungsverfahren[348].    288

---

[344]    BIEBER/EPINEY/HAAG, N 15 zu § 10, mit Verw. auf die folgenden Leitentscheide: EuGH, Rs. C-300/89 (Kommission/Rat), Slg. 1991, I-2867, Rn. 23; EuGH, Rs. C-376/98 (Deutschland/Europäisches Parlament und Rat), Slg. 2000, I-8419, Rn. 84 und 106.

[345]    LEIBLE/SCHRÖDER, AEUV-Komm, N 69 ff. zu Art. 114 EUV/AEUV.

[346]    BIEBER/EPINEY/HAAG, N 3 zu § 31.

[347]    Vgl. etwa neu „Union" statt wie bisher „Gemeinschaft" oder neu „ordentliches Gesetzgebungsverfahren" statt wie bisher „Verfahren des Artikels 251 (EGV)".

## b)     Gesundheitswesen (Art. 168 AEUV)

289  Art. 168 AEUV (ex-Art. 152 EGV) regelt den europäischen Politikbereich des Gesundheitswesens. Mit der Einführung dieses Artikels wurde eine ausdrückliche Kompetenzgrundlage für den Erlass von gesundheitspolitischen Massnahmen eingeführt. Diese Kompetenzgrundlage muss im Zusammenhang mit Art. 4 Abs. 2 Bst. k AEUV gesehen werden, welcher der Union aufgibt zusammen mit den Mitgliedstaaten Sicherheitsanliegen im Bereich der öffentlichen Gesundheit zu verfolgen.[349]

290  Art. 168 Abs. 1 AEUV beinhaltet eine sog. „Querschnittsklausel", wonach bei der Durchführung aller Unionspolitiken ein hohes Gesundheitsschutzniveau sichergestellt sein muss.[350] Die diesbezügliche Tätigkeit der Union soll die Politik der Mitgliedstaaten ergänzen und ist auf die Verbesserung der Gesundheit der Bevölkerung, die Verhütung von Humankrankheiten und die Beseitigung von Ursachen für die Gefährdung der menschlichen Gesundheit gerichtet.[351]

291  Der Akzent der auf Grundlage von Art. 168 AEUV erlassenen rechtsverbindlichen Akte der Union liegt dabei auf produktbezogenen Regelungen.[352] Stoffe, die gesundheitsschädliche Auswirkungen entfalten können, müssen bestimmten Anforderungen genügen. Mit derartigen Regelungen soll einerseits die menschliche Gesundheit vor Gefährdung geschützt werden und anderer-

---

[348]  Neu sind im Gesundheits- und Verbraucherschutz das Europäische Parlament und der Rat gemeinsam für den Erlass von Massnahmen zuständig; früher war der Rat alleine zuständig (vgl. Art. 169 Abs. 3 AEUV).

[349]  Vgl. LURGER, AEUV-Komm, N 1 zu Art. 168 EUV/AEUV. Sollte Art. 168 AEUV als Kompetenzgrundlage nicht genügen, so können auch die allgemeinen Befugnisse der Union nach Art. 114 Abs. 1 AEUV herangezogen werden, falls die tatbestandsmässigen Voraussetzungen, namentlich der Binnenmarktbezug, gegeben sind (vgl. dazu BIEBER/EPINEY/HAAG, N 32 und 40 zu § 31).

[350]  EPINEY/MEIER/MOSTERS, 2. Bd., S. 8; vgl. zur Querschnittsklausel des Art. 168 Abs. 1 AEUV ausführlich LURGER, AEUV-Komm, N 24 ff. zu Art. 168 EUV/AEUV.

[351]  Vgl. Art. 168 Abs. 1 i.V.m. Art. 6 Bst. a AEUV. Die Tätigkeit der Union umfasst zudem die Bekämpfung weitverbreiteter schwerer Krankheiten; dabei werden die Erforschung der Ursachen, der Übertragung und der Verhütung dieser Krankheiten sowie die Gesundheitsinformation und -erziehung gefördert.

[352]  Die meisten produktbezogenen Regelungen werden aufgrund ihres Binnenmarktbezugs auch gestützt auf Art. 114 AEUV erlassen (EPINEY/MEIER/MOSTERS, 2. Bd., S. 8).

seits soll auf diese Weise der freie Verkehr der betroffenen Produkte ermöglicht werden.[353]

### c) Verbraucherschutz (Art. 169 AEUV)

Art. 169 AEUV (ex-Art. 153 EGV) erlaubt der Union, auf dem Gebiete des  292
Verbraucherschutzes tätig zu werden.[354] Der Verbraucherschutz bezweckt
den Schutz der Gesundheit, Sicherheit und wirtschaftlichen Interessen der
Verbraucherinnen und Verbraucher sowie die Förderung ihres Rechts auf
Information. Ganz generell soll die Union auch bei Erlass von Massnahmen
zur Verwirklichung des Binnenmarktes immer auch Belange des Verbraucherschutzes berücksichtigen.[355]

Art. 169 Abs. 2 Bst. a AEUV verweist explizit auf die Rechtsangleichungs-  293
kompetenz nach Art. 114 AEUV. Der auf Verwirklichung des Binnenmarktes
ausgerichtete Art. 114 AEUV kann folglich auch die Rechtsgrundlage bilden
für Massnahmen, die verbraucherpolitische Aspekte betreffen oder verbrau-
cherschutzpolitische Ziele verfolgen. Sowohl Art. 114 Abs. 3 AEUV als auch
Art. 169 Abs. 1 AEUV verpflichten die Union zur Anlegung eines hohen
Verbraucherschutzniveaus.[356]

Art. 169 AEUV i.V.m. Art. 114 AEUV bilden damit auch die Kompetenz-  294
grundlage für den Erlass von lebensmittelrechtlichen Vorschriften.[357]

## C.  Verordnungen

## 1.  Lebensmittel-Basisverordnung

Die Lebensmittel-Basisverordnung (Verordnung [EG] Nr. 178/2002) ist für  295
alle Mitgliedstaaten der EU direkt verbindlich und legt den Grundstein für ein

---

[353]  BIEBER/EPINEY/HAAG, N 44 zu § 31.
[354]  EPINEY/MEIER/MOSTERS, 2. Bd., S. 8.
[355]  Vgl. Art. 169 Abs. 1 und 2 AEUV; LURGER, AEUV-Komm, N 16 zu Art. 169
EUV/AEUV; BIEBER/EPINEY/HAAG, N 6 und 8 zu § 31; EPINEY/MEIER/
MOSTERS, 2. Bd., S. 8. Siehe zum Verbraucherbegriff und -leitbild oben
Rz. 98 ff.
[356]  Vgl. ausführlich LURGER, AEUV-Komm, N 1 und 29 ff. zu Art. 169
EUV/AEUV; BIEBER/EPINEY/HAAG, N 10 zu § 31. Siehe zu Art. 114 AEUV
auch oben Rz. 281 ff.
[357]  Vgl. BIEBER/EPINEY/HAAG, N 17 zu § 31.

Gesamtkonzept eines gemeinschaftlichen Lebensmittelrechts. Die am 21. Februar 2002 verabschiedete Verordnung wird deshalb auch Basis-Verordnung zum EU-Lebensmittelrecht oder kurz: Lebensmittel-Basisverordnung genannt.[358] Sie begründete erstmals ein umfassendes Konzept für ein kohärentes Lebensmittelsicherheitssystem auf Unionsebene.[359]

296 Die Verordnung bezweckt die Gewährleistung eines hohen Schutzniveaus für die Gesundheit des Menschen sowie den Schutz der Verbraucherinteressen.[360] Bestandteile dieser Zielsetzungen sind die Benennung grundlegender Leitprinzipien des Lebensmittelrechts[361], die Festsetzung eines einheitlichen Lebensmittelbegriffs[362], die Konstituierung der Europäischen Behörde für Lebensmittelsicherheit[363] sowie die Festlegung der Grundlagen für ein gemeinschaftliches Krisenmanagement[364].

297 Zu den seit dem 1. Januar 2007 verbindlichen allgemeinen Lebensmittelgrundsätzen gehört Art. 8 der Lebensmittel-Basisverordnung über den Schutz der Verbraucherinteressen.[365] Demgemäss hat das Lebensmittelrecht ausdrücklich den Schutz der Verbraucherinteressen zum Ziel und muss den Verbraucherinnen und Verbrauchern die Möglichkeit bieten, in Bezug auf die Lebensmittel, die sie verzehren, eine sachkundige Wahl zu treffen. Dabei müssen Praktiken des Betrugs oder der Täuschung sowie alle sonstigen Praktiken, die den Verbraucher irreführen können, verhindert werden. In Anlehnung an dieses Leitprinzip normiert Art. 16 Lebensmittel-Basisverordnung ein Irreführungsverbot hinsichtlich der Kennzeichnung, Werbung und Aufmachung von Lebensmitteln.[366]

298 Auf der Lebensmittel-Basisverordnung basieren die horizontalen und vertikalen Rechtsvorschriften des EU-Lebensmittelrechts. Zu den horizontalen Vorschriften, die, wie oben ausgeführt, die übergreifenden Aspekte des Lebensmittelrechts regeln, zählen insbesondere die Hygiene- und Kennzeichnungs-

---

[358] Vgl. BERG, S. 53.

[359] BAUMGARTNER, S. 30 und 35.

[360] Vgl. Erwägungsgrund 2 und 9 sowie Art. 5 Abs. 1, Art. 7 Abs. 1 und Art. 8 Abs. 1 Lebensmittel-Basisverordnung.

[361] Art. 4–21 Lebensmittel-Basisverordnung.

[362] Art. 2 Lebensmittel-Basisverordnung.

[363] Vgl. Erwägungsgrund 33–36 der Lebensmittel-Basisverordnung.

[364] Art. 50–57 Lebensmittel-Basisverordnung.

[365] Vgl. Art. 4 Abs. 3 der Lebensmittel-Basisverordnung.

[366] Vgl. BERG, S. 54. Die weiteren für die Erläuterung der Thematik massgebenden Prinzipien werden weiter unten ausgeführt (vgl. unten Rz. 607 ff.). Eine ausführliche Übersicht über die gesamten Leitprinzipien des EU-Lebensmittelrechts findet sich bei BAUMGARTNER, S. 35–39.

vorschriften.[367] Auf der Lebensmittel-Basisverordnung basiert auch die Verordnung (EG) Nr. 1924/2006 über die Verwendung von nährwert- und gesundheitsbezogenen Angaben bei Lebensmitteln.

## 2. EG-Health-Claims-Verordnung

Die EG-Health-Claims-Verordnung (Verordnung [EG] 1924/2006) ist am 19. Januar 2007 in Kraft getreten. Ihre Vorschriften müssen seit dem 1. Juli 2007 eingehalten werden.[368] Die horizontale Verordnung setzt an die Stelle grundsätzlicher Werbefreiheit ein allgemeines Verbot nährwert- und gesundheitsbezogener Angaben, von dem auf dem Weg der Zulassung Ausnahmen erteilt werden.[369]

299

Der Inhalt der EG-Health-Claims-Verordnung war und ist nach wie vor sehr umstritten. Dies zeigt schon die Tatsache, dass das Gesetzgebungsverfahren von der Vorlage des ersten Kommissionsentwurfs bis zur Veröffentlichung im Amtsblatt über drei Jahre gedauert hat. Zwei Europäische Parlamente haben mehr als 1'000 Änderungsvorschläge debattiert, und nur mühsam wurde im Mai 2006 eine politische Einigung erzielt.[370] Der Verordnungstext macht es den Rechtsanwendern auch nicht leicht; es sind nach wie vor gesetzgeberische Unklarheiten vorhanden. Zentrale Bestimmungen wie die Nährwertprofile und die Liste der zugelassenen und zur Verwendung freigegebenen Angaben sind auch fünf Jahre nach Inkrafttreten der Verordnung immer noch unvollständig.

300

Die Verordnung unterscheidet zwischen nährwert- („nutrition claims") und gesundheitsbezogenen Angaben („health claims").[371] Alle derartigen Angaben, die in kommerzieller Kommunikation[372] verwendet werden, bedürfen einer Genehmigung.[373]

301

Die Verordnung begründet insofern ein allgemeines Verbot mit Erlaubnisvorbehalt: Gesundheitsbezogene Angaben sind grundsätzlich verboten; dürfen aber verwendet werden, wenn sie genehmigt sind. Die Bewilligung erfolgt auf dem Wege einer im Zulassungsverfahren erstellten Liste der erlaub-

302

---

[367] Vgl. die Übersicht über die wichtigsten Regelungsbereiche des EU-Lebensmittelrechts bei GROLIMUND, S. 40 ff.

[368] Art. 29 EG-Health-Claims-Verordnung.

[369] Vgl. HOLLE, S. 1; EDI/BAG, Erläuterungen 2010, S. 1.

[370] Vgl. HOLLE, S. VII f.; NELLEN-REGLI, Health Claims, S. 1.

[371] Art. 1 Abs. 2 EG-Health-Claims-Verordnung.

[372] Siehe zum Begriff der kommerziellen Kommunikation unten Rz. 703 ff.

[373] Art. 10 Abs. 1 EG-Health-Claims-Verordnung.

ten Aussagen und wird mit allgemeiner Wirkung erteilt. Für eine solche Bewilligung müssen die Lebensmittelunternehmen die behauptete Wirkung wissenschaftlich nachweisen.[374]

303 Die Bewilligung stellt eine Allgemeinverfügung dar. Sie richtet sich damit an einen grösseren, nicht individuell bestimmten Personenkreis.[375] Einzelne Antragsstellerinnen können sich daher auch keine Exklusivität für bestimmte Angaben sichern. Es besteht aber immerhin die Möglichkeit, die vorgelegten eigenen wissenschaftlichen Daten und Informationen für einen Zeitraum von fünf Jahren schützen zu lassen.[376]

304 Die Gemeinschaftsliste der zulässigen gesundheitsbezogenen Angaben sowie alle erforderlichen Voraussetzungen für ihre Verwendung sollen von der Europäischen Kommission – nach Anhörung der von ihr eingesetzten Behörde EFSA[377] – bis spätestens am 31. Dezember 2011 verabschiedet werden.[378] Neue, nicht bereits von der EFSA überprüfte Angaben werden nach dem

---

[374]    HOLLE, S. 1; MEYER, S. 135 und 157; vgl. auch EDI/BAG, Erläuterungen 2011, S. 1.

[375]    Vgl. HOLLE, S. 1 und 80; vgl. zum Begriff der Allgemeinverfügung auch HÄFELIN/MÜLLER/UHLMANN, Nr. 923 ff.

[376]    Art. 21 EG-Health-Claims-Verordnung; HOLLE, S. 1 und 80; vgl. auch MEYER, S. 177. Siehe zum Datenschutz bei Health Claims unten Rz. 663 ff.

[377]    Die Abkürzung „EFSA" steht für „European Food Safety Authority" (zu dt.: „Europäische Behörde für Lebensmittelsicherheit"). Die EFSA ist im Bereich der Lebensmittel- und Futtermittelsicherheit der Grundpfeiler der Risikobewertung der EU. In enger Zusammenarbeit mit nationalen Behörden und in offenem Austausch mit betroffenen Interessengruppen stellt die EFSA unabhängige wissenschaftliche Beratung zur Verfügung und kommuniziert deutlich und verständlich vorhandene und aufkommende Risiken (vgl. hierzu auch die Homepage der EFSA auf: <http://www.efsa.europa.eu> [besucht am: 17. April 2011]).

[378]    Art. 13 Abs. 3 i.V.m. Art. 25 Abs. 2 EG-Health-Claims-Verordnung sehen vor, dass die Lebensmittelunternehmen die von ihnen beantragten gesundheitsbezogenen Angaben bei der zuständigen staatlichen Stelle einreichen und der betreffende Mitgliedstaat diese zur wissenschaftlichen Prüfung an die EU-Kommission weiterleitet. Diese unterbreitet sie der EFSA zur wissenschaftlichen Prüfung. Gestützt auf das Prüfungsergebnis der EFSA entscheidet die Kommission danach über die Zulässigkeit der beantragten Angaben. Die gutgeheissenen Angaben werden durch die Kommission in eine Gemeinschaftsliste aufgenommen. Diese Liste wurde für den 31. Januar 2010 in Aussicht gestellt (Art. 13 Abs. 3 EG-Health-Claims-Verordnung), liegt bisher aber noch nicht vor (vgl. EDI/BAG, Erläuterungen 2010, S. 1).

Verfahren gemäss Art. 18 EG-Health-Claims-Verordnung in die Gemeinschaftsliste aufgenommen.[379]

Die wesentlichen Ziele der EG-Health-Claims-Verordnung sind die Binnenmarktharmonisierung und ein hohes Mass an Verbraucherschutz im Lebensmittelsektor.[380] Die Verordnung soll verhindern, dass sich die Verbraucherinnen und Verbraucher aufgrund von gesundheitsbezogenen Angaben ein unzutreffendes Bild von der tatsächlichen ernährungsphysiologischen Wertigkeit oder der gesundheitlichen Vorteilhaftigkeit eines Lebensmittels machen. Sie dient damit primär dem Verbraucherschutz vor Irreführung und Täuschung sowie der ausreichenden Verbraucherinformation.[381] Weitere Ziele der EG-Health-Claims-Verordnung sind Markttransparenz, eine höhere Rechtssicherheit für die Wirtschaftsakteure, fairer Wettbewerb sowie die Förderung und der Schutz von Innovationen im Lebensmittelsektor.[382]

Die Art und Weise, wie für gesundheitsfördernde Lebensmittel geworben wird, wird sich auf dem Binnenmarkt massiv verändern. Mit der EG-Health-Claims-Verordnung werden wissenschaftsbasierte Aussagen zwingend notwendig und gefordert; emotionale Werbung wird erschwert. Und auch dies ist ein Ziel der EU: Lebensmittel sollen weniger dem Genuss und mehr der Gesundheit dienen. Mit der Steuerung der Angebotsseite durch entsprechende Werbebeschränkungen verlagert der europäische Gesetzgeber die Verantwortung für die Gesundheit eindeutig auf die Lebensmittelindustrie.[383]

305

306

# D. Richtlinien

## 1. Etikettierungsrichtlinie

Die Etikettierungsrichtlinie (Richtlinie [EG] Nr. 2000/13) regelt die Kennzeichnung und die Ausgestaltung der Etikettierung von Lebensmitteln, die ohne weitere Verarbeitung an die Endverbraucherinnen und Endverbraucher abgegeben werden sollen, sowie bestimmte Aspekte ihrer Aufmachung und

307

---

[379] Vgl. den entsprechenden Verweis in Art. 13 Abs. 5 EG-Health-Claims-Verordnung.

[380] Art. 1 Abs. 1 EG-Health-Claims-Verordnung; siehe zur Binnenmarktharmonisierung im Lebensmittelrecht oben Rz. 286 und 294.

[381] Erwägungsgrund 1, 2, 9, 11 und 36 der EG-Health-Claims-Verordnung; MEYER, S. 134.

[382] Erwägungsgrund 26 und 32 der EG-Health-Claims-Verordnung; MEYER, S. 135.

[383] Vgl. so auch HOLLE, S. VII.

der für sie durchgeführten Werbung.[384] Die Etikettierungsrichtlinie stellt somit allgemeine, horizontale Regeln für alle Lebensmittel auf dem Binnenmarkt auf.[385]

308 Gemäss Art. 1 Etikettierungsrichtlinie umfasst der Begriff „Etikettierung" alle Angaben, Kennzeichnungen, Hersteller- oder Handelsmarken, Abbildungen oder Zeichen, die sich auf ein Lebensmittel beziehen und auf jeglicher Art von Verpackung, Schriftstück, Tafel, Etikett, Ring oder Verschluss angebracht sind und dieses Lebensmittel begleiten oder sich auf dieses Lebensmittel beziehen. Damit werden nicht nur Angaben auf vorverpackten Lebensmitteln erfasst, sondern auch solche, die sich in der unmittelbaren Umgebung des Produktes befinden und sich auf das betreffende Lebensmittel beziehen.[386]

309 Art. 2 der Etikettierungsrichtlinie statuiert ein allgemeines Irreführungsverbot für die Aufmachung und Anpreisung von Lebensmitteln. Die Etikettierung und die Art und Weise, in der sie erfolgt, darf in keiner Weise geeignet sein, die Käuferinnen und Käufer irrezuführen, und zwar insbesondere nicht über die Eigenschaften des Lebensmittels, namentlich über Art, Identität, Beschaffenheit, Zusammensetzung, Menge, Haltbarkeit, Ursprung oder Herkunft und Herstellungs- oder Gewinnungsart oder durch Angabe von Wirkungen oder Eigenschaften, die das Lebensmittel nicht besitzt; oder indem zu verstehen gegeben wird, dass das Lebensmittel besondere Eigenschaften besitzt, obwohl auch alle vergleichbaren Lebensmittel dieselben Eigenschaften besitzen.[387]

310 Das Irreführungsverbot gilt ausdrücklich auch für die Aufmachung der Lebensmittel, insbesondere die Form oder das Aussehen oder die Verpackung, das verwendete Verpackungsmaterial, die Art und Weise ihrer Anordnung sowie die Umgebung, in der sie feilgehalten werden und für die Werbung.[388]

311 Vorbehalten bleiben gemäss Art. 2 Abs. 1 Bst. b Etikettierungsrichtlinie Gemeinschaftsvorschriften über natürliche Mineralwässer und über Lebensmittel, die für eine besondere Ernährung bestimmt sind. Diese dürfen einem Lebensmittel ausnahmsweise Eigenschaften der Vorbeugung, Behandlung oder Heilung einer menschlichen Krankheit zuschreiben oder den Eindruck

---

384 Art. 1 der Richtlinie (EG) Nr. 2000/13; BERG, S. 54; GROLIMUND, S. 55.
385 Vgl. so EuGH, Rs. C-239/02 (Douwe Egberts NV/Westrom Pharma NV), Slg. 2004, I-1413, in: EuZW 2004, 657.
386 Vgl. BERG, S. 54.
387 Art. 2 Abs. 1 Etikettierungsrichtlinie.
388 Art. 2 Abs. 3 Etikettierungsrichtlinie.

dieser Eigenschaften entstehen lassen. Für gewöhnliche Lebensmittel jedoch sind jegliche krankheitsbezogenen Angaben verboten.[389]

In der Etikettierungsrichtlinie finden sich aber keine spezifischen Regelungen über die gesundheitsbezogene Anpreisung. Diese Angaben sind ausschliesslich in der EG-Health-Claims-Verordnung geregelt (vgl. oben Rz. 299 ff.). Die Etikettierungsrichtlinie legt aber allgemeine lebensmittelrechtliche Vorgaben fest, die immer bei der Kennzeichnung und Anpreisung von Lebensmitteln zu beachten sind.[390]  312

## 2.    Irreführungsrichtlinie

Die Irreführungsrichtlinie (Richtlinie [EWG] Nr. 84/450) bezweckt den Schutz des loyalen Handelsverkehrs. Sie wurde im Jahre 1984 erlassen, um eine Vereinheitlichung im Bereich des allgemeinen Irreführungsschutzes zu erreichen.[391]  313

Demgemäss sind die Staaten dazu verpflichtet, durch geeignete und wirksame Massnahmen irreführende Werbung zu bekämpfen und für einen angemessenen Gerichts- oder Verwaltungsrechtsweg zu sorgen. Darüber hinaus regelt die Verordnung die Zulässigkeitsvoraussetzungen für vergleichende Werbung.[392]  314

Durch Art. 14 der Richtlinie (EG) Nr. 2005/29 über unlautere Geschäftspraktiken ist der Anwendungsbereich der Irreführungsrichtlinie aber deutlich eingeschränkt worden. Der Zweck der Irreführungsrichtlinie ist nunmehr lediglich der Schutz von Gewerbetreibenden vor irreführender Werbung. Die Irreführungsrichtlinie gilt somit nur noch im Verhältnis der Gewerbetreibenden und Mitbewerber untereinander; nicht aber im Verhältnis des Unternehmers zu den Verbraucherinnen und Verbrauchern. Solche unlauteren Geschäftspraktiken fallen nunmehr in den Geltungsbereich der Richtlinie (EG) Nr. 2005/29 über unlautere Geschäftspraktiken (vgl. sogleich unten Rz. 317 ff.).[393]  315

Die Irreführungsrichtlinie bleibt jedoch weiterhin bedeutsam, da die im Zusammenhang mit dem Irreführungsbegriff gemäss Art. 2 Abs. 2 aufgestellten  316

---

389  Vgl. BERG, S. 55; GROLIMUND, S. 55.
390  Siehe zur Etikettierungsrichtlinie im Zusammenhang mit der gesundheitsbezogenen Anpreisung von Lebensmitteln unten Rz. 615 ff.
391  BERG, S. 40.
392  Vgl. Art. 1 und 4 Irreführungsrichtlinie; BIEBER/EPINEY/HAAG, N 20 zu § 31.
393  Vgl. Art. 3 der Richtlinie über unlautere Geschäftspraktiken; BERG, S. 41.

Grundsätze zur Auslegung der Richtlinie (EG) Nr. 2005/29 über unlautere Geschäftspraktiken herangezogen werden. Der Irreführungsbegriff bleibt auch bei der Auslegung anderer EU-Richtlinien und -verordnungen massgebend.[394]

## 3. Richtlinie über unlautere Geschäftspraktiken

317 Die Rechtsvorschriften der Mitgliedstaaten in Bezug auf unlautere Geschäftspraktiken unterscheiden sich nach wie vor deutlich voneinander, wodurch erhebliche Verzerrungen des Wettbewerbs und Hemmnisse für das ordnungsgemässe Funktionieren des Binnenmarktes entstehen können. Im Bereich der Werbung legt die Irreführungsrichtlinie lediglich Mindestkriterien für die Angleichung der Rechtsvorschriften im Bereich der irreführenden Werbung fest. Sie hindert die Mitgliedstaaten aber nicht daran, Vorschriften aufrechtzuerhalten oder zu erlassen, die einen weiterreichenden Schutz der Verbraucherinnen und Verbraucher vorsehen. Daher unterscheiden sich die Rechtsvorschriften der Mitgliedstaaten im Bereich der irreführenden Werbung erheblich.[395]

318 Mit der Richtlinie über unlautere Geschäftspraktiken wird eine Vollharmonisierung im Bereich des europäischen Lauterkeitsrechts angestrebt.[396]

319 Die Richtlinie bezweckt durch Angleichung der Rechts- und Verwaltungsvorschriften der Mitgliedstaaten über unlautere Geschäftspraktiken zu einem reibungslosen Funktionieren des Binnenmarkts und zum Erreichen eines hohen Verbraucherschutzniveaus beizutragen. Generalklauselartig sind gemäss Art. 5 Abs. 1 der Richtlinie jegliche unlauteren Geschäftpraktiken für die Mitgliedstaaten verboten. Im Einklang mit dem Verhältnismässigkeitsprinzip schützt die Richtlinie die Verbraucherinnen und Verbraucher damit vor den Auswirkungen solcher unlauteren Geschäftspraktiken, soweit sie als wesentlich anzusehen sind.[397]

---

[394] Vgl. BERG, S. 41.
[395] Vgl. Erwägungsgrund 3 der Richtlinie über unlautere Geschäftspraktiken. Strengere, weiter reichende nationale Vorschriften dürfen gemäss Art. 3 Abs. 5 mindestens bis Juni 2013 beibehalten werden, soweit sie unbedingt erforderlich und verhältnismässig sind.
[396] BERG, S. 51.
[397] Vgl. Erwägungsgrund 6 und Art. 1 der Richtlinie über unlautere Geschäftspraktiken. Siehe zur Bedeutung der Richtlinie über unlautere Geschäftspraktiken für die Anpreisung von Lebensmitteln unten Rz. 594 ff.

Unter der Richtlinie über unlautere Geschäftspraktiken sind Lebensmittel eine 320
Ware wie jede andere; gesundheitspolizeiliche Aspekte treten gegenüber den
lauterkeitsrechtlichen in den Hintergrund. Es gibt aber nur wenige materielle
Vorschriften der Richtlinie, welche die Thematik der Anpreisung nicht tan-
gieren würden. Die meisten Beschränkungen im Bereich der Anpreisung von
Lebensmitteln lassen sich deshalb auf die lauterkeitsrechtlichen Grundsätze
zur Vermeidung unlauterer Geschäftspraktiken zurückführen (vgl. unten
Rz. 594 ff.).

## IV.  Vorbildfunktion des EU-Lebensmittelrechts

Die Schweiz ist nicht Mitgliedstaat der EU. Sie ist aber durch bilaterale Ab- 321
kommen und weitere völkerrechtliche Verträge mit der EU verbunden.[398] Das
Unionsrecht gilt für die Schweiz deshalb nicht per se, sondern nach ganz
bestimmten Regeln.[399]

Das EU-Recht bildet dabei seit Langem eine wichtige Bezugsgrösse bei der 322
Weiterentwicklung von spezifischen Schweizer Rechtsbereichen wie dem

---

[398] Die Beziehungen der Schweiz mit diesem 500 Millionen Einwohner umfassenden Wirtschaftsraum beruhen einerseits auf den bilateralen Abkommen mit der
EU – namentlich dem Freihandelsabkommen von 1972 (Abkommen zwischen
der Schweizerischen Eidgenossenschaft und der Europäischen Wirtschaftsge-
meinschaft [mit Anhängen und Briefwechseln] vom 22. Juli 1972 [FHA 1972;
SR 0.632.401]), den sieben sektoriellen Abkommen („Bilaterale I") von 1999
und den neun sektoriellen Abkommen („Bilaterale II") von 2004 –, andererseits
auf dem EFTA-Übereinkommen (SECO, Aussenwirtschaftsbericht, S. 58 f.; siehe
für eine allgemeine Übersicht über die sektoriellen Abkommen der Schweiz mit
der EU und im Besonderen über die Anwendbarkeit des Gemeinschaftsrechts in
der Schweiz KETTIGER, S. 209 ff.).

[399] KETTIGER, S. 209. Das Nein zur EWR bildete den Ausgangspunkt einer Annähe-
rung an die Europäische Gemeinschaft in Form bilateraler, sektorieller Verträge
(vgl. oben Rz. 228). Im Rahmen dieser Abkommen sind bestimmte EU-
Rechtsakte, die im Einzelnen benannt sind, für verbindliches Recht im Verhältnis der Vertragsparteien zueinander erklärt worden. Das Lebensmittelrecht ist
jedoch nicht Gegenstand der bestehenden Vertragswerke. Einzelne Aspekte werden lediglich im Rahmen des Landwirtschaftsabkommens und des Abkommens
über die gegenseitige Anerkennung von Konformitätsbewertungen aufgegriffen.
Zurzeit steht der Abschluss eines umfassenden Abkommens im Lebensmittelbereich jedoch nicht zur Diskussion, wohl aber die vertragliche Regelung einzelner
Fragen, wie z.B. die Beteiligung der Schweiz an der EFSA (vgl. zum Ganzen
TRÜTEN, S. 106, sowie zu allgemeinen lebensmittelrechtlichen Aspekten der
Vertragsbeziehung Schweiz/EU, TRÜTEN, S. 106–112).

Lebensmittelrecht. Hintergrund hierfür ist insbesondere der Umstand, dass für die Schweiz die Wirtschaftsbeziehungen mit den Mitgliedstaaten der EU und EFTA von überragender Bedeutung sind.[400] Gemäss dem Bericht zur Aussenwirtschaftspolitik 2008 sind die bei Weitem wichtigsten Import- und Exportpartner der Schweiz die 27 EU-Mitgliedstaaten sowie die drei EFTA-Partnerländer. Die Schweiz wickelte 82,2 % ihrer Warenimporte und 63,4 % ihrer Warenexporte im Jahr 2007 mit dieser Region ab.[401] Nach den USA ist die Schweiz der zweitwichtigste Handelspartner der Union.[402]

323 Da der Export von Lebensmitteln in die EU die Konformität mit dem einschlägigen EU-Recht voraussetzt, ist für die Schweiz die rechtliche Entwicklung des Europäischen Lebensmittelrechts durchaus von Bedeutung. Art. 11 der Lebensmittel-Basisverordnung schreibt explizit vor, dass eingeführte Lebensmittel dem Unionsrecht entsprechen müssen. Und auch für den Import von Lebensmitteln in die Schweiz sind die einschlägigen EU-Bestimmungen von Bedeutung, da sich Abweichungen von den Anforderungen des Schweizer Rechts in der Regel als Handelshemmnisse auswirken.[403]

324 Die Schweiz verfolgt deshalb eine Politik der einseitigen Anpassung des Lebensmittelrechts an die europarechtlichen Vorgaben. Insofern besteht aus Schweizer Sicht ein sog. „autonomer Nachvollzug"[404], wobei abweichende, eigenständige Regelungen in Einzelfragen vorbehalten bleiben. Der schweizerische Gesetzgeber ist entsprechend darum bemüht, das Lebensmittelrecht laufend den europarechtlichen Vorschriften anzugleichen. Die Schweiz nimmt denn auch aktiv an der internationalen Entwicklung dieses Rechts im Rahmen des Europarats, der gemeinsamen Kommission der FAO/WHO[405], der WTO sowie weiterer Gremien teil.[406]

---

[400] SECO, Aussenwirtschaftsbericht, S. 5.

[401] SECO, Aussenwirtschaftsbericht, S. 58.

[402] TRÜTEN, S. 105.

[403] TRÜTEN, S. 105.

[404] Im Rahmen des autonomen Nachvollzugs geht Art. 2 Abs. 2 LGV beispielsweise so weit, im Bereich der Definitionen auf eine eigenständige Regelung vollständig zu verzichten und direkt auf verschiedene, unter Bst. a–e aufgezählte EU-Rechtsakte zu verweisen. Die starke Ausrichtung des schweizerischen Lebensmittelrechts ans Unionsrecht lässt sich anhand einer Fülle weiterer Regelungen belegen (vgl. dazu ausführlich TRÜTEN, S. 117–123).

[405] Die FAO/WHO-Fachkommission für Lebensmittelzusatzstoffe ist ein internationales wissenschaftliches Expertengremium, das von der FAO und der WHO gemeinschaftlich geführt wird (vgl. dazu die Homepage: <http://www.who.int/ipcs/food/jecfa/en/> [besucht am: 19. Januar 2011]).

[406] Vgl. TRÜTEN, S. 105 f. und 112.

Im Hinblick auf die rasch fortschreitende Entwicklung des EU-Rechts folgt   325
das Schweizer Lebensmittelgesetz dabei einem offenen Ansatz. Das LMG
regelt in Grundsätzen und ist so konzipiert, dass künftige Entwicklungen
aufgefangen werden können. Das Problem verlagert sich damit grundsätzlich
auf die Stufe der Verordnungen. Vor deren Erlass ist zu prüfen, ob sie inhaltlich und in ihren Auswirkungen mit dem massgebenden EU-Recht vereinbar
sind. Vorschriften, die diesen Erfordernissen nicht zu entsprechen vermögen,
müssen denn auf einer sachlich begründeten Notwendigkeit beruhen.[407]

Die Botschaft zum LMG wies bereits ausdrücklich darauf hin, dass Schweizer   326
Produzentinnen und Produzenten, die Lebensmittel in den EU-Raum expor-
tieren wollen, sich nach den im Bestimmungsland massgebenden Vorschriften richten müssen.[408]

Bis heute haben sich die abweichenden Bestimmungen aufgrund der natio-   327
nalen Harmonisierungsbemühungen markant verringert.[409] Insbesondere nach
der am 1. Januar 2006 in Kraft getretenen Reform (vgl. oben Rz. 228) kann
das schweizerische Lebensmittelrecht als im Wesentlichen EU-kompatibel
angesehen werden.[410]

Dies gilt auch für die Bestimmungen über die gesundheitsbezogene Anprei-   328
sung von Lebensmitteln, die sog. „Health Claims". Unter dem Titel „Health
Claims: Nährwert- und gesundheitsbezogene Anpreisungen bei Lebensmit-
teln" publizierte das BAG bereits im Juli 2006, also schon kurz nach Verab-
schiedung des Verordnungsvorschlags der EG-Health-Claims-Verordnung ein
Faktenblatt, in dem es sich u.a. mit folgenden Fragen auseinandersetzte:
„Welche Konsequenzen hat diese neue Verordnung für die Schweiz? Welche
Anpassungen müssen in der schweizerischen Gesetzgebung gemacht werden,
damit der freie Handel gewährleistet bleibt und die Konsumentinnen und
Konsumenten von den Neuerungen profitieren können?"

Frau NELLEN-REGLI, Autorin des Faktenblatts, kam dabei zu folgendem   329
Schluss: „Damit die Schweiz möglichst bald über die gleichen Voraussetzungen [wie die EU] verfügt, ist vorgesehen, die Lebensmittelgesetzgebung in
diesem wie auch in anderen Bereichen an die neuesten Entwicklungen im
europäischen Raum anzupassen."

---

407   Botschaft LMG, S. 973.
408   Vgl. Botschaft LMG, S. 973 f.
409   Vgl. dazu die Botschaft zum LMG, die im Jahre 1989 noch auf „viele abwei-
      chenden Einzelbestimmungen" hingewiesen hat.
410   TRÜTEN, S. 113.

330 Die EG-Health-Claims-Verordnung diente den schweizerischen Rechtset-
zungsorganen in der Folge als normative Vorlage und hatte insofern eine
starke Vorbildfunktion inne.[411] Ohne bereits auf die einzelnen Vorschriften
einzugehen, sei an dieser Stelle lediglich auf den teilweise deckungsgleichen
Wortlaut und die vergleichbare Systematik der beiden Bestimmungen hingewiesen.

331 Folglich vermag auch die Aussage im Abgrenzungsbericht von BAG und
Swissmedic wenig zu überraschen, die lautet: „Seit 1. April 2008 sind im
Zusammenhang mit Lebensmitteln neu nährwert- und gesundheitsbezogene
Angaben zulässig (Abschnitt 11a der LKV). Diese Regelungen wurden aus
der Verordnung (EG) 1924/2006 übernommen und an die schweizerischen
rechtlichen Rahmenbedingungen angepasst."[412]

332 In der von EDI und BAG per 1. April 2010 publizierten „Revision LKV
(Health Claims), Verlängerung der Übergangsfrist" heisst es gar: „In der
Schweiz sind die nährwert- und gesundheitsbezogenen Angaben auf Lebens-
mitteln seit dem 7. März 2008 in der Lebensmittelkennzeichnungsverordnung
LKV geregelt. Die entsprechenden Bestimmungen lehnen sich eng an die EU-
Verordnung (EG) 1924/2006 an".[413]

333 In diesem Sinne postuliert Art. 41 LKV ausdrücklich: „Das BAG passt die
Anhänge dieser Verordnung regelmässig dem Stand von Wissenschaft und
Technik sowie dem Recht der wichtigsten Handelspartner der Schweiz an.
Bei der Anpassung der Anhänge 7 und 8 berücksichtigt es das Gemein-
schaftsregister nach Artikel 20 der Verordnung (EG) Nr. 1924/2006 über
nährwert- und gesundheitsbezogene Angaben über Lebensmittel." Mit dieser
Bestimmung wird eine fortlaufende Rechtsangleichung an das europäische
Health-Claims-Vorbild sichergestellt.[414]

334 Aufgrund dieser Vorbildfunktion werden im dritten Teil („Health Claims: Die
gesundheitsbezogene Anpreisung von Lebensmitteln") zunächst die massgebenden Vorschriften der EG-Health-Claims-Verordnung behandelt. Gestützt
auf die dabei gewonnenen Erkenntnisse kann dann auf das schweizerische
„Pendant", den Abschnitt 11a der LKV, „umgeschwenkt" werden. Dies stellt
eine umfassende und v.a. systematisch korrekte Darstellung der Schweizer
Health-Claims-Vorschriften sicher.

---

[411] Siehe Bundesamt für Gesundheit/Swissmedic, S. 5.
[412] Bundesamt für Gesundheit/Swissmedic, S. 5.
[413] EDI/BAG, Erläuterungen 2011, S. 1.
[414] Art. 41 Abs. 1 und 2 LKV; siehe zu Art. 41 LKV unten Rz. 844 f.

# 3. Kapitel: Begriffsbestimmung

## I.  Vorbemerkungen

In diesem Kapitel werden die für die Thematik der gesundheitsbezogenen 335
Anpreisung von Lebensmitteln relevanten Begriffe definiert und erläutert.
Ausgangspunkt der Betrachtung bilden die dabei zentralen Begriffe „Lebensmittel", „Anpreisung" und „gesundheitsbezogene Angabe". Es werden
jeweils die Schweizer und europäischen Begriffe (und Bezeichnungen) vorgestellt.

Ein Schwerpunkt liegt bei gesundheitsbezogener Werbung auf der Abgren- 336
zung zwischen Lebensmittel- und Arzneimittelbegriff. Ebenfalls vertieft untersucht wird die Terminologie „Funktionelle Lebensmittel". Funktionelle
Lebensmittel werden häufig im Zusammenhang mit gesundheitsfördernden
Lebensmitteln genannt. Diese Bezeichnung wird weltweit jedoch uneinheitlich und mit ganz unterschiedlicher Bedeutung verwendet. Eine umfassende
Darstellung soll hier Klärung bringen. Den funktionellen Lebensmitteln ist
daher ein gesonderter Abschnitt am Ende dieses Kapitels gewidmet.


## II.  Lebensmittel

## A.  Sammelbegriff gemäss Art. 3 LMG

Das Wort „Lebensmittel" wird im Schweizer Recht als Sammelbegriff ver- 337
wendet. Es bezeichnet Stoffe, die der Mensch als Nahrung im rohen, zuberei-
teten oder verarbeiteten Zustand zu sich nimmt. Lebensmittel im weiteren
Sinne umfassen daher nicht nur Nahrungsmittel, die dem „Aufbau oder dem
Körper dienen", sondern auch Genussmittel, die keine eigentlichen Nährstoffe enthalten.[415] In Art. 3 Abs. 1 LMG heisst es daher: „Lebensmittel sind
Nahrungs- und Genussmittel."[416]

---

[415]  Vgl. WEBER, S. 1.

[416]  Die Bezeichnung „Sammelbegriff" ist auch insofern zu rechtfertigen, als sich die
*Lebensmittel*gesetzgebung nicht nur auf Lebens- und Genussmittel bezieht, sondern weitergehend auch auf Haushalts- und Gebrauchsgegenstände, wie Geschir-
re und Geräte zur Herstellung von Lebensmitteln und auf Gegenstände des allgemeinen Bedarfs (Textilien oder Spielwaren beispielsweise), die das Leben
oder die Gesundheit ebenfalls gefährden können. Ebenfalls der *Lebensmittel*ge-

338 Die vorliegend interessierenden Nahrungsmittel werden als Erzeugnisse definiert, die dem Aufbau oder dem Unterhalt des menschlichen Körpers dienen
und nicht als Heilmittel angepriesen werden.[417] Sie zeichnen sich durch ihren
Gehalt an für den Körper notwendigen Stoffen aus.[418]

339 Genussmittel sind alkoholische Getränke (z.b. Bier oder Whiskey) sowie
Tabak und andere Raucherwaren (z.B. Zigaretten oder Zigarren).[419] Auf die
Genussmittel wird, obschon zum Sammelbegriff der Lebensmittel gehörend,
nicht weiter eingegangen. Für sie gelten produktbezogene Werbebeschränkungen.[420] Sie besitzen auch keinen eigentlichen Nährwert, sondern werden
wegen ihrer anregenden Wirkung konsumiert. Genussmittel dienen insofern
dem psychischen Wohlbefinden.[421]

340 Zutaten gelten ebenfalls als Lebensmittel. Sie werden anderen Lebensmitteln
zugesetzt, oder ein Lebensmittel setzt sich aus ihnen zusammen.[422]

341 Keine Lebensmittel sind hingegen Arzneimittel, Futtermittel, Scherzartikel
oder lediglich mit Lebensmitteln verwechselbare Erzeugnisse.[423] Diese Produkte müssen von den Lebensmitteln scharf abgegrenzt werden.[424]

---

setzgebung unterstehen Verbrauchsgegenstände wie Packmaterial für Lebensmittel, Wasch- und Reinigungsmittel sowie Kosmetika. Haushalts-, Gebrauchs-
und Verbrauchsgegenstände werden somit ebenfalls vom Lebensmittelbegriff im
weiteren Sinne erfasst (vgl. Art. 5 Bst. a–f LMG; DAVID/REUTTER, S. 288;
FRICK, Gesundheit, 15; FRICK, Lebensmittel, S. 250 f.; siehe zu den Gebrauchsgegenständen sogleich unten Rz. 342 ff.).

[417] Art. 3 Abs. 2 LMG; siehe zum Heilmittelbegriff unten Rz. 346 ff.
[418] DAVID/REUTTER, S. 291.
[419] Art. 3 Abs. 3 LMG.
[420] Siehe zu den Werbebeschränkungen für Genussmittel DAVID/REUTTER,
S. 301 ff.; FRICK, Lebensmittel, S. 250 ff.; PUGATSCH, S. 135 ff.
[421] EGGENBERGER STÖCKLI, Arzneimittel-Werbeverordnung, N 51 zu Art. 1 AWV.
Eine vertiefte rechtliche Beurteilung von Alkoholwerbung erübrigt sich auch
deshalb, weil gesundheitsbezogene Angaben zu Getränken mit einem Alkoholgehalt von mehr als 1,2 Volumenprozent gemäss Art. 28h Abs. 3 LKV ohnehin
verboten sind. Siehe zu den unzulässigen gesundheitsbezogenen Angaben unten
Rz. 908 ff.
[422] Art. 2 Abs. 4 LMG; wobei Zutaten auch als Zusatzstoffe bezeichnet werden.
[423] WEBER, S. 1.
[424] Siehe zur Abgrenzung der Lebensmittel von den Heilmitteln unten Rz. 354 ff.

# B.   Lebensmittel und Gebrauchsgegenstände

Nicht nur die Herstellung von Lebensmitteln kann verschiedenartige Gefah-   342
ren für die menschliche Gesundheit mit sich bringen. Ebenso können bei
Verpackungsvorgängen Schadstoffe bzw. gesundheitlich beeinträchtigende
Stoffe in Lebensmittel gelangen. In Art. 5 Bst. a–f LMG werden deshalb
Produktkategorien von Gebrauchsgegenständen aufgezählt, für die besondere
Vorschriften gelten.[425]

Dabei handelt es sich um mit Lebensmitteln und dem Körper zusammenhän-   343
gende Gegenstände wie z.b. Geräte, Geschirr, Verpackungsmaterial und
Kleidungsstücke sowie Uhrenarmbänder und Schmuck. Ebenfalls zu den
Gebrauchsgegenständen gehören Gegenstände, die für den Gebrauch durch
Kinder bestimmt sind (z.b. Kinderspielsachen und Lernmaterialien), sowie
Kerzen und Streichhölzer, Feuerzeuge und Scherzartikel. Ebenfalls dazu ge-
hören die beiden Untergruppen Körperpflegemittel und Kosmetika sowie
Gegenstände mit Schleimhaut, Haut-, oder Haarkontakt.[426]

Obschon Gebrauchsgegenstände vom Sammelbegriff Lebensmittel erfasst   344
werden (vgl. oben FN 416), unterscheidet das LMG grundsätzlich zwischen
den beiden Kategorien. Es gelangen aber mehrheitlich dieselben tragenden
Grundsätze zur Anwendung.[427] So dürfen sowohl die Gebrauchsgegenstände
als auch die Lebensmittel bei bestimmungsgemässem Gebrauch die Gesundheit des Menschen nicht gefährden[428]; Angaben über Gebrauchsgegenstände,
ihre Anpreisung und Verpackung müssen ebenfalls so gestaltet sein, dass
keine Gefahr einer gesundheitsschädigenden Verwendung besteht.[429] Zudem
sind Hinweise irgendwelcher Art auf eine krankheitsheilende, -lindernde oder
-verhütende Wirkung von Gebrauchsgegenständen (z.B. medizinische oder

---

[425]   GROLIMUND, S. 49. Beachte zu den Gebrauchsgegenständen insbesondere die
vertikale Verordnung des EDI über Gegenstände für den Schleimhaut-, Haut-
und Haarkontakt sowie über Kerzen, Streichhölzer, Feuerzeuge und Scherzartikel vom 23. November 2005 (Verordnung über Gegenstände für den Humankon-
takt; SR 817.023.41), in der sich weitere Anforderungen für bestimmte
Gebrauchsgegenstände finden.

[426]   Art. 5 Bst. b LMG; vgl. auch EGGENBERGER STÖCKLI, Arzneimittel-Werbeverordnung, N 53 zu Art. 1 AWV.

[427]   FRICK, Gesundheit, S. 16. Vgl. etwa Art. 6 Abs. 1 LMG: *„Lebensmittel ... und
Gebrauchsgegenstände*, die den Anforderungen dieses Gesetzes und seinen Aus-
führungsbestimmungen nicht entsprechen, insbesondere jene, die Grenz- oder
Toleranzwerte überschreiten, dürfen nicht oder nur mit Auflagen verwendet oder
an den Konsumenten abgegeben werden."

[428]   Art. 30 Abs. 1 LGV.

[429]   Art. 31 Abs. 1 LGV.

therapeutische Eigenschaften, desinfizierende oder entzündungshemmende Wirkungen, ärztliche Empfehlungen) verboten.[430] Schliesslich gilt auch das Täuschungsverbot sowohl für die Lebensmittel als auch für die Gebrauchsgegenstände.[431]

345 Im Nachfolgenden ist aber immer ausschliesslich von den Lebensmitteln die Rede. Da wie soeben ausgeführt für beide Kategorien vergleichbare Regeln zur Anwendung gelangen – etwa bezüglich Heilanpreisungsverbots –, werden aber, wo sinnvoll, auch Gerichtsentscheide zu Gebrauchsgegenständen zitiert.

## C.   Ein Lebensmittel ist kein Heilmittel

### 1.   Begriff des Heilmittels

346 Heilmittel fallen nicht unter die Bestimmungen des LMG, sondern sind im HMG und den darauf gestützten Verordnungen geregelt.[432] Das HMG gilt im Verhältnis zum LMG als „Lex specialis" und geht diesem vor. Produkte, die als Heilmittel angepriesen werden, fallen definitionsgemäss nicht mehr unter den Geltungsbereich des LMG.[433]

347 Arzneimittel[434], als Unterkategorie der Heilmittel, werden in Art. 4 Abs. 1 Bst. a HMG definiert als Produkte chemischen oder biologischen Ursprungs, die zur medizinischen Einwirkung auf den menschlichen oder tierischen Organismus bestimmt sind oder angepriesen werden, insbesondere zur Erkennung, Verhütung oder Behandlung von Krankheiten, Verletzungen und Behinderungen.

348 Der Verwendungszweck eines Arzneimittels ist somit immer die medizinische Einwirkung auf den menschlichen Organismus, dies gilt insbesondere im Rahmen der typischen Anwendungsbereiche der Heilung und Linderung von Krankheiten.

---

[430]   Art. 5 LMG i.V.m. Art. 31 Abs. 3 LGV.
[431]   Vgl. FRICK, Gesundheit, S. 16.
[432]   Siehe zum HMG oben Rz. 267 ff.
[433]   Siehe zum Verhältnis HMG und LMG auch ausführlich KLEMM, S. 92.
[434]   Gemäss dem Geltungsbereich in Art. 2 Abs. 1 Bst. a HMG gehören Arzneimittel zusammen mit den Medizinprodukten zum Oberbegriff der Heilmittel. Sie unterstehen beide der Aufsicht des Schweizerischen Heilmittelinstituts (Swissmedic). Nachfolgend werden Arzneimittel und Heilmittel synonym verwendet; auf die Medizinprodukte wird nicht weiter eingegangen.

Es kann dabei zwischen objektivem und subjektivem Verwendungszweck  349
unterschieden werden. Gemäss objektivem Verwendungszweck dient ein
Produkt aufgrund seiner naturgemässen Wirkstoffe der medizinischen Einwirkung. Gemäss subjektivem Verwendungszweck ist die Zweckbestimmung
massgebend, die in erster Linie die Herstellerin oder der Vertreiber dem Produkt gibt. Allein der subjektive Wille der Anbieterin oder des Anbieters reicht
für die Einstufung eines Produktes jedoch nicht aus.[435]

## 2.  Werbung für Arzneimittel

Selbstverständlich muss heilanpreisende Werbung für zugelassene Arzneimit-  350
tel – im Rahmen von gesetzlichen Schranken – zulässig sein. Arzneimittel
haben ja gerade zum Ziel, Krankheiten zu heilen und dementsprechend die
Gesundheit zu verbessern.[436] Es muss daher möglich sein, Fachkreise und
Publikum über Arzneimittel zu informieren. Werbung ist aber nur für solche
Arzneimittel gestattet, die in der Schweiz registriert sind und in Verkehr gebracht werden dürfen.[437]

Die Geltungsbereiche der Lebensmittel- und der Heilmittelgesetzgebung  351
müssen dabei klar auseinandergehalten werden.[438] Das LMG und die darauf
basierenden Verordnungen verlangen eine klare Unterteilung zwischen Lebensmitteln und Heilmitteln.[439] Ein Lebensmittel ist kein Heilmittel, sondern
es dient grundsätzlich der Ernährung, dem Aufbau und dem Unterhalt des
Körpers. Heilmittel hingegen sind für die Erkennung, Verhütung und Behandlung von Krankheiten, Verletzungen oder Behinderungen bestimmt.

Lebensmittel dürfen deshalb auch nicht als Heilmittel angepriesen werden.[440]  352
Mit dieser Unterscheidung soll verhindert werden, dass Konsumentinnen und
Konsumenten getäuscht werden oder gar gesundheitliche Schäden erleiden,

---

[435]  Siehe zur Einstufung und zum subjektiven Willen der Anbieterin und des Anbieters unten Rz. 358 (1), 359 (3) und 363 (2).

[436]  FRICK, Lebensmittel, S. 254.

[437]  Vgl. DAVID/REUTTER, S. 312 ff.; PUGATSCH, S. 122 ff.; auf die gesetzliche Regelung der Heilmittelwerbung wird nachfolgend nicht weiter eingegangen. Sie
richtet sich grundsätzlich nach Art. 31 ff. HMG und der darauf gestützten AWV.
Siehe zur AWV den Kommentar von EGGENBERGER STÖCKLI URSULA, Arzneimittel-Werbeverordnung, Verordnung vom 17. Oktober 2001 über die Arzneimittelwerbung (Arzneimittel-Werbeverordnung, AWV), Bern 2006.

[438]  Urteil des BGer 2A.593/2005 vom 6. September 2006, E. 3.4.

[439]  BAG, Functional Food, S. 1.

[440]  Art. 3 Abs. 2 LMG; vgl. oben Rz. 338.

wenn Krankheiten mit ungeeigneten Mitteln behandelt werden.[441] Die Konsumentinnen und Konsumenten sollen insbesondere vor gesundheitsgefährdenden, pseudowissenschaftlichen Anpreisungen geschützt werden, die sich häufig in Werbekampagnen mit krankheitsbezogenen Aussagen für Lebensmittel finden.[442]

353 Hinweise auf vorbeugende, behandelnde oder heilende Wirkungen sollen wissenschaftlich erhärtet und im heilmittelrechtlichen Verfahren erstellt sein, entsprechende Angaben sind den Arzneimitteln vorbehalten und gehören nicht in die Anpreisung von Lebensmitteln.[443]

## 3. Abgrenzung Lebensmittel – Arzneimittel

### a) Allgemeines

354 Die präzise Abgrenzung zwischen Lebensmitteln und Arzneimitteln gestaltet sich faktisch oft als sehr schwierig. Es handelt sich bei der Abgrenzungsproblematik nicht nur um eine Frage rein theoretischer Natur, vielmehr hat die entsprechende Zuordnung eines Produktes weitreichende Konsequenzen.[444]

355 So sind im Lebensmittel- und im Heilmittelrecht die Anforderungen an Herstellung, Bearbeitung, Bewerbung, Anpreisung, Vertrieb, Abgabe und Überwachung eines Produktes unterschiedlich geregelt. Folglich sind auch die zuständigen Vollzugsbehörden und die ihnen zur Verfügung stehenden Massnahmen und Sanktionsmöglichkeiten nicht gleich. Schliesslich hat das für Arzneimittel vorgeschriebene Zulassungsverfahren erhebliche wirtschaftliche Aufwendungen für die Herstellerinnen und Hersteller zur Folge. Aus all diesen Gründen ist die Einstufung eines Produktes als Lebensmittel oder als

---

[441] Vgl. Art. 10 Abs. 2 Bst. c LGV.

[442] Siehe zu den für Lebensmittel verbotenen krankheitsbezogenen Angaben unten Rz. 546 ff.

[443] Vgl. BGE 127 II 91 ff. (101 f.), E. 4b; Urteil des BGer 2A.374/2003 vom 13. Mai 2004, E. 2.1; BAG, Functional Food, S. 1.

[444] Vgl. BUNDESAMT FÜR GESUNDHEIT/SWISSMEDIC, S. 3; WEBER, S. 1 f.; RICHLI, Bundesgericht, S. 1464. PAUL RICHLI bezeichnet die Abgrenzung zwischen Heilanpreisungen und allgemeinen Hinweisen auf gesundheitsfördernde Wirkungen als „subtile Aufgabe". RICHLI weist auch bereits auf die „wegweisenden Überlegungen" des Bundesgerichts im Urteil 2A.565/2000 hin und nennt die wichtigsten Abgrenzungskriterien zur Unterscheidung von Lebens- und Heilmitteln. Vgl. dazu sogleich unten Rz. 358 ff.

Arzneimittel für die Anbieterinnen und Anbieter von wesentlicher Bedeutung.[445]

Ein zur Einnahme bestimmtes Produkt im Graubereich zwischen der Lebensmittel- und der Heilmittelgesetzgebung wird aber in jedem Fall vom Geltungsbereich eines der beiden Gesetze erfasst. Gerade neuartige, innovative Produkte wie angereicherte Bonbons, Joghurts oder Getränke können durchaus sowohl Eigenschaften eines Lebensmittels als auch eines Arzneimittels aufweisen. Zu denken ist etwa an einen Tee, der angepriesen werden kann mit dem Slogan *„Hilft bei Heiserkeit und Husten"* (Arzneimittel) oder aber mit *„Damit sie sich wohlfühlen. Beruhigt den Geist und die Sinne"* (Lebensmittel).[446]

356

Die rechtsgenügliche Abgrenzung kann den Produzentinnen und Produzenten bei der Anpreisung ihrer Erzeugnisse in der Praxis aber Probleme bereiten. Wird das entsprechende Produkt als Lebensmittel angepriesen, so sind gesundheitsdienliche Angaben grundsätzlich erlaubt; die Anpreisung des Produktes als Arzneimittel ist jedoch nicht gestattet.[447] In diesem Fall muss das Produkt, wie bereits erwähnt, als Heilmittel registriert und gemäss den heilmittelrechtlichen Normen angepriesen werden (vgl. oben Rz. 350).[448]

357

## b)    Abgrenzungskriterien gemäss BAG und Swissmedic

BAG und Swissmedic haben diese Abgrenzungsproblematik erkannt und die für die schweizerischen Behörden massgeblichen Abgrenzungskriterien zu-

358

---

[445]    Vgl. BUNDESAMT FÜR GESUNDHEIT/SWISSMEDIC, S. 3.

[446]    Dies heisst jedoch noch nicht, dass das betreffende Produkt auch tatsächlich als Arzneimittel oder als Lebensmittel verkehrsfähig ist. Es ist nämlich durchaus möglich, dass ein Produkt, das als Lebensmittel zu qualifizieren ist und demzufolge der Lebensmittelgesetzgebung untersteht, nicht verkehrsfähig ist, weil es die einschlägigen lebensmittelrechtlichen Gesetzes- und/oder Verordnungsbestimmungen nicht erfüllt. Auch der umgekehrte Fall (Arzneimittel, das als solches nicht verkehrsfähig ist, weil der Gesuchsteller z.B. den Nachweis der Wirksamkeit nicht erbringen konnte) ist durchaus denkbar. Es kann in einzelnen Fällen also Produkte geben, die unter den Geltungsbereich der Lebensmittelgesetzgebung bzw. der Heilmittelgesetzgebung fallen, aber nicht den entsprechenden Anforderungen genügen und somit weder nach der einen noch nach der anderen Gesetzgebung verkehrsfähig sind (vgl. BUNDESAMT FÜR GESUNDHEIT/SWISSMEDIC, S. 3; siehe dazu unten Rz. 360, Prüfung der Verkehrsfähigkeit als Lebensmittel oder als Heilmittel).

[447]    Siehe zur erlaubten gesundheitsbezogenen Anpreisung von Lebensmitteln ausführlich unten 618 ff.

[448]    BUNDESAMT FÜR GESUNDHEIT/SWISSMEDIC, S. 3.

sammengefasst. Berücksichtigt werden dabei die bundesgerichtlichen Vorgaben gemäss Leitentscheid 2A.565/2000 sowie – zur Konkretisierung dieser Vorgaben – die vom EuGH entwickelten Kriterien.[449] Demgemäss ergeben sich die folgenden Abgrenzungskriterien:

(1) **Umfassende Betrachtung**: Wichtig ist, dass jedes Produkt einzeln und unter Berücksichtigung all seiner Merkmale betrachtet wird. Eine rein subjektive Betrachtungsweise gemäss dem Willen der Anbieterin oder des Anbieters, wie sie noch in der Botschaft zum HMG[450] vorgesehen war, wird heute abgelehnt. Entsprechend vertritt das Bundesgericht die Ansicht, dass das Vorhandensein einer Heilanpreisung das betreffende Produkt nicht automatisch zum Arzneimittel macht.[451]

(2) **Prüfung der Zusammensetzung**: Gemäss Bundesgericht ist bei der Zulassung eines Produktes als Lebensmittel in erster Linie (unter Miteinbezug internationaler Normen und ausländischer Gesetzgebungen) dessen Zusammensetzung zu berücksichtigen.[452] Dabei ist zu beachten, ob und inwiefern damit unerwünschte und allenfalls sogar gesundheitsgefährdende Nebenwirkungen verbunden sein können. Nahrungsmittel dürfen bei ihrem üblichen Gebrauch die Gesundheit nicht gefährden.[453]

359 Lässt sich aufgrund der umfassenden Betrachtungsweise und der Zusammensetzung des Produktes keine schlüssige Zuordnung vornehmen, so ist die überwiegende **Zweckbestimmung** (3) anhand sämtlicher verfügbarer **Indizien** (4) zu ermitteln:

---

[449] Vgl. BUNDESAMT FÜR GESUNDHEIT/SWISSMEDIC, S. 6 f. und 11 ff., basierend auf dem Urteil des BGer 2A.565/2000 vom 8. Mai 2001 und statt vieler EuGH Rs. C-112/89, Slg. 1991, I-1703, (Rn. 22 ff.).

[450] Vgl. Botschaft HMG, S. 3481.

[451] Vgl. Urteil des BGer 2A.565/2000 vom 8. Mai 2001 E. 3a/aa.

[452] Das Bundesgericht stützt sich auf das Bewilligungsverfahren gemäss Art. 6 Abs. 1 LGV (Art. 3 Abs. 3 in der alten Lebensmittelverordnung). Lebensmittel, die nicht bereits vom EDI umschrieben sind, bedürfen der Bewilligung durch das BAG (vgl. Art. 5 Abs. 1 LGV). Das BAG prüft dabei die *Zusammensetzung*, den Verwendungszweck und die Kennzeichnung des Lebensmittels. Es berücksichtigt dabei internationale Normen und ausländische Gesetzgebungen (vgl. Urteil des BGer 2A.565/2000 vom 8. Mai 2001, E. 4b/cc).

[453] Vgl. Art. 13 Abs. 1 LMG. Zu prüfen ist gemäss Abgrenzungsbericht (S. 12) eine Analyse der genauen Zusammensetzung des Produktes (Wirk- und Inhaltsstoffe sowie Nährwert) sowie die bei „üblichem Gebrauch mit dem Konsum verbundenen Risiken. Die Hersteller bzw. Händler oder Inverkehrbringer trifft dabei eine Mitwirkungspflicht (Art. 25 Abs. 1 LMG).

(3) **Prüfung des Verwendungszwecks:** Es ist mit Blick auf das Wesen des Lebensmittels danach zu fragen, inwieweit ein Produkt zum Aufbau oder Unterhalt des menschlichen Körpers beiträgt. Entfaltet es zusätzlich Heilwirkungen, sind diese hierzu in Relation zu setzen. Je mehr der Ernährungszweck im Vordergrund steht, desto eher handelt es sich um ein Lebensmittel. Wird das Produkt als Heilmittel angepriesen bzw. ist es als solches allgemein bekannt, kann dies umgekehrt ein Anhaltspunkt dafür sein, dass eher den pharmakologischen Wirkungen massgebliche Bedeutung zuzumessen ist. Obwohl in der Praxis die Verkehrsauffassung meistens durch die von der Herstellerin oder vom Hersteller bezüglich des Produktes gemachten Angaben wie Bezeichnung, Verwendungszweck oder Bewerbung beeinflusst wird, kommt es bei der Ermittlung der überwiegenden Zweckbestimmung nicht nur darauf an, welchem Zweck das Produkt nach dem subjektiven Willen Willen der Herstellerin oder des Herstellers dienen soll, sondern vielmehr auf den Eindruck, den die beteiligten Verkehrskreise, insbesondere die Konsumentinnen und Konsumenten, über die bezweckte Anwendung des Produktes gewinnen. Dabei ist der Erwartungshorizont des durchschnittlich informierten, aufmerksamen und verständigen Konsumenten massgebend (vgl. oben Rz. 103 ff.). Eine Werbeaussage kann für die Einstufung eines Produktes zwar als **Indiz** dienen, erlaubt für sich allein aber keinen verlässlichen Rückschluss auf die Einstufung als Lebensmittel oder als Arzneimittel. Sie muss vielmehr geeignet sein, die überwiegende Zweckbestimmung und demzufolge die allgemeine Verkehrsauffassung in entscheidender Weise zu beeinflussen.[454]

(4) **Zum Indizienbeweis:** Der Indizienbeweis geschieht durch logische Schlussfolgerung auf das Bestehen einer Qualifizierung als Arzneimittel bzw. Lebensmittel. Die Bedeutung des Indizienbeweises steht und fällt mit der Zahl der zur Verfügung stehenden Indizien: Eine Qualifizierung kann nicht durch Schlussfolgerung aus einem einzigen Indiz geschehen. Erforderlich ist vielmehr das Ineinandergreifen mehrerer Indizien. Die Gewichtung der einzelnen Indizien ist separat und in jedem Einzelfall von Neuem vorzunehmen. Die Beurteilung des **überwiegenden Verwendungszwecks** (3) erfordert eine Gesamtbetrachtung der Kriterien. Nicht allen Indizien kommt dabei dasselbe Gewicht zu. Einem bestimmten Indiz (z.B. der Darreichungsform) kann von Fall zu Fall ein unterschiedliches Gewicht zukommen. Eine abschliessende Qualifizierung kann deshalb auch nicht gestützt auf nur ein einziges Indiz erfolgen. Es sind vielmehr *sämtliche Indizien*, die für oder gegen eine bestimmte Ein-

---

[454] Vgl. das Bsp. („Tee") oben in Rz. 356.

stufung sprechen, zu berücksichtigen und sorgfältig abzuwägen. Die spezifischen Indizien werden sogleich in Rz. 361 ff. ausgeführt.

360 **Prüfung der Verkehrsfähigkeit als Lebensmittel oder als Heilmittel:** Unabhängig von der Zuordnung eines Produktes unter den Geltungsbereich der Lebensmittel- oder Heilmittelgesetzgebung muss die Voraussetzung der Verkehrsfähigkeit eines Produktes immer sein, dass es sämtliche Anforderungen der jeweils anwendbaren Gesetzgebung erfüllt.[455]

### c) Spezifische Indizien bzw. Anhaltspunkte

361 BAG und Swissmedic nennen im Abgrenzungsbericht die wichtigsten Anhaltspunkte und Indizien, die jeweils in Richtung Lebensmittel resp. Heilmittel weisen können.[456]

362 Hinweise für die Zuordnung eines Produktes als **Lebensmittel** sind demgemäss:

(1) **Werbeaussagen:** Die verwendeten Werbeaussagen preisen die Förderung des Wohlbefindens an, und es werden gesundheitsbezogene Angaben wie z.B. *„gesundheitsfördernd"*, *„Für eine gesunde Ernährung"* oder *„Ist notwendig für die Blutbildung"* gemacht. Auch Werbeaussagen über die optimale Versorgung mit Nährstoffen im Hinblick auf eine gute Gesundheit sind Indizien für die Qualifizierung als Lebensmittel.

(2) **Produktname und Kennzeichnung:** Weitere Anhaltspunkte sind Produktnamen wie z.B. *„Gesundheitstee"* oder *„Fitness-Drink"* sowie Ernährungshinweise und die Produktzusammensetzung.

363 Hinweise für die Zuordnung eines Produktes als **Heilmittel** sind:

(1) **Warnhinweise:** Angaben wie z.B. *„Vorsicht vor Epilepsie"* oder Hinweise auf Kontraindikationen (beispielsweise Schwangerschaft oder Allergien und bestimmte Erkrankungen) und Interaktionen (d.h. Arzneimittelwechselwirkungen, die bei der gleichzeitigen Einnahme verschiedener Heilmittel auftreten können).

---

[455] In diesem Sinne hat das Bundesgericht im Entscheid 2A.106/2007 vom 9. Juli 2007, E. 3 und 4, der Zuordnung der „S.O.S. Notfall Bonbons nach Dr. Bach" zu den Lebensmitteln zwar zugestimmt, deren Verkehrsfähigkeit aber trotzdem verneint, weil die Bonbons mit einer Bezeichnung auf den Markt gebracht werden sollten, die den Eindruck eines Heilmittels erwecke (vgl. Art. 10 Abs. 2 Bst. d LGV).

[456] Vgl. die Übersicht bei BUNDESAMT FÜR GESUNDHEIT/SWISSMEDIC, S. 13 f.

(2) **Werbeaussagen:** Bei den in der Produktwerbung gemachten Aussagen steht die Beseitigung einer gesundheitlichen Störung im Vordergrund; häufig werden auch der Wirkmechanismus einer Substanz oder die Vorgänge im Körper beschrieben. Ganz allgemein sprechen krankheitsbezogene Aussagen eher für die Qualifizierung als Heilmittel. Die Heilanpreisung muss aber geeignet sein, die überwiegende Zweckbestimmung und demzufolge auch die allgemeine Verkehrsauffassung in entscheidender Weise zu beeinflussen. Der rein subjektive Wille der Herstellerin und des Herstellers reicht aber nicht aus.

(3) **Aufmachung:** Die Packung ist Arzneimittel-typisch oder mit einer Abbildung von Organen ausgestaltet.

(4) **Darreichungsform:** Tabletten, Pulver, Kapseln oder Tropfen gelten grundsätzlich als Indiz für die Zuordnung als Heilmittel. Hiervon sind jedoch insbesondere die Nahrungsergänzungsmittel abzugrenzen, bei denen die Darreichungsform (Kapseln und Tabletten) zuweilen den Rückschluss auf die Zuordnung als Arzneimittel nahelegt. Die nähere Betrachtung ergibt aber, dass mit dem betreffenden Produkt die optimale Versorgung mit Nährstoffen bezweckt wird. Die Heilung einer Krankheit fällt nicht unter die Zweckbestimmung eines Nahrungsergänzungsmittels.[457]

(5) **Produktname und Kennzeichnung:** Hierzu zählen Arzneimittel-typische Produktnamen wie z.B. *„Voltaren Dolo"* und *„Aspirin"* oder Bezeichnungen wie beispielsweise *„forte"* und *„retard"*.

Weitere Anhaltspunkte sind gemäss BAG und Swissmedic die **Einordnung vergleichbarer Produkte auf dem Markt** sowie der **übliche Verwendungszweck in der Verbraucherpraxis** (sog. „Vorprägung"). Die Kriterien **Vertriebskanal** und **Verkaufspreis** werden von der Rechtsprechung heute allerdings kaum mehr als Indiz anerkannt. 364

Im Zusammenhang mit der Bearbeitung solcher Abgrenzungsfragen ist eine frühzeitige Absprache mit den betroffenen Behörden von grosser Bedeutung.[458] Es ist dabei aber davon auszugehen, dass das zu beurteilende Produkt in jedem Fall von einer der beiden Gesetzgebungen erfasst wird. Ein Produkt 365

---

[457] Siehe zu den Nahrungsergänzungsmitteln unten Rz. 374 ff.

[458] Bei den Lebensmitteln: BAG und die Kantonalen Laboratorien (Kantonschemikerinnen und Kantonschemiker) und bei den Heilmitteln: Swissmedic und die kantonalen Heilmittelkontrollbehörden (vgl. auch BUNDESAMT FÜR GESUNDHEIT/ SWISSMEDIC, S. 11).

ist immer entweder Nahrungsmittel oder Arzneimittel. Ein „rechtsfreier Raum" ist damit ausgeschlossen.[459]

# D.  Besondere Lebensmittelgruppen

## 1.  Allgemeines

366  Gesundheitsbezogene Angaben können generell bei allen Arten von Lebensmitteln gemacht werden.[460] Ausgangspunkt der Betrachtung sind aber immer Lebensmittel im herkömmlichen Sinne, d.h. solche, die primär der Energiezufuhr und Sättigung dienen. Sie sind von ihrer grundsätzlichen Produktkonzeption her nicht darauf ausgerichtet, einen gesundheitlichen Zusatznutzen zu bringen.[461]

367  Bei den nachfolgenden Lebensmittelgruppen handelt es sich um vermehrt auf den Markt gebrachte spezielle Lebensmittelerzeugnisse, wie z.B. Speziallebensmittel oder funktionelle Lebensmittel, die häufig mit gesundheitsbezogenen Angaben angepriesen werden resp. von denen häufig in diesem Zusammenhang die Rede ist.[462]

## 2.  Speziallebensmittel

368  Die Bezeichnung „Speziallebensmittel" gilt als Oberbegriff für Lebensmittel, die für eine besondere Ernährung bestimmt sind und die aufgrund ihrer Zusammensetzung oder des besonderen Verfahrens ihrer Herstellung entweder den besonderen Ernährungsbedürfnissen von Menschen entsprechen, die aus gesundheitlichen Gründen eine andersartige Kost benötigen oder aber die dazu beitragen, bestimmte ernährungsphysiologische oder physiologische Wirkungen zu erzielen (vgl. oben Rz. 243).[463]

---

[459]  BGE 127 II 91 ff. (97), E. 3a/bb; BUNDESAMT FÜR GESUNDHEIT/SWISSMEDIC, S. 11; EGGENBERGER STÖCKLI, Arzneimittel-Werbeverordnung, N 50 zu Art. 1 AWV.

[460]  Vgl. MEYER, S. 28; Bundesamt für Gesundheit/Swissmedic, S. 3 f. und S. 7.

[461]  Vgl. MEYER, S. 28. Siehe zum Lebensmittelbegriff oben Rz. 337 ff.

[462]  Vgl. so auch BUNDESAMT FÜR GESUNDHEIT/SWISSMEDIC, S. 3.

[463]  Vgl. Art. 2 Abs. 1 Speziallebensmittelverordnung. Siehe zur Speziallebensmittelverordnung oben Rz. 242 ff.

Unter die Kategorie der Speziallebensmittel fallen gemäss Art. 2 Abs. 2 Spe-   369
ziallebensmittelverordnung insbesondere Lebensmittel für eine gewichtskontrollierende Ernährung, diätetische Lebensmittel für besondere medizinische
Zwecke, Nahrungsergänzungsmittel und koffeinhaltige Spezialgetränke
(vgl. oben Rz. 244).

Speziallebensmittel haben aufgrund ihres Verbrauchszwecks einen näheren   370
Bezug zu einem pathologischen Zustand als herkömmliche Nahrungsmittel,
da sie gerade mit Blick auf spezifische Ernährungsbedürfnisse eine oft notwendige Alternative darstellen. Die Anpreisung der spezifischen Wirkung
darf aber allein der sachgemässen Kundeninformation dienen.[464]

Speziallebensmittel müssen sich von normalen Lebensmitteln denn auch   371
durch ihre Zusammensetzung oder ihr Herstellungsverfahren deutlich unterscheiden.[465] Zusätzlich zu den üblichen Kennzeichnungsvorschriften gemäss
LKV müssen besondere Hinweise auf den Produkten angebracht werden
(vgl. oben Rz. 245).

Für die Anpreisung aller Speziallebensmittel gilt deshalb, dass Hinweise auf   372
die besondere Zweckbestimmung und die besonderen ernährungsphysiologischen oder physiologischen Eigenschaften dieser Lebensmittel nur dann zulässig sind, wenn diese wissenschaftlich belegt werden können.[466] Darüber
hinaus gelten für die Speziallebensmittel die allgemeinen lebensmittelrechtlichen Grundsätze und Vorschriften.[467]

Nach Art. 29a Abs. 2 Bst. a LKV bleiben die abweichenden Bestimmungen   373
der vertikalen Speziallebensmittelverordnung dem Abschnitt 11a der LKV
vorbehalten. Die Speziallebensmittelverordnung kann folglich als „Lex specialis" zur horizontalen LKV betrachtet werden. Auf das Verhältnis zwischen
Speziallebensmittelverordnung und den gesundheitsbezogenen Werbevorschriften nach der LKV wird bei der Erläuterung des Geltungsbereichs von
Abschnitt 11a der LKV eingegangen (vgl. unten Rz. 802 ff.).

---

[464]   Vgl. BGE 127 II 91 E. 4c/bb; FRICK, Gesundheit, S. 27.
[465]   Art. 3 Abs. 1 Speziallebensmittelverordnung.
[466]   Art. 4 Abs. 6 Speziallebensmittelverordnung.
[467]   Zu den lebensmittelrechtlichen Vorschriften gehört insbesondere das Verbot von
      Heilanpreisungen, das sich auch auf die Speziallebensmittel erstreckt
      (vgl. FRICK, Gesundheit, S. 26 f.).

## 3. Nahrungsergänzungsmittel insbesondere

374 Zu den Speziallebensmitteln gehören auch die Nahrungsergänzungsmittel gemäss Art. 2 Abs. 2 Bst. s Speziallebensmittelverordnung. Nahrungsergänzungsmittel sind Erzeugnisse, die Vitamine, Mineralstoffe oder andere Substanzen[468] mit ernährungsspezifischer oder physiologischer Wirkung in konzentrierter Form enthalten und zur Ergänzung der Ernährung mit diesen Stoffen dienen. Sie werden in Darreichungsformen wie Kapseln, Tabletten, Flüssigkeiten oder Pulvern angeboten und haben in der Regel – anders als die funktionellen Lebensmittel – keinen besonderen Nähr- und Geschmackswert.[469] Nahrungsergänzungsmittel dienen somit dazu, spezifische Nährstoffdefizite im menschlichen Körper wie beispielsweise Vitamin- oder Eisenmangel auszugleichen.[470]

375 Damit sind die in Supermärkten oder Apotheken u.a. als „Supplemente" erhältlichen Produkte gemeint, wie z.B. „*Actilife Brausetabletten – Nahrungsergänzungsmittel mit 12 Vitaminen*", „*Centrum Luteine caplets – Nahrungsergänzungsmittel auf Basis von Vitaminen, Mineralstoffen und Spurenelementen*" (Apotheken und Migros), „*A. Vogel Vitamin C Tabletten*" oder „*Abtei Calcium Plus Vitamin D3 Tabletten*" (beide Coop).

376 Bei den Nahrungsergänzungsmitteln legt die Darreichungsform (Kapseln oder Tabletten) zwar den Rückschluss auf die Zuordnung als Arzneimittel nahe; die genaue Betrachtung ergibt aber, dass mit den betreffenden Produkten die optimale Versorgung mit Nährstoffen bezweckt wird.[471] Die Nahrungsergänzungsmittel fallen damit spätestens seit ihrer Aufnahme in die Speziallebensmittelverordnung[472] eindeutig in die Kategorie der Lebensmittel.[473]

377 Obschon die Bestimmungen über die Speziallebensmittel als „Lex specialis" der LKV vorbehalten sind, finden sich vom BAG freigegebene gesundheitsbezogene Angaben über Vitamine, Mineralstoffe und andere Nährstoffe im Anhang 8 der LKV. Die dort für gewöhnliche Lebensmittel und Lebensmit-

---

[468] Wie namentlich Spurenelemente, Fettsäuren, Peptide und Proteine, sekundäre Pflanzenstoffe bis hin zu Auszügen bestimmter Lebensmittel, Pflanzen und Tiere (z.B. Gemüse- oder Grünteeextrakte und Haifischknorpelpulver).

[469] Art. 22 Abs. 1 und 2 Speziallebensmittelverordnung; Urteil des BGer 2A.374/2003 vom 13. Mai 2004, E. 2.1; MEYER, S. 32.

[470] Vgl. MEYER, S. 31.

[471] Vgl. BUNDESAMT FÜR GESUNDHEIT/SWISSMEDIC, S. 15.

[472] Einfügung gemäss Fassung von Ziff. I der V des EDI vom 16. März 2007 (AS 2007 1065).

[473] WEBER, S. 1 f.; vgl. hierzu auch den Wortlaut bei Art. 2 Abs. 1 Speziallebensmittelverordnung: „Speziallebensmittel sind Lebensmittel ...".

telbestandteile aufgeführten Angaben können auch für Anpreisungen von Nahrungsergänzungsmitteln verwendet werden, insofern die im Anhang angeführten Voraussetzungen erfüllt sind. Alle im Anhang 8 der LKV aufgelisteten Angaben sind wissenschaftlich überprüft und deshalb vom BAG zum Zwecke der Anpreisung freigegeben.[474]

## 4. Bio-Lebensmittel

Im Zusammenhang mit gesundheitsfördernden Lebensmitteln ist häufig von Bio-Lebensmitteln die Rede. Bei der Kennzeichnung eines Erzeugnisses mit der Bezeichnung „Bio" oder „Öko" handelt es sich jedoch lediglich um einen Hinweis auf deren Verarbeitungs-, Aufbereitungs- oder Produktionsweise.[475]     378

Ein Lebensmittel kann als biologisches Produkt gekennzeichnet werden, wenn es sich um ein verarbeitetes und für den menschlichen Verzehr bestimmtes pflanzliches und tierisches Agrarerzeugnis handelt, das im Wesentlichen aus Zutaten pflanzlichen und/oder tierischen Ursprungs besteht.[476] Die Erzeugnisse müssen gemäss der Bio-Verordnung produziert oder eingeführt sowie aufbereitet und vermarktet werden.[477]     379

Die Bezeichnung eines Lebensmittels als Bio-Produkt sagt somit grundsätzlich noch nichts über dessen gesundheitsdienliche Eigenschaften aus. Sie entspricht vielmehr einem „Gütesiegel" für eine biologische Produktionsweise.     380

## 5. Funktionelle Lebensmittel

Gesundheitsbezogene Aussagen werden heute insbesondere dort gemacht, wo ein Lebensmittel neben der allgemeinen Nährstoffzufuhr und Sättigung einen besonderen gesundheitlichen Zusatznutzen aufweist.[478] Solche Produkte werden vielfach als funktionelle Lebensmittel (sog. „Funktional Food") bezeich-     381

---

[474]  Siehe zum Anhang 8 der LKV ausführlich unten Rz. 831 ff.

[475]  Vgl. für die Grundsätze der Produktion und Aufbereitung biologischer Erzeugnisse Art. 3 Bio-Verordnung.

[476]  Art. 1 Abs. 1 Bst. b Bio-Verordnung.

[477]  Art. 2 Abs. 1 Bio-Verordnung.

[478]  BAG, Functional Food, S. 1; vgl. auch EGGENBERGER STÖCKLI, Arzneimittel-Werbeverordnung, N 49 zu Art. 1 AWV; MEYER, S. 28.

net.[479] Functional Food verspricht den Konsumentinnen und Konsumenten nebst der Sättigung und der Nährstoffzufuhr somit einen zusätzlichen Nutzen, der in der Steigerung des körperlichen Wohlbefindens liegen soll.[480]

382 Insgesamt gibt es jedoch ein kontroverses Meinungsbild darüber, was unter Funktional Food tatsächlich zu verstehen ist. Es existiert bisher keine eindeutige, international einheitliche oder allgemein anerkannte Definition der funktionellen Lebensmittel. In verschiedenen Ländern werden unabhängig voneinander verschiedene Definitionen herausgearbeitet. Diese Kontroverse dürfte der Grund dafür sein, dass funktionelle Lebensmittel weder in den USA noch in Europa als rechtlich selbstständige Lebensmittelkategorie aufgefasst werden.[481]

383 Das Schweizer Lebensmittelrecht verwendet ausschliesslich den Begriff des Lebensmittels resp. des Nahrungsmittels. Eine rechtlich selbstständige Lebensmittelkategorie ist für funktionelle Lebensmittel nicht vorgesehen. So ist auch im neuen Abschnitt 11a der LKV im Zusammenhang mit gesundheitsbezogenen Angaben lediglich von Lebensmitteln und nicht etwa von funktionellen Lebensmitteln die Rede.[482]

384 Da die funktionellen Lebensmittel im Zusammenhang mit Health Claims aber eine zentrale Rolle einnehmen, ist ihnen ein gesonderter Abschnitt gewidmet, in dem die bisherigen Definitionsversuche dargestellt werden und der Versuch gewagt wird, eine praxistaugliche Definition für die Schweiz zu entwickeln. Zudem werden typische Produktgruppen der Funktional Foods vorgestellt (vgl. unten Rz. 481 ff.).

---

[479] Vgl. auch die in diesem Zusammenhang häufig verwendeten Begriffe „Designer Food", „Pharma Food", „Neutraceuticals" oder „Alicaments", wobei zwischen den Begriffen Unterschiede bestehen, die mit der inhaltlichen Zusammensetzung und dem Herstellungsprozess zusammenhängen (EGGENBERGER STÖCKLI, Arzneimittel-Werbeverordnung, N 49 zu Art. 1 AWV; MEYER, S. 28). Gemäss GOLDBERG werden diese Bezeichnungen jedoch synonym verwendet (vgl. GOLDBERG, S. XV).

[480] BAG, Functional Food, S. 1.

[481] MEYER, S. 29; vgl. auch BAG, Functional Food, S. 1.

[482] Bei den Ausführungen über die gesundheitsbezogene Anpreisung von Lebensmitteln im dritten Teil wird deshalb die Bezeichnung „Lebensmittel" (resp. „Nahrungsmittel") verwendet.

# E.    Der Lebensmittelbegriff im europäischen Recht

Der Lebensmittelbegriff des europäischen und des schweizerischen Lebens-    385
mittelrechts ist nicht deckungsgleich.[483] Der europäische Lebensmittelbegriff
ist zwar ebenfalls sehr umfassend formuliert; er nimmt dabei aber nicht direkt
Bezug auf die Ernährung oder auf Genusszwecke.[484]

Gemäss der Lebensmittel-Basisverordnung gelten als Lebensmittel alle Stoffe    386
oder Erzeugnisse, die dazu bestimmt sind oder von denen nach vernünftigem
Ermessen erwartet werden kann, dass sie in verarbeitetem, teilweise verarbeitetem oder unverarbeitetem Zustand von Menschen aufgenommen werden.[485]

Zu „Lebensmitteln" zählen damit insbesondere Esswaren, Kaugummi, Ge-    387
tränke sowie alle Stoffe – einschliesslich Wasser –, die dem Lebensmittel bei
seiner Herstellung oder Ver- oder Bearbeitung absichtlich zugesetzt werden.[486]

Nicht zu den Lebensmitteln gehören Futtermittel, lebende Tiere, soweit sie    388
nicht für das Inverkehrbringen zum menschlichen Verzehr hergerichtet worden sind, Pflanzen vor dem Ernten, Arzneimittel, kosmetische Mittel, Tabak
und Tabakerzeugnisse, Betäubungsmittel und psychotrope Stoffe, Rückstände
und Kontaminanten.[487]

Für die Harmonisierung des Schweizer Lebensmittelrechts mit der EU ist    389
entscheidend, dass auch die zentralen Begriffe und Definitionen identisch
sind. Entsprechend wurde bei der laufenden Revision des LMG (LMG 2010)
der Lebensmittelbegriff gemäss Art. 2 Lebensmittel-Basisverordnung übernommen. Die beiden Lebensmittelbegriffe dürften daher nach Abschluss der
Revision weitestgehend übereinstimmen.[488]

---

[483]    WEBER, S. 128.
[484]    In der Praxis werden sich aber kaum Produkte oder Erzeugnisse finden, die von
den Menschen nicht zwecks Ernährung oder Genuss aufgenommen werden
(vgl. WEBER, S. 1).
[485]    Art. 2 Satz 1 Lebensmittel-Basisverordnung.
[486]    Art. 2 Satz 2 Lebensmittel-Basisverordnung.
[487]    Art. 2 Satz 3 Lebensmittel-Basisverordnung.
[488]    EDI/BAG, Bericht, S. 24; vgl. zum LMG 2010 oben Rz. 229 f.

# III. Anpreisung

## A. Definition gemäss Art. 2 Abs. 1 Bst. i LGV

390 Art. 2 Abs. 1 Bst. i LGV subsumiert für das Schweizer Lebensmittelrecht unter den Begriff der Anpreisung die Anschrift in den Läden, die Aufmachung der Umhüllung oder Verpackung, die Werbung und die Reklamen jeder Art sowie die Direktwerbung.

391 Der Wortlaut „Werbung und Reklamen jeder Art" lässt darauf schliessen, dass der Gesetzgeber ausdrücklich einen sehr weiten Begriff der Anpreisung für Lebensmittel vorgesehen hat.[489] Die Anpreisung kann als Oberbegriff für jede mögliche Form der Bewerbung eines Lebensmittels verstanden werden. Dazu gehören die Anschrift in den Läden, die Gestaltung von Verpackung, Beschriftung und Etiketten sowie Plakate, Inserate oder sonstige Werbekampagnen.

392 Ebenfalls unter den Begriff der Anpreisung fällt die Werbung in Radio und Fernsehen sowie übers Internet.[490] Als Anpreisung gilt gemäss LGV somit grundsätzlich jede Form der Werbung für ein Lebensmittel.[491]

## B. Der Begriff der Werbung insbesondere

393 Gemäss den Grundsätzen der Schweizerischen Lauterkeitskommission ist die Werbung ein wichtiger Bestandteil der kommerziellen Kommunikation eines Unternehmens und wird auch Wirtschaftswerbung genannt.[492]

394 Als Werbung gilt dabei jede Massnahme einer Marktteilnehmerin oder eines Marktteilnehmers, die eine Mehrheit von Personen[493] systematisch in ihrer Einstellung zu bestimmten Waren, Werken, Leistungen oder Geschäftsver-

---

[489]   Vgl. ETTER, F. 11.
[490]   Vgl. die aufgelisteten Beispiele bei ETTER, F. 11.
[491]   Vgl. PUGATSCH, S. 115.
[492]   SCHWEIZERISCHE LAUTERKEITSKOMMISSION, Grundsätze Nr. 1.1 und 1.2; vgl. auch DAVID/REUTTER, S. 7 f.
[493]   Vgl. den französischen Wortlaut für Werbung: „publicité" – eine Massnahme, die sich an ein Publikum richtet. Es handelt sich hierbei somit um eine Form der Massenkommunikation, bei der das „Gegenüber" des Kommunizierenden nicht persönlich bekannt ist; dies im Gegensatz zur Individualkommunikation, bei der mindestens zwei Personen miteinander in kommunikativer Interaktion stehen (vgl. ausführlich SCHWEIGER/SCHRATTENECKER, S. 8 ff.).

hältnissen zum Zweck des Abschlusses eines Rechtsgeschäftes oder seiner Verhinderung beeinflusst. Wirtschaftswerbung bezweckt vorab die Förderung des Absatzes.[494]

Die Art und Form der Werbemittel, die zu diesem Zweck eingesetzt werden, ist jedoch rechtlich grundsätzlich unbeachtlich.[495] So spielt es beispielsweise keine Rolle, ob die gesundheitsdienlichen Vorteile eines Lebensmittels auf der Verpackung selbst oder in einem TV-Spot angepriesen werden. In beiden liegt produktbezogene Werbung vor.    395

Träger der kommerziellen Kommunikation im Bereich der Lebensmittel sind – abgesehen von der eigentlichen Produktgestaltung und dem Marktauftritt des Produktes selbst – häufig die Medien. Diese werden entsprechend der Form der Werbung unterteilt in Print- und elektronische Medien. Unter Printwerbung fällt die Werbung in gedruckten Medien, wie beispielsweise Inserate in Zeitungen, Zeitschriften oder Prospekten. Zur elektronischen Werbung zählen Radio- und Fernsehwerbung sowie heutzutage die Werbung übers Internet.[496]    396

## C.   Anpreisung und Verpackung

Die LGV definiert den Begriff der Verpackung für das Schweizer Lebensmittelrecht als ein Behältnis, das ein oder mehrere umhüllte Lebensmittel enthält.[497] Darüber hinaus ist die Verpackung resp. deren Aufmachung und Gestaltung Teil des Anpreisungsbegriffs (vgl. oben Rz. 395).    397

---

[494]  SCHWEIZERISCHE LAUTERKEITSKOMMISSION, Grundsatz Nr. 1.2; vgl. auch DAVID, SIWR I/3, S. 368. SCHWEIGER/SCHRATTENECKER gehen im Zusammenhang mit Werbung auch vom Begriff der Marktkommunikation aus. Demgemäss sind die Absender von Botschaften (Kommunikatoren) Unternehmen oder Institutionen, die ihre Kommunikationsaktivitäten in den Dienst kommerzieller Absichten stellen. Die Marktkommunikation lässt sich SCHWEIGER/SCHRATTENECKER zufolge in symbolische Kommunikation und Produktinformation untergliedern. Die symbolische Kommunikation umfasst alle Arten von Kommunikationsprozessen, bei denen das Produkt in Form von Zeichen und Symbolen (in Worten oder Bildern) – also physisch nicht greifbar – dargestellt wird. Unter Produktinformation hingegen werden all jene Kommunikationsprozesse verstanden, bei denen das Produkt selbst Träger und Übermittler der Informationen ist (vgl. zum Ganzen SCHWEIGER/SCHRATTENECKER, S. 7 f.).

[495]  PUGATSCH, S. 1.

[496]  Vgl. zum Ganzen DAVID, SIWR I/3, S. 368.

[497]  Art. 2 Abs. 1 Bst. f LGV.

398 Bei der gesundheitsbezogenen Anpreisung von Lebensmitteln kommt der Ausgestaltung der Verpackung eine wichtige Rolle zu, da die entsprechenden Angaben zumeist unmittelbar auf der Verpackung des Lebensmittels angebracht sind.

399 Die Werbetheorie und -praxis verwendet im Zusammenhang mit der Verpackungsgestaltung die Terminologie „Produktinformation".[498] Demgemäss ist das Produkt selbst Träger und Übermittler von Informationen. Jedes Produkt besitzt demnach eine mehr oder minder ausgeprägte Fähigkeit, Informationen über seine Beschaffenheit, Verfügbarkeit und Nützlichkeit zu vermitteln. Dies ist besonders bei Produkten, bei denen die Kaufentscheidung zum Grossteil von der direkten Begutachtung abhängt von Bedeutung.

400 Darüber hinaus erlauben es auch die ersten Eindrücke, die ein Erzeugnis ganz konkret durch Dimension, Form, Oberflächenstruktur, Materialbeschaffenheit, Farbgebung usw. auslöst, auf dessen grundlegende Eigenschaften zu schliessen. Unter Produktdesign versteht man deshalb die gesamte, sinnlich wahrnehmbare Gestaltung eines Produktes, wobei explizit auch die Verpackung dazugerechnet wird. Durch ein möglichst „erlebnisbetontes" Design soll das eigene Produkt klar von den Konkurrenzprodukten abgehoben werden.[499]

401 Die Verpackung als Teil des Produktdesigns hat somit nicht nur technologische Funktionen, sondern gleichzeitig auch Informations- und Werbefunktionen zu erfüllen. Vor allem bei Produkten, die ohne Beratung in Selbstbedienungsgeschäften verkauft werden, kommt der Verpackung eine massgebende Bedeutung zu, da die Käuferinnen und Käufer ihre Informationen über das Erzeugnis unmittelbar von der Verpackung erhalten und danach ihre Wahl treffen.

402 Bei neuartigen Erzeugnissen wie gesundheitsfördernden Lebensmitteln, die den Konsumentinnen und Konsumenten noch nicht seit langem bekannt sind, ist ein entsprechendes Produktdesign resp. die kreative und zugleich informative Ausgestaltung der Verpackung somit ein entscheidender Bestandteil der kommerziellen Kommunikation.[500] Während ihrer Einkäufe und beim Produktvergleich werden die Konsumentinnen und Konsumenten durch die Verpackungen auf die neuen Produkte aufmerksam gemacht oder an die bereits in den Medien angepriesenen Produkteigenschaften erinnert.

---

[498] SCHWEIGER/SCHRATTENECKER, S. 8 und 12.
[499] Vgl. zum Ganzen SCHWEIGER/SCHRATTENECKER, S. 12.
[500] Vgl. KRAUSSE, S. 26; REMPE, S. 45.

# D. Begriffliche Abgrenzung von der Kennzeichnung

Die Anpreisung muss von der Kennzeichnung klar unterschieden werden. In Art. 1 Abs. 1 LKV heisst es: „Diese Verordnung bestimmt, mit welchen Angaben und in welcher Form Lebensmittel im Allgemeinen *gekennzeichnet sein müssen* und in welcher Form sie *angepriesen werden dürfen.*" 403

Bei der Kennzeichnung handelt es sich somit immer um ein *Müssen* zum Schutz der Verbraucherinnen und Verbraucher.[501] Bei der Anpreisung hingegen um eine freiwillige Massnahme der Produzentinnen und Produzenten zur Steigerung ihres Umsatzes. Die Anpreisung ist insofern immer ein *Dürfen*. 404

Die Kennzeichnungsvorschriften für vorverpackte Lebensmittel dienen dazu, die Konsumentinnen und Konsumenten möglichst umfassend über ein Lebensmittel zu informieren.[502] Neben der Sachbezeichnung[503] und dem mengenmässigen Hinweis auf Zutaten[504] sind weitere gesetzlich vorgeschriebene Angaben, wie das Mindesthaltbarkeits- oder Verbrauchsdatum[505], Name oder Firma sowie Adresse derjenigen Person, welche das Lebensmittel herstellt, einführt, abpackt, umhüllt bzw. abfüllt[506] oder abgibt, oder auch das Produktionsland[507], auf der Verpackung anzubringen. 405

Die Kennzeichnung kann deshalb auch als eine eigentliche *Kennzeichnungspflicht* bezeichnet werden.[508] Die Kennzeichnungsvorschriften für Lebensmittel finden sich in Art. 21 LMG (Grundsatz), Art. 26 ff. LGV und Art. 2 ff. LKV.[509] 406

---

[501] DAVID/REUTTER, S. 139 ff.; PUGATSCH, S. 117.

[502] PUGATSCH, S. 117.

[503] Art. 26 Abs. 1 Bst. a LGV i.V.m. Art. 2 Abs. 1 Bst. a LKV.

[504] Art. 26 Abs. 1 Bst. b LGV i.V.m. Art. 2 Abs. 1 Bst. b LKV.

[505] Art. 26 Abs. 1 Bst. c LGV i.V.m. Art. 2 Abs. 1 Bst. e LKV.

[506] Art. 26 Abs. 1 Bst. d LGV i.V.m. Art. 2 Abs. 1 Bst. f LKV.

[507] Art. 2 Abs. 1 Bst. g LKV.

[508] DAVID/REUTTER, S. 139.

[509] Eine Ausnahme zur Kennzeichnungspflicht für vorverpackte Lebensmittel bilden die Angaben über den Nährwert (geregelt in Art. 22–29 LKV). Gemäss Art. 29 LGV i.V.m. Art. 22 f. LKV erfolgt die Nährwertkennzeichnung grundsätzlich freiwillig. Als Nährwertkennzeichnung gelten die auf der Packung oder der Etikette aufgeführten Angaben über den Energiewert des Lebensmittels und über seinen Gehalt an Nährstoffen. Diese Ausnahme erfährt jedoch gerade für nährwert- und gesundheitsbezogene Angaben (sowie für gewisse Speziallebensmittel) eine Einschränkung: Gemäss Art. 29 Abs. 2 Bst. b LGV i.V.m. Art. 23 Abs. 1 und Art. 29i Abs. 4 LKV ist bei der Verwendung einer nährwert- oder ge-

# E. Begriffliche Abgrenzung von der Produktzulassung

407 Von der Anpreisung muss auch die Produktzulassung unterschieden werden. Ein Produkt kann grundsätzlich ohne BAG-Bewilligung als Lebensmittel in Verkehr gebracht werden, wenn es den Anforderungen der Lebensmittelgesetzgebung entspricht und in einer produktspezifischen Verordnung umschrieben ist.[510]

408 Lediglich neue Lebensmittel sowie neuartige Speziallebensmittel, die nicht bereits in einer produktspezifischen Verordnung vom EDI umschrieben sind, benötigen eine Bewilligung des BAG.[511] Das BAG prüft dabei die Zusammensetzung, den Verwendungszweck und die Kennzeichnung, es setzt die Sachbezeichnung fest und teilt eine Bewilligungsnummer zu, die auf der Packung resp. dem Etikett anzugeben ist.[512]

409 Im Rahmen des Zulassungsverfahrens prüft das BAG auch die für die Produkte beabsichtigten und entsprechend eingereichten Anpreisungen. So darf ein neuartiges Lebensmittel z.B. keinen Hinweis irgendwelcher Art auf der Verpackung aufweisen, der ihm Eigenschaften der Vorbeugung, Behandlung oder Heilung einer menschlichen Krankheit oder Eigenschaften als Schlankheitsmittel zuschreibt oder den Eindruck entstehen lässt, dass solche Eigenschaften vorliegen.[513]

410 Insofern können Abklärungen rund um die Produktanpreisung und -zulassung in zeitlicher Hinsicht zwar zusammenfallen, thematisch sind sie aber klar auseinanderzuhalten. Bei der Anpreisung geht es immer um eine freiwillige Kommunikationsmassnahme der Produzentinnen und Produzenten zur Steigerung ihres Umsatzes und bei der Produktzulassung um das Bewilligungsverfahren beim BAG zur Zulassung und Einführung eines nicht bereits produktspezifisch umschriebenen Lebensmittels.

---

sundheitsbezogenen Angabe die Nährwertkennzeichnung zwingend (siehe zur Nährwertkennzeichnung bei gesundheitsbezogenen Angaben unten Rz. 951 ff.).

[510] Vgl. Art. 6 Abs. 1 LMG und Art. 4 LGV.

[511] Art. 5 Abs. 1 LGV. Die Bewilligung kann mittels eines entsprechend ausgefüllten Formulars und der notwendigen beizulegenden Unterlagen beim BAG eingeholt werden.

[512] BAG, Merkblatt, S. 1.

[513] Vgl. Art. 10 Abs. 2 Bst c LGV.

# F. Der Anpreisungsbegriff im europäischen Recht

Der europäische Anpreisungsbegriff ist im Grundsatz in der Irreführungs- 411
richtlinie geregelt. Als Werbung gilt dabei jede Äusserung bei der Ausübung
eines Handels, Gewerbes, Handwerks oder freien Berufs mit dem Ziel, den
Absatz von Waren oder die Erbringung von Dienstleistungen, einschliesslich
unbeweglicher Sachen, Rechte und Verpflichtungen, zu fördern.[514]

Noch weiter gefasst wird der Begriff der Anpreisung in der sog. 412
„E-Commerce-Richtlinie"[515]. Für den Bereich des elektronischen Geschäftsverkehrs geht diese Richtlinie vom Begriff der „kommerziellen Kommunikation" aus und definiert diesen in Art. 2 Bst. f als „alle Formen der Kommunikation, die der unmittelbaren oder mittelbaren Förderung des Absatzes von
Waren und Dienstleistungen oder des Erscheinungsbilds eines Unternehmens,
einer Organisation oder einer natürlichen Person dienen, die eine Tätigkeit in
Handel, Gewerbe oder Handwerk oder einen reglementierten Beruf ausübt".[516]

Entscheidend für den europäischen Werbebegriff ist somit immer die Absicht 413
der Werbetreibenden, mittels kommerzieller Kommunikation den eigenen
Absatz zu fördern. Die Wahl der eingesetzten Mittel ist dabei grundsätzlich
unerheblich. Gemäss Irreführungsrichtlinie kommt „jede Äusserung" als
Werbung in Betracht; die E-Commerce-Richtlinie geht schlicht von „alle[n]
Formen der Kommunikation" aus, sofern damit die Förderung des Absatzes
bezweckt wird.

Der europäische Anpreisungsbegriff ist damit mit dem schweizerischen 414
durchaus vergleichbar; beide Begriffe sind sehr weit gefasst und nicht auf
bestimmte Werbemittel beschränkt. Grundsätzlich kommt als Anpreisung
jede Massnahme der Marktteilnehmerinnen oder Marktteilnehmer in Betracht, die eine Mehrheit von Personen systematisch in ihrer Einstellung zu
bestimmten Waren, Werken, Leistungen oder Geschäftsverhältnissen zum

---

[514] Art. 2 Abs. 1 Irreführungsrichtlinie.
[515] Richtlinie 2000/31/EG des Europäischen Parlaments und des Rates über bestimmte rechtliche Aspekte der Dienste der Informationsgesellschaft, insbesondere des elektronischen Geschäftsverkehrs, im Binnenmarkt vom 8. Juni 2000,
Abl. Nr. L 178 vom 17. Juli 2000, S. 1–16.
[516] Ausgenommen sind Angaben, die den direkten Zugang zur Tätigkeit des Unternehmens bzw. der Organisation oder Person ermöglichen, wie insbesondere ein
Domain-Name oder eine Adresse der elektronischen Post, sowie Angaben in Bezug auf Waren und Dienstleistungen oder das Erscheinungsbild eines Unternehmens, einer Organisation oder Person, die unabhängig und insbesondere ohne finanzielle Gegenleistung gemacht werden (Art. 2 Bst. f E-Commerce-Richtlinie).

Zweck des Abschlusses eines Rechtsgeschäftes beeinflusst. Kurz: Die Werbung soll immer die Förderung des unternehmerischen Absatzes bezwecken.

415 Diese allgemeine resp. auf den elektronischen Geschäftsverkehr zugeschnittene Definition lässt sich aber nicht pauschal auf die Anpreisung für Lebensmittel übertragen. Ein spezifisch lebensmittelrechtlicher Anpreisungsbegriff wie in Art. 2 Abs. 1 Bst. i LGV findet sich im EU-Recht jedoch nicht. Dabei handelt es sich bei gesundheitsbezogenen Angaben typischerweise um produktbezogene kommerzielle Mitteilungen.[517] Um deshalb genauer zu bestimmen, was kommerzielle Mitteilungen im Sinne der EG-Health-Claims-Verordnung sind, muss der Begriff der „Geschäftspraktiken im Geschäftsverkehr zwischen Unternehmen und Verbrauchern" gemäss Art. 2 Bst. d der Richtlinie 2005/29/EG über unlautere Geschäftspraktiken mit in die Auslegung einbezogen werden (vgl. unten Rz. 703 ff.).[518]

# IV. Gesundheitsbezogene Angabe

## A. Definition gemäss Art. 29f Abs. 1 LKV

416 Die gesundheitsbezogene Angabe ist im Abschnitt 11a der LKV geregelt.[519] Gemäss Art. 29f Abs. 1 LKV sind gesundheitsbezogene Angaben sprachliche oder bildliche Angaben, einschliesslich grafischer Elemente oder Symbole in jeder Form, mit denen erklärt, suggeriert oder auch nur mittelbar zum Ausdruck gebracht wird, dass ein Zusammenhang zwischen einer Lebensmittelkategorie, einem Lebensmittel oder einem Lebensmittelbestandteil einerseits und der Gesundheit andererseits besteht.

417 Entscheidend ist somit, dass die verwendeten gesundheitsbezogenen Angaben einen Zusammenhang herstellen zwischen dem Lebensmittel (einer Lebensmittelkategorie oder einem Lebensmittelbestandteil) und der Gesundheit der Konsumentinnen und Konsumenten. Mit anderen Worten: Die Produzentin möchte den Konsumenten auf eine für seine Gesundheit besonders positive Eigenschaft des Lebensmittels hinweisen. Gesundheitsbezogene Angaben

---

[517] Art. 1 Abs. 2 EG-Health-Claims-Verordnung. Siehe dazu unten Rz. 707 ff.
[518] Vgl. so HOLLE, S. 4.
[519] In den Artikeln 29a und 29f–29i LKV; eingefügt mit Änderung des EDI vom 7. März 2008, Inkrafttreten am 1. April 2008 (AS 2008 1029); siehe zur LKV oben Rz. 236 ff.

beschreiben insofern, was ein Lebensmittel oder ein Inhaltsstoff eines Lebensmittels im Körper bewirkt.[520]

Die gesundheitsbezogene Anpreisung nimmt damit auf den aktuellen Gesundheitszustand der Konsumentinnen und Konsumenten Bezug. Dieser soll durch den Konsum des Lebensmittels mindestens erhalten oder wenn möglich sogar verbessert und gefördert werden.[521]

Gemäss dem Wortlaut von Art. 29f Abs. 1 LKV kann die Art und Weise der Verwendung von gesundheitsbezogenen Angaben grundsätzlich sehr weit ausgelegt werden. Dementsprechend heisst es dort: „… sprachliche oder bildliche Angaben, einschliesslich grafischer Elemente oder Symbole *in jeder Form, mit denen erklärt, suggeriert oder auch nur mittelbar zum Ausdruck gebracht wird …*".

Von der Definition in Art. 29f Abs. 1 LKV wird somit grundsätzlich jede Form von sprachlichen oder bildlichen Angaben, also jede Darstellungsform, erfasst. Zu denken ist an Werbeslogans oder auch an grafische Elemente wie Zeichnungen oder symbolische Kreationen, die auf der Produktverpackung aufgebracht sind. Auch indirekte Ausdrucksformen sind von der Definition erfasst, was aus den Formulierungen „suggeriert" und „mittelbar zum Ausdruck gebracht" deutlich wird.[522]

Beispiele für gesundheitsbezogene Angaben bei Lebensmitteln und Lebensmittelbestandteilen wären: *„Das Lebensmittel X ist gut für Ihre Gesundheit"* und *„Vitamin C ist notwendig für die Erhaltung von gesunden Knochen, Zähnen, Zahnfleisch und Blutgefässen"*.[523]

418

419

420

421

# B.    Zum Gesundheitsbegriff insbesondere

Der Begriff Gesundheit wird im Abschnitt 11a der LKV nicht explizit definiert. Als mögliche Auslegungshilfe dient jedoch die Präambel der WHO-Verfassung, die dem Gesundheitsverständnis von Art. 29f Abs. 1 LKV wohl am nächsten kommt. Sie definiert Gesundheit wie folgt: „Gesundheit ist der

422

---

[520]    NELLEN-REGLI, Health Claims, S. 1 f.
[521]    FRICK, Lebensmittel, S. 258.
[522]    Siehe zum Geltungsbereich von Abschnitt 11a der LKV ausführlich unten Rz. 801 ff.
[523]    ETTER, F. 35; NELLEN-REGLI, Health Claims, S. 1; siehe zur gesundheitsbezogenen Anpreisung von Lebensmitteln ausführlich unten im dritten Teil Rz. 637 ff.

Zustand des vollständigen körperlichen, geistigen und sozialen Wohlbefindens ...".[524]

423 Diesem Gesundheitsbegriff folgt auch STEPHAN SIGRIST vom Gottlieb Duttweiler Institut in seinem für das EDI erstellten Bericht „Zukunftsperspektiven des Gesundheitsmarkts". Demgemäss wird Gesundheit nach westlichem Gesundheitsverständnis heute ganzheitlich definiert und umfasst das physische, das psychische und das soziale Wohlergehen. Ausgangslage dieses Verständnisses ist eine zunehmend holistische Betrachtungsweise[525], bei welcher der Fokus auf Gesundheit statt auf Krankheit gelegt wird.[526]

424 Bei der Definition von Art. 29f Abs. 1 LKV muss somit grundsätzlich von einem ganzheitlichen Gesundheitsbegriff ausgegangen werden, bei dem das umfassende Wohlbefinden bzw. Wohlergehen des Menschen im Zentrum steht.[527] Mittels der in der Lebensmittelwerbung verwendeten gesundheitsbezogenen Angaben sollen Gesundheit und Wohlbefinden generell (z.B. bei den sog. „Wellbeing Claims"[528]) oder auch spezifische Teilaspekte davon, wie beispielsweise die Funktion der Haut, die Blutbildung oder die Abwehrkräfte, angesprochen werden.

---

[524] Siehe zum Begriff der Gesundheit auch POLEDNA/BERGER, S. 1; REMPE, S. 44. POLEDNA/BERGER weisen darauf hin, dass nach dem modernen sozialmedizinischen Verständnis Gesundheit viel eher als dynamischer Prozess interpretiert werde, in dem das Individuum sein Wohlbefinden in seiner Umwelt zu optimieren versuche. Gesundheit sei dann gegeben, wenn eine Person konstruktiv Sozialbeziehungen aufbauen könne, sozial integriert sei, die eigene Lebensgestaltung und die wechselhaften Belastungen des Lebensumfeldes anpassen, dabei individuelle Selbstbestimmung sichern und den Einklang mit den genetischen, physiologischen und körperlichen Möglichkeiten herstellen könne. Für die rechtliche Betrachtung der gesundheitsbezogenen Anpreisung von Lebensmitteln reicht jedoch der „klassische" WHO-Satzungsbegriff der Gesundheit aus.

[525] Bei der holistischen Betrachtungsweise wird ein sog. biomedizinisches und biopsychosoziales Verständnis zur Definition von Gesundheit herangezogen (SIGRIST, F. 8).

[526] Gemäss SIGRIST werde damit die Grundlage für ein besseres Verständnis für das Gleichgewicht zwischen Gesundheit und Krankheit geschaffen, gleichzeitig bestehe jedoch die Gefahr einer utopischen Vorstellung von Gesundheit (siehe SIGRIST, F. 8).

[527] Die Definitionen gemäss der WHO-Verfassung sowie von SIGRIST stellen jedoch lediglich Auslegungshilfen dar und sind für die Auslegung des unbestimmten Rechtsbegriffs Gesundheit nicht rechtlich bindend.

[528] Siehe zu den „Wellbeing Claims" unten Rz. 890 ff.

## C. Gesundheitsbezogene Angabe als Sonderform der Anpreisung

Nach dem soeben Gesagten nimmt gesundheitsbezogene Werbung auf die Gesundheit und das Wohlbefinden Bezug und preist den Erhalt und die Förderung der Gesundheit an.[529] Die Anpreisung der gesundheitsdienlichen Eigenschaften eines Lebensmittels soll die Konsumentinnen und Konsumenten in ihrem Kaufentscheid beeinflussen.

425

Die gesundheitsbezogene Angabe kann deshalb nicht isoliert für sich, sondern muss immer auch im Kontext der Anpreisung und Bewerbung eines Lebensmittels betrachtet werden. Lehre und Rechtsprechung verwenden daher die Bezeichnungen „gesundheitsbezogene Angabe", „gesundheitsbezogene Anpreisung" oder „gesundheitsbezogene Werbung" synonym.[530]

426

Der Grundsatz des Täuschungsverbotes gilt beispielsweise uneingeschränkt sowohl für die verwendete Angabe selbst wie auch im Zusammenhang mit der Anpreisung.[531] Es ist deshalb bei der Verwendung von gesundheitsbezogenen Angaben immer auch die Grenze der erlaubten Anpreisung zu beachten.[532]

427

## D. Bezeichnung „Health Claims"

Der Abschnitt 11a der LKV verwendet in den Artikeln 29a und 29f–29i LKV ausschliesslich die Bezeichnung „gesundheitsbezogene Angabe[n]". Im japa-

428

---

[529]  Vgl. EGGENBERGER STÖCKLI, Arzneimittel-Werbeverordnung, N 66 zu Art. 1 AWV.

[530]  Vgl. die Bezeichnungen bei EGGENBERGER STÖCKLI, Arzneimittel-Werbeverordnung, N 66 zu Art. 1 AWV; FRICK, Lebensmittel, S. 254 ff.; NELLEN-REGLI, Health Claims, S. 1; BGE 127 II 91 ff. (101 f.), E. 4b; Urteil des BGer 2A.743/2004 vom 30. Juni 2005, E. 3.2; vgl. auch die entsprechende Verwendungsweise der Verwaltungsbehörden bei: EDI/BAG, Erläuterungen 2010 und 2011, S. 1.

[531]  Vgl. den Wortlaut von Art. 10 Abs. 1 LGV: „Für Lebensmittel verwendete Bezeichnungen, *Angaben*, Abbildungen, Umhüllungen, Verpackungen, Umhüllungs- und Verpackungsaufschriften, die Arten der Aufmachung *und die Anpreisungen* müssen den Tatsachen entsprechen beziehungsweise dürfen nicht zur Täuschung namentlich über Natur, Herkunft, Herstellung ... der betreffenden Lebensmittel Anlass geben."

[532]  Siehe zum Grundsatz des Täuschungsverbotes bei der Anpreisung von Lebensmitteln ausführlich unten Rz. 523 ff.

nischen, amerikanischen wie auch im europäischen Recht hat sich hierfür im Laufe der Zeit die Terminologie „Health Claims" durchgesetzt.[533]

429 Diese Terminologie findet sich in der frühen schweizerischen Lehre und Rechtsprechung zu dieser Thematik jedoch nur sehr uneinheitlich. So verzichten das Bundesgericht und die kantonalen Gerichte bis anhin auf die Terminologie „Health Claims". Die bisherige Lehre kennt diese Bezeichnung zwar teilweise, jedoch in einem anderen Zusammenhang. LUCAS DAVID und MARK A. REUTTER sowie MARKUS R. FRICK benutzen „Health Claims" zur Bezeichnung von Heilanpreisungen, nicht aber zur Benennung von gesundheitsbezogenen Angaben.[534]

430 Die in der EU als „EG-Health-Claims-Verordnung" bezeichnete Verordnung (EG) Nr. 1924/2006 (vgl. oben Rz. 299 ff.) regelt zwar sowohl die zulässige Verwendung von nährwert- als auch von gesundheitsbezogenen Angaben; die Bezeichnung „Health-Claims" bezieht sich dabei jedoch ausschliesslich auf die gesundheitsbezogenen Angaben. Die nährwertbezogenen Angaben gelten dort als „Nutrition Claims".[535] Die englische Bezeichnung „Health Claims" ist damit grundsätzlich den gesundheitsbezogenen Angaben vorbehalten und darf nicht als Oberbegriff ebenfalls für nährwertbezogene Angaben verstanden werden.[536]

431 Mit dem immer stärker werdenden Einfluss des EU-Lebensmittelrechts hat sich diese Verwendungsweise mittlerweile auch in der Schweiz durchgesetzt. So lautet der Titel eines vom BAG bereits im Jahre 2006 publizierten „Faktenblattes": „Health Claims: Nährwert- und gesundheitsbezogene Anpreisungen bei Lebensmitteln".[537] In einer aktuelleren Publikation von EDI und BAG zur Anpassung der LKV an die europäischen Vorgaben heisst es im Titel und Einleitungstext: „Revision LKV (Health Claims) per 1. April 2010 – Health Claims: Verlängerung der Übergangsfrist. Viele Lebensmittel versprechen

---

[533] Vgl. DUSTMANN, S. 56 f., und Tabelle, S. 60; BIESALSKI/GRIMM, S. 294; HOLLE, S. 1 ff.; VAN DER MEULEN/VAN DER VELDE, S. 397; MEYER, S. 23 ff.

[534] Vgl. DAVID/REUTTER, S. 290; FRICK, Gesundheit, S. 16; FRICK, Lebensmittel, S. 254.

[535] Vgl. schon den Wortlaut des rubrizierten Titels der Health-Claims-Verordnung: „Regulation (EC) No 1924/2006 ... on *nutrition* and *health claims* made on foods" oder auch in Art. 1 Abs. 2: „This Regulation shall apply to *nutrition* and *health claims* made in commercial communications ...".

[536] Vgl. BIESALSKI/GRIMM, S. 295; vgl. auch die Definition bei VAN DER MEULEN/VAN DER VELDE, S. 397 f., und die Verwendungsweise von EDI und BAG: „Das EU-Recht sieht vor, dass alle gesundheitsbezogenen Angaben, sogenannte Health Claims ..." (EDI/BAG, Erläuterungen 2011, S. 1).

[537] NELLEN-REGLI, Health Claims, S. 1.

mehr als nur blosse Ernährung. „Stärkt das Immunsystem" oder „Senkt den Cholesterinspiegel" behaupten Hersteller von ihren Produkten. Solche Gesundheitsangaben (Health Claims) …".[538]

In der Schweiz wird die Bezeichnung „Health Claims" damit mittlerweile 432 ebenfalls ausschliesslich für gesundheitsbezogene Angaben und nicht gleichzeitig auch für nährwertbezogene Angaben oder gar für Heilanpreisungen verwendet.[539] Die Bezeichnungen „Health Claims", „gesundheitsbezogene Angaben" und damit auch „gesundheitsbezogene Anpreisung" werden in der vorliegenden Arbeit deshalb ebenfalls synonym verwendet.

# E.  Begriffliche Abgrenzung von der nährwert-bezogenen Angabe

Sowohl der Abschnitt 11a der LKV als auch die EG-Health-Claims- 433 Verordnung regeln jeweils nicht nur die gesundheitsbezogenen-, sondern auch die nährwertbezogenen Angaben (vgl. oben Rz. 238). Nährwertbezogene Angaben sind gemäss Art. 29c Abs. 1 Bst. a und b LKV „sprachliche oder bildliche Angaben, einschliesslich grafischer Elemente oder Symbole jeder Form, mit denen erklärt, suggeriert oder auch nur mittelbar zum Ausdruck gebracht wird, dass ein Lebensmittel besondere positive Nährwerteigenschaften besitzt, und zwar: aufgrund seiner Energie, die es liefert oder nicht liefert oder die reduziert oder erhöht ist (Bst. a); oder aufgrund seiner Nährstoffe oder anderer Substanzen, die im Lebensmittel enthalten oder nicht enthalten sind oder die reduziert oder erhöht sind (Bst. b)".

Nährwertbezogene Angaben wie z.B. „energiearm, energiereduziert, zucker- 434 frei, kochsalzarm, enthält Ballaststoffe, reich an Vitamin C, glutenfrei und laktosefrei" sowie die Voraussetzungen für ihre Verwendung waren in der Schweiz bereits vor der Angleichung an die EU-Bestimmungen in der Speziallebensmittelverordnung sowie für Vitamin- und Mineralstoffzusatz in der Verordnung SR 817.022.21 aufgeführt.[540]

Gemäss Abschnitt 11a der LKV sowie gemäss der EG-Health-Claims- 435 Verordnung gelten für nährwertbezogene Angaben grundsätzlich ähnliche Anforderungen wie für Gesundheitsangaben.[541] So findet sich in der LKV in

---

[538]  EDI/BAG, Erläuterungen 2011, S. 1.
[539]  Vgl. so EDI/BAG, Erläuterungen 2010 und 2011, S. 1.
[540]  NELLEN-REGLI, Health Claims, S. 1.
[541]  Vgl. MEYER, S. 25.

Anhang 7 eine Positivliste der vom BAG freigegebenen Angaben (bei den gesundheitsbezogenen Angaben ist es Anhang 8); in Art. 29d LKV ist auch ein vergleichbares Bewilligungsverfahren vorgesehen.

436 Die nährwert- und die gesundheitsbezogenen Angaben müssen jedoch inhaltlich klar auseinandergehalten werden: Bei den gesundheitsbezogenen Angaben geht es immer um den Zusammenhang zwischen einem Lebensmittel (oder einem Lebensmittelbestandteil) und der Gesundheit des Menschen, während bei den nährwertbezogenen Angaben die besonderen positiven Nährwerteigenschafen eines Lebensmittels massgebend sind. Gesundheitsbezogene Werbung lautet folglich: *„Getränk X unterstützt die Erhaltung von gesunden Knochen."* Nährwertbezogene Werbung ist beschränkt auf Hinweise wie: *„Reich an Vitamin C"* oder *„kalorienreduziert"*.

437 Weisen die Herstellerinnen und Hersteller auf den (erhöhten bzw. verminderten) Gehalt eines Nährstoffes hin, so könnte dadurch bei den Konsumentinnen und Konsumenten der Eindruck entstehen, das beworbene Lebensmittel verfüge gleichzeitig auch über gesundheitsfördernde Eigenschaften. Für die Frage, ob der Hinweis auf den Nährstoffgehalt eines Lebensmittels zugleich einen Gesundheitsbezug darstellt, ist der gesamte Werbeauftritt aus Sicht des Durchschnittskonsumenten zu beurteilen.[542] Allein eine nährwertbezogene Angabe liegt definitionsgemäss dann vor, wenn die Durchschnittskonsumenten aus der Angabe keinen Rückschluss auf einen besonderen Gesundheitsvorteil ziehen.

438 Sind allerdings zusätzliche Angaben in der Werbung vorhanden, die einen Gesundheitsbezug herstellen, so sind auch die für gesundheitsbezogene Angaben geltenden Vorschriften heranzuziehen. Dies ist dann der Fall, wenn die Durchschnittsverbraucherin einer Werbeaussage entnimmt, dass das Lebensmittel wegen des Vorhandenseins oder Fehlens eines Nährstoffs der Gesundheit förderlich ist, was z.B. durch zusätzliche Angaben in Form von Bildern oder Symbolen erfolgen kann. In diesem Fall unterliegt die in der Anpreisung verwendete Angabe sowohl den Vorschriften über nährwertbezogene- als auch über gesundheitsbezogene Angaben.[543]

439 Wie noch zu untersuchen sein wird, setzt sich eine gesundheitsbezogene Anpreisung nicht selten aus einer nährwert- und einer gesundheitsbezogenen Angabe zusammen. Eine solche Werbung lautet folgendermassen: *„Das Getränk X ist reich an Vitamin C. Dieses Vitamin ist notwendig für die Erhal-*

---

[542]  BERG, S. 104.
[543]  BERG, S. 104 f.

*tung von gesunden Knochen.*" In diesem Fall müssen wiederum die Voraussetzungen zur Verwendung beider Angaben erfüllt.

Der Fokus der vorliegenden Arbeit liegt aber bei den Health Claims und damit bei der gesundheitsbezogenen Lebensmittelwerbung. Auf die nährwertbezogenen Angaben wird nur soweit sie mit den gesundheitsbezogenen zusammenhängen eingegangen (vgl. unten Rz. 835). 440

## F. Begriffliche Abgrenzung von der krankheitsbezogenen Angabe

Die gesundheitsbezogene Angabe bezieht sich immer auf die Gesundheit und das Wohlbefinden der Konsumentinnen und Konsumenten, nicht aber auf deren Krankheiten (vgl. oben Rz. 416 ff.). Mit der gesundheitsbezogenen Angabe wird an die Gesundheit appelliert, nicht an die Krankheit. 441

Die gesundheitsbezogene Angabe muss daher auch klar von der krankheitsbezogenen unterschieden werden. Die gesundheitsbezogene Angabe spricht die Gesundheit an, während die krankheitsbezogene auf menschliche Krankheiten Bezug nimmt.[544] 442

Gemäss Art. 10 Abs. 2 Bst. c LKV gilt als krankheitsbezogene Angabe jeder Hinweis irgendwelcher Art, der einem Lebensmittel Eigenschaften der Vorbeugung, Behandlung oder Heilung einer menschlichen Krankheit zuschreibt. 443

Das Bundesgericht stützt sich bei der Auslegung des Begriffs Krankheit auf die medizinischen Wörterbücher.[545] Es legt dabei den Begriff „nicht allzu einschränkend" aus und versteht darunter „... gesundheitliche Störungen, die über einen Zustand von bloss eingeschränktem Wohlbefinden hinausgehen".[546] 444

Die Verwendung von krankheitsbezogenen Angaben zu Anpreisungszwecken wird als krankheitsbezogene Werbung oder auch als Heilanpreisung bezeichnet.[547] Beispiele für solche Heilanpreisungen wären: *„Kaufen Sie das Produkt* 445

---

[544]  EGGENBERGER STÖCKLI, Arzneimittel-Werbeverordnung, N 66 zu Art. 1 AWV.

[545]  Urteil des BGer 2A.62/2002 vom 19. Juni 2002, E. 4.1 f., unter Bezugnahme auf das klinische Wörterbuch „Pschyrembel".

[546]  Urteil des BGer 2A.213/2006 vom 19. Oktober 2006, E. 3.4; Urteil des BGer 2A.593/2005 vom 6. September 2006, E. 3.4; Urteil des BGer 2A.743/2004 vom 30. Juni 2005, E. 3.2, m.w.H.; Urteil des BGer 2A.374/2003 vom 13. Mai 2004, E. 3.3; Urteil des BGer 2A.62/2002 vom 19. Juni 2002, E. 4.2.

[547]  FRICK, Gesundheit, S. 17; FRICK, Lebensmittel, S. 255.

*X. Damit Erkältungen nichts zu husten haben"* oder *„Das Produkt Y steigert die Funktion der Leber und Galle".*[548]

446 Die krankheitsbezogene Anpreisung eines Lebensmittels ist nach Art. 10 Abs. 2 Bst. c LGV ausdrücklich verboten.[549] Nahrungsmittel dürfen definitionsgemäss nicht als Heilmittel angepriesen werden.[550] Jegliche Heilanpreisungen sind den Arzneimitteln vorbehalten.[551]

# G. Angaben über die Reduzierung eines Krankheitsrisikos

447 Von den krankheitsbezogenen Angaben müssen die Angaben über die Reduzierung eines Krankheitsrisikos (im EU-Raum auch „disease risk reducation claims" genannt) unterschieden werden. Solche Angaben sind für Lebensmittel seit Inkrafttreten von Abschnitt 11a der LKV resp. der EG-Health-Claims-Verordnung ausdrücklich zulässig.

448 Bei diesen Angaben handelt es sich um Aussagen oder Darstellungen, mit denen erklärt, suggeriert oder auch nur mittelbar zum Ausdruck gebracht wird, dass der Verzehr des Lebensmittels einen Risikofaktor für die Entwicklung einer Krankheit beim Menschen deutlich senkt.[552] Beispiele für Anpreisungen mit Angaben über die Verringerung eines Krankheitsrisikos sind: *„Das Lebensmittel X hat einen positiven Einfluss auf den Cholesterinspiegel und verringert dadurch das Risiko von Herz-Kreislauferkrankungen."* Oder: *„Das Lebensmittel Y ist reich an Calcium und senkt dadurch das Risiko an Osteoporose zu erkranken."*

449 Bei diesen Angaben stellt sich die Frage, wie sich solche für Lebensmittel zulässigen Aussagen über die Reduzierung eines Krankheitsrisikos von den verbotenen Heilanpreisungen abgrenzen lassen.

450 Gemäss HOLLE beschreiben Angaben über die Reduzierung eines Krankheitsrisikos immer die günstigen Wirkungen eines Lebensmittelbestandteils oder eines Lebensmittels auf einzelne (oder mehrere) Risikofaktoren einer Krank-

---

[548] ETTER, F. 43 und 46.

[549] Siehe zu Art. 10 Abs. 2 Bst. c LGV unten Rz. 546 ff.

[550] Art. 3 Abs. 2 LMG. Siehe zur Definition des Lebens-/Nahrungsmittelbegriffs oben Rz. 337 ff.

[551] Siehe zur Werbung für Arzneimittel oben Rz. 350 ff.

[552] Art. 29h Abs. 1 Bst. e LKV sowie Art. 2 Abs. 2 Nr. 6 Health-Claims-Verordnung.

heit, nicht dagegen auf die Krankheit selbst. Die Senkung des Cholesterinspiegels durch die Zutat eines Lebensmittels (z.B. bei einer Margarine) beeinflusst eben nur diesen einen Risikofaktor für Herz-Kreislauferkrankungen. Damit wird nicht verhindert, dass eine solche Erkrankung möglicherweise aufgrund anderer Risikofaktoren eintritt. Die Aussage *„Hat einen positiven Einfluss auf den Cholesterinspiegel und verringert dadurch das Risiko von Herz-Kreislauferkrankungen"* ist folglich eine grundsätzlich andere als *„Beugt Herz-Kreislauferkrankungen vor"* oder *„Senkt den Cholesterinspiegel"*. Letztere sind im Zusammenhang mit Lebensmitteln nicht zulässig, da sie sachlich unrichtig und damit unlauter sind und darüber hinaus auch eindeutige – für Lebensmittel verbotene – Heilanpreisungen darstellen.[553]

Für die Abgrenzung zu den „einfachen" oder „gewöhnlichen" gesundheitsbezogenen Angaben (z.B. *„Das Produkt X kann den Cholesterinspiegel günstig beeinflussen"* oder *„Vitamin A ist für das normale Wachstum notwendig"*) ist entscheidend, ob die jeweilige Krankheit, deren Risikofaktor reduziert werden soll, in der Anpreisung tatsächlich genannt wird (*„Das Lebensmittel X hat einen positiven Einfluss auf den Cholesterinspiegel **und verringert dadurch das Risiko von Herz-Kreislauferkrankungen**"*). Nur in diesem Fall liegt eine Angabe über die Reduzierung eines Krankheitsrisikos vor.[554]    451

## H.   Gesundheitsbezogene Angabe im europäischen Recht

In der EG-Health-Claims-Verordnung wird bei den Begriffsbestimmungen in    452
Art. 2 Abs. 2 zwischen den Ausdrücken der „Angabe" im Allgemeinen und der „gesundheitsbezogenen Angabe" im Speziellen unterschieden.[555]

Beide Ausdrücke hatten für die Schweizer Definition eine Vorbildfunktion    453
inne. Der schweizerische Begriff der gesundheitsbezogenen Angabe gemäss Art. 29f Abs. 1 LKV (vgl. oben Rz. 416 ff.) enthält denn auch massgebende Begriffselemente beider Ausdrücke. Insbesondere der Wortlaut der Definition der gesundheitsbezogenen Angabe nach Art. 2 Abs. 2 Ziff. 5 EG-Health-Claims-Verordnung wurde vollständig übernommen. Demgemäss ist nach europäischer Rechtsauffassung eine gesundheitsbezogene Angabe „jede An-

---

[553]   Vgl. HOLLE, S. 74 f.
[554]   HOLLE, S. 75. Siehe zu den Angaben über die Reduzierung eines Krankheitsrisikos unten im dritten Teil Rz. 885 ff.
[555]   Vgl. Art. 2 Abs. 2 Ziff. 1 („Angabe") und Ziff. 5 („gesundheitsbezogene Angabe") EG-Health-Claims-Verordnung.

gabe, mit der erklärt, suggeriert oder auch nur mittelbar zum Ausdruck gebracht wird, dass ein Zusammenhang zwischen einer Lebensmittelkategorie, einem Lebensmittel oder einem seiner Bestandteile einerseits und der Gesundheit andererseits besteht".

454 Die allgemeine Definition der „Angabe" gemäss Art. 2 Abs. 2 Ziff. 1 EG-Health-Claims-Verordnung wurde bezüglich des Begriffselements „Darstellungen durch Bilder, grafische Elemente oder Symbole in jeder Form, ... mit der erklärt, suggeriert oder auch nur mittelbar zum Ausdruck gebracht wird ..." ins schweizerische Recht überführt. Weiter gehend ist die europäische Definition mit den Formulierungen „... jede Aussage oder Darstellung, die nach dem Gemeinschaftsrecht oder den nationalen Vorschriften nicht obligatorisch ist ... mit der zum Ausdruck gebracht wird ... dass ein Lebensmittel besondere Eigenschaften besitzt". Mit den „besonderen Eigenschaften" wird dabei auf die von der EG-Health-Claims-Verordnung ebenfalls erfassten nährwertbezogenen Angaben sowie die Angaben über die Reduzierung eines Krankheitsrisikos hingewiesen.

455 Der Hinweis darauf, dass „... jede Aussage oder Darstellung, die nach dem Gemeinschaftsrecht oder den nationalen Vorschriften *nicht obligatorisch* ist ..." nimmt Bezug auf die bereits dargelegte Unterscheidung zwischen Kennzeichnungspflicht und Anpreisungsrecht. Die in der EG-Health-Claims-Verordnung geregelten Angaben sind nicht obligatorisch vorgeschrieben; es steht den Herstellerinnen und Herstellern frei, ihre Produkte mit entsprechenden Angaben anzupreisen.

456 Der Gesundheitsbegriff wird in beiden Definitionen nicht festgelegt, sodass diesbezüglich auch im europäischen Recht ein Auslegungsspielraum besteht. Als Auslegungshilfe dienen dabei gemäss Erwägungsgrund Nr. 7 der EG-Health-Claims-Verordnung die Regeln des Codex Alimentarius. Die Vorgaben des Codex Alimentarius sind allerdings für die Auslegung nicht bindend.[556]

---

[556] Vgl. BERG, S. 102. Der Codex Alimentarius (lat. für Lebensmittelkodex) ist eine Sammlung von Normen für die Lebensmittelsicherheit und -produktqualität, die von der Ernährungs- und Landwirtschaftsorganisation und der WHO erstmals 1963 herausgegeben wurde. Alle Mitgliedsstaaten der EU sind Mitglied im Codex Alimentarius. Die Hauptziele des Codex Alimentarius sind der Schutz der Gesundheit der Verbraucherinnen und Verbraucher, faire Handelspraktiken im Handel mit Lebensmitteln und die Förderung der Koordination aller Lebensmittelstandards und der Tätigkeit von internationalen Regierungs- und Nichtregierungsorganisationen. Neben Verfahren zum Sicherstellen der Lebensmittelsicherheit enthält der Codex Alimentarius auch produktspezifische Standards, die

# V.  Funktionelle Lebensmittel

## A.  Allgemeines

Gesundheitsbezogene Lebensmittelwerbung lässt sich besonders gut anhand der funktionellen Lebensmittel verdeutlichen. Diese spiegeln die im ersten Kapitel beschriebenen Bedürfnisse der Konsumentinnen und Konsumenten nach Gesundheit, Lifestyle und Convenience exemplarisch wider (vgl. oben Rz. 41 ff.).[557]  457

Die Bezeichnung „funktionelle Lebensmittel" oder „Functional Food" hat sich dabei als Sammelbegriff für Lebensmittelprodukte eingebürgert, die nicht nur der Sättigung und der Nährstoffzufuhr dienen, sondern den Konsumentinnen und Konsumenten darüber hinaus einen Zusatznutzen versprechen, der in der Steigerung des körperlichen und seelischen Wohlbefindens liegt.[558] Eine allgemein akzeptierte Abgrenzung und Definition dieser Produkte liegt bisher jedoch noch nicht vor. Trotzdem können solche Produkte in der Schweiz auf den Markt gebracht werden (vgl. oben Rz. 383 ff.).[559]  458

Doch wie werden funktionelle Lebensmittel rechtlich und lebensmittelwissenschaftlich definiert und eingeordnet? Gibt es international unterschiedliche Begriffsdefinitionen? Welches sind die typischen funktionellen Lebensmittelprodukte, und wie werden sie beworben?  459

---

Festlegungen über Herstellungsverfahren treffen, mikrobiologische Risiken benennen und die Kennzeichnung der Ware zur Information der Endverbraucher regeln. Der Codex wird weltweit als de facto bindend betrachtet und insbesondere von der FAO und WHO, aber auch von vielen anderen Stellen bemüht. Er stellt somit eine weitgehend gesicherte Sammlung von Ansichten und Einsichten des Stands der zugehörigen Wissenschaft dar. Auf internationaler Ebene hat der Codex Alimentarius 1991 allgemeine Leitsätze für Angaben und 1997 Leitsätze für die Verwendung nährwertbezogener Angaben verabschiedet. Die Codex-Alimentarius-Kommission hat 2004 eine Änderung des letztgenannten Dokuments verabschiedet. Dabei ging es um die Aufnahme gesundheitsbezogener Angaben in die Leitsätze von 1997 (sog. „Guidelines for Use of Nutrition and Health Claims"). Die in den Codex-Leitsätzen vorgegebenen Definitionen und Bedingungen wurden in der EG-Health-Claims-Verordnung entsprechend berücksichtigt (vgl. zum ganzen die Homepage des Codex Alimentarius: <http://www.codexalimentarius.net/web/index_en.jsp> [besucht am: 5. Februar 2011]).

[557]  Vgl. so auch DUSTMANN, S. 35 ff.; MENRAD ET AL., S. 13; REMPE, S. 65 f.
[558]  Vgl. EUROPÄISCHES VERBRAUCHERZENTRUM, S. 2; MENRAD ET AL., S. 13 und 25; REMPE, S. 66.
[559]  BAG, Functional Food, S. 1.

460 Um diese Fragen zu beantworten, werden in diesem Abschnitt die wichtigsten bisherigen Definitionsversuche dargestellt und kritisch gewürdigt. Es soll anschliessend der Versuch gewagt werden, eine den Ansprüchen der Rechts- sowie der Lebensmittelwissenschaft gerecht werdende Definition herzuleiten. Anhand dieser Definitionen soll einfacher nachvollziehbar sein, welche Produkte tatsächlich unter die Bezeichnung „funktionelle Lebensmittel" fallen und welche Vorschriften zur Anwendung gelangen. Insofern stellt sich hier die Frage der rechtssystematischen Einordnung in die bestehenden Lebensmittelkategorien.

461 Daran anschliessend soll eine Darstellung der wichtigsten funktionellen Lebensmittel etwas Licht in das Dunkel der scheinbar unüberschaubaren Anzahl der heutzutage erhältlichen Produkte bringen. Die typischen Vertreter sowie ihre gängigsten Anpreisungen werden im Einzelnen vorgestellt.

# B.   Bisherige Definitionsversuche

462 Insgesamt besteht ein kontroverses Meinungsbild darüber, was unter Functional Food zu verstehen ist. Es existiert bisher keine eindeutige, international einheitliche oder allgemein anerkannte Definition der funktionellen Lebensmittel. Eine Legaldefinition findet sich weder in der naturwissenschaftlichen Fachliteratur noch im Schweizer oder europäischen Lebensmittelrecht.[560]

463 In der internationalen Fachliteratur sind auch zahlreiche Bezeichnungen für Functional Food im Gebrauch – z.B. Nutraceuticals, designer food, healthy food, pharma food, hypernutrious food – die oftmals synonym verwendet werden. Einige Autoren unterscheiden allerdings auch zwischen diesen Begriffen und versuchen Abgrenzungen vorzunehmen.[561]

464 Den bisherigen Definitionsversuchen gemeinsam ist die Einsicht, dass funktionelle Lebensmittel immer einen zusätzlichen Nutzen für die Konsumentinnen und Konsumenten bringen sollen, der über die reine Sättigung oder die Zufuhr von Nährstoffen und die Befriedigung von Genuss und Geschmack hinausgeht. Dieser Zusatznutzen besteht in einer Verbesserung des individu-

---

[560]   Vgl. BAG, Functional Food, S. 1; BIESALSKI/GRIMM, S. 294; GROENEVELD, S. 68; MEYER, S. 29; REMPE, S. 66.
[561]   Vgl. BAG, Functional Food, S. 1; Urteil des BGer 2A.565/2000 vom 8. Mai 2001, E. 4b.aa.; sowie die Auflistungen bei KRAUSSE, S. 48 ff.; GONDER, S. 2 ff.

ellen Gesundheitszustandes oder des Wohlbefindens bzw. in einer Verringerung des Risikos, an bestimmten Krankheiten zu erkranken.[562]

Das BAG stellt folgende gemäss eigenen Angaben „vorläufige, knappe und hinreichend präzise Definition" auf: „Functional Food sind Lebensmittel mit einem spezifischen Zusatznutzen, der über den ernährungsphysiologischen Nutzen der darin enthaltenen Nährstoffe hinausgeht."[563] Diese Definition entspricht auch der vom Bundesgericht herangezogenen Definition.[564]   465

Gemäss dieser Begriffsbestimmung könnte jedoch nicht allein ein in seiner Beschaffenheit oder Zusammensetzung modifiziertes Lebensmittel als „funktionell" bewertet werden. Auch ein herkömmlicher Frucht- oder Gemüsesaft mit seinem hohen Gehalt an Vitaminen und Antioxidanten könnte demnach funktionelle Eigenschaften besitzen.[565]   466

Dieser Ansicht entspricht auch die sehr breite Definition des israelischen Wissenschafters I. GOLDBERG: „Functional Food kann *generell jedes Lebensmittel* sein, das zusätzlich zu seinem ernährungsphysiologischen Wert einen positiven Einfluss auf die Gesundheit eines Individuums, dessen physische Leistungsfähigkeit oder dessen Gemütszustand ausübt. Es handelt sich – in Anlehnung an die japanische Definition (vgl. sogleich unten Rz. 471) – um ein Lebensmittel (nicht um eine Kapsel, Tablette oder Pulver), das aus natürlich vorkommenden Inhaltsstoffen besteht. Es kann und soll als Teil der normalen Kost verzehrt werden. Es hat eine bestimmte Funktion im Hinblick auf die Regulation spezifischer Körperfunktionen, wie z.B. Verbesserung der biologischen Abwehrfähigkeit ... Einflüsse auf die physische und mentale Verfassung oder Verlangsamung des Alterungsprozesses."[566]   467

Dieser Definition zufolge könnten somit sämtliche Lebensmittel, wie beispielsweise Früchte, die nachweisbar einen positiven Einfluss auf den Stoffwechsel ausüben, zu Functional Food gezählt werden, wobei nicht zwischen *natürlichen* resp. *unbehandelten* und *verarbeiteten* oder *angereicherten* Lebensmitteln unterschieden wird.[567]   468

---

562 Statt vieler MENRAD ET AL., S. 25.
563 BAG, Functional Food, S. 1.
564 Urteil des BGer 2A.565/2000 vom 8. Mai 2001, E. 4b.aa.
565 Vgl. REMPE, S. 66.
566 Aus dem Englischen: GOLDBERG, S. XV f.
567 Vgl. so GROENEVELD, S. 68; MENRAD ET AL., S. 25; REMPE, S. 66. Gemäss REMPE wirft diese sehr weite Betrachtungsweise insbesondere die Überlegung auf, ob das Handlungsfeld der funktionellen Lebensmittel nicht eher ein Ernährungskonzept umschreibe, als dass es eine klar abzugrenzende Lebensmittelkategorie definiere. Insoweit sei das Bestreben, eine differenzierte Begriffsbestim-

469 Ebenfalls sehr weit gefasst sind Definitionen, gemäss denen auch Spezialle-bensmittel als funktionelle Lebensmittel gelten.[568] Gemäss diesen Definitio-nen fallen z.b. diätetische Lebensmittel, Säuglingsanfangsnahrung oder Nah-rungsergänzungsmittel wie Vitaminpillen oder Präparate in die Kategorie der funktionellen Lebensmittel. Und sogar Naturkost und biologische Lebensmit-tel werden in gewissen Quellen als Functional Food bezeichnet.[569]

# C.   Eingrenzung

470 Die obigen Ausführungen machen deutlich, dass es einer gewissen Eingren-zung der Functional-Food-Terminologie bedarf; ansonsten ist eine rechtliche Zuordnung nur sehr schwer möglich. Mit anderen Worten gesagt, muss es möglich sein, ein Erzeugnis, das als funktionelles Lebensmittel bezeichnet und angepriesen wird, rechtlich in bestehende Lebensmittelkategorien einzu-ordnen und auf seine Zulässigkeit hin zu überprüfen.

471 Als bislang einziges Land verfügt Japan über eine speziell für funktionelle Lebensmittel geltende gesetzliche Regelung, in der eine rechtsverbindliche Definition des Begriffs Functional Food verankert ist.[570] Gesundheits-fördernde Lebensmittel werden dort erstmalig als selbstständige Produktkate-gorie „Foods for specified Health Use" (FOSHU)[571] geführt. Das japanische

---

mung, möglicherweise gar eine Legaldefinition, für funktionelle Lebensmittel zu kreieren, fraglich (REMPE, S. 66). Diese Betrachtungsweise ist m.E. jedoch abzu-lehnen. Während eine begriffliche Differenzierung (namentlich zwischen unbe-handelten und verarbeiteten Lebensmitteln) unter naturwissenschaftlichen Ge-sichtspunkten mit Blick auf die Praxis der Ernährungsberatung relativ unerheb-lich sein mag, spielt sie für die juristische Betrachtung und damit für die Über-prüfung der Zulässigkeit der auf den Markt gebrachten und entsprechend ange-priesenen Produkte eine entscheidende Rolle (vgl. unten Rz. 474).

[568]   Solche Zuordnungen finden sich etwa in einer Publikation des BAG (BAG, Functional Food, S. 1); im AWV-Kommentar von EGGENBERGER STÖCKLI (EGGENBERGER STÖCKLI, Arzneimittel-Werbeverordnung, N 47 zu Art. 1 AWV); sowie im Wellness-Investement-Guide der Bank Julius Bär (EGGMANN/GERST/ MONTAGNANI, S. 17).

[569]   Vgl. EGGMANN/GERST/MONTAGNANI, S. 17 f.

[570]   Vgl. MENRAD ET AL., S. 26; MEYER, S. 29; REMPE, S. 72.

[571]   Zu Deutsch: „Lebensmittel mit gesundheitlichem Nutzen". Seit 1991 können in Japan Lebensmittel, deren ernährungsphysiologischer Zusatznutzen in einem Zu-lassungsverfahren nachgewiesen wurde, als „Foods for specified Health Use" (FOSHU) mit bestimmten, zugelassenen gesundheits-/krankheitsbezogenen An-gaben beworben und in den Verkehr gebracht werden. Diese Produkte werden mit einem speziellen FOSHU-Logo gekennzeichnet. Weiterführende Hinweise

Lebensmittelgesetz versteht darunter „verarbeitete Lebensmittel mit Zutaten, die in Ergänzung zu den ernährungsphysiologischen Eigenschaften spezifische Körperfunktionen anregen". Ihr Erscheinungsbild muss demjenigen der gewöhnlichen Lebensmittel entsprechen, d.h., es sind keine Tabletten-, Kapsel- oder Pulverformen zulässig. Sie müssen aus natürlich vorkommenden Zutaten stammen und können bzw. sollen als Teil der täglichen gewöhnlichen Kost verzehrt werden. Für die Zulassung der funktionellen Lebensmittel ist das „Ministry of Health and Welfare" zuständig.[572]

In den USA gibt es keine eigentliche Legaldefinition von funktionellen Lebensmitteln.[573] Nach amerikanischem Verständnis werden sie als Erzeugnisse begriffen, „bei denen die Konzentrationen von einem oder mehreren Inhaltsstoffen modifiziert sind, um ihren Beitrag zu einer gesunden Ernährung zu verbessern".[574] Laut dieser Festlegung könnten zwar auch nährstoffmodifizierte (z.B. fettreduzierte) Light-Produkte zu Functional Food gezählt werden, nicht aber Lebensmittel mit natürlich hohem Gehalt an gesundheitlich bedeutsamen Inhaltsstoffen. Das amerikanische Verständnis geht sogar so weit, dass sog. „Designer Food" zu Functional Food gezählt wird.[575]

472

In Europa wurde im Rahmen einer von der Europäischen Kommission geförderten und vom International Life Science Institute (ILSI), Brüssel, koordinierten konzertierten Aktion (sog. „FUFOSE-Projekt") von 1995 bis 1998 ein auf wissenschaftlichen Erkenntnissen beruhender Ansatz für Functional Food entwickelt.[576] Dieser Arbeitsdefinition zufolge können Lebensmittel als Functional Food angesehen werden, „wenn hinreichend bewiesen ist, dass sie eine oder mehrere Körperfunktionen so beeinflussen, dass davon positive Wirkungen auf den Gesundheitszustand und das Wohlbefinden und/oder auf die Verringerung des Erkrankungsrisikos ausgehen. Functional Food muss ein Lebensmittel sein, und die Wirkungen müssen von solchen Mengen ausgeübt

473

---

hierzu finden sich bei REMPE, S. 73 f. und SIRÓ/KÁPOLNA/KÁPOLNA/LUGASI, S. 457.

[572]   Vgl. GROENEVELD, S. 68, m.w.H.; MATIASKE, S. 9; MENRAD ET AL., S. 26; REMPE, S. 73.

[573]   REMPE, S. 74.

[574]   Definition des medizinischen Instituts der nationalen Wissenschaftsakademie.

[575]   Ein Beispiel für solches „Designer Food" wäre der Fettersatzstoff *Olestra*, eine synthetisch hergestellte Substanz, die den Speisefettsäuren sehr ähnlich ist, vom menschlichen Magen-Darm-Trakt aber nicht abgebaut und resorbiert wird (vgl. GROENEVELD, S. 68; MENRAD ET AL., S. 26; REMPE, S. 74).

[576]   Vgl. Bund für Lebensmittelrecht und Lebensmittelkunde, S. 1; MENRAD ET AL., S. 26 f.; VAN DER MEULEN/VAN DER VELDE, S. 306; vgl. auch BIESALSKI/GRIMM, S. 294.

131

werden, die normalen Verzehrsgewohnheiten entsprechen. Sie sind keine Pillen oder Kapseln, sondern Bestandteil einer normalen Ernährungsweise. Lebensmittel können auch als Functional Food angesehen werden, wenn sie einen Lebensmittelbestandteil (sei es ein Nährstoff oder nicht) enthalten, der eine oder mehrere Körperfunktionen so beeinflusst, dass davon positive Wirkungen ausgehen, oder der physiologische oder psychologische Effekte hervorruft, die über die Nährstoffzufuhr hinausgehen. Darunter können auch Lebensmittel gefasst werden, aus denen ein oder mehrere potentiell schädliche Bestandteile auf technologischem Wege entfernt worden sind".[577]

# D. Schlussfolgerung: Definition und rechtssystematische Zuordnung

474 Zusammenfassend kann festgestellt werden, dass die folgenden Fragestellungen beim Versuch, den Functional-Food-Begriff eindeutig einzugrenzen, Schwierigkeiten bereiten:

(1) Handelt es sich bei funktionellen Lebensmitteln ausschliesslich um verarbeitete Lebensmittel oder können auch unbehandelte (nicht verarbeitete) Lebensmittel dazugezählt werden?

(2) In welcher Form müssen die funktionellen Lebensmittel vorliegen und im Rahmen welcher Ernährungsweise werden sie konsumiert?

(3) Welche Wirkstoffe werden berücksichtigt? Sollen nur natürlicherweise vorkommende Inhaltsstoffe berücksichtigt werden, und dürfen diese modifiziert werden? Können weitere Substanzen zugesetzt werden? Dürfen diese synthetischen Ursprungs sein?

475 Mit Blick auf die schweizerische und europäische Lebensmittelpraxis wird grundsätzlich an der vom FUFOSE-Projekt für Functional Food aufgestellten

---

[577] Im Rahmen des FUFOSE-Projektes wurden fünf verschiedene Vorgehensweisen festgelegt um Lebensmittel „funktionell" zu machen: (1.) *Entfernung* eines Lebensmittelbestandteils, der unerwünschte Effekte ausübt; (2.) *Erhöhung* der Konzentration eines natürlichen, bereits enthaltenen Lebensmittelbestandteils auf Werte, die die erwarteten Wirkungen auslösen; (3.) *Zusatz* von Stoffen, die in den meisten Lebensmitteln normalerweise nicht vorkommen; (4.) *Substitution* eines Lebensmittelbestandteiles, dessen (übermässiger) Verzehr unerwünschte Effekte hat durch einen ernährungsphysiologisch günstiger beurteilten Bestandteil; (5.) *Verbesserung der Bioverfügbarkeit* von Lebensmittelinhaltsstoffen, die günstige Wirkungen ausüben (vgl. MENRAD ET AL., S. 27).

Arbeitsdefinition festgehalten. Dabei ergibt sich die folgende auf verarbeitete Lebensmittel eingeschränkte Definition:

> Lebensmittel können dann als Functional Food angesehen werden, wenn hinreichend bewiesen ist, dass sie eine oder mehrere Körperfunktionen so beeinflussen, dass davon positive Wirkungen auf den Gesundheitszustand und das Wohlbefinden und/oder die Verringerung des Erkrankungsrisikos ausgehen.

> Functional Food enthält dabei einen Bestandteil, der Körperfunktionen so beeinflusst, dass positive physiologische oder psychologische Wirkungen davon ausgehen und Effekte hervorgerufen werden, die über die Nährstoffzufuhr hinausgehen. Ob die Wirkstoffe natürlichen oder synthetischen Ursprungs sind, ist dabei nicht erheblich. Auch Lebensmittel, aus denen Nährstoffe oder potenziell schädliche Bestandteile auf technischem Wege verringert oder entfernt wurden, sind Functional Food.

> Grundsätzlich muss Functional Food ein verarbeitetes Lebensmittel sein, dessen Wirkungen von solchen Mengen ausgeübt werden, die normalen Verzehrsgewohnheiten entsprechen. Sie dürfen zudem keine Pillen oder Kapseln, sondern müssen Bestandteil einer normalen Ernährungsweise sein.

Dieser Definition folgend, ergibt sich die rechtssystematische Zuordnung:    476

> Funktionelle Lebensmittel sind gewöhnliche Lebensmittel[578], die durch entsprechende Verarbeitung und Anreicherung eine über die Nährstoffzufuhr hinausreichende Wirkung entfalten, die einen positiven Einfluss auf die Gesundheit und das Wohlbefinden der Konsumentinnen und Konsumenten hat. Folglich richtet sich in der Schweiz die gesundheitsbezogene Anpreisung von funktionellen Lebensmitteln nach Abschnitt 11a der LKV und in der EU nach der EG-Health-Claims-Verordnung.

Nicht zur Anwendung gelangt in der Schweiz hingegen die Verordnung über    477
Speziallebensmittel.[579] Die in dieser Verordnung in Art. 2 Abs. 2 aufgeführten Speziallebensmittel sind definitionsgemäss für eine besondere Ernährung bestimmt und entsprechen aufgrund ihrer Zusammensetzung oder des beson-

---

[578]  Im Sinne von Art. 3 Abs. 2 LMG i.V.m. Art. 4 LGV resp. Art. 2 Satz 1 Lebensmittel-Basisverordnung.

[579]  Anderer Meinung ist das BAG, das in seiner Publikation über Functional Food bis anhin davon ausgeht, dass diese Produkte „in der Regel unter die Kategorie Speziallebensmittel fallen" (vgl. BAG, Functional Food, S. 1).

deren Verfahrens ihrer Herstellung den besonderen Ernährungsbedürfnissen von Menschen, die aus gesundheitlichen Gründen eine andersartige Kost benötigen. Sie tragen insofern dazu bei, bestimmte ernährungsphysiologische oder physiologische Wirkungen zu erzielen.[580]

478 Speziallebensmittel sprechen somit spezifische Ernährungsbedürfnisse und eine besondere Ernährungsweise an. Zur Veranschaulichung seien hier noch einmal typische Vertreter, wie z.B. diätetische Lebensmittel für besondere medizinische Zwecke (auch Medical Food genannt), Lebensmittel für eine gewichtskontrollierende Ernährung, laktosearme und laktosefreie Lebensmittel, Säuglingsanfangsnahrung oder Nahrungsergänzungsmittel in Pulver- oder Kapselform, erwähnt (vgl. oben Rz. 369 ff.).

479 Funktionelle Lebensmittel verfolgen hingegen einen anderen Zweck: Im Rahmen der gewöhnlichen Ernährung soll ein positiver, gesundheitsfördernder Effekt erzielt werden. Die Zulassungsvoraussetzungen entsprechen dabei denjenigen der herkömmlichen Lebensmittel und richten sich nach dem LMG, der LGV und den entsprechenden vertikalen Verordnungen. Die Verwendung von gesundheitsbezogenen Angaben zu Anpreisungszwecken richtet sich folglich nach Abschnitt 11a der LKV.[581]

480 Es sei an dieser Stelle aber noch einmal daran erinnert, dass funktionelle Lebensmittel, sowohl im schweizerischen als auch im europäischen Lebensmittelrecht, nach wie vor keine eigene Lebensmittelkategorie bilden.[582] Sie sind, wie soeben ausgeführt, den herkömmlichen Lebensmitteln zuzuordnen.

# E.    Häufigste Gruppen funktioneller Lebensmittel

## 1.    Allgemeines

481 Die zunehmende Marktpräsenz funktioneller Lebensmittel verleiht der gesundheitsbezogenen Werbung einen immer höheren Stellenwert. Eine Darstellung der am häufigsten angebotenen und entsprechend angepriesenen

---

[580]   Vgl. Art. 2 Abs. 1 Speziallebensmittelverordnung.

[581]   Vgl. bezüglich europäischen Rechts VAN DER MEULEN/VAN DER VELDE, die ebenfalls davon ausgehen, dass funktionelle Lebensmittel keiner vorgängigen Bewilligung („pre-market approval") bedürfen. Es gelten für sie dieselben Vorschriften wie für gewöhnliche Lebensmittel (VAN DER MEULEN/VAN DER VELDE, S. 307).

[582]   Vgl. BAG, Functional Food, S. 1 (Schweiz); VAN DER MEULEN/VAN DER VELDE, S. 306 f. (EU).

Vertreter dieser funktionellen Lebensmittel soll helfen, die Übersicht über die Flut an neuen Produkten zu bewahren und diese einfacher kategorisieren und besser auf ihre Zulässigkeit hin überprüfen zu können. Die Übersicht soll auch aufzeigen, was Functional Food tatsächlich von gewöhnlichen Lebensmitteln unterscheidet.[583]

## 2. Präbiotika

Präbiotika sind in Lebensmitteln enthaltene oder diesen zugesetzte nicht verdauliche Substanzen, die das Wachstum der Darmbakterien – auch Darmflora genannt – unterstützen. Präbiotika sind kurzkettige Kohlenhydrate aus speziellen Pflanzenfasern, die nahezu unverändert in den Dickdarm gelangen und der Darmflora als Substrat zur Verfügung stehen.[584]    482

Das quantitativ bedeutendste natürlich vorkommende Präbiotikum in Lebensmitteln ist Oligofruktose (v.a. Inulin und andere Fructooligosaccharide zählen dazu), ein Ballaststoff, der u.a. in Gemüse (z.B. Chicorée, Spargel und Zwiebeln), Früchten (z.B. Bananen) und Getreide (z.B. Roggen und Weizen) enthalten ist.[585]    483

Präbiotika basieren auf dem Prinzip, bestimmten Keimen vermehrt Substrate anzubieten und damit deren Vermehrung zu fördern. Diese Eigenschaften erfüllen verschiedene Oligosaccharide. Versuche mit Fructooligosacchariden haben gezeigt, dass durch deren Zuführung die Bifidobakterienzahl stark ansteigt, während namentlich Chlostridien (Stäbchenbakterien, gehören zu den häufigsten Krankenhauskeimen und können zu Durchfallerkrankungen führen) verringert werden.    484

Die Erwartungen an Präbiotika scheinen damit erfüllt: nämlich eine Verbesserung der Darmflora. Vermutet werden ausserdem eine Stärkung des Immunsystems, eine Senkung des Cholesterinspiegels und eine verbesserte Mineralstoffaufnahme.[586]    485

---

[583]  Vgl. MENRAD ET AL., S. 55; GROENEVELD, S. 66 ff.
[584]  DER BROCKHAUS, S. 521; vgl. auch BIESALSKI/GRIMM, S. 296.
[585]  DER BROCKHAUS, S. 521
[586]  EUROPÄISCHES VERBRAUCHERZENTRUM, S. 1.

486   Allerdings gibt es nach wie vor keine Untersuchungen, die positive gesundheitliche Auswirkungen einer *langfristigen* Einnahme von Präbiotika belegen
können.[587]

487   Präbiotika finden sich v.a. in Milchprodukten, Margarine und Getränken.

# 3.   Probiotika

488   Probiotika[588] sind im engeren Sinn Mikroorganismen, die in ausreichender
Menge und in aktiver Form in den Darm gelangen und hierbei positive gesundheitliche Wirkungen erzielen, wie z.B. die Vermeidung von Durchfall.
Im weiteren Sinn gehören zu Probiotika auch Lebensmittel, die mit diesen
Mikroorganismen versetzt werden, z.B. probiotische Joghurts.[589] Die Mikroorganismen liegen dann als Züchtungen von Joghurt- oder Milchsäurekultu-
ren vor.[590]

489   Probiotika sind eine besonders robuste Form von Milchsäurebakterien
(v.a. Bifidobakterien und Laktobazillen), von denen ein Grossteil die Passage
durch den salzsäurehaltigen Magensaft überlebt und durch Produktion von
Milchsäure ein lebensfeindliches Milieu für Krankheitserreger schafft und
diese – bei hoher Keimzahl und regelmässigem Verzehr probiotischer Erzeugnisse – aus dem Darm verdrängt.[591] Probiotika verändern somit positiv
das Gleichgewicht der Darmflora durch Zufuhr von lebenden Keimen.[592]

490   Dieses Prinzip ist jedoch nicht neu: Bereits im 19. Jahrhundert wurde Joghurt
zur Behandlung und Prophylaxe gastrointestinaler Infektionskrankheiten
eingesetzt. Neu ist jedoch die Selektion von Stämmen zum gezielten Einsatz
als Probiotika. Für bestimmte Probiotika konnte eine verkürzende Wirkung
bei Durchfallerkrankungen und eine Linderung der Symptome bei Laktosein-

---

[587]   Eine Ausnahme bilden die Oligosacchariden in Säuglingsnahrung, deren lang-
fristige Wirkung bewiesen ist (BIESALSKI/GRIMM, S. 296).

[588]   Die Bezeichnung „Probiotika" stammt vom griechischen „pro bios" ab und
heisst übersetzt „für das Leben".

[589]   DER BROCKHAUS, S. 521.

[590]   EUROPÄISCHES VERBRAUCHERZENTRUM, S. 1.

[591]   BIESALSKI/GRIMM, S. 296; DER BROCKHAUS, S. 521 f.

[592]   Prä- und Probiotika verfolgen grundsätzlich das gleiche Ziel: eine Veränderung
der Intestinalflora, v.a. im Dickdarm, zu Keimen mit positiven Wirkungen. Diese
Gleichgewichtsänderung resultiert aus der Einwirkung auf die bevorzugten Kei-
me und aus der Verdrängung negativer Vertreter (vgl. BIESALSKI/GRIMM,
S. 296). Siehe weiterführende Informationen zu Prä- und Probiotika bei
ROBERFROID, S. 1682 ff. sowie bei MENRAD ET AL., S. 61 ff.

toleranz, aufgrund der Freisetzung des laktosespaltenden Enzyms Laktase, wissenschaftlich nachgewiesen werden.[593]

Ob speziell hergestellte Probiotika, die v.a. in Form von Joghurts und Milch-          491
getränken auf dem Markt sind, bessere Wirkungen erzielen als „normale" fermentierte Milchprodukte, ist jedoch nach wie vor umstritten.[594] BIESALSKI/ GRIMM zufolge ist auch noch nicht abschliessend geklärt, ob diese gezielte Veränderung der intestinalen Flora auf Dauer gesundheitlich unbedenklich ist.[595]

Gemäss der EG-Health-Claims-Verordnung ist es verboten, Lebensmittel als          492
gesundheitsfördernd zu bewerben, solange die Europäische Lebensmittelbehörde (EFSA) die Claims nicht als wissenschaftlich erwiesen anerkennt.[596] Besonders hart traf das Prüfungsverfahren die Probiotika. Bei keinem einzigen der mehr als 200 Produkte (v.a. probiotische Zusätze) sahen es die EFSA-Expertinnen und -Experten als erwiesen an, dass die freundlichen Bakterien tatsächlich das Immunsystem stärken oder das Darmwohlbefinden fördern. Die probiotischen Keime, deren Wirksamkeit bewiesen werden sollte, waren in der Regel zu wenig genau definiert.[597]

---

[593]   DER BROCKHAUS, S. 522; vgl. auch BIESALSKI/GRIMM, die zusätzlich noch die Senkung krebsfördernder Enzyme sowie die günstige Auswirkung auf atopische Dermatitis nennen. Ein sicherer Beleg stehe diesbezüglich jedoch noch aus (BIESALSKI/GRIMM, S. 296).

[594]   Vgl. sehr kritisch SABERSKY. Ihm zufolge würden die üblicherweise in Milchprodukten enthaltenen Lactobazillen den Gang durch den Magen in den Darm zwar tatsächlich weniger zahlreich überstehen als probiotische Bakterien, dennoch erreichten ca. 15 % den Darm und könnten dort ihre Wirkungen entfalten (SABERSKY, S. 16 ff.).

[595]   BIESALSKI/GRIMM, S. 296. Kritisch äussert sich auch GONDER, der davon ausgeht, dass sich die gesunde Darmflora vehement gegen „Neuankömmlinge" wie zugeführte Bakterien wehre, sodass sich die probiotischen Keime nicht dauerhaft im menschlichen Darm ansiedeln könnten. Ebenfalls problematisch sei, dass die Zusammensetzung und die Funktionen einer normalen Darmflora nach wie vor unklar seien. Die Wissenschaft wisse noch zu wenig über die vielen Milliarden Bakterien des menschlichen Darms, als dass eine Einteilung in „gut" und „böse" und infolgedessen ein gezieltes Eingreifen möglich sei (GONDER, S. 4).

[596]   Für 44'000 Claims haben die Herstellerinnen und Hersteller aus den Mitgliedstaaten seither Anträge eingereicht, gerade mal 4'000 davon kamen überhaupt für eine ernsthafte Überprüfung infrage. Im Oktober 2009 gab die Expertenkommission ihr Urteil über zunächst 523 Werbeaussagen ab. Siehe zum Prüfungsverfahren der EFSA ausführlich unten Rz. 743 ff.

[597]   Vgl. BARANDUN, Actimel, S. 1; BARANDUN, Erfinder, S. 37; BARANDUN, Werbung, S. 33; BRISEÑO, S. 1 f.; HEER (bezüglich Danone), S. 13; HERDEN, S. 2 f.

493 Dennoch erfreuen sich die probiotischen Lebensmittel einer grossen Beliebtheit. Die Verkaufsschlager der Branche sind Nestlés LC1-Joghurt und Danones Actimel und Activia (vgl. oben Rz. 30).

494 Probiotika finden sich v.a. in Milchprodukten, wie Joghurts und Milchgetränken, sowie in Margarine und sonstigen Getränken. Typische Werbeaussagen lauten: *„Verdauung gut – alles gut"* oder *„Hilft das Darmwohlbefinden zu fördern"* sowie *„Stärkt das Immunsystem"*.[598]

# 4.  Antioxidantien

495 Antioxidantien sind Substanzen, die sich mit sog. „freien Radikalen" verbinden und so andere Stoffe (u.a. Körperzellen) vor einer Oxidation und damit vor einer Schädigung schützen.[599] Antioxidantien werden deshalb auch als „Radikalfänger" bezeichnet. Der menschliche Organismus verfügt über Enzyme, die in der Lage sind, sich mit freien Radikalen zu verbinden. Neben diesen körpereigenen Stoffen gibt es jedoch noch eine Vielzahl weiterer Antioxidantien, die über die Nahrungsaufnahme dem Körper zugeführt werden. Dazu gehören insbesondere die Vitamine A, C und E sowie Beta-Carotin, Flavonoide und Phenole.[600]

---

[598]  Das von Danone hergestellte Lebensmittelprodukt Activia wirbt darüber hinaus mit einer „Zufriedenheitsgarantie". Laut der Werbung ist Activia „... ein besonderes Joghurt mit einem wissenschaftlichen Nachweis (bezogen auf die Darmpassagezeit, im Rahmen einer ausgewogenen Ernährung und eines gesunden Lebensstils), das hilft, bei täglichem Verzehr das Darmwohlbefinden zu verbessern und so z.B. eine träge Verdauung zu regulieren." Während 14 Tagen können die Konsumentinnen und Konsumenten Activia auf Zufriedenheit hin testen, wobei sie bei Unzufriedenheit das Geld zurückerstattet erhalten.

[599]  Freie Radikale sind Moleküle mit einem ungepaarten Elektron und gehören neben anderen reaktiven Komponenten zur Gruppe der Prooxidantien. Sie sind in der Lage, Biomoleküle zu oxidieren. Die durch sie ausgelöste Oxidation wichtiger biologischer Makromoleküle, wie DNA, Proteine und Lipide sowie pathobiochemischer Mechanismen, kann zur Entstehung verschiedener Krankheiten beitragen. Die Bildung freier Radikale im Organismus wird von der Wissenschaft jedoch als normal erachtet und ist durch einen gesunden Organismus grundsätzlich beherrschbar. Freie Radikale werden im Körper z. B. durch Strahlungseinflüsse, exogene Toxine, bei der Reaktion körpereigener Moleküle (z. B. Adrenalin oder Dopamin) mit Sauerstoff oder auch als Nebenprodukte bei der körpereigenen Abwehr durch Phagozyten gebildet (vgl. MENRAD ET AL., S. 73; sowie ausführlich BIESALSKI/GRIMM, S. 200 ff.).

[600]  Vgl. zum Ganzen DER BROCKHAUS, S. 35; EUROPÄISCHES VERBRAUCHERZENTRUM, S. 1; MENRAD ET AL., S. 73 ff.

Dass oxidative Prozesse bei der Entstehung von Krankheiten wie Arteriosklerose, Krebs und verschiedenen degenerativen Erkrankungen eine Rolle spielen, ist heute wissenschaftlich belegt. Entsprechende Studien zeigen, dass ein regelmässiger Verzehr einer obst- und gemüsereichen Kost das Erkrankungs- und Mortalitätsrisiko senkt. Dabei stützt der grösste Teil der wissenschaftlichen Studien die Hypothese, dass die Vitamine C und E sowie Beta-Carotin zur Senkung des Erkrankungsrisikos beitragen können. Eine eindeutige Zuordnung der positiven Effekte zu bestimmten bioaktiven Bestandteilen (oder auch Kombinationen einzelner Substanzen) ist aufgrund der verfügbaren Daten aber noch nicht möglich.[601]    496

Bei den funktionellen Lebensmitteln sind v.a. die sog. „ACE-Getränke" stark vertreten. Diese mit den Vitaminen A, C und E angereicherten Getränke (z.B. Fruchtsäfte) sollen die Funktion eines „Radikalfängers" übernehmen. Wie soeben erwähnt, finden sich Antioxidantien jedoch auch in der gewöhnlichen Ernährung wie z.B. in Obst, Gemüse und Pflanzenölen.[602] Zudem werden Antioxidantien als Antioxidationsmittel, also Zusatzstoffe, eingesetzt, um Lebensmittel (v.a Fertigprodukte, wie z.B. Tütensuppen und Mikrowellenmenüs) länger haltbar zu machen, indem sie deren Oxidation (die Reaktion mit Sauerstoff) verhindern oder zumindest verzögern.[603]    497

Typische Werbeaussagen für mit Antioxidantien angereicherte Lebensmittel lauten: „*Enthält Vitamin A, das dem Unterhalt der Gewebe, der Hautoberfläche und der Schleimhäute dient.*" Sowie: „*Vitamin C ist notwendig für die Erhaltung von gesunden Knochen und Blutgefässen. Ist an der Absorption von Eisen beteiligt und hat die Funktion eines Antioxidans.*"[604]    498

---

[601]   Vgl. MENRAD ET AL., S. 76 ff. Bei MENRAD ET AL. finden sich weiterführende Angaben zur Wirkungsweise der einzelnen Vitamine sowie zum aktuellen Stand von Forschung und Wissenschaft (vgl. besonders S. 91). Kritische Hinweise zur Wirkungsweise von Antioxidantien finden sich bei GONDER, S. 6 ff.; HERDEN, S. 4; SABERSKY, S. 44 ff.

[602]   Vgl. HERDEN, S. 4.

[603]   Vgl. DER BROCKHAUS, S. 35. Die Verwendung von Zusatzstoffen bei der Herstellung von Lebensmitteln zur Erzielung bestimmter Eigenschaften oder Wirkungen richtet sich nach den horizontalen Verordnungen ZuV und der Verordnung des EDI über den Zusatz essenzieller oder physiologisch nützlicher Stoffe zu Lebensmitteln (vgl. oben Rz. 247 ff. und 251 ff.).

[604]   Vgl. Anhang 8 der LKV unter „A. Vitamine und Mineralstoffe, Nährstoff, Vitamin C".

# 5. Mehrfach ungesättigte Fettsäuren

499 Mehrfach ungesättigte Fettsäuren sind Fettsäuren – meist in pflanzlichen Ölen und daraus hergestellten Produkten enthalten –, bei denen gegenüber den gesättigten Fettsäuren einige Wasserstoffatome fehlen (deshalb ungesättigt). Ihre wesentlichen Vertreter sind die Linolsäuren, die auch Omega-6- und Omega-3-Fettsäuren genannt werden. Sie sind für den menschlichen Organismus essenziell und müssen über die Nahrung zugeführt werden. Sie sind für die frühkindliche Entwicklung des Gehirns wichtig und tragen zur normalen Entwicklung und zum Wachstum des Organismus bei. Zudem spielen sie bei der Regulierung des Immunsystems und des Blutdrucks wissenschaftlich erwiesenermassen eine Rolle.[605]

500 Neben pflanzlichen Ölen wie Sonnenblumen- und Maisöl sind auch Koch- und Streichfette, häufig angeboten als funktionelle „Spezialmargarinen", reich an mehrfach ungesättigten Fettsäuren. Derartige Fette senken die Cholesterinwerte, indem sie die Blutfettregulation positiv beeinflussen.[606] Die Strategie, die mit den funktionellen Lebensmittelprodukten im Nährbereich der mehrfach ungesättigten Fettsäuren verfolgt wird ist es somit, die Zufuhr wünschenswerter Fettsäuren mit der Nahrung zu erhöhen. Allerdings besteht noch Forschungsbedarf bezüglich der spezifischen Wirkungsweise der einzelnen Fettsäuren zur Senkung der Risikofaktoren von ernährungsabhängigen Krankheiten.[607]

501 Von besonderem ernährungsphysiologischem Interesse sind die ungesättigten n-3- und n-6-Fettsäuren (Omega-3- und Omega-6-Fettsäuren). Entscheidend ist dabei ein ausgewogenes Verhältnis der ungesättigten n-3- und n-6-Fettsäuren, das insbesondere durch eine Erhöhung der Zufuhr von langkettigen ungesättigten n-3-Fettsäuren erreicht werden soll.[608] Mit entsprechenden

---

[605] Vgl. zum Ganzen BIESALSKI/GRIMM, S. 84; SCHLIERF/GEISS/VOGEL, S. 18 f.

[606] Vgl. auch Anhang 8 der LKV unter B. Andere Nährstoffe, Fettsäuren. Einfach ungesättigte Fettsäuren, z.B. in Olivenöl, bewirken ebenfalls niedrige Cholesterinwerte.

[607] Vgl. MENRAD ET AL., S. 107, m.w.H. Kritisch auch SABERSKY S. 27 f., mit Verweis auf eine Studie der Universität von East Anglia, England.

[608] Langkettige mehrfach ungesättigte Fettsäuren sind wichtige strukturelle Bestandteile von biologischen Membranen. Ausserdem sind sie Vorläufer hormonähnlicher Substanzen, sog. „Eicosanoide". Wichtige Vertreter dieser langkettigen mehrfach ungesättigten Fettsäuren sind Docosapentaensäure (DPA), Docosahexaensäure (DHA) und Eicosapentaensäure (EPA). DHA ist an der frühkindlichen Entwicklung des Gehirns beteiligt, und EPA spielt bei der Regulation entzündlicher Immunprozesse und des Blutdrucks eine wichtige Rolle. Die Hauptquelle

Omega-3- und Omega-6-Fettsäuren angereichert sind funktionelle Margarinen wie z.B. die „Becel pro-activ Halbfettmargarine" (Unilever) oder die „Actilife Balance Margarine" (Migros). Diese „Spezialmargarinen" werben mit Claims wie: *„Omega-3/Omega-6, zur günstigen Beeinflussung des Cholesterinspiegels"*.[609]

## 6.    Sekundäre Pflanzen(inhalts-)stoffe

Pflanzen enthalten neben den sog. „primären Pflanzeninhaltsstoffen" (im Wesentlichen Kohlenhydrate, Eiweisse und Fette) auch sekundäre Pflanzeninhaltsstoffe. Unter diesen Begriff werden Substanzen zusammengefasst, die nicht zur molekularen Grundausstattung der Pflanzenzelle gehören, sondern nur in ganz bestimmten Geweben oder Organen und in ganz bestimmten Entwicklungsstadien gebildet werden.[610] Die sekundären Pflanzeninhaltsstoffe dienen den Pflanzen dabei als Abwehr-, Farb-, Duft- und Aromastoffe sowie als Wachstumsregulatoren.[611]    502

Sekundäre Pflanzeninhaltsstoffe lassen sich anhand ihrer chemischen Struktur oder anhand ihrer pharmakologischen Wirkung unterteilen.[612] Zu den sekundären Pflanzeninhaltsstoffen gehören u.a. die Carotinoide, Phytosterine, Saponine, Glucosinolate, Sulfide und Flavonoide.[613] Im Lebensmittelbereich von Bedeutung sind dabei namentlich die Phytosterine (auch Pflanzensterine oder Sterole genannt). Sie finden sich v.a. in fettreichen Nüssen und Samen, wie z.B. Sonnenblumenkernen, Sesamsamen oder Sojabohnen, aber auch in Getreide, Obst, Hülsenfrüchten und Gemüse.[614]    503

---

für DHA und EPA sind Fischöle, doch wird auch das Potenzial alternativer Herstellungsmethoden vermehrt ausgelotet (MENRAD ET AL., S. 107, m.w.H.).

[609]    Obschon sich diese gesundheitsbezogene Angabe nicht mit entsprechendem Wortlaut im Anhang 8 der LKV findet, wurde sie vom BAG aufgrund der von der Produzentin (Unilever Schweiz GmbH) dargelegten wissenschaftlichen Nachweise für Anpreisungszwecke zugelassen.

[610]    Im Hinblick auf die Wirkung der sekundären Pflanzeninhaltsstoffe wird häufig der Begriff „bioaktive Substanzen" synonym verwendet. Unter bioaktiven Substanzen sind letztlich Substanzen aus Pflanzen mit einer heilenden oder auch präventiven Wirkung zu verstehen (vgl. zum Ganzen MENRAD ET AL., S. 92).

[611]    BIESALSKI/GRIMM, S. 266.

[612]    Vgl. zur Unterteilung aufgrund der chemischen Grundstruktur BIESALSKI/ GRIMM, S. 267, und zur Unterteilung aufgrund der pharmakologischen Wirkung MENRAD ET AL., S. 92 f.

[613]    MENRAD ET AL., S. 92 ff.

[614]    BIESALSKI/GRIMM, S. 266 f.

504 Sekundäre Pflanzeninhaltsstoffe verfügen über einen ähnlichen Aufbau wie Cholesterin – die chemische Struktur von Phytosterinen ähnelt derjenigen von Cholesterin –, haben jedoch eine nahezu entgegengesetzte Wirkung: Werden höhere Mengen Phytosterine aufgenommen, z.B. über angereicherte Lebensmittel, so blockieren Phytosterine die Aufnahme von Cholesterin im Darm. Das Cholesterin wird nicht in die Blutbahn aufgenommen, sondern stattdessen ausgeschieden.[615] Es gilt heute deshalb als wissenschaftlich erwiesen, dass Pflanzensterine einen positiven Einfluss auf den körpereigenen Abbau des sog. „schlechten" LDL-Cholesterins haben.[616]

505 Aufgrund der intensiven Forschungen der letzten Jahre gelten die sekundären Pflanzeninhaltsstoffe zunehmend als gesundheitsfördernde Lebensmittelbestandteile.[617] Ihre Wirkungen sind dabei äusserst vielseitig: Neben der cholesterinsenkenden Funktion wird aktuell auch der mögliche Einfluss im Krebsgeschehen sowie die antithrombotische, antientzündliche und antioxidative Wirkung wissenschaftlich diskutiert und erforscht. Jedoch basieren die heutigen wissenschaftlichen Erkenntnisse vor allem auf In-vitro- und Tierexperimenten. Humanstudien wurden bisher kaum durchgeführt.[618]

506 Sowohl in der EU als auch in der Schweiz musste für die sekundären Pflanzeninhaltsstoffe, namentlich für die Phytosterine, eine Zulassung beantragt werden.[619] Seit Inkrafttreten der Verordnung (EG) Nr. 258/97 (sog. „Novel-Food-Verordnung")[620] fallen mit sekundären Pflanzeninhaltsstoffen angereicherte Produkte in den Geltungsbereich der Novel-Food-Kategorie-Fallgruppe-3.[621] In der Schweiz wurden diese Lebensmittelprodukte als sog.

---

[615] Dieser Mechanismus hat eine wissenschaftlich erwiesene Senkung des Gesamtcholesterinspiegels von bis zu 15 % zur Folge, weshalb die Aufnahme von Phytosterinen nicht zuletzt von der Lebensmittelindustrie empfohlen und angepriesen wird (BIESALSKI/GRIMM, S. 268 f.; vgl. auch Unilever Schweiz GmbH, S. 5).

[616] Das LDL-Cholesterin (Low-Density-Lipoprotein, LDL) transportiert den grössten Teil des Cholesterins zu den Organen und Zellen des Körpers. Nur ein kleiner Teil davon wird über die Leber ausgeschieden (die High-Density-Lipoproteine). LDL-Cholesterine sind in zu grosser Menge gefährlich und werden deshalb auch als „schlecht" bezeichnet. Sie bestimmen in erster Linie den Gesamtcholesterinwert im Blut (SCHLIERF/GEISS/VOGEL, S. 9 f.).

[617] BIESALSKI/GRIMM, S. 268.

[618] Vgl. ausführlich BIESALSKI/GRIMM, S. 268 f.; MENRAD ET AL., S. 94 ff. Kritisch SABERSKY, S. 86 ff.

[619] ZBINDEN, S. 98, FN 474.

[620] Verordnung (EG) Nr. 258/97 des Europäischen Parlaments und des Rates über neuartige Lebensmittel und neuartige Lebensmittelzutaten vom 27. Januar 1997 (ABl. L 43 vom 14.2.1997, S. 1).

[621] ZBINDEN, S. 6, FN 10.

„neuartige Lebensmittel" eingestuft, da sie bis anhin weder vom Bundesrat zugelassen noch vom EDI in einer (vertikalen) Verordnung umschrieben sind.[622]

Betroffen sind namentlich die im Funktionsbereich der sekundären Pflanzen- 507 inhaltsstoffe häufig angebotenen „Spezialmargarinen", wie z.B. die „Becel pro-activ Halbfettmargarine".[623] Für dieses Produkt musste somit sowohl in der EU als auch in der Schweiz eine Zulassung beantragt werden.[624] Die gesundheitsbezogenen Angaben müssen den jeweiligen Health-Claims-Vorschriften entsprechen und von den zuständigen Behörden bewilligt werden.[625]

# VI. Zusammenfassung und Folgerungen

Mittels der Begriffsbestimmung wurde aufgezeigt, dass zum Sammelbegriff 508 der Lebensmittel sowohl die Nahrungsmittel als auch die Genussmittel gehören.[626] Im Vordergrund der Betrachtung stehen jedoch die Nahrungsmittel, die der Ernährung und damit dem Aufbau und Unterhalt des menschlichen Körpers dienen.

Nahrungsmittel dürfen aber nicht als Heilmittel angepriesen werden.[627] Es ist 509 deshalb notwendig, die Nahrungsmittel klar von den Heilmitteln abzugrenzen. Da sich diese Abgrenzung oft als sehr schwierig entpuppt, hat das BAG zusammen mit Swissmedic entsprechende Kriterien festgelegt, die eine einfachere Unterscheidung ermöglichen sollen. Ein Produkt oder Erzeugnis kann dabei nur entweder ein Arznei- oder ein Nahrungsmittel sein; zwischen Lebensmittel- und Heilmittelrecht besteht kein rechtsfreier Raum.

---

[622] Die zulässigen Arten von Lebensmitteln sind in Art. 4 Abs. 1 LGV umschrieben (vgl. oben Rz. 407 ff.).

[623] Die „Becel pro-activ Halbfettmargarine" enthält Phytosterine „zur günstigen Beeinflussung des Cholesterinspiegels".

[624] ZBINDEN, S. 6, FN 10. In der EU ergeben sich für solche Novel-Food-Produkte aufgrund der Zuordnung unter die Verordnung (EG) Nr. 258/97 besondere Etikettierungsvorschriften.

[625] Allenfalls können die zu bewilligenden Health Claims im Rahmen der Produktzulassung den entsprechenden Behörden zur Prüfung vorgelegt werden (vgl. dazu oben Rz. 409).

[626] Art. 3 Abs. 1 LMG.

[627] Art. 3 Abs. 2 LMG.

510 Der europäische und der Schweizer Lebensmittelbegriff sind nicht deckungsgleich. Der europäische Lebensmittelbegriff ist zwar ebenfalls sehr umfassend formuliert; er nimmt dabei aber nicht direkt Bezug auf die Ernährung oder auf Genusszwecke.

511 Der Begriff der Anpreisung ist im Schweizer Lebensmittelrecht sehr weit gefasst. Er umfasst die Anschrift in den Läden, die Aufmachung der Umhüllung oder Verpackung, die Werbung und Reklamen jeder Art sowie die Direktwerbung.[628]

512 Die Anpreisung – als freiwillige Massnahme der Lebensmittelherstellerinnen und -hersteller zur Beeinflussung des Kaufentscheides der Konsumentinnen und Konsumenten – muss aber von der Kennzeichnungspflicht für Lebensmittel klar unterschieden werden. Ebenfalls abzugrenzen ist die Anpreisung von der Produktzulassung. Abklärungen rund um die Produktanpreisung und -zulassung können in zeitlicher Hinsicht zwar gegebenenfalls zusammenfallen; thematisch sind sie aber klar auseinanderzuhalten. Bei der Produktzulassung geht es um das staatliche Bewilligungsverfahren zur Zulassung eines neuen Lebensmittels.

513 Der europäische Anpreisungsbegriff ist im Grundsatz in der Irreführungsrichtlinie geregelt. Als Werbung gilt dabei jede Äusserung bei der Ausübung eines Handels, Gewerbes, Handwerks oder freien Berufs mit dem Ziel, den Absatz von Waren oder die Erbringung von Dienstleistungen, einschliesslich unbeweglicher Sachen, Rechte und Verpflichtungen zu fördern.[629] Der europäische Anpreisungsbegriff ist mit dem schweizerischen durchaus vergleichbar; beide Begriffe sind sehr weit gefasst und nicht auf bestimmte Werbemittel beschränkt. Ein spezifisch lebensmittelrechtlicher Anpreisungsbegriff wie in Art. 2 Abs. 1 Bst. i LGV findet sich im EU-Recht aber nicht.

514 Gesundheitsbezogene Angaben stellen einen Zusammenhang her zwischen einem Lebensmittel oder einem Lebensmittelbestandteil einerseits und der Gesundheit der Konsumentinnen und Konsumenten andererseits.[630] Sie beschreiben, was ein Lebensmittel oder ein Lebensmittelbestandteil im Körper bewirkt. Die gesundheitsbezogene Anpreisung nimmt deshalb immer auf die Gesundheit und das Wohlbefinden Bezug. Sie preist den Erhalt und/oder die Förderung der Gesundheit an und vermeidet Hinweise auf Krankheiten oder Befindlichkeitsstörungen.

---

[628] Art. 2 Abs. 1 Bst. i LGV.
[629] Art. 2 Abs. 1 Irreführungsrichtlinie.
[630] Art. 29f Abs. 1 LKV.

Dabei setzt sich die Bezeichnung „Health Claims" für gesundheitsbezogene 515
Angaben allmählich auch im Schweizer Lebensmittelrecht durch. Sie sollte
aber ausschliesslich für gesundheitsbezogene Anpreisungen und nicht gleichzeitig auch für nährwertbezogene Angaben oder gar für Heilanpreisungen
verwendet werden.

Gesundheitsbezogene Angaben müssen von den nährwertbezogenen Angaben 516
abgegrenzt werden. Bei diesen stehen immer die besonderen positiven Nährwerteigenschafen eines Lebensmittels im Vordergrund und nicht der Zusammenhang zwischen einem Lebensmittel (oder einem Lebensmittelbestandteil)
und der Gesundheit des Menschen.

Ebenfalls klar abgegrenzt werden müssen die krankheitsbezogenen Angaben. 517
Diese nehmen auf menschliche Krankheiten Bezug.[631] Die Verwendung von
krankheitsbezogenen Angaben zu Anpreisungszwecken wird deshalb auch als
krankheitsbezogene Werbung oder Heilanpreisung bezeichnet. Diese ist nach
Art. 10 Abs. 2 Bst. c LGV für Lebensmittel ausdrücklich verboten. Nahrungsmittel dürfen definitionsgemäss nicht als Heilmittel angepriesen werden;
jegliche Heilanpreisungen sind den Arzneimitteln vorbehalten.

Die Europäische Definition der gesundheitsbezogenen Angabe nach Art. 2 518
Abs. 2 Ziff. 5 EG-Health-Claims-Verordnung wurde von der schweizerischen
LKV fast vollständig übernommen. Insofern sind deren Wortlaute auch bei-
nahe deckungsgleich.

Gesundheitsbezogene Aussagen werden heute insbesondere dort gemacht, wo 519
das Lebensmittel neben der allgemeinen Nährstoffzufuhr und Sättigung einen
besonderen gesundheitlichen Zusatznutzen aufweist. Diese Lebensmittel
werden vielfach als funktionelle Lebensmittel (engl. „Functional Food") bezeichnet. Es gibt allerdings keine allgemeingültige Definition des Begriffs,
weder im Recht noch in der Wissenschaft.

Mit Blick auf die schweizerische und europäische Lebensmittelpraxis scheint 520
die im Rahmen des FUFOSE-Projekts für Functional Food aufgestellte Arbeitsdefinition am treffendsten zu sein. In Anlehnung an diese ergibt sich die
folgende im Rahmen dieser Arbeit vom Verfasser vorgeschlagene Definition:
„Funktionelle Lebensmittel sind gewöhnliche Lebensmittel, die durch entsprechende Verarbeitung und Anreicherung einen über die Nährstoffzufuhr
hinausreichenden, wissenschaftlich erwiesenen positiven Einfluss auf die
Gesundheit und das Wohlbefinden und/oder auf die Verringerung eines Erkrankungsrisikos der Konsumentinnen und Konsumenten haben."

---

[631]   Art. 10 Abs. 2 Bst. c LKV.

521 In der Schweiz richtet sich die gesundheitsbezogene Anpreisung von funktionellen Lebensmitteln somit nach Abschnitt 11a der LKV und in der EU nach der EG-Health-Claims-Verordnung.

522 Typische Vertreter der funktionellen Lebensmittel sind mit Prä- oder Probiotika, Antioxidantien, mehrfach ungesättigten Fettsäuren oder sekundären Pflanzeninhaltsstoffen angereichert.

# 2. Teil: Täuschungs- und Irreführungsverbot bei der Anpreisung von Lebensmitteln

## 1. Kapitel: Vorbemerkungen

Die Lebensmittelgesetzgebung will nicht nur den hygienischen Umgang mit Lebensmitteln sicherstellen und die Konsumentinnen und Konsumenten vor gesundheitlicher Gefährdung schützen, sondern diese insbesondere auch vor Täuschung bewahren.[632] Damit wird die Lebensmittelgesetzgebung direkt in den Dienst des Konsumentenschutzes gestellt. Dieser Schutz wird dann besonders wichtig, wenn die Käuferinnen und Käufer einer Ware nicht ohne Weiteres selbst prüfen können, ob sie reell bedient worden sind und insbesondere ob die ihnen verkauften Lebensmittel dem Angebot, so wie sie es verstehen durften, entsprechen.[633]
523

Bei Lebensmitteln, die der Mensch täglich in grösseren Mengen zu sich nimmt, kommt dem Täuschungsschutz dabei besonders grosse Bedeutung zu. Der Wortlaut von Art. 1 Bst. c LMG ist daher auch sehr weit gefasst, wenn es heisst: „… die Konsumenten im *Zusammenhang mit Lebensmitteln* vor Täuschung zu schützen". Die Konsumentinnen und Konsumenten sollen – ganz grundsätzlich und ohne Ausnahmen – im gesamten erdenklichen Zusammenhang mit Lebensmitteln vor Täuschungen geschützt werden.
524

Art. 1 Bst. c LMG statuiert damit ein generelles Täuschungsverbot, das insbesondere bei der Anpreisung und Bewerbung von Lebensmitteln Anwendung findet. Die Anpreisung von Lebensmitteln ist somit schon aufgrund des Lebensmittelrechts eingeschränkt.[634]
525

Unabhängig von lebensmittelrechtlichen Beschränkungen sind der Werbung für Lebensmittel auch wegen des Lauterkeitsrechts Grenzen gesetzt. Es müssen daher auch die lauterkeitsrechtlichen Grundsätze geprüft werden.[635]
526

Ausgangspunkt der nachfolgenden Betrachtung bleibt aber immer die Anpreisung von Lebensmitteln mit dem Argument „Gesundheitsdienlichkeit", wobei sich täuschende Angaben für die Konsumentinnen und Konsumenten diesbezüglich besonders nachteilig auswirken können.
527

---

[632] Art. 1 LMG; siehe zum Zweck der Lebensmittelgesetzgebung oben Rz. 223 ff.
[633] DAVID/REUTTER, S. 287.
[634] Vgl. FRICK, Lebensmittel, S. 260.
[635] FRICK, Lebensmittel, S. 248.

528 In diesem zweiten Teil werden zunächst das lebensmittelrechtliche Täuschungsverbot und die es konkretisierenden Spezialtatbestände nach LMG und LGV behandelt. Es folgt dann eine Erläuterung der lauterkeitsrechtlichen Grundsätze nach UWG. Eine Übersicht über die europäischen wettbewerbs- und lebensmittelrechtlichen Anforderungen soll darüber hinaus dazu beitragen, den Blick bezüglich des Täuschungs- und Irreführungsverbotes auch auf den EU-Lebensmittelbereich zu erweitern.

# 2. Kapitel: Das lebensmittelrechtliche Täuschungsverbot

## I. Wahrheitsgebot und Täuschungsverbot

### A. Art. 18 LMG

Art. 18 LMG statuiert für Lebensmittel ein generelles Täuschungsverbot.[636] 529
Insofern führt es den Gesetzeszweck bezüglich des Täuschungsschutzes weiter aus.[637] Gemäss Art. 18 Abs. 1 LMG müssen die angepriesene Beschaffenheit sowie alle anderen Angaben über das Lebensmittel den Tatsachen entsprechen. Sodann dürfen Anpreisung, Aufmachung und Verpackung der Lebensmittel den Konsumenten nicht täuschen.[638] Täuschend sind namentlich
Angaben und Aufmachungen, die geeignet sind, bei der Konsumentin und
beim Konsumenten falsche Vorstellungen über Herstellung, Zusammensetzung, Beschaffenheit, Produktionsart, Haltbarkeit, Herkunft, besondere Wirkungen und Wert des Lebensmittels zu wecken.[639]

Absatz 1 von Art. 18 LMG entspricht somit dem Gebot der Wahrheit, wäh- 530
rend Absatz 2 das Täuschungsverbot manifestiert. Ausdrücklich erwähnt wird
in Absatz 1 die „angepriesene Beschaffenheit". Ganz generell müssen auch
„alle anderen Angaben" über das Lebensmittel den Tatsachen entsprechen.
Dies lässt keine Zweifel offen, dass jegliche Form der Anpreisung oder Bewerbung von Lebensmitteln – ganz unabhängig vom Inhalt der Werbebotschaft – wahr sein muss und gemäss Art. 18 Abs. 2 LMG nicht täuschend sein
darf.

Absatz 3 zählt sodann in nicht abschliessender Weise Beispiele für Angaben 531
und Aufmachungen auf, welche die Konsumentinnen und Konsumenten täuschen resp. falsche Vorstellungen erzeugen können.[640] Ausdrücklich erwähnt
werden täuschende Angaben über „besondere Wirkungen" eines Lebensmittels. Verboten sind somit Anpreisungen, die zwar besondere Produkteigenschaften versprechen, diese aber reell nicht erfüllen.

---

[636] FRICK, Lebensmittel, S. 260.
[637] Urteil des BGer 2A.374/2003 vom 13. Mai 2004, E. 2.1.
[638] Art. 18 Abs. 2 LMG.
[639] Art. 18 Abs. 3 LMG.
[640] Vgl. den Wortlaut von Art. 18 Abs. 3 LMG: „Täuschend sind namentlich ...".

# B.  Art. 10 Abs. 1 LGV

532  Wahrheitsgebot und Täuschungsverbot werden in Art. 10 LGV weiter konkretisiert.[641] Für Lebensmittel verwendete Bezeichnungen, Angaben, Abbildungen, Umhüllungen, Verpackungen, Umhüllungs- und Verpackungsaufschriften, die Arten der Aufmachung und die Anpreisungen müssen den Tatsachen entsprechen bzw. dürfen nicht zur Täuschung namentlich über Natur, Herkunft, Herstellung, Produktionsart, Zusammensetzung, Inhalt und Haltbarkeit der betreffenden Lebensmittel Anlass geben.[642]

533  Es dürfen somit im Zusammenhang mit Lebensmitteln weder Angaben verwendet noch Anpreisungen gemacht werden, die nicht den Tatsachen entsprechen oder die in irgendeiner Weise täuschend sein können. Die verwendeten Angaben und Aufmachungen dürfen bei den Konsumentinnen und Konsumenten keine falschen Vorstellungen wecken.[643]

534  Entgegen der landläufigen Meinung, dass alle Anpreisungen, die den Tatsachen entsprechen, nicht täuschend sein können, berücksichtigen Art. 18 LMG und Art. 10 Abs. 1 LGV auch die Möglichkeit, dass mit Wahrheit getäuscht werden kann. Der Schutz vor Täuschung ist in diesem Sinne umfassend.[644]

# II.  Ausgewählte Spezialtatbestände

# A.  Allgemeines

535  Art. 10 Abs. 2 LGV enthält in den Bestimmungen a–h eine nicht abschliessende Liste von Spezialtatbeständen zum Täuschungsverbot.[645] Die Spezialtatbestände spezifizieren das Täuschungsverbot und zwängen die zulässige Werbung für Lebensmittel damit in ein enges Korsett.[646]

536  Nachfolgend werden die im Zusammenhang mit der gesundheitsbezogenen Anpreisung von Lebensmitteln relevanten Spezialtatbestände behandelt.[647]

---

[641]  Urteil des BGer 2A.374/2003 vom 13. Mai 2004, E. 2.1.
[642]  Art. 10 Abs. 1 LGV.
[643]  KLEMM, S. 94.
[644]  KLEMM, S. 94; siehe zur Täuschung mit Wahrheiten unten Rz. 570.
[645]  Vgl. den Wortlaut von Art. 10 Abs. 2 LGV: „Verboten sind insbesondere: ...".
[646]  FRICK, Lebensmittel, S. 261.
[647]  Nicht eingegangen wird auf die folgenden Spezialtatbestände: auf das Verbot von Angaben, die darauf schliessen lassen, dass ein Lebensmittel einen Wert hat,

Abschliessend folgt ein Überblick über die Rechtsprechung des Bundesgerichts für den Bereich der täuschenden Werbung bei Lebensmitteln.

## B. Ungenügender wissenschaftlicher Nachweis (Art. 10 Abs. 2 Bst. a LGV)

Angaben über Wirkungen oder Eigenschaften eines Lebensmittels, die dieses nach dem aktuellen Stand der Wissenschaft gar nicht besitzt oder die wissenschaftlich nicht hinreichend gesichert sind, sind verboten.[648]   537

Lebensmittel dürfen nur mit Angaben angepriesen werden, die auf wissenschaftlich fundierten Abklärungen beruhen. Die Konsumentinnen und Konsumenten sollen sich auf den Wahrheitsgehalt der in der Werbung angepriesenen Eigenschaften eines Lebensmittels verlassen können. Dies ist wiederum ganz im Sinne des Konsumentenschutzes und Folge des Wahrheitsgebots.   538

Gerade bei Werbebotschaften mit Gesundheitsbezug kommt dieser Regelung eine entscheidende Rolle zu. So sollen gesundheitsbezogene Angaben in der Lebensmittelwerbung der Wahrheit entsprechen und wissenschaftlich fundiert sein. Ansonsten besteht die Gefahr der Täuschung der Konsumentinnen und Konsumenten.[649]   539

## C. Werbung mit Selbstverständlichkeiten (Art. 10 Abs. 2 Bst. b LGV)

Angaben, mit denen zu verstehen gegeben wird, dass ein Lebensmittel besondere Eigenschaften besitzt, obwohl auch alle vergleichbaren Lebensmittel   540

---

der über seiner tatsächlichen Beschaffenheit liegt (Art. 10 Abs. 2 Bst. e LGV), sowie auf Angaben oder Aufmachungen irgendwelcher Art, die zu Verwechslungen mit Bezeichnungen führen können, die nach der Verordnung über den Schutz von Ursprungsbezeichnungen und geographischen Angaben für landwirtschaftliche Erzeugnisse und verarbeitete landwirtschaftliche Erzeugnisse vom 28. Mai 1997 (GUB/GGA-Verordnung; SR 910.12), nach einer analogen kantonalen Gesetzgebung oder nach einem völkerrechtlichen Vertrag mit der Schweiz geschützt sind (Art. 10 Abs. 2 Bst. f LGV).

[648]  Art. 10 Abs. 2 Bst. a LGV.
[649]  Siehe zum wissenschaftlichen Nachweis gemäss Abschnitt 11a der LKV ausführlich unten Rz. 846 ff. und 864 ff.

dieselben Eigenschaften aufweisen, sind verboten.[650] Erlaubt sind hingegen Hinweise auf die für eine Lebensmittelgruppe geltenden Vorschriften (z.B. betreffend umweltgerechter Produktion, artgerechter Tierhaltung oder Lebensmittelsicherheit) sowie Hinweise auf Eigenschaften, welche die einer bestimmten Lebensmittelgruppe zugehörenden Produkte typischerweise aufweisen.[651]

541 Art. 10 Abs. 2 Bst. b LGV subsumiert für Lebensmittel das allgemeine lauterkeitsrechtliche Verbot der Werbung mit Selbstverständlichkeiten. Demgemäss ist Werbung, in der eine Selbstverständlichkeit als Sonderleistung herausgestrichen wird, unlauter.[652]

542 Gemäss Grundsatz 3.6 der Schweizerischen Lauterkeitskommission ist grundsätzlich jede Werbung, die für einzelne Waren, Werke oder Leistungen bestimmte Eigenschaften hervorhebt, irreführend und damit unlauter, wenn diese Eigenschaften für die meisten dieser Waren, Werke und Leistungen ohnehin zutreffend, üblich oder vorgeschrieben sind.[653]

543 Es ist somit verboten, mit gesetzlich vorgeschriebenen Eigenschaften oder zum typischen Wesen der Warengattung gehörenden Umständen zu werben, weil dadurch der Adressat oder die Adressantin irrigerweise annehmen könnten, es handle sich um einen spezifischen Vorzug eben dieses beworbenen Produkts gegenüber den Konkurrenzerzeugnissen.[654]

544 Art. 10 Abs. 2 Bst. b LGV nennt hierzu in den Ziffern 1 und 2 zwei lebensmittelrechtliche Einschränkungen: Die für Produkte einer spezifischen Lebensmittelgruppe geltenden bestimmten Produkteigenschaften dürfen angepriesen werden. Ebenfalls gestattet sind Anpreisungen, die auf für Lebensmittelgruppen geltende Vorschriften hinweisen. Damit gemeint sind Angaben wie z.B. „Bio" oder „Öko" oder auch solche über die besonderen Eigenschaften von Speziallebensmitteln.

---

[650] Art. 10 Abs. 2 Bst. b LKV. So ist die Anpreisung „*Mit gesundem Süssungsmittel/Süssstoff*" nicht zulässig, da alle zugelassenen Zusatzstoffe unter Einhaltung der vorgeschriebenen Dosis gesundheitlich unbedenklich sind. Alle Lebensmittel dürfen die Gesundheit nicht gefährden. Massgebend für eine mögliche Gesundheitsgefährdung ist gemäss BAG die Menge und nicht die Art des Lebensmittels (EDI/BAG, Steviol, S. 4).

[651] Art. 10 Abs. 2 Bst. b Ziff. 1 und 2 LKV.

[652] Vgl. DAVID/JACOBS, Nr. 97.

[653] Bei der Werbung mit Selbstverständlichkeiten liegt somit immer eine Irreführung durch objektiv richtige Aussagen vor. Der Adressat wird irregeführt, weil er die Betonung der Selbstverständlichkeit bezüglich Gegenstand der Angabe für eine Besonderheit hält (vgl. oben Rz. 263).

[654] BAUDENBACHER/GLÖCKNER, N 56 zu Art. 3 Bst. b UWG.

Mit gesundheitsbezogener Werbung soll immer auf die besonderen gesund- 545
heitsförderlichen Eigenschaften eines Lebensmittels hingewiesen werden.
Solche Hinweise laufen damit definitionsgemäss nicht Gefahr, als Werbung
mit Selbstverständlichkeiten taxiert zu werden. Und auch bei den sog. „Wellbeing Claims", einer Untergruppe der Health Claims, die lediglich in allgemeiner, nichtspezifischer Weise auf die Vorteile für die Gesundheit oder das
Wohlbefinden hinweisen, muss immer eine spezifizierende gesundheitsbezogene Angabe gemäss Anhang 8 der LKV beigefügt sein.[655]

# D. Verbot von krankheitsbezogenen Angaben (Art. 10 Abs. 2 Bst. c LGV)

Nicht zulässig sind Hinweise irgendwelcher Art, die einem Lebensmittel 546
Eigenschaften der Vorbeugung, Behandlung oder Heilung einer menschlichen
Krankheit oder als Schlankheitsmittel zuschreiben oder die den Eindruck
entstehen lassen, dass solche Eigenschaften vorhanden sind.[656] Die Verwendung von krankheitsbezogenen Angaben[657] bei der Anpreisung von Lebensmitteln ist somit nicht zulässig. Jegliche Form der Heilanpreisung ist für Lebensmittel verboten.[658]

Das Bundesgericht stellte klar, dass für die Subsumtion einer Werbeaussage 547
unter die unzulässigen Heilanpreisungen keine tatsächliche Täuschung oder
gesundheitliche Gefährdung der Konsumentinnen und Konsumenten notwendig sei. Allein die Tatsache, dass ein Lebensmittel als Mittel gegen Krank-
heitszustände angepriesen oder eine solche Wirkung auch nur suggeriert würde, genüge, um gegen das Verbot der Heilanpreisungen zu verstossen.[659]

Das Ziel dieses Verbots ist die Abgrenzung der Heilmittel- von der Lebens- 548
mittelgesetzgebung.[660] Es wirkt gesundheitlichen Irrtümern des Publikums

---

[655]  Siehe zu den sog. „Wellbeing Claims" unten Rz. 890 ff.

[656]  Art. 10 Abs. 2 Bst. c LKV.

[657]  Siehe zum Begriff der krankheitsbezogenen Angabe oben Rz. 443 ff.

[658]  Urteil des BGer 2A.213/2006 vom 19. Oktober 2006, E. 3.4 (m.w.Verw. auf die
frühere Rechtsprechung); BGE 127 II 91 ff. (101 f.), E. 4b; DAVID/REUTTER,
S. 290; EGGENBERGER STÖCKLI, Arzneimittel-Werbeverordnung, N 67 zu Art. 1
AWV; FRICK, Lebensmittel, S. 254 ff.

[659]  Urteil des BGer 2C.590/2008 vom 27. Januar 2008, E. 2.2; Urteil des BGer
2A.743/2004 vom 30. Juni 2005, E. 3.2; Urteil des BGer 2A.62/2002 vom
19. Juni 2002, E. 3.2 und 4.2; FRICK, Lebensmittel, S. 257.

[660]  Urteil des BGer 2C.590/2008 vom 27. Januar 2008, E. 2.2; siehe zur Abgrenzung der Nahrungsmittel von den Arzneimitteln oben Rz. 354 ff.

resp. der Konsumentinnen und Konsumenten entgegen, indem es eine allenfalls untaugliche Selbstmedikation wegen behaupteter krankheitsbezogener Wirkungen von Lebensmitteln verhindert. Damit dient dieses Verbot nicht nur dem Konsumentenschutz, sondern es rechtfertigt sich auch aus gesundheitspolizeilichen Gründen.[661]

549 Das Verbot von Heilanpreisungen will krankheitsspezifische Werbung verhindern und damit gesundheitsgefährdender Pseudowissenschaftlichkeit vorbeugen. Hinweise auf vorbeugende, behandelnde oder heilende Wirkungen sollen wissenschaftlich erhärtet und im heilmittelrechtlichen Verfahren erstellt sein. Daher sind entsprechende Angaben für die Anpreisung von Lebensmitteln verboten.[662]

550 Den Produzentinnen und Produzenten steht es frei, ihre Erzeugnisse als Arzneimittel auf den Markt zu bringen, wobei die gefährdeten öffentlichen Interessen dann im Rahmen der heilmittelrechtlichen Gesetzgebung geschützt werden.[663] Ein Lebensmittel darf jedoch nicht mit krankheitsspezifischen Angaben beworben werden; dies ist den Heilmitteln vorbehalten.

551 Ein Bonbon beispielsweise, das grundsätzlich als zulässiges Nahrungsmittel (gemäss Art. 3 ff. LMG und Art. 4 LGV) zu erachten ist, soll nicht ohne Weiteres als *„Hustenbonbon gegen Heiserkeit"* angepriesen werden dürfen. Verfügt es aber tatsächlich über eine heilende Wirkung, die eine Heilanpreisung rechtfertigt, dann soll es zuvor im heilmittelrechtlichen Verfahren entsprechend geprüft worden sein.

552 Die anpreisende Bezugnahme auf eine menschliche Krankheit ist für Lebensmittel somit nicht gestattet. Wie bereits erwähnt, legt das Bundesgericht den Krankheitsbegriff nicht allzu einschränkend aus. Es versteht darunter alle gesundheitlichen Störungen, die über einen Zustand bloss eingeschränkten Wohlbefindens hinausgehen.[664]

553 Als Massstab für den Entscheid, ob die Grenze des bloss eingeschränkten Wohlbefindens durchbrochen wurde und damit eine verbotene Heilanprei-

---

[661] Vgl. zum Ganzen FRICK, Gesundheit, S. 16 f.; FRICK, Lebensmittel, S. 255 f.

[662] Vgl. zum Ganzen Urteil des BGer 2C.590/2008 vom 27. Januar 2008, E. 3.1; Urteil des BGer 2A.213/2006 vom 19. Oktober 2006, E. 4.7; Urteil des BGer 2A.374/2003 vom 13. Mai 2004, E. 2.; BGE 127 II 91 ff. (101 f.), E. 4b; siehe zur Werbung für Arzneimittel auch oben 350 ff.

[663] Urteil des BGer 2A.213/2006 vom 19. Oktober 2006, E. 4.7.

[664] Urteil des BGer 2C.590/2008 vom 27. Januar 2008, E. 2.2; Urteil des BGer 2A.213/2006 vom 19. Oktober 2006, E. 3.4; siehe zum Begriff der Krankheit oben Rz. 444.

sung vorliegt, dient das durchschnittliche Publikum resp. dienen die durchschnittlichen Leserinnen und Leser der beanstandeten Werbebotschaft.[665]

## E. Aufmachung des Lebensmittels als Heilmittel (Art. 10 Abs. 2 Bst. d LGV)

Aufmachungen irgendwelcher Art, die einem Lebensmittel den Anschein eines Heilmittels geben, sind verboten.[666] Damit untersteht auch das Erscheinungsbild des angepriesenen Lebensmittels dem Täuschungsverbot. Die gesamte Aufmachung – wie die grafische Gestaltung der Verpackung oder Umhüllung – darf nicht den täuschenden Eindruck erwecken, das Lebensmittel wirke wie ein Arzneimittel.[667]
   554

Zu denken ist etwa an auf der Verpackung des Lebensmittels abgebildete typische medizinische Symbole, wie z.B. eine Äskulapnatter bzw. ein sog. „Äskulapstab"[668], oder auch einem Produkt beigefügte Gutscheine, die den krankheitsbezogenen Effekt der Werbung zusätzlich verstärken sollen.[669]
   555

Ebenfalls nicht zulässig ist die Verwendung von Angaben wie *„Ärztlich empfohlen"* oder das Abbilden von Ärzten oder Krankenschwestern.[670]
   556

## F. Keine gesundheitsbezogenen Angaben bei alkoholischen Getränken (Art. 10 Abs. 2 Bst. g LGV)

Bei alkoholischen Getränken sind jegliche Angaben, die sich in irgendeiner Weise auf die Gesundheit beziehen, verboten.[671] Wie weiter oben im Zusam-
   557

---

[665]   Urteil des BGer 2A.593/2005 vom 6. September 2006, E. 4.2 f.

[666]   Art. 10 Abs. 2 Bst. d LGV.

[667]   Urteil des BGer 2A.374/2003 vom 13. Mai 2004, E. 3.2; vgl. auch DAVID/REUTTER, S. 290.

[668]   Urteil des BGer 2A.213/2006 vom 19. Oktober 2006, E. 5. Im vorliegenden Fall durften die beanstandeten Symbole für die Anpreisung einer Zahnpaste jedoch verwendet werden.

[669]   Urteil des BGer 2A.374/2003 vom 13. Mai 2004, E. 3.2.

[670]   DAVID/REUTTER, S. 290 f.; SCHWEIZERISCHE LAUTERKEITSKOMMISSION, Grundsatz Nr. 2.4 (vgl. dazu oben Rz. 260) sowie Art. 29h Abs. 4 Bst. c LKV (vgl. unten Rz. 911).

[671]   Art. 10 Abs. 2 Bst. g LGV.

menhang mit dem Lebensmittelbegriff dargelegt, sind alkoholische Getränke (z.B. Bier oder Whiskey) Genussmittel.[672]

558 Als solche besitzen sie keinen eigentlichen Nährwert, sondern werden wegen ihrer anregenden Wirkung, eben zum Genuss, konsumiert.[673] Genussmittel dienen insofern dem psychischen Wohlbefinden.[674] Die wissenschaftlich erwiesene toxische Wirkung alkoholischer Getränke steht selbstredend mit der Gesundheitsförderung im Widerspruch.[675]

559 Das generelle Werbeverbot gemäss Art. 10 Abs. 2 Bst. g LGV wird in 29h Abs. 3 LKV dahin gehend spezifiziert, als gesundheitsbezogene Angaben zu Getränken mit einem Alkoholgehalt von mehr als 1,2 Volumenprozent verboten sind.[676]

## G. Werbeverbot für vom BAG erteilte Bewilligungen (Art. 10 Abs. 2 Bst. h LGV)

560 Bei bewilligungspflichtigen Produkten sind Hinweise mit Werbecharakter auf die durch das BAG erteilte Bewilligung verboten.[677]

561 Das Werbeverbot für vom BAG erteilte Bewilligungen bezieht sich nicht ausschliesslich auf bewilligungspflichtige Produkte, sondern gilt ganz generell für vom BAG im Lebensmittelbereich erteilte Bewilligungen, insbesondere auch für bewilligungspflichtige Angaben auf den Produkten selbst.

562 Das Werbeverbot von Art. 10 Abs. 2 Bst. h LGV erstreckt sich somit auch auf den Bereich der gesundheitsbezogenen Anpreisungen. Hinweise wie *„gesundheitsbezogene Angabe XY – vom BAG bewilligt"* sind nicht zulässig.

---

[672] Art. 3 Abs. 3 LMG.

[673] Siehe zum Begriff der Genussmittel oben Rz. 339.

[674] EGGENBERGER STÖCKLI, Arzneimittel-Werbeverordnung, N 51 zu Art. 1 AWV.

[675] Alkohol wirkt in erster Linie auf das zentrale Nervensystem. Es sind deshalb v.a. die Nervenzellen des Gehirns, die bei Alkoholmissbrauch Schaden nehmen. Diese werden bei übermässigem Alkoholkonsum allmählich zerstört und sind unwiederbringlich verloren. Auch zahlreiche Organe (v.a. die Leber) werden bei Alkoholmissbrauch geschädigt (vgl. DER BROCKHAUS, S. 19, m.w.H.). Für alkoholische Getränke gelten deshalb auch weiter gehende Werbebeschränkungen als für Nahrungsmittel.

[676] Siehe zu den gemäss Art. 29h Abs. 3 LKV für alkoholische Getränke verbotenen gesundheitsbezogenen Angaben unten Rz. 908.

[677] Art. 10 Abs. 2 Bst. h LGV.

# III. Rechtsprechung

Die nachfolgenden Leitentscheide verdeutlichen die Wichtigkeit des Täu-   563
schungsverbotes für den Bereich der Lebensmittelwerbung. Folgende Anpreisungen wurden vom Bundesgericht im Lichte von Art. 10 Abs. 2 LGV als
täuschend beurteilt:[678]

*„Milch hilft mit, der Knochenbrüchigkeit im Alter vorzubeugen, der so ge-*   564
*nannten Osteoporose. "*[679] Bei diesem Entscheid handelt es sich um einen
Leitentscheid, der die Mehrheit der oben aufgeführten Grundsätze rund um
das Verbot von Heilanpreisungen erstmals höchstrichterlich festlegte. Das
Bundesgericht bestätigte die Verfassungsmässigkeit des Heilanpreisungsverbots und spezifizierte, dass krankheitsbezogene Hinweise im Zusammenhang
mit Lebensmitteln verboten sind.[680] Gleichzeitig hielt es fest, dass allgemeine
gesundheitsbezogene Werbung zulässig ist, sofern sie auf vertretbaren Tatsachen beruht und ihrerseits keinen Anlass zur Täuschung des Publikums gibt.
Das Bundesgericht segnete sinngemäss den folgenden Hinweis als zulässig
ab: *Regelmässiger Milchkonsum ist gut für die Gesundheit, weil dem Körper*
*dadurch natürlicherweise Kalzium zugeführt wird, was für den Knochenbau*
*vorteilhaft erscheint.*[681]

*„Hunger auf Süsses kann man jetzt stillen. Ohne Süsses"* und *„Hilft gegen*   565
*Heisshunger auf Süsses"* – diese Anpreisungen warben für ein Nahrungsergänzungsmittel in Tablettenform.[682] Heisshunger, der ein zwanghaftes Ess-
verhalten auslöst, wird wegen der absehbaren möglichen Folgen wie Bulimie
oder Diabetes als eine gesundheitliche Störung und nicht nur als einge-
schränktes Wohlbefinden qualifiziert.[683] Das Bundesgericht liess jedoch offen, ob es sich bei den beanstandeten Hinweisen um eine verbotene Heilanpreisung handelte. Es stellte dagegen fest, dass für das konkrete Nahrungs-
mittelergänzungsprodukt keine generelle Wirkung gegen Heisshunger erwiesen sei. Die im Entscheid erwähnten Tablettenbestandteile (Zink, Mangan
und Chrom) könnten gemäss heutiger wissenschaftlicher Erkenntnis wohl
einen gewissen Einfluss auf die Kohlenhydratverwertung haben, dies aber nur
bei manchen Menschen. Die beanstandete Werbung enthielt damit verbote-

---

[678]   Vgl. auch die Übersicht über die Rechtsprechung zum lebensmittelrechtlichen
      Täuschungsverbot bei EGGENBERGER STÖCKLI, Arzneimittel-Werbeverordnung,
      N 68 zu Art. 1 AWV und FRICK, Lebensmittel, S. 265 ff.
[679]   BGE 127 II 91 ff.
[680]   BGE 127 II 91 ff. (95 ff.), E. 3a und b.
[681]   BGE 127 II 91 ff. (101 f.), E. 4b.
[682]   Urteil des BGer 2A.374/2003 vom 13. Mai 2004.
[683]   Urteil des BGer 2A.374/2003 vom 13. Mai 2004, E. 3.3.

157

nerweise wissenschaftlich nicht erwiesene Angaben über die Eigenschaften des angepriesenen Nahrungsergänzungsmittels und war damit bereits im Lichte von Art. 10 Abs. 2 Bst. a LGV unzulässig.[684] Das Bundesgericht stützte den Vorentscheid des Verwaltungsgerichtes auch in Bezug auf Art. 10 Abs. 2 Bst. d LGV. Die beanstandete Werbung gab dem angepriesenen Nahrungsergänzungsmittel unzulässigerweise den Anschein eines Heilmittels.[685]

566 Nicht entschieden werden musste über die Anpreisung für den Kräutertee „*Kombucha*", bei dem es sich um ein „*vor allem in der Volksheilkunde gegen fast alle Unpässlichkeiten und Erkrankungen*" eingesetztes Produkt handelte.[686] Das betroffene Unternehmen verzichtete freiwillig auf eine entsprechende Anpreisung. Der Kräutertee wurde aber schliesslich als Lebensmittel, und zwar lediglich mit dem Hinweis auf den „Kombucha"-Pilz, zugelassen. „Kombucha" allein stelle noch keine täuschende krankheitsbezogene Anpreisung dar, sondern diene als Getränk lediglich dem Aufbau des Körpers und habe auch beim Konsum grösserer Mengen keine Nebenwirkungen.[687]

567 „*Geeignet für Personen mit besonders empfindlicher (oder überempfindlicher) Haut, wie z.B. mit leichten Formen der Atopie oder Neurodermitis*"[688] Aus dem Bereich der Gebrauchsgegenstände stammt der aktuellste höchstrichterliche Entscheid zum Täuschungsverbot im Falle von „*Alpecin forte*", bei dem die Anpreisung für ein Shampoo vom Bundesgericht als verbotene krankheitsbezogene Werbung erachtet wurde und nicht als zulässiger gesundheitsbezogener Hinweis.[689] In diesem Leitentscheid nimmt das Bundesgericht eine äusserst differenzierte Haltung ein, die wichtige Rückschlüsse auch für die Lebensmittelwerbung zulässt. Die Beschwerdeführerin erklärte sich in Gesprächen mit dem Kantonalen Laboratorium dazu bereit, auf die Dachmarke „*Medicinal*" zu verzichten und den Ausdruck „*Ekzeme*" durch „*Hautirritationen*" zu ersetzen, hielt aber an der Verwendung folgender Formulierungen bzw. Wortverwendungen fest: „*Dr. Kurt Wolff Forschung*", „*lindert Kopfhautjucken*", „*hilft gegen Juckreiz*" und „*geeignet für Personen mit besonders empfindlicher Haut (oder überempfindlicher Haut), wie z.B. mit leichten Formen der Atopie oder Neurodermitis*". Während das Kantonale Laboratorium wie auch der Regierungsrat des Kantons Basel-Landschaft sämtliche Anpreisungen als „medizinisch besetzt" und damit als für Kosmeti-

---

[684] Urteil des BGer 2A.374/2003 vom 13. Mai 2004, E. 3.1.
[685] Urteil des BGer 2A.374/2003 vom 13. Mai 2004, E. 3.2.
[686] Urteil des BGer 2A.565/2000 vom 8. Mai 2001.
[687] Urteil des BGer 2A.565/2000 vom 8. Mai 2001, E. 4a; vgl. auch FRICK, Lebensmittel, S. 266.
[688] Urteil des BGer 2C.590/2008 vom 27. Januar 2008.
[689] Urteil des BGer 2C.590/2008 vom 27. Januar 2008, E. 2.2 f.

ka unzulässig erachteten, hiess das Kantonsgericht Basel-Landschaft eine Beschwerde in Bezug auf die Hinweise *„lindert Kopfhautjucken"* und *„hilft gegen Juckreiz"* gut. Durch diese Anpreisungen fühle sich der von Schuppen betroffene Konsument und nicht eine an Hautkrankheiten leidende Person angesprochen. In diesem Zusammenhang sei auch die Anpreisung *„Dr. Kurt Wolff Forschung"* zulässig. Das Kantonsgericht bestätigte indes das Verbot der Auslobung *„geeignet für Personen mit besonders empfindlicher (oder überempfindlicher) Haut, wie z.B. mit leichten Formen der Atopie oder Neurodermitis"*, wogegen die Beschwerdeführerin Beschwerde an das Bundesgericht erhob.[690] Die Alcina Cosmetic AG machte dabei geltend, der angefochtene Entscheid verletze „mit dem Verbot von lediglich das Informationsbedürfnis des Konsumenten befriedigenden, wissenschaftlich abgestützten Hinweisen" die kosmetikrechtlichen Rechtsgrundlagen. Die neuere Rechtsentwicklung stelle die bestmögliche Information der Konsumenten in den Vordergrund und lasse hierfür Bezugnahmen auf eine erwiesene „krankheitsverhütende Wirkung" von Lebensmitteln und Gebrauchsgegenständen zu. Die umstrittene Anpreisung beziehe sich nur auf die Geeignetheit ihres Produkts für eine bestimmte Personengruppe, nicht auf eine irgendwie geartete heilende Wirkung.[691] Das Bundesgericht bestätigte zunächst die bisher bezüglich der Abgrenzung der Geltungsbereiche der Lebensmittel- und Heilmittelgesetzgebung aufgestellten Grundsätze und wies auf die Zulässigkeit von gesundheitsbezogenen Angaben hin, soweit diese auf vertretbaren Tatsachen beruhen und nicht geeignet seien, das Durchschnittspublikum über allfällige krankheitsheilende, lindernde oder verhütende Wirkungen zu täuschen.[692] Der Verweis auf die Eignung für *„Atopie"* und *„Neurodermitis"* sei nach dem Gesagten jedoch unzulässig: Neurodermitis sei eine Hautkrankheit; es handele sich dabei um „degenerative Hauterkrankungen mit vermutlich nervaler Beteiligung". Als Atopie gälten „anlagebedingte allergische Erkrankungen mit Überempfindlichkeit gegen Umweltstoffe", wofür endogene Ekzeme, bronchiales Asthma, Nesselsucht usw. genannt würden.[693] Bezüglich des von der Beschwerdeführerin angeführten Arguments des Informationsbedürfnis-

---

690     Vgl. Urteil des BGer 2C.590/2008 vom 27. Januar 2008, B. und C.

691     Urteil des BGer 2C.590/2008 vom 27. Januar 2008, D.

692     Urteil des BGer 2C.590/2008 vom 27. Januar 2008, E. 2.1 f.

693     Urteil des BGer 2C.590/2008 vom 27. Januar 2008, E. 2.3, m.w.Verw. auf medizinische Wörterbücher. Das BGer stellte weiter fest, dass der Hinweis der Eignung zur „Pflege" entsprechender Krankheitsbilder vom verständigen Konsumenten im Werbeumfeld der Beschwerdeführerin mit einer Heil- oder zumindest Linderungswirkung ihrer Produkte in Verbindung gebracht werde, zumal wenn darauf hingewiesen werde, dass diese aus der „Dr. Kurt Wolff Forschung" stammten.

ses der Konsumentinnen und Konsumenten führte das Bundesgericht aus, dass nicht ersichtlich sei, warum bei Heilanpreisungen zu Gebrauchsgegenständen anders als bei den Lebensmitteln nur „direkte Hinweise", nicht aber Anpreisungen verboten sein sollen, die eine solche Heilung „lediglich suggerieren". In beiden Fällen gehe es darum, zum Schutz des Publikums und somit im öffentlichen Interesse den Lebensmittelbereich (inkl. der Gebrauchs- und Verbrauchsgegenstände) vom Heilmittelbereich klar abzugrenzen. Sowohl bei den Lebensmitteln als auch bei den Gebrauchsgegenständen sei es Sinn und Zweck des Verbots von Heilanpreisungen, Irrtümer hinsichtlich krankheitsbezogener Wirkungen zu vermeiden.[694]

Erstmalig zog das Bundesgericht auch das einschlägige EU-Richtlinienrecht zur Entscheidbegründung heran, das, so das Bundesgericht, „von der Schweiz regelmässig autonom nachvollzogen wird, um unnötige Handelshemmnisse zu vermeiden".[695] Nach Art. 2 Abs. 1 Bst. b der Richtlinie 2000/13/EG dürften die Etikettierung bzw. die Art und Weise, in der sie erfolgt, nicht „Eigenschaften der Vorbeugung, Behandlung oder Heilung einer menschlichen Krankheit zuschreiben oder den Eindruck dieser Eigenschaften entstehen lassen".[696] Das Shampoo falle als reinigendes Haarbehandlungsmittel auch in den Anwendungsbereich der Richtlinie 76/768/EWG des Rates vom 27. Juli 1976 zur Angleichung der Rechtsvorschriften der Mitgliedstaaten über kosmetische Mittel. Demgemäss ergebe sich die Notwendigkeit der entsprechenden Abgrenzung schon aus den Erwägungen zum Erlass der Richtlinie. Dort werde festgehalten, dass sich diese „nur auf kosmetische Mittel und nicht auf pharmazeutische Spezialitäten und Medikamente" beziehe und für die Abgrenzung ihres Geltungsbereichs „eine deutliche Trennung zwischen kosmetischen Erzeugnissen und Medikamenten" vorzunehmen sei. Das Bundesgericht betonte auch ausdrücklich, dass nach dem Gemeinschaftsrecht ein Produkt immer entweder ein Arznei- oder ein Kosmetikprodukt sei; es bestünden keine Zwischenformen.[697]

---

[694] Das BGer führte hierzu weiter aus, dass suggerierende Anpreisungen auf eine krankheitsheilende, lindernde oder verhütende Wirkung bei Kosmetika wegen ihrer Nähe zu den Heilmitteln tendenziell eher eine Verwechslungsgefahr zur Folge hätten als bei Nahrungsmitteln, weshalb von Sinn und Zweck der Regelung her auch nicht einzusehen sei, warum eine krankheitsbezogene Auslobung bei Gebrauchsgegenständen grosszügiger zulässig sein sollte als bei Lebensmitteln (Urteil des BGer 2C.590/2008 vom 27. Januar 2008, E. 3.1).

[695] Urteil des BGer 2C.590/2008 vom 27. Januar 2008, E. 3.2, m.w.H.

[696] Urteil des BGer 2C.590/2008 vom 27. Januar 2008, E. 3.2.1.

[697] Urteil des BGer 2C.590/2008 vom 27. Januar 2008, E. 3.2.2, m.w.H.

# 3. Kapitel: Lauterkeitsrechtliche Grundsätze

## I. Gebot der Wahrheit und Klarheit

Wahrheit und Klarheit im Auftreten am Markt sind fundamentale Prinzipien im Lauterkeitsrecht.[698] Sie leiten sich direkt aus der Generalklausel in Art. 2 UWG ab.[699] Es gilt in der Werbung daher auch allgemein das Gebot, mit richtigen Angaben zu werben; die gemachten Aussagen müssen wahr sein.[700] Um dem Wahrheitsgebot zu genügen, müssen die beworbenen Tatsachen objektiv belegbar sein.[701]    568

Klare Werbung ist stets lauter, wahre Werbung kann, muss aber nicht lauter sein.[702] Was wahr und was unwahr ist, entscheidet sich jedoch nicht nur nach objektiven Kriterien, sondern darüber hinaus auch nach dem subjektiven Gesichtspunkt der Adressatin und des Adressaten.    569

Es kommt mit anderen Worten darauf an, wie die Empfängerin oder der Empfänger einer Werbebotschaft diese aufnimmt. So kann eine Angabe nicht nur täuschend sein, wenn objektiv falsche Tatsachen behauptet werden, sondern auch, wenn sie an sich wahr ist, aber die Gefahr besteht, dass ein nicht unerheblicher Teil der Abnehmerinnen und Abnehmer sie falsch versteht.[703]    570

Zudem muss auch klar aus der Werbung hervorgehen, welches Produkt mit welchen Eigenschaften beworben wird.[704] Die Werbung soll also nicht nur wahr, sondern auch klar sein. Beurteilungsmassstab hierfür ist die Auffassung der durchschnittlichen Konsumentinnen und Konsumenten.[705]    571

Die Lebensmittelherstellerinnen und -hersteller müssen die eigenen Absichten somit eindeutig und unmissverständlich offenlegen und die bei den Käuferinnen und Käufern erweckten Erwartungen erfüllen.[706]    572

---

[698]  MÜLLER, SIWR V/I, S. 12; VON BÜREN, N 1 zu Art. 1 Abs. 2 Bst. b; DAVID/JACOBS, Nr. 59.

[699]  DAVID/JACOBS, Nr. 59. Siehe zum UWG oben Rz. 255 f.

[700]  FRICK, Lebensmittel, S. 247.

[701]  Vgl. SCHWEIZERISCHE LAUTERKEITSKOMMISSION, Grundsätze Nr. 1.8 und 1.9.

[702]  MÜLLER, SIWR V/I, S. 12.

[703]  VON BÜREN, N 1 zu Art. 1 Abs. 2 Bst. b UWG.

[704]  FRICK, Lebensmittel, S. 247.

[705]  FRICK, Lebensmittel, S. 247; MÜLLER, SIWR V/I, S. 12.

[706]  DAVID/JACOBS, Nr. 59.

# II.    Täuschungs- und Irreführungsverbot

573   Die negative Ausprägung des Wahrheits- und Klarheitsgebots in der Werbung findet sich im Täuschungs- und Irreführungsverbot.[707] Der Schutz von Treu und Glauben im Geschäftsverkehr verlangt gebieterisch die Wahrhaftigkeit in der Werbung.[708] Die Konsumentinnen und Konsumenten sollen jene Waren und Dienstleistungen erhalten, die sie aufgrund der Anpreisung vernünftigerweise erwarten dürfen.[709] Art. 3 Bst. b UWG verbietet daher kategorisch unrichtige oder irreführende Angaben.[710]

574   Täuschung und Irreführung unterscheiden sich dabei nur hinsichtlich ihrer Intensität. Täuschung verletzt die Wahrheit, Irreführung die Klarheit. Täuschung wird durch Behauptungen bewirkt, deren Unrichtigkeit von der Durchschnittskäuferin und vom Durchschnittskäufer nur schwer oder gar nicht festgestellt werden kann.[711] Sind die gemachten Aussagen hingegen nicht falsch, suggerieren aber Tatsachen, die nicht oder zumindest im gemachten Zusammenhang nicht vorhanden sind, liegt eine Irreführung vor.[712]

575   Unwahre Werbung ist somit täuschend, unklare Werbung irreführend.[713] Die Gefahr einer Irreführung genügt bereits zur Verletzung der erwähnten Grundsätze; tatsächliche Täuschung der angesprochenen Verkehrskreise ist nicht erforderlich.[714] Die beiden Begriffe werden aber meist synonym verwendet.[715]

576   Abzustellen ist dabei auf das subjektive Verständnis der Adressantinnen und Adressaten; entscheidend ist, wie eine Angabe von der Durchschnittsabnehmerin und dem Durchschnittsabnehmer verstanden wird. Massgebend ist mithin der Gesamteindruck, den eine beanstandete Werbung beim Publikum zurücklässt.[716]

---

[707]   FRICK, Lebensmittel, S. 247; SREULI-YOUSSEF, SIWR V/I, S. 83.

[708]   DAVID/JACOBS, Nr. 59.

[709]   DAVID/REUTTER, S. 59.

[710]   DAVID/JACOBS, Nr. 59.

[711]   DAVID/JACOBS, Nr. 181 ff.; DAVID/REUTTER, S. 60.

[712]   FRICK, Lebensmittel, S. 247 f.

[713]   SREULI-YOUSSEF, SIWR V/I, S. 83.

[714]   BGE 114 II 106 ff. (111). E. 3b.

[715]   MÜLLER, SIWR V/I, S. 52 und 60 f.

[716]   Vgl. ausführlich PEDRAZZINI/PEDRAZZINI, Nr. 4.82 ff., m.w.H.

# III. Bedeutung des Lauterkeitsrechts für das Lebensmittelrecht

Die beschriebenen Grundsätze zeigen auf, dass unabhängig vom engen Kor-  577
sett bei der Werbung im Lebensmittelbereich Werbetreibende bereits aufgrund der Anforderungen im Lauterkeitsrecht bei ihren Anpreisungen eingeschränkt sind. Die meisten Werbebeschränkungen im Bereich der Werbung
für Lebensmittel lassen sich auf die allgemeinen werberechtlichen Grundsätze
zurückführen.[717]

Das lebensmittelrechtliche Täuschungsverbot ist insofern eng mit dem lauter-  578
keitsrechtlichen Gebot von Wahrheit und Klarheit und dem Täuschungs- und
Irreführungsverbot verwandt. Art. 18 LMG und Art. 10 LGV statuieren beide
sowohl ein Wahrheitsgebot als auch ein Täuschungsverbot (vgl. oben
Rz. 529 ff.).

Dem Prinzip, dass mit wahren Aussagen getäuscht werden kann, wird durch  579
das umfassende lebensmittelrechtliche Täuschungsverbot und die entsprechenden Sondertatbestände ebenfalls Rechnung getragen. So spielt es keine
Rolle, ob die für Lebensmittel gemachten Heilanpreisungen möglicherweise
der Wahrheit entsprechen. Die verwendeten Angaben sind für Lebensmittel
nicht zulässig und dürfen nur – sofern sie zuvor im vorgesehenen heilmittelrechtlichen Verfahren geprüft worden sind – zur Anpreisung von Arzneimitteln benutzt werden.

Auch der Grundsatz, dass bei einer wegen Täuschungsgefahr beanstandeten  580
Werbung der Gesamteindruck der Durchschnittskonsumentin und des Durch-
schnittskonsumenten entscheidend ist, findet im Lebensmittelrecht seinen
Niederschlag. Als Massstab für den Entscheid, ob die Grenze des bloss einge-
schränkten Wohlbefindens durchbrochen wurde und damit eine verbotene
Heilanpreisung vorliegt, dient dem Gericht ebenfalls das durchschnittliche
Publikum resp. dienen ihm die durchschnittlichen Leserinnen und Leser.

Nach dem soeben Gesagten ist eine wesentliche Grundvoraussetzung für die  581
Zulassung einer Lebensmittelanpreisung immer die, dass diese nicht bereits
gegen die lauterkeitsrechtlichen Grundsätze verstösst.[718] Das Lauterkeitsrecht
bildet damit bei der gesundheitsbezogenen Werbung für Lebensmittel eine
grundlegende Schranke, die nicht überschritten werden darf.

---

[717] FRICK, Lebensmittel, S. 248.
[718] Vgl. HOLLE, S. 13.

582  JÜRG MÜLLER lehnt eine „automatische" Anwendung des UWG im Verhältnis zu verwaltungsrechtlichen Vorschriften wie dem Lebensmittelrecht zwar
grundsätzlich ab, da jedoch beide Vorschriften das gleiche Regelungsziel
haben – nämlich den Schutz der Konsumentinnen und Konsumenten –, sollen
das UWG und die infrage stehenden lebensmittelrechtlichen Vorschriften je
autonom angewendet werden. Dies könne gerade bei täuschenden Angaben
über Eigenschaften eines Produktes zur kumulativen Anwendung von UWG
und Lebensmittelrecht führen.[719]

583  Die sich dabei stellende Frage nach dem Stellenwert des Verwaltungsrechts
kann DAVID/JACOBS zufolge nicht generell, sondern nur von Fall zu Fall
festgelegt werden. Verletzungen des Verwaltungsrechts können zwar, müssen
aber nicht gleichzeitig unlauteren Wettbewerb darstellen.[720] Das Bundesgericht erachtet den Verstoss gegen eine Auflage in einer verwaltungsrechtlichen Verfügung dann als unlauter, wenn diese Auflage wettbewerbsrechtliche
Relevanz hat, also auch dem Schutz der Konkurrentinnen und Konkurrenten
dient.[721]

584  Bei verwaltungsrechtlichen Vorschriften, welche die Qualität eines bestimmten Erzeugnisses regeln, namentlich wo Mindestanforderungen für die Verwendung einer Bezeichnung oder einer zulässigen Anpreisung festgelegt
werden, stellt die Verletzung einer solchen Verwaltungsnorm in der Regel
gleichzeitig auch eine unlautere Handlung dar, da die Konsumentinnen und
Konsumenten in ihren berechtigten Erwartungen getäuscht werden.[722]

---

[719]  MÜLLER, SIWR V/I, S. 48.
[720]  DAVID/JACOBS, Nr. 15.
[721]  Vgl. Urteil des BGer vom 25. August 1998 („Kamov"), publ. in: sic! 1999,
S. 156. DAVID/JACOBS weisen auch auf das deutsche Recht hin, welches im Zusammenhang mit dem Verhältnis von Wettbewerbsrecht und Verwaltungsrecht
mit dem Begriff des „Vorsprungwettbewerbs" arbeitet. Demnach handle unlauter, wer sich durch Rechtsbruch einen Vorsprung gegenüber rechtstreuen Mitbewerberinnen und Mitbewerbern verschaffe. Diese Definition sei jedoch oftmals wenig hilfreich, da der Begriff des Vorsprungs allzu unpräzis sei. Analog
zur oben ausgeführten bundesgerichtlichen Beurteilung gelte in Deutschland daher der Verstoss gegen gesetzliche Vorschriften dann als unlauter, wenn diese
Vorschriften unter anderem dazu bestimmt seien, das Marktverhalten im Interesse der Marktteilnehmerinnen und Marktteilnehmer zu regeln (DAVID/JACOBS,
Nr. 15, m.w.H.).
[722]  Vgl. DAVID/JACOBS, Nr. 16. Täuschende oder irreführende Angaben über die
Eigenschaften eines Lebensmittels fallen grundsätzlich in den Anwendungsbereich des Tatbestandes gemäss Art. 3 Bst. b UWG. Demgemäss handelt unlauter,
wer über sich, seine Firma, seine Geschäftsbezeichnung, seine Waren, Werke
oder Leistungen, deren Preise, die vorrätige Menge, die Art der Verkaufsveran-

Hiervon abzugrenzen sind jedoch lauterkeitsrechtlich irrelevante Verwal-  585
tungsvorschriften, die rein ordnungspolitischen Charakter haben. So etwa
Kennzeichnungsvorschriften, wie z.B. die Pflicht zur Angabe der Zutaten auf
vorverpackten Lebensmitteln. Die Verletzung solcher „wertneutraler" Vorschriften, die aus Gründen ordnender Zweckmässigkeit wie der öffentlichen
Gesundheit erlassen worden sind, sind gemäss DAVID/JACOBS durch Anzeige
bei den zuständigen kantonalen Behörden (den Kantonalen Laboratorien),
nicht aber mittels lauterkeitsrechtlicher Klage zu rügen.[723]

Abschliessend kann somit festgehalten werden, dass das UWG durch das  586
Lebensmittelrecht in keiner Weise ausgehebelt oder gar verdrängt wird. Im
Gegenteil: Die meisten Werbebeschränkungen im Bereich des Lebensmittelrechts lassen sich auf die allgemeinen lauterkeitsrechtlichen Grundsätze zurückführen.[724]

---

staltung oder über seine Geschäftsverhältnisse unrichtige oder irreführende Angaben macht oder in entsprechender Weise Dritte im Wettbewerb begünstigt.
[723]  Vgl. DAVID/JACOBS, Nr. 16.
[724]  Vgl. FRICK, Lebensmittel, S. 248.

# 4. Kapitel: Wettbewerbs- und lebensmittelrechtliche Voraussetzungen in der EU

## I. Allgemeines

Den allgemein-rechtlichen Rahmen für jede Form der Lebensmittelwerbung 587 bilden auch in der EU die Vorschriften des Wettbewerbs- und des Lebensmittelrechts.[725] Zu den einschlägigen europäischen Wettbewerbsvorschriften gehören dabei die Irreführungsrichtlinie[726] sowie die Richtlinie über unlautere Geschäftspraktiken[727]. Im Bereich des Lebensmittelrechts relevant sind insbesondere die Lebensmittel-Basisverordnung[728] und die Etikettierungsrichtlinie[729]. Den Bestimmungen ist gemein, dass sie verbieten, in der Werbung für Lebensmittel Aussagen zu verwenden, welche die Verbraucherinnen und Verbraucher irreführen oder irreführen können. Eine Irreführung liegt nach europäischem Rechtsverständnis vereinfacht gesagt dann vor, wenn eine Werbeaussage bei objektiver Betrachtung geeignet ist, bei den Verbraucherinnen und Verbrauchern eine falsche Vorstellung über die Eigenschaften des beworbenen Erzeugnisses hervorzurufen.[730]

Es werden im Folgenden zunächst die Grundsätze des Lauterkeitsrechts und 588 dann die lebensmittelrechtlichen Irreführungsverbote behandelt.

## II. Allgemeines Lauterkeitsrecht

## A. Irreführungsrichtlinie

Sowohl die Irreführungsrichtlinie als auch die Richtlinie über unlautere Ge- 589 schäftspraktiken stellen allgemeine, d.h. nicht nur für bestimmte Produkte geltende Irreführungsverbote auf.[731] Da durch Art. 14 der Richtlinie über unlautere Geschäftspraktiken der Anwendungsbereich der Irreführungsrichtlinie erheblich eingegrenzt worden ist, beschränkt sich deren Zweck nunmehr

---

[725] Vgl. HOLLE, S. 13.
[726] Siehe zur Irreführungsrichtlinie oben Rz. 313 ff.
[727] Siehe zur Richtlinie über unlautere Geschäftspraktiken oben Rz. 317 ff.
[728] Siehe zur Lebensmittel-Basisverordnung oben Rz. 295 ff.
[729] Siehe zur Etikettierungsrichtlinie oben Rz. 307 ff.
[730] Vgl. HOLLE, S. 13 und 17; siehe dazu unten Rz. 592 und 596 ff.
[731] BERG, S. 53.

auf den Schutz der Gewerbetreibenden vor irreführender Werbung (vgl. oben Rz. 315).

590 Die Irreführungsrichtlinie gilt damit nur noch im Verhältnis der Gewerbetreibenden und Mitbewerberinnen untereinander, nicht aber im Verhältnis zu den Verbraucherinnen und Verbraucher. Unlautere Geschäftspraktiken gegenüber diesen fallen in den Anwendungsbereich der Richtlinie über unlautere Geschäftspraktiken.[732]

591 Die Irreführungsrichtlinie ist aber insofern noch für die Lebensmittelwerbung massgebend, als die zum Irreführungsbegriff aufgestellten Grundsätze weiterhin zur Auslegung der Richtlinie über unlautere Geschäftspraktiken herangezogen werden. Der Irreführungsbegriff des Art. 2 Abs. 2 Irreführungsrichtlinie ist auch bei der Auslegung anderer EU-Richtlinien und -Verordnungen massgebend (vgl. oben Rz. 316).[733]

592 Art. 2 Abs. 2 Irreführungsrichtlinie statuiert ein Verbot von irreführender Werbung, wobei irreführende Werbung definiert wird als „jede Werbung, die in irgendeiner Weise – einschliesslich ihrer Aufmachung – die Personen, an die sie sich richtet oder die von ihr erreicht werden, täuscht oder zu täuschen geeignet ist und die infolge der ihr innewohnenden Täuschung ihr wirtschaftliches Verhalten beeinflussen kann oder aus diesen Gründen einen Mitbewerber schädigt oder zu schädigen geeignet ist". Es genügt dabei, wenn die Werbung in dem Sinne irreführend ist, als dass sie „zu täuschen geeignet ist", eine eigentliche Täuschung muss nicht vorliegen. Es ist aber immerhin erforderlich, dass die Werbung „wirtschaftliches Verhalten beeinflussen kann".[734]

593 Diese Definition des Irreführungsbegriffs ist auf europäischer Ebene nach wie vor von grosser Bedeutung. Sie bildet die begriffliche Grundlage für die nachfolgenden Ausführungen im Zusammenhang mit irreführender Werbung.

# B.  Richtlinie über unlautere Geschäftspraktiken

594 Eine wesentliche Voraussetzung für die Zulassung einer gesundheitsbezogenen Angabe ist immer, dass sie nicht bereits gegen das allgemeine Verbot

---

[732]  Art. 3 Richtlinie über unlautere Geschäftspraktiken; vgl. oben Rz. 315.

[733]  BERG, S. 41.

[734]  HOLLE, S. 17. Vgl. zu den einzelnen Tatbestandsmerkmalen des Irreführungsverbotes (Eignung zur Irreführung, Relevanzerfordernis und Verhältnismässigkeit) sowie zu Beweisfragen und zur Auslegung und Reichweite der Irreführungsrichtlinie ausführlich BERG, S. 41 ff.

unlauterer Geschäftspraktiken verstösst.[735] Dieses Verbot ist in den Artikeln 5 bis 7 der Richtlinie über unlautere Geschäftspraktiken näher definiert und gilt im Verhältnis zwischen Unternehmen und Endverbrauchern[736].

Eine Geschäftspraxis ist gemäss Art. 5 Abs. 2 Bst. a und b dann unlauter, „wenn sie den Erfordernissen der beruflichen Sorgfaltspflicht widerspricht und sie in Bezug auf das jeweilige Produkt, das wirtschaftliche Verhalten des Durchschnittsverbrauchers, den sie erreicht oder an den sie sich richtet oder des durchschnittlichen Mitglieds einer Gruppe von Verbrauchern, wenn sich eine Geschäftspraxis an eine bestimmte Gruppe von Verbrauchern wendet, wesentlich beeinflusst oder dazu geeignet ist, es wesentlich zu beeinflussen".    595

Diese Generalklausel wird in Art. 6 und Art. 7 der Richtlinie konkretisiert, wobei zwischen *irreführenden Handlungen* (Art. 6) und *irreführenden Unterlassungen* (Art. 7) unterschieden wird. Ohne abschliessend auf alle dort aufgeführten Tatbestände einzugehen, sollen nur, aber immerhin die für die Lebensmittelwerbung bedeutsamsten Fallgruppen dargestellt werden.    596

Gemäss Art. 6 Abs. 1 der Richtlinie über unlautere Geschäftspraktiken gilt eine Geschäftspraxis dann als irreführend, „wenn sie falsche Angaben enthält und somit unwahr ist oder wenn sie in irgendeiner Weise, einschliesslich sämtlicher Umstände ihrer Präsentation, selbst mit sachlich richtigen Angaben den Durchschnittsverbraucher in Bezug auf einen oder mehrere für seine Entscheidung relevante Punkte täuscht oder ihn zu täuschen geeignet ist und ihn tatsächlich oder voraussichtlich zu einer geschäftlichen Entscheidung veranlasst, die er ansonsten nicht getroffen hätte". Die Richtlinie nennt in Art. 6 Abs. 1 Bst. a–g u.a. folgende entscheidungsrelevante Punkte:    597

– das Vorhandensein oder die Art des Produkts;

– die wesentlichen Merkmale des Produkts wie Verfügbarkeit, Vorteile, Risiken, Ausführung, Zusammensetzung, (…) Zwecktauglichkeit, Verwendung, Menge, Beschaffenheit, (…) oder die von der Verwendung zu erwartenden Ergebnisse oder die Ergebnisse und wesentlichen Merkmale von Tests oder Untersuchungen, denen das Produkt unterzogen wurde;

– den Umfang der Verpflichtungen des Gewerbetreibenden, die Beweggründe für die Geschäftspraxis und die Art des Vertriebsverfahrens (…);

– der Preis, die Art der Preisberechnung oder das Vorhandensein eines besonderen Preisvorteils.

---

[735] HOLLE, S. 13.

[736] Vgl. Art. 3 Abs. 1 bezüglich Anwendungsbereich der Richtlinie über unlautere Geschäftspraktiken (vgl. auch oben Rz. 315 ff.).

598 Ferner gilt eine Geschäftspraxis nach Art. 6 Abs. 2 der Richtlinie als irreführend, „wenn sie im konkreten Fall unter Berücksichtigung aller tatsächlichen Umstände einen Durchschnittsverbraucher zu einer geschäftlichen Entscheidung veranlasst oder zu veranlassen geeignet ist, die er ansonsten nicht getroffen hätte und folgendes beinhaltet:

– jegliche Art der Vermarktung eines Produkts (einschliesslich vergleichender Werbung, die eine Verwechslungsgefahr mit einem anderen Produkt, Warenzeichen, Warennamen oder anderen Kennzeichen eines Mitbewerbers begründet);

– die Nichteinhaltung von Verpflichtungen, die der Gewerbetreibende im Rahmen von Verhaltenskodizes, auf die er sich verpflichtet hat, eingegangen ist" [737].

599 Als irreführende Unterlassung definiert Art. 7 Abs. 1 der Richtlinie über unlautere Geschäftspraktiken schliesslich eine Geschäftspraxis, die „im konkreten Fall unter Berücksichtigung aller tatsächlichen Umstände und der Beschränkungen des Kommunikationsmediums wesentliche Informationen vorenthält, die der durchschnittliche Verbraucher je nach den Umständen benötigt, um eine informierte geschäftliche Entscheidung zu treffen, und die somit einen Durchschnittsverbraucher zu einer geschäftlichen Entscheidung veranlasst oder zu veranlassen geeignet ist, die er sonst nicht getroffen hätte".

600 Als irreführende Unterlassung gilt auch, „wenn eine Gewerbetreibende wesentliche Informationen unter Berücksichtigung der darin beschriebenen Einzelheiten verheimlicht oder auf unklare, unverständliche, zweideutige Weise oder nicht rechtzeitig bereitstellt oder wenn er den kommerziellen Zweck der Geschäftspraxis nicht kenntlich macht, sofern er sich nicht unmittelbar aus den Umständen ergibt, und dies jeweils einen Durchschnittsverbraucher zu einer geschäftlichen Entscheidung veranlasst oder zu veranlassen geeignet ist, die er ansonsten nicht getroffen hätte". [738]

---

[737] Sofern es sich nicht um eine Absichtserklärung, sondern um eine eindeutige Verpflichtung handelt, deren Einhaltung nachprüfbar ist, und der Gewerbetreibende im Rahmen einer Geschäftspraxis darauf hinweist, dass er durch den Kodex gebunden ist. Beispiele für Kodizes im Bereich der Lebensmittelwerbung sind das global geltende „Framework for responsible food and beverage communications" der International Chamber of Commerce (ICC) sowie die europäischen „Principles of Food and Beverage Product Advertising" der Vereinigung der europäischen Lebensmittelindustrie, CIAA (eine ausführliche Auflistung von weiteren Kodizes findet sich bei HOLLE, S. 15, FN 24).

[738] Art. 7 Abs. 2 der Richtlinie über unlautere Geschäftspraktiken.

Im Anhang I der Richtlinie findet sich sodann eine beispielhafte Aufzählung    601
von Geschäftspraktiken, die unter allen Umständen als irreführend und damit
als unlauter gelten. Für den Bereich der Lebensmittelwerbung relevant sind
namentlich die folgenden Praktiken:

–   die Verwendung von Gütezeichen, Qualitätskennzeichen oder Ähnli-
    chem ohne die erforderliche Genehmigung (Ziff. 2);

–   die Behauptung, dass ein Gewerbetreibender (einschliesslich seiner Ge-
    schäftspraktiken) oder ein Produkt von einer öffentlichen oder privaten
    Stelle bestätigt, gebilligt oder genehmigt worden sei, obwohl dies nicht
    der Fall ist, oder die Aufstellung einer solchen Behauptung, ohne dass
    den Bedingungen für die Bestätigung, Billigung oder Genehmigung ent-
    sprochen wird (Ziff. 4);

–   das Aufstellen einer sachlich falschen Behauptung über die Art und das
    Ausmass der Gefahr für die persönliche Sicherheit des Verbrauchers
    oder seiner Familie für den Fall, dass er das Produkt nicht kauft
    (Ziff. 12);

–   Werbung für ein Produkt, das einem Produkt eines bestimmten Herstel-
    lers ähnlich ist, in einer Weise, die den Verbraucher absichtlich dazu ver-
    leitet, zu glauben, das Produkt sei von jenem Hersteller hergestellt wor-
    den, obwohl dies nicht der Fall ist (Ziff. 13);

–   die falsche Behauptung, ein Produkt könne Krankheiten, Funktionsstö-
    rungen oder Missbildungen heilen (Ziff. 17)[739].

Das Verbot unlauterer Geschäftspraktiken verpflichtet die Werbetreibenden    602
somit, richtige und wahre Aussagen über die entscheidungsrelevanten Punkte
der angepriesenen Erzeugnisse zu machen und gleichzeitig keine für die Entscheidung der Verbraucherinnen und Verbraucher unabdingbaren Informationen zurückzuhalten. Die Informationspflicht ist dabei auf solche Informationen beschränkt, die diese nicht selber einholen können. Sofern die entscheidungsrelevanten Informationen aber frei verfügbar sind, ist es grundsätzlich
Aufgabe der Verbraucherinnen und Verbraucher, sich die angebotenen Produktinformationen zu beschaffen und diese in ihren Kaufentscheid einfliessen
zu lassen.[740]

Wie bereits unter der Geltung der Irreführungsrichtlinie reicht die blosse Eig-    603
nung zur Irreführung aus; eine tatsächliche Irreführung muss weder vorliegen
noch nachgewiesen werden. Die Täuschung muss sich aber auf die geschäftli-

---

[739]   Siehe dazu unten Rz. 614.
[740]   HOLLE, S. 15.

che Entscheidung der Verbraucherinnen und Verbraucher auswirken.[741] Es ist dabei immer auf die Durchschnittsverbraucherinnen und -verbraucher abzustellen.[742]

604 Dem Wortlaut von Art. 7 der Richtlinie über unlautere Geschäftspraktiken folgend, steht der Umfang der Informationspflicht dabei in Relation mit dem gewählten Kommunikationsmedium. Die Informationspflicht ist bei Anzeigen auf Homepages oder Inseraten in Printmedien somit als umfassender anzusehen als bei einem nur wenige Sekunden dauernden Werbespot im Fernsehen.[743]

# III. Lebensmittelrechtliche Irreführungsverbote

## A. Lebensmittel-Basisverordnung

605 Die Irreführungsrichtlinie und die Richtlinie über unlautere Geschäftspraktiken stellen allgemeine, nicht für spezifische Produkte oder Erzeugnisse geltende Irreführungsverbote auf (vgl. oben Rz. 589). Im sekundären Unionsrecht finden sich nun Vorschriften, welche die allgemeinen Unlauterkeitstatbestände für den Bereich der Lebensmittelwerbung näher ausgestalten und präzisieren.

606 Die Lebensmittel-Basisverordnung bildet dabei den Grundpfeiler zur Festlegung der Grundsätze und Anforderungen sowie zur Kodifizierung des europäischen Lebensmittelrechts.[744] Für die gesundheitsbezogene Lebensmittelwerbung von Bedeutung ist insbesondere Art. 16 Lebensmittel-Basisverordnung.

607 Art. 16 zufolge „dürfen die Kennzeichnung, Werbung und Aufmachung von Lebensmitteln (oder Futtermitteln) auch in Bezug auf ihre Form, ihr Aussehen oder ihre Verpackung, die verwendeten Verpackungsmaterialien, die Art ihrer Anordnung und den Rahmen ihrer Darbietung sowie die über sie verbreiteten Informationen, gleichgültig über welches Medium, die Verbraucher nicht irreführen".

---

741 BERG, S. 52; vgl. oben Rz. 592.
742 Vgl. Art. 5 Abs. 2 Bst. b i.V.m. Erwägungsgrund Nr. 18 der Richtlinie über unlautere Geschäftspraktiken.
743 HOLLE, S. 15. Siehe zum Umfang der Informationspflicht bei gesundheitsbezogener Lebensmittelwerbung unten Rz. 768 ff.
744 Vgl. BERG, S. 53. Siehe zur Lebensmittel-Basisverordnung auch oben Rz. 295 ff.

Art. 16 Lebensmittel-Basisverordnung statuiert für Lebensmittel somit ein  608
generelles Irreführungsverbot bezüglich deren Kennzeichnung, Werbung und
Aufmachung. Ausdrücklich genannt wird in der Bestimmung die Werbung
als Teil der Aufmachung.

Der Begriff der Werbung wird dabei sehr weit aufgefasst. Darunter fallen  609
insbesondere die Form, das Aussehen, die Verpackung, sogar die Verpackungsmaterialien sowie die Präsentation in den Lebensmittelgeschäften.
Ebenfalls erfasst wird jegliche Form der Information über ein Lebensmittel,
gleichgültig über welches Medium die kommerzielle Mitteilung erfolgt. Die
Art und Weise der gewählten Werbeaussagen oder der eingesetzten Werbekampagne ist somit grundsätzlich nicht relevant; jegliche täuschenden Angaben über Lebensmittel fallen unter den Irreführungstatbestand von Art. 16
Lebensmittel-Basisverordnung und sind damit nicht zulässig.

Art. 16 wird insofern auch Art. 8 Lebensmittel-Basisverordnung – dem  610
Schutz der Verbraucherinteressen – gerecht. Danach muss das Lebensmittelrecht den Schutz der Verbraucherinteressen zum Ziel haben und den
Verbraucherinnen und Verbrauchern die Möglichkeit bieten, in Bezug auf die
Lebensmittel, die sie verzehren, eine sachkundige Wahl zu treffen. Praktiken
des Betrugs oder der Täuschung, die Verfälschung von Lebensmitteln und
alle sonstigen Praktiken, die den Verbraucher irreführen können, gilt es zu
verhindern.[745]

## B.    Etikettierungsrichtlinie

Die Etikettierungsrichtlinie, welche die Kennzeichnung der Lebensmittel und  611
die Ausgestaltung der Etikettierung regelt, wurde bei den Rechtsgrundlagen
bereits in grundlegender Weise behandelt (vgl. oben Rz. 307 ff.). Mit Blick
auf die gesundheitsbezogene Lebensmittelwerbung bleibt Folgendes hinzuzufügen:

Unter den Begriff der Etikettierung fallen gemäss Art. 1 der Etikettierungs-  612
richtlinie „alle Angaben, Kennzeichnungen, Hersteller- oder Handelsmarken,
Abbildungen oder Zeichen, die sich auf ein Lebensmittel beziehen und auf
jeglicher Art von Verpackung, Schriftstück, Tafel, Etikett, Ring oder Verschluss angebracht sind und dieses Lebensmittel begleiten oder sich auf dieses Lebensmittel beziehen". Vom Etikettierungsbegriff erfasst werden somit

---

[745]    Vgl. Art. 8 Abs. 1 Bst. a–c Lebensmittel-Basisverordnung; BERG, S. 54.

grundsätzlich alle Angaben über Lebensmittel, insbesondere auch die gesundheitsbezogenen Angaben.

613 Art. 2 der Etikettierungsrichtlinie präzisiert das in Art. 16 Lebensmittel-Basisverordnung statuierte allgemeine Irreführungsverbot bezüglich der Etikettierung, Aufmachung und Anpreisung von Lebensmitteln. Gemäss Art. 2 Abs. 1 Bst. a darf die Etikettierung und die Art und Weise, in der sie erfolgt, „nicht geeignet sein, den Käufer oder die Käuferin irrezuführen, und zwar insbesondere nicht über die Eigenschaften des Lebensmittels, namentlich über Art, Identität, Beschaffenheit, Zusammensetzung, Menge, Haltbarkeit, Ursprung oder Herkunft und Herstellungs- oder Gewinnungsart oder durch Angabe von Wirkungen oder Eigenschaften, die das Lebensmittel nicht besitzt; oder auch indem zu verstehen gegeben wird, dass das Lebensmittel besondere Eigenschaften besitzt, obwohl alle vergleichbaren Lebensmittel dieselben Eigenschaften besitzen". Das Irreführungsverbot nach Absatz 1 der Etikettierungsrichtlinie gilt ausdrücklich auch „für die Aufmachung von Lebensmitteln, insbesondere die Form oder das Aussehen dieser Lebensmittel oder ihrer Verpackung, das verwendete Verpackungsmaterial, die Art und Weise ihrer Anordnung sowie die Umgebung, in der sie feilgehalten werden"; und „für die Werbung".[746]

614 Ausdrücklich Erwähnung findet auch das für Lebensmittel geltende Verbot der Verwendung von krankheitsbezogenen Angaben zu Werbezwecken. Angaben bezüglich der Vorbeugung, Behandlung oder Heilung einer menschlichen Krankheit sind gemäss Art. 2 Abs. 1 Bst. b der Etikettierungsrichtlinie nicht zulässig. Davon abweichende unionsrechtliche Vorschriften sind nur für natürliche Mineralwässer und für Lebensmittel, die für eine besondere Ernährung bestimmt sind, zugelassen. Diese dürfen einem Lebensmittel ausnahmsweise krankheitsheilende Eigenschaften zuschreiben. Für gewöhnliche Lebensmittel jedoch sind jegliche Heilanpreisungen verboten.

615 Der EuGH hielt in einem Urteil aus dem Jahr 2003 („Kommission gegen Österreich") hierzu aber Folgendes fest und präzisierte: „Zunächst ist zum einen daran zu erinnern, dass nach Art. 2 Abs. 1 Bst. a der Richtlinie 79/112/EWG [neu: Richtlinie 2000/13/EG] die Etikettierung von Lebensmitteln und die Art und Weise, in der sie erfolgt, nicht geeignet sein dürfen, den Käufer irrezuführen. Zum anderen darf nach Art. 2 Abs. 1 Bst. b dieser Richtlinie vorbehaltlich der Vorschriften über Lebensmittel, die für eine besondere Ernährung bestimmt sind, die Etikettierung einem Lebensmittel nicht Eigenschaften der Vorbeugung, Behandlung oder Heilung einer Krankheit zuschreiben. Die Etikettierungsrichtlinie verbietet also alle Angaben, die sich

---

[746] Art. 2 Abs. 3 Bst. a und b Etikettierungsrichtlinie.

auf eine menschliche Krankheit beziehen, unabhängig von ihrer Eignung, den Verbraucher irrezuführen, sowie diejenigen Angaben, die, obzwar sie sich nicht auf eine Krankheit, sondern etwa auf die Gesundheit beziehen, irreführend sind."[747]

Aus diesen Erwägungen (Rn. 34 und 35) ergibt sich, so der EuGH weiter, „dass Lebensmittel mit einer Etikettierung, die nicht irreführende gesundheitsbezogene Angaben enthält, als den Vorschriften der Richtlinie 79/112/ EWG [neu: Richtlinie 2000/13/EG] entsprechend anzusehen sind und dass die Mitgliedstaaten ihren Vertrieb nicht mit der Begründung untersagen können, diese Etikettierung sei möglicherweise nicht ordnungsgemäss".[748]  616

Den Erwägungen des EuGH folgend kann somit in grundsätzlicher Weise festgehalten werden, dass Art. 2 Abs. 1 Bst. a der Etikettierungsrichtlinie auch gesundheitsbezogene Angaben umfasst und dass diese, sofern nicht irreführend, grundsätzlich in der ganzen EU zulässig sind.[749]  617

---

[747]  EuGH, Rs. C-221/00 (Kommission/Österreich), Slg. 2003, I-01007, Rn. 34 f.
[748]  EuGH, Rs. C-221/00 (Kommission/Österreich), Slg. 2003, I-01007, Rn. 37.
[749]  Vgl. so auch BERG, S. 55.

.

# 5. Kapitel: Erlaubte gesundheitsbezogene Anpreisung

Angesichts des umfassenden Täuschungsverbotes und insbesondere aufgrund des sehr weitgehenden Verbots von krankheitsbezogener Werbung für Lebensmittel ist der Wortlaut von Art. 10 Abs. 2 Bst. c LGV in Erinnerung zu rufen. In dieser Vorschrift findet sich keinerlei Verbot für die gesundheitsbezogene Anpreisung von Lebensmitteln.[750] Das Bundesgericht hat daher mit Blick auf Art. 10 Abs. 2 Bst. c LGV wiederholt darauf hingewiesen, dass diese Bestimmung eine „gesundheitsbezogene Anpreisung zulässt, soweit diese auf vertretbaren Tatsachen beruht und ihrerseits nicht wieder zu Täuschung Anlass gibt" resp. „nicht geeignet ist, das Durchschnittspublikum über allfällige krankheitsheilende, lindernde oder verhütende Wirkungen zu täuschen". „Die fragliche Norm (Art. 10 Abs. 2 Bst. c LGV) will nicht gesundheitsdienliche Informationen verhindern, sondern krankheitsspezifischer Werbung und damit gesundheitsgefährdender Pseudowissenschaftlichkeit vorbeugen."[751]

618

Die gesundheitsbezogene Anpreisung von Lebensmitteln ist somit seit jeher erlaubt; muss aber scharf von der krankheitsbezogenen Anpreisung abgegrenzt werden. Diese ist den Heilmitteln vorbehalten.

619

Die weite Interpretation des Begriffs der menschlichen Krankheit durch das Bundesgericht führte in der Vergangenheit jedoch dazu, dass der Spielraum für zulässige gesundheitsbezogene Werbung entsprechend eng wurde. Als Anbieterin oder Anbieter von Lebensmitteln musste man angesichts dieser Rechtsprechung damit rechnen, dass die rechtsanwendenden Gerichte und die zuständigen Behörden möglicherweise auch eine bewusst nicht krankheitsbezogene Werbung als entfernte Bezugnahme auf einen Krankheitszustand auslegen konnten.[752]

620

Dieser Problematik der Rechtsunsicherheit mit Bezug auf die zulässige gesundheitsbezogene Anpreisung von Lebensmitteln wurde mit dem Abschnitt

621

---

[750] FRICK, Lebensmittel, S. 258.

[751] Urteil des BGer 2C.590/2008 vom 27. Januar 2008, E. 2.1 f.; Urteil des BGer 2A.374/2003 vom 13. Mai 2004, E. 2.1; vgl. auch Urteil des BGer 2A.213/2006 vom 19. Oktober 2006, E. 3.4; BGE 127 II 91 ff. (101), E. 4b.

[752] Vgl. FRICK, Lebensmittel, S. 256 f., der ausführlich über die frühere Problematik der Rechtsunsicherheit mit Bezug auf die zulässige gesundheitsbezogene Anpreisung von Lebensmitteln schreibt.

11a der LKV[753] Abhilfe geschaffen. Seit dem 1. April 2008 wird die Grenze der zulässigen gesundheitsbezogenen Lebensmittelwerbung damit in der LKV ausführlich geregelt.

622 Für den EU-Binnenmarkt besteht ebenfalls ein weitreichender Schutz vor Täuschung- und Irreführung. Gesundheits- und Konsumentenschutz führten dort zu einer Verankerung von Irreführungsverboten in Wettbewerbs- und Lebensmittelrecht. Entsprechend dürfen Kennzeichnung, Werbung und Aufmachung von Lebensmitteln die Verbraucherinnen und Verbraucher nicht irreführen.[754] Verboten sind insbesondere Angaben bezüglich der Vorbeugung, Behandlung oder Heilung einer menschlichen Krankheit. Mit der Etikettierungsrichtlinie wird allgemein die Verwendung von Informationen untersagt, welche die Käuferinnen und Käufer irreführen können oder den Lebensmitteln medizinische Eigenschaften zuschreiben.[755]

623 Mit der EG-Health-Claims-Verordnung werden diese allgemeinen wettbewerbs- und lebensmittelrechtlichen Grundsätze nun ergänzt.[756] Die Verordnung ist bereits am 19. Januar 2007 in Kraft getreten und legt seither die Voraussetzungen für die Verwendung von gesundheitsbezogenen Angaben bei Lebensmitteln fest.

---

[753] Eingefügt mit Änderung des EDI vom 7. März 2008, Inkrafttreten am 1. April 2008 (AS 2008 1029).

[754] Vgl. Art. 16 Lebensmittel-Basisverordnung.

[755] Vgl. Art. 2 Abs. 1 Bst. a und b der Etikettierungsrichtlinie.

[756] Vgl. Erwägungsgrund 3 der EG-Health-Claims-Verordnung.

# 6. Kapitel: Zusammenfassung und Folgerungen

Das Täuschungsverbot ist ein wichtiger Grundsatz im Bereich der Lebensmit- 624
telwerbung. Er manifestiert sich sowohl im Lebensmittelrecht als auch im
UWG und hat für die Anpreisung von Lebensmitteln weitreichende Konsequenzen.

Art. 18 LMG und Art. 10 LGV statuieren ein umfassendes Täuschungsverbot. 625
So müssen die über ein Lebensmittel gemachten Angaben und Anpreisungen
der Wahrheit entsprechen und dürfen nicht täuschend sein.

Als Spezialtatbestand zum Täuschungsverbot nennt Art. 10 Abs. 2 Bst c LGV 626
ausdrücklich das Verbot von krankheitsbezogener Lebensmittelanpreisung –
auch Heilanpreisung genannt. Mit diesem Verbot sollen die Konsumentinnen
und Konsumenten vor gesundheitsgefährdender Pseudowissenschaftlichkeit
geschützt werden. Entsprechende Heilanpreisungen sollen wissenschaftlich
erhärtet und im heilmittelrechtlichen Verfahren erstellt sein.

Der Grundsatz des Täuschungsverbotes ist bereits im UWG verankert. Art. 3 627
Bst. b UWG konkretisiert das allgemeine Täuschungsverbot der Generalklausel und verbietet kategorisch unrichtige oder irreführende Angaben über Waren, Werke oder Leistungen. Das lauterkeitsrechtliche Täuschungsverbot
muss bei der Anpreisung von Lebensmitteln ebenfalls beachtet werden. Die
meisten Werbebeschränkungen im Lebensmittelrecht lassen sich denn auch
auf die allgemeinen werberechtlichen Grundsätze zurückführen und sind eng
mit diesen verwandt.

Das weitreichende Täuschungsverbot für Lebensmittel will jedoch nicht ge- 628
sundheitsdienliche Produktinformationen verhindern. Die gesundheitsbezogene Anpreisung von Lebensmitteln ist gemäss bundesgerichtlicher Rechtsprechung daher grundsätzlich erlaubt und seit dem 1. April 2008 explizit im
Abschnitt 11a der LKV geregelt.

Den allgemein-rechtlichen Rahmen für jede Form der Lebensmittelwerbung 629
bilden auch in der EU die Vorschriften des Wettbewerbs- und des Lebensmittelrechts. Zu den einschlägigen europäischen Wettbewerbsvorschriften
gehören dabei die Irreführungsrichtlinie sowie die Richtlinie über unlautere
Geschäftspraktiken. Im Bereich des Lebensmittelrechts relevant sind insbesondere die Lebensmittel-Basisverordnung und die Etikettierungsrichtlinie.
Allen diesen Bestimmungen ist gemein, dass sie verbieten, in der Werbung
für Lebensmittel Angaben zu verwenden, welche die Verbraucherinnen und
Verbraucher irreführen oder irreführen können.

630 Obschon die Irreführungsrichtlinie nur noch im Verhältnis der Gewerbetreibenden und Mitbewerberinnen untereinander gilt, werden die zum Irreführungsbegriff aufgestellten Grundsätze weiterhin zur Auslegung anderer Richtlinien herangezogen. Art. 2 Abs. 2 Irreführungsrichtlinie statuiert ein Verbot von irreführender Werbung, wobei irreführende Werbung definiert wird als „jede Werbung, die in irgendeiner Weise – einschliesslich ihrer Aufmachung – die Personen, an die sie sich richtet oder die von ihr erreicht werden, täuscht oder zu täuschen geeignet ist und die infolge der ihr innewohnenden Täuschung ihr wirtschaftliches Verhalten beeinflussen kann oder aus diesen Gründen einen Mitbewerber schädigt oder zu schädigen geeignet ist". Es genügt dabei, wenn die Werbung in dem Sinne irreführend ist, als dass sie „zu täuschen geeignet ist", eine eigentliche Täuschung muss nicht vorliegen. Die Werbung muss aber immerhin geeignet sein, wirtschaftliches Verhalten zu beeinflussen.

631 Das Verbot unlauterer Geschäftspraktiken verpflichtet die Werbetreibenden, richtige und wahre Aussagen über die entscheidungsrelevanten Punkte der angepriesenen Erzeugnisse zu machen und gleichzeitig keine für die Entscheidung der Verbraucherinnen und Verbraucher unabdingbaren Informationen zurückzuhalten.[757] Die Informationspflicht ist dabei allerdings auf solche Informationen beschränkt, die diese nicht selber einholen können. Sofern die entscheidungsrelevanten Informationen aber frei verfügbar sind, ist es grundsätzlich Aufgabe der Verbraucherinnen und Verbraucher, sich die angebotenen Produktinformationen zu beschaffen und diese in ihren Kaufentscheid einfliessen zu lassen. Wie bereits bei der Irreführungsrichtlinie reicht auch bei der Richtlinie über unlautere Geschäftspraktiken die blosse Eignung zur Irreführung aus; eine tatsächliche Irreführung muss weder vorliegen noch nachgewiesen werden. Die Täuschung muss sich aber auf die geschäftliche Entscheidung der Verbraucherinnen und Verbraucher auswirken; es ist dabei immer auf der durchschnittlichen Verbraucherin und dem durchschnittlichen Verbraucher abzustellen.

632 Art. 16 Lebensmittel-Basisverordnung statuiert für Lebensmittel ein generelles Irreführungsverbot bezüglich deren Kennzeichnung, Werbung und Aufmachung. Der Begriff der Werbung wird dabei sehr weit aufgefasst. Erfasst wird jegliche Form der Information über ein Lebensmittel, gleichgültig über welches Medium die kommerzielle Mitteilung erfolgt. Täuschende Angaben über Lebensmittel fallen unter den Irreführungstatbestand von Art. 16 Lebensmittel-Basisverordnung und sind nicht zulässig.

---

[757] Art. 5–7 Richtlinie über unlautere Geschäftspraktiken.

Art. 2 der Etikettierungsrichtlinie präzisiert das in Art. 16 Lebensmittel- 633
Basisverordnung statuierte allgemeine Irreführungsverbot bezüglich der Etikettierung, Aufmachung und Anpreisung von Lebensmitteln. Gemäss Art. 2
Abs. 1 Bst. a darf die Etikettierung und die Art und Weise, in der sie erfolgt,
„nicht geeignet sein, den Käufer oder die Käuferin irrezuführen, und zwar
insbesondere nicht über die Eigenschaften des Lebensmittels, namentlich über
Art, Identität, Beschaffenheit, Zusammensetzung, Menge, Haltbarkeit, Ursprung oder Herkunft und Herstellungs- oder Gewinnungsart oder durch Angabe von Wirkungen oder Eigenschaften, die das Lebensmittel nicht besitzt;
oder auch indem zu verstehen gegeben wird, dass das Lebensmittel besondere
Eigenschaften besitzt, obwohl alle vergleichbaren Lebensmittel dieselben
Eigenschaften besitzen". Das Irreführungsverbot nach Absatz 1 der Etikettierungsrichtlinie gilt ausdrücklich auch „für die Aufmachung von Lebensmitteln, insbesondere die Form oder das Aussehen dieser Lebensmittel oder ihrer
Verpackung ..."; und „für die Werbung".[758]

Angaben bezüglich der Vorbeugung, Behandlung oder Heilung einer mensch- 634
lichen Krankheit sind gemäss Art. 2 Abs. 1 Bst. b der Etikettierungsrichtlinie
nicht zulässig.

In der Etikettierungsrichtlinie finden sich aber keine spezifischen Vorschrif- 635
ten über gesundheitsbezogene Angaben. Den Erwägungen des EuGH im Entscheid („Kommission gegen Österreich") aus dem Jahre 2003 kann aber entnommen werden, dass Lebensmittel mit einer Etikettierung, die nicht irreführende gesundheitsbezogene Angaben enthält, „als den Vorschriften der Etikettierungsrichtlinie entsprechend anzusehen sind und dass die Mitgliedstaaten ihren Vertrieb nicht mit der Begründung untersagen können, diese
Etikettierung sei möglicherweise nicht ordnungsgemäss".[759] Art. 2 Abs. 1
Bst. a der Etikettierungsrichtlinie umfasst somit auch gesundheitsbezogene
Angaben, wobei diese – sofern nicht irreführend – grundsätzlich in der ganzen EU zulässig sind.

Mit der EG-Health-Claims-Verordnung werden diese allgemeinen wettbe- 636
werbs- und lebensmittelrechtlichen Grundsätze nun ergänzt. Die Verordnung
ist am 19. Januar 2007 in Kraft getreten und legt seither die Voraussetzungen
für die Verwendung von gesundheitsbezogenen Angaben bei Lebensmitteln
fest.

---

[758] Art. 2 Abs. 3 Bst. a und b Etikettierungsrichtlinie.
[759] Vgl. EuGH, Rs. C-221/00 (Kommission/Österreich), Slg. 2003, I-01007, Rn. 37.

# 3. Teil: Health Claims: Die gesundheitsbezogene Anpreisung von Lebensmitteln

## 1. Kapitel: Vorbemerkungen

Im ersten Teil bei den Rechtsgrundlagen wurde auf die Vorbildfunktion des europäischen Lebensmittelrechts für das schweizerische – und insbesondere für die Schaffung von Abschnitt 11a der LKV – eingegangen (vgl. oben Rz. 321 ff.). Aufgrund der dort dargelegten Vorbildfunktion werden nun im dritten Teil zunächst die Vorschriften der EG-Health-Claims-Verordnung behandelt. Gestützt auf die dabei gewonnenen Erkenntnisse kann dann auf das schweizerische „Pendant", den Abschnitt 11a der LKV, „umgeschwenkt" werden. Damit wird eine umfassende und v.a. systematisch korrekte Darstellung der Schweizer Health-Claims-Vorschriften sichergestellt. 637

Im zweiten Kapitel folgt deshalb zunächst ein Überblick über die massgebenden EG-Health-Claims-Bestimmungen. Die im Schweizer Recht teilweise oder vollständig abgebildeten Vorschriften werden sodann im Einzelnen untersucht. Dazu gehören Ausführungen über die Erwägungsgründe, den Anwendungsbereich, die allgemeinen und besonderen Anforderungen für die Verwendung von gesundheitsbezogenen Angaben sowie die zusätzlichen Kennzeichnungsvorschriften gemäss EG-Health-Claims-Verordnung. 638

Lediglich kurz eingegangen wird auf die nicht aus der EG-Health-Claims-Verordnung übernommenen Vorschriften; darunter fallen namentlich die Bestimmungen über die Nährwertprofile, die Angaben über die Entwicklung und die Gesundheit von Kindern sowie die Datenschutz- und Schlankheitsmittelbestimmungen. Der Vollständigkeit halber werden aber auch diese Vorschriften dem Grundsatz nach – unter Hinweis auf die entsprechende Regelung im Schweizer Lebensmittelrecht – behandelt. 639

Schliesslich folgt die umfassende Darstellung der Schweizer Health-Claims-Bestimmungen gemäss Abschnitt 11a der LKV. Es werden das Regelungsziel, der Geltungsbereich, die Liste mit den bereits zugelassenen gesundheitsbezogenen Angaben, das Bewilligungsverfahren für die Zulassung neuer, nicht bereits aufgeführter gesundheitsbezogener Angaben sowie die besonderen Tatbestände gesundheitsbezogener Anpreisung (Angaben über die Verringerung eines Krankheitsrisikos und sog. „Wellbeing Claims") dargelegt. Dem wissenschaftlichen Nachweis im Bewilligungsverfahren ist ein gesonderter Abschnitt („F. Zum wissenschaftlichen Nachweis im Bewilligungs- 640 verfahren") gewidmet. Es folgen schliesslich Ausführungen über die Anforderungen nach Art. 29h und Art. 29i LKV und die Übergangsbestimmungen.

641 Das dritte Kapitel gibt einen Überblick über Vollzug und Rechtsschutz im Health-Claims-Bereich. Es werden der Vollzug der Lebensmittelkontrolle sowie das Beanstandungsverfahren und das Rechtsmittelverfahren dargestellt.

642 Im vierten Kapitel wird dann auf das im THG verankerte „Cassis de Dijon"-Prinzip und seine Auswirkungen für die Lebensmittel und insbesondere für die gesundheitsbezogenen Angaben eingegangen. Das fünfte Kapitel setzt sich mit der Frage der Verfassungsmässigkeit von Abschnitt 11a der LKV auseinander.

# 2. Kapitel: Die Regulierung von Health Claims

## I.   Aus der EG-Health-Claims-Verordnung übernommene Vorschriften

### A.   Erwägungsgründe

In den Erwägungsgründen (1) bis (37) finden sich zahlreiche Hinweise über   643
die Entstehungsgründe und Ziele der EG-Health-Claims-Verordnung. Aus
schweizerischer Sicht von Interesse sind diejenigen Erwägungsgründe, die
sich mit regelungstypischen Themen, wie z.B. dem Gesundheits- und Konsumentenschutz, dem Anwendungsbereich, der wissenschaftlichen Absicherung und der Verwendung von zulässigen Angaben sowie den Anforderungen
für deren Verwendung, befassen.

### B.   Anwendungsbereich

Der Anwendungsbereich der EG-Health-Claims-Verordnung ist in Art. 1   644
Abs. 2–5 umschrieben. Dort ist bestimmt, welche Angaben in den Rege-
lungsbereich der Verordnung fallen. Der umfangreiche europäische Anwendungsbereich liefert zahlreiche Hinweise für die Auslegung des schweizerischen „Pendants", gerade weil der Geltungsbereich in Art. 29a LKV äusserst
knapp geregelt ist (vgl. unten Rz. 801 und 811 ff.).

### C.   Begriffsbestimmungen

Art. 2 EG-Health-Claims-Verordnung enthält die Begriffsbestimmungen.   645
Dort aufgeführte Begriffe, wie z.B. „Angabe", „gesundheitsbezogene Angabe" oder „Angabe über die Reduzierung eines Krankheitsrisikos", wurden
bereits im ersten Teil bei den Grundlagen dargelegt (vgl. oben Rz. 335 ff.).
Insofern kann grundsätzlich auf die dortigen Ausführungen verwiesen werden. Im Sinne einer Auslegungshilfe werden dortige Überlegungen und Erkenntnisse an ausgewählten Stellen herangezogen.

# D. Allgemeine Grundsätze und Bedingungen

646 Zu den allgemeinen Grundsätzen und Bedingungen gehören die Vorschriften gemäss Art. 3–7 EG-Health-Claims-Verordnung, die sowohl für nährwert- als auch für gesundheitsbezogene Angaben gelten. Die meisten dieser Vorschriften sind unmittelbar in den Abschnitt 11a der LKV eingeflossen. Dazu gehören insbesondere:

647 Art. 3 EG-Health-Claims-Verordnung, der Anforderungen nennt, die sich direkt von den wettbewerbsrechtlichen Rahmenbedingungen ableiten und sich aus Gründen der staatlichen Gesundheitsvorsorge rechtfertigen (vgl. unten Rz. 729 ff.).[760]

648 Weitere allgemeine Anforderungen enthält Art. 5 EG-Health-Claims-Verordnung. Demgemäss dürfen (nährwert- und) gesundheitsbezogene Angaben nur gemacht werden, wenn sie sich auf allgemein anerkannte wissenschaftliche Nachweise stützen (vgl. unten Rz. 734 ff.).[761] Art. 6 EG-Health-Claims-Verordnung enthält weiterführende Vorschriften über die wissenschaftliche Absicherung und gebietet grundsatzmässig, dass sich gesundheitsbezogene Angaben auf allgemein anerkannte wissenschaftliche Nachweise stützen und durch diese abgesichert sein müssen.

649 Art. 7 EG-Health-Claims-Verordnung enthält schliesslich Vorschriften über die Nährwertkennzeichnung. Die Kennzeichnungsvorschriften knüpfen an das Recht, gesundheitsbezogene Angaben zu Werbezwecken einzusetzen, die Verpflichtung, zusätzliche Angaben über den Energiewert des Lebensmittels und über seinen Gehalt an Nährstoffen aufzuführen (vgl. unten Rz. 773 ff.).

# E. Besondere Bedingungen

650 In Kapitel IV der EG-Health-Claims-Verordnung sind besondere Bedingungen formuliert, die ausschliesslich für gesundheitsbezogene und nicht gleichzeitig auch für nährwertbezogene Angaben gelten. Folgende Bestimmungen haben aufgrund ihres Vorbildcharakters in die LKV Eingang gefunden:

651 Zu den sog. „speziellen Bedingungen" gemäss Art. 10 EG-Health-Claims-Verordnung gehören die Kennzeichnungsanforderungen nach Art. 10 Abs. 2 EG-Health-Claims-Verordnung. Gesundheitsbezogene Angaben dürfen nur gemacht werden, wenn die Kennzeichnung oder, falls diese Kennzeichnung

---

[760] Vgl. HOLLE, S. 18.
[761] Art. 5 Abs. 1 Bst. a EG-Health-Claims-Verordnung.

fehlt, die Aufmachung der Lebensmittel und die Lebensmittelwerbung Informationen tragen, wie z.b. einen Hinweis auf die Bedeutung einer abwechslungsreichen und ausgewogenen Ernährung und einer gesunden Lebensweise (vgl. unten Rz. 768 ff.).

Ebenfalls in die Schweizer Regulierung eingeflossen ist Art. 10 Abs. 3 EG-Health-Claims-Verordnung über die Verwendung von sog. „Wellbeing Claims" (vgl. unten Rz. 774 ff.). Gleiches gilt für die Einschränkungen nach Art. 12 EG-Health-Claims-Verordnung. Dieser Artikel nennt typische Fälle unzulässiger gesundheitsbezogener Angaben, wie z.b. Angaben, die den Eindruck erwecken, durch Verzicht auf das Lebensmittel könnte die Gesundheit beeinträchtigt werden (vgl. unten Rz. 765 ff.).[762]   652

In den Art. 13 und 15–21 EG-Health-Claims-Verordnung werden die Zulassungsverfahren für die Erstellung und Ergänzung der Gemeinschaftsliste der zulässigen gesundheitsbezogenen Angaben geregelt. Obschon formelle und materielle Unterschiede zwischen den europäischen und dem Schweizer Zulassungsverfahren bestehen, sind die in der EG-Health-Claims-Verordnung vorgesehenen Verfahren dennoch aufschlussreich für ein verbessertes Verständnis des in Abschnitt 11a der LKV vorgesehenen Zulassungsmodells.   653

Formelle Unterschiede bestehen etwa aufgrund der unterschiedlichen Verfahrenswege.[763] Materielle Unterschiede ergeben sich insbesondere aufgrund der schärferen Unterscheidung der einzelnen Kategorien der zu bewilligenden gesundheitsbezogenen Angaben in der EG-Health-Claims-Verordnung.[764] Die   654

---

[762]   Art. 12 Bst. a LKV.

[763]   Während in der Schweiz das Zulassungsverfahren direkt dem BAG untersteht, muss in der EU immer der Weg über die nationalen Behörden, die EFSA und schliesslich über die Europäische Kommission gegangen werden (vgl. unten Rz. 744 ff. und 780).

[764]   In der Schweiz dürfen gesundheitsbezogene Angaben nur gemacht werden, wenn sie in Anhang 8 der LKV vorgesehen sind und die Anforderungen des Abschnitts 11a der LKV erfüllen. Gesundheitsbezogene Angaben, die nicht in Anhang 8 aufgeführt sind, bedürfen einer Bewilligung des BAG (Art. 29f Abs. 2 LKV). Diese Vorgehensweise gilt unabhängig davon, ob es sich um eine gesundheitsbezogene Angabe z.B. über die verdauungsfördernde Wirkung eines Lebensmittels („Hilft die Verdauung zu regulieren") oder um eine Angabe über die Verringerung eines Krankheitsrisikos („X ist reich an Calcium und senkt dadurch das Risiko, an Osteoporose zu erkranken") handelt. Die EG-Health-Claims-Verordnung unterscheidet hingegen zwischen den einzelnen Gruppen gesundheitsbezogener Angaben und sieht für sie unterschiedliche Zulassungsverfahren vor. So ist für die Angaben über die Verringerung eines Krankheitsrisikos ein anderes Zulassungsverfahren vorgesehen (Art. 14 Abs. 1 EG-Health-Claims-Verordnung) als für Angaben, die auf neuen wissenschaftlichen Nachweisen be-

nachfolgenden Ausführungen hierzu beschränken sich deshalb auf eine Übersicht über die europäischen Zulassungsverfahren für gesundheitsbezogene Angaben, soweit Ähnlichkeiten mit dem in der LKV vorgesehenen Verfahren bestehen (vgl. unten Rz. 778 ff.).

## II. Nicht aus der EG-Health-Claims-Verordnung übernommene Vorschriften

## A. Allgemeines

655    In der EG-Health-Claims-Verordnung finden sich einige Vorschriften, die nicht im Abschnitt 11a der LKV übernommen wurden. Die wichtigsten Bestimmungen betreffen die Nährwertprofile gemäss Art. 4 EG-Health-Claims-Verordnung, die Angaben über die Entwicklung und die Gesundheit von Kindern nach Art. 14 Abs. 1 EG-Health-Claims-Verordnung, den in Art. 21 EG-Health-Claims-Verordnung geregelten Datenschutz sowie die Hinweise auf die schlank machenden oder gewichtskontrollierenden Eigenschaften eines Lebensmittels gemäss Art. 13 Abs. 1 Bst. c EG-Health-Claims-Verordnung. Die nachfolgenden Ausführungen gehen auf diese Vorschriften ein und geben Aufschluss darüber, weshalb sie nicht in die LKV Eingang gefunden haben.

## B. Nährwertprofile

656    In der EG-Health-Claims-Verordnung findet sich keine Definition für den Begriff „Nährwertprofil". Die Kriterien, unter deren Berücksichtigung Nährwertprofile gemäss Art. 4 Abs. 1 Bst. a–c EG-Health-Claims-Verordnung festgelegt werden, lassen aber folgenden Schluss zu: Nährwertprofile stellen besondere Anforderungen an ein Lebensmittel dar; demnach darf ein bestimmter Gehalt an Nährstoffen in einem Lebensmittel nicht über- bzw. un-

---

ruhen (Art. 13 Abs. 5 EG-Health-Claims-Verordnung). Die Gemeinschaftsliste der zulässigen gesundheitsbezogenen Angaben muss auch generell noch publiziert werden (Stand: per 31. Dezember 2011), während Anhang 8 der LKV die häufigsten Angaben bereits aufführt und schon seit Inkrafttreten des neuen Anhangs 11a der LKV am 1. April 2008 publiziert ist.

terschritten werden, wenn dieses Lebensmittel eine nährwert- oder gesundheitsbezogene Angabe tragen soll.[765]

Massgebende Kriterien für die Festlegung von Nährwertprofilen sind insbesondere[766] die Mengen bestimmter Nährstoffe und anderer Substanzen, die in dem betreffenden Lebensmittel enthalten sind, wie z.B. Fett, gesättigte Fettsäuren, Zucker und Salz resp. Natrium. Sodann massgebend sind die Rolle und die Bedeutung des Lebensmittels (oder der Lebensmittelkategorie) und seines (oder ihres) Beitrags zur Ernährung der Bevölkerung allgemein oder gegebenenfalls bestimmter Risikogruppen, einschliesslich Kindern. Ebenfalls bei der Festlegung von Nährwertprofilen zu berücksichtigen sind die Nährwertzusammensetzung des Lebensmittels und das Vorhandensein von Nährstoffen, deren Wirkung auf die Gesundheit wissenschaftlich anerkannt ist.[767]

657

Die Nährwertprofile müssen sich dabei immer auf wissenschaftliche Erkenntnisse über die Ernährung und ihre Bedeutung für die Gesundheit stützen.[768] Durch die Anwendung von Nährwertprofilen soll vermieden werden, dass die gesundheitsbezogenen Angaben den Ernährungsstatus eines Lebensmittels verschleiern und so die Verbraucherinnen und Verbraucher irreführen können, wenn diese bemüht sind, durch ausgewogene Ernährung eine gesunde Lebensweise anzustreben.[769] Nährwertprofile sollen somit sicherstellen, dass Lebensmittel, die mit positiven Gesundheitseffekten beworben werden, nicht gleichzeitig reich an Nährstoffen sind, deren übermässiger Verzehr erwiesenermassen mit chronischen Erkrankungen in Verbindung gebracht wird.[770]

658

---

[765] BFR, Nährwertprofile, S. 1. Vgl. zu den Nährwertprofilen auch ausführlich REMPE, S. 80 ff.

[766] Wie das Wort „insbesondere" in Art. 4 Abs. 1 Satz 2 impliziert, ist die Aufzählung der Faktoren nach Art. 4 Abs. 1 Bst. a–c EG-Health-Claims-Verordnung nicht abschliessend, sodass im Rahmen der Ausarbeitung der Nährwertprofile durch die EFSA Raum für die Berücksichtigung weiterer ernährungswissenschaftlich relevanter Kriterien bleibt.

[767] Vgl. Art. 4 Abs. 1 Bst. a–c EG-Health-Claims-Verordnung. Im Bereich der Nährwertprofile findet eine enge Zusammenarbeit zwischen der Europäischen Kommission und der EFSA statt. Die Europäische Kommission ersucht die EFSA, sachdienliche wissenschaftliche Empfehlungen für die Festlegung von Nährwertprofilen abzugeben. Gestützt darauf legt sie die spezifischen Nährwertprofile, einschliesslich der Ausnahmen fest, denen Lebensmittel oder bestimmte Lebensmittelkategorien entsprechen müssen, um (nährwert- oder) gesundheitsbezogene Angaben tragen zu dürfen.

[768] Art. 4 Abs. 1 und Erwägungsgrund 11 der EG-Health-Claims-Verordnung.

[769] Erwägungsgrund 11 der EG-Health-Claims-Verordnung.

[770] BFR, Ernährungsausschuss, S. 1.

189

659  Die Schweiz hat auf die Einführung von Nährwertprofilen im Zusammenhang mit der Verwendung von gesundheitsbezogenen Angaben verzichtet; im Abschnitt 11a der LKV finden sich keine entsprechenden Vorschriften. Ein massgebender Grund hierfür liegt im Erfordernis der Nährwertkennzeichnung gemäss Art. 29i Abs. 4 LKV. Demgemäss ist in der Schweiz bei der Verwendung einer nährwert- oder gesundheitsbezogenen Angabe die Nährwertkennzeichnung nach den Artikeln 22–29 LKV zwingend vorgeschrieben; bei gesundheitsbezogenen Angaben sind darüber hinaus die Angaben nach Art. 25 Abs. 1 Bst. b LKV aufzuführen. Damit gemeint sind die in einer Tabelle zusammenzufassenden Angaben der Nährwertkennzeichnung über den Energiewert (Brennwert) und Gehalt an Eiweiss, Kohlenhydraten, Zucker, Fett, gesättigten Fettsäuren, Nahrungsfasern und Natrium.[771]

660  Die Zuordnung der Lebensmittel oder Lebensmittelgruppen unter vorgegebene Nährwertprofile ist – wie das Verfahren in der EU bisher gezeigt hat – umständlich und äusserst zeit- und kostenintensiv.[772] Der Verzicht auf die Aufnahme von Nährwertprofilen in die LKV durch EDI und BAG ist deshalb sehr zu begrüssen. Die Durchschnittskonsumentinnen und -konsumenten können aufgrund der bei gesundheitsbezogenen Angaben zwingend vorgeschriebenen Nährwertkennzeichnung selbstständig über die Nährwerteigenschaften eines Lebensmittels entscheiden; die erforderlichen Informationen sind auf dem angepriesenen Lebensmittel angebracht.

---

[771]  Diese Angaben über den Energiewert eines Lebensmittels sollen es den Durchschnittskonsumenten ermöglichen zu entscheiden, ob das mit gesundheitsbezogenen Angaben angepriesene Lebensmittel den persönlichen Ernährungsbedürfnissen tatsächlich entspricht. Ein übermässig gesüsstes (alkoholfreies) Getränk beispielsweise kann ohne Weiteres mit einer signifikanten Menge an Vitaminen angereichert sein. Es liegt jedoch an den Konsumentinnen und Konsumenten, zu entscheiden, ob dieses Lebensmittel den eigenen Ernährungsvorstellungen entspricht oder nicht. Die Nährwertkennzeichnung gibt nur, aber immerhin transparent darüber Aufschluss, wie das Lebensmittel bezüglich seines Energiewertes und Gehaltes an Nährstoffen beschaffen ist (siehe zum Erfordernis der Nährwertkennzeichnung gemäss Art. 29i Abs. 4 unten Rz. 951 ff.).

[772]  HOLLE, S. 40; vgl. zum aufwendigen Verfahren zur Festlegung von Nährwertprofilen auch ausführlich REMPE, S. 108 ff.

# C. Angaben über die Entwicklung und die Gesundheitvon Kindern

Art. 14 Abs. 1 EG-Health-Claims-Verordnung sieht eine besondere Regelung   661
für Angaben betreffend die Entwicklung und Gesundheit von Kindern vor.[773]
Die Vorschrift erfasst Angaben, die auf die Entwicklung und/oder Gesundheit
von Kindern Bezug nehmen. Dabei ist entscheidend, dass die betreffende
Angabe eine besondere und ausschliesslich für Kinder zutreffende positive
Wirkung auf die Gesundheit oder die Entwicklung beschreibt. Eine Werbeaussage wie *„Kalzium leistet sowohl bei Erwachsenen als auch bei Kindern
einen Beitrag zum Erhalt gesunder Knochen"* fällt somit nicht in den Rege-
lungsbereich von Art. 14 Abs. 1 EG-Health-Claims-Verordnung.[774]

Abschnitt 11a der LKV sieht keine Vorschriften oder gar ein besonderes Zu-   662
lassungsverfahren für gesundheitsbezogene Angaben über die Entwicklung
und die Gesundheit von Kindern vor. Folglich richten sich die vom BAG
bereits freigegebenen und in Anhang 8 der LKV publizierten gesundheitsbezogenen Angaben sowohl an Erwachsene als auch an Kinder. Im Rahmen des
Bewilligungsverfahrens für neue gesundheitsbezogene Angaben prüft das
BAG, ob durch die Gesuchsteller, anhand wissenschaftlicher Studien, der
Nachweis erbracht werden kann, dass die gesundheitsbezogene Angabe die
vorgegebenen Kriterien des Abschnitts 11a der LKV erfüllt, und ob die Konsumentinnen und Konsumenten durch die Angabe nicht über die Eigenschaften des Lebensmittels getäuscht werden. Insofern wird durch das Bewilligungsverfahren zusätzlich sichergestellt, dass die gesundheitsbezogene Aussage auch bezüglich der Gesundheit von Kindern weder täuschend noch irreführend ist.[775]

# D. Datenschutz

Art. 21 EG-Health-Claims-Verordnung sieht vor, dass wissenschaftliche Da-   663
ten und andere Informationen, die im Rahmen des Zulassungsverfahren durch
die Antragstellerinnen und Antragsteller eingereicht werden, während eines

---

[773]   Die Regelung von Angaben betreffend die Entwicklung und Gesundheit von
Kindern wurde vom Europäischen Parlament, von der Europäischen Kommission und vom Europäischen Rat im Mai 2006 auf Wunsch des Europäischen Parlaments in die Verordnung aufgenommen (HOLLE, S. 82).

[774]   Vgl. HOLLE, S. 82.

[775]   Art. 29g Abs. 1 Bst. a und b LKV. Siehe zum Bewilligungsverfahren neuer
gesundheitsbezogener Angaben ausführlich unten Rz. 846 ff.

Zeitraums von fünf Jahren ab dem Datum der Zulassung nicht zugunsten eines späteren Antragstellers verwendet werden dürfen, es sei denn, dieser nachfolgende Antragsteller hat mit dem früheren Antragsteller vereinbart, dass solche Daten und Informationen verwendet werden können. Bis zum Ablauf der fünfjährigen Schutzfrist hat kein nachfolgender Antragsteller das Recht, sich auf von einem vorangegangenen Antragsteller als geschützt bezeichnete Daten zu beziehen.[776]

664 Wie bei den Grundlagen ausgeführt, ist die Entwicklung von neuartigen Lebensmitteln mit erheblichen Kosten verbunden (vgl. oben Rz. 23). Die Datenschutzbestimmung bezweckt daher die Förderung von Forschung und Entwicklung in der Lebensmittelindustrie, indem die Investitionen, die von Innovatoren bei der Beschaffung von Informationen und Daten zur Unterstützung eines Antrags auf Zulassung nach EG-Health-Claims-Verordnung getätigt werden, geschützt werden sollen. Dieser Schutz ist in zeitlicher Hinsicht auf fünf Jahre befristet, um eine unnötige Wiederholung von Studien und Erprobungen zu vermeiden und den kleinen und mittleren Unternehmen (KMU), die selten die finanzielle Kapazität zur Durchführung von Forschungstätigkeiten besitzen, den Zugang zur Verwendung von Angaben zu erleichtern.[777]

665 EDI und BAG haben auf die Aufnahme einer entsprechenden Datenschutzbestimmung in den Abschnitt 11a der LKV verzichtet. Ein Grund hierfür dürfte einerseits in der nach Art. 41 LKV vorgeschriebenen Anpassung des Anhangs zugelassener gesundheitsbezogener Angaben nach Massgabe der EU liegen. Bei der Anpassung des Anhangs 8 der LKV hat das BAG das Gemeinschaftsregister nach Art. 20 EG-Health-Claims-Verordnung zu berücksichtigen. Insofern werden die auf geschützten Daten beruhenden neuartigen gesundheitsbezogenen Angaben aus dem EU-Raum ohnehin übernommen und entsprechend publiziert.

666 Andererseits dürfte auch aus Praktikabilitätsgründen auf die Aufnahme einer Datenschutzbestimmung verzichtet worden sein. HOLLE weist etwa darauf hin, dass eine nur am Wortlaut orientierte enge Auslegung des Art. 21 EG-Health-Claims-Verordnung eine Antragstellerin, die den Schutz ihrer Daten

---

[776] Der Datenschutz kann durch den Antragsteller unter folgenden in Art. 21 Abs. 1 Bst. a–c aufgeführten Voraussetzungen beantragt werden: die wissenschaftlichen Daten und anderen Informationen wurden vom ursprünglichen Antragsteller zum Zeitpunkt des ursprünglichen Antrags als geschützt bezeichnet (Bst. a); der ursprüngliche Antragsteller hatte zum Zeitpunkt des ursprünglichen Antrags ausschliesslichen Anspruch auf die Nutzung der geschützten Daten (Bst. b), und die gesundheitsbezogene Angabe hätte ohne die Vorlage der geschützten Daten durch den ursprünglichen Antragsteller nicht zugelassen werden können (Bst. c).

[777] Vgl. Erwägungsgrund 32 der EG-Health-Claims-Verordnung.

erreichen möchte, vor erhebliche praktische Probleme stellt. Zum einen müsse diese nämlich die Anforderungen an die wissenschaftliche Absicherung der Daten nach Art. 5 Abs. 1 EG-Health-Claims-Verordnung (Grundsatzbestimmung) gewährleisten, zum anderen müsse sie auch das ausschliessliche Nutzungsrecht an den Daten besitzen. Ginge man nun davon aus, dass mit der Veröffentlichung von Daten – z.B. in einer wissenschaftlichen Zeitschrift – das ausschliessliche Nutzungsrecht an ihnen verloren ginge, dann müsste eine potenzielle Antragstellerin bis zum Ablauf der Schutzfrist von fünf Jahren auf eine Veröffentlichung ihrer Daten verzichten. Da eine glaubhafte wissenschaftliche Studie jedoch zwingend eine sog. „Peer-Review"[778] erfordert, so HOLLE weiter, wäre der derzeit in der Forschung und Entwicklung der Lebensmittelindustrie übliche Weg der Veröffentlichung eigener Studien in anerkannten wissenschaftlichen Fachzeitschriften zukünftig verschlossen.[779]

Es ist kaum anzunehmen, dass der Unionsgesetzgeber eine solche Einschränkung wissenschaftlicher Publikationen beabsichtigte, als er Art. 21 in die EG-Health-Claims-Verordnung aufnahm.[780] HOLLE weist deshalb darauf hin, dass der Schutz der eigenen Daten der Antragstellerin ebenso erfolgen sollte wie in anderen Bestimmungen des Unionsrechts, die vergleichbare Zulassungsverfahren regeln. In diesen Bestimmungen wird jeweils unterschieden zwischen geschützten Daten und deren Vertraulichkeit. Geschützte Daten dürfen, selbst wenn sie veröffentlicht sind, für einen bestimmten Zeitraum (z.B. für fünf oder zehn Jahre) ohne Zustimmung der Erstantragstellerin nicht zugunsten späterer Antragsteller herangezogen werden. Demgegenüber handelt es

667

---

[778]  „Peer-Review" bedeutet wörtlich übersetzt „Begutachtung durch Ebenbürtige". Es handelt sich dabei um ein Verfahren zur Beurteilung von wissenschaftlichen Arbeiten im Wissenschaftsbetrieb oder Projekten in Unternehmen durch unabhängige Gutachterinnen und Gutachter, die sog. „Peers", mit dem Ziel der Qualitätssicherung (vgl. HOLLE, S. 70).

[779]  Die Lebensmittelunternehmer müssten die „Peer-Review" dann wohl durch wissenschaftliche Beiräte unter Verschwiegenheitspflicht vornehmen lassen. In den USA ist die öffentliche Verfügbarkeit wissenschaftlicher Erkenntnisse eine grundlegende Voraussetzung für die wissenschaftliche Absicherung und damit für die Zulassung gesundheitsbezogener Angaben durch die Food and Drug Administration (vgl. zum Ganzen HOLLE, S. 70).

[780]  Vgl. hierzu schon Art. 16 Abs. 6 EG-Health-Claims-Verordnung, der die Veröffentlichung der Stellungnahme der EFSA zu Zulassungsanträgen und die Möglichkeit eines Kommentars durch Vertreterinnen und Vertreter der Öffentlichkeit vorsieht.

sich bei vertraulichen Informationen um Betriebs- oder Geschäftsgeheimnisse, die der Öffentlichkeit nicht zugänglich gemacht werden dürfen.[781]

668 HOLLE zufolge orientiert sich die Formulierung von Art. 21 EG-Health-Claims-Verordnung eindeutig an solchen früheren Zulassungsverfahren, die eine entsprechende Unterscheidung vorsehen. Die Publikation der im Erstzulassungsverfahren zur Absicherung einer gesundheitsbezogenen Angabe vorgelegten eigenen Daten führe daher nicht automatisch dazu, dass diese Daten nicht mehr nach Massgabe von Art. 21 EG-Health-Claims-Verordnung geschützt seien. Spätere Antragsteller dürften diese für einen Zeitraum von fünf Jahren folglich nur mit Zustimmung der Erstantragstellerin verwenden.[782]

669 Die soeben geschilderten Auslegungs- und Umsetzungsschwierigkeiten machen deutlich, dass EDI und BAG gut daran taten, auf die Aufnahme einer entsprechenden Datenschutzbestimmung zu verzichten. Die zusätzliche Prüfung der eingereichten wissenschaftlichen Studien auf Originalität im Rahmen des Zulassungsverfahrens dürfte in der Praxis nur schwer umzusetzen und mit unverhältnismässig grossem Aufwand verbunden sein. Insbesondere deswegen, weil es gängige und auch zulässige Praxis in der Lebensmittelbranche ist, auf Basis der Veröffentlichung fremder Studien eigene Forschungen und Entwicklungen durchzuführen und deren Ergebnisse zur Absicherung der eigenen gesundheitsbezogenen Angaben zu verwenden, würden sich eine klare Abgrenzung und eine klare Bewertung der eingereichten Anträge als äusserst schwierig erweisen.[783]

# E. Hinweise auf die schlank machenden oder gewichtskontrollierenden Eigenschaften eines Lebensmittels

670 Art. 13 Abs. 1 Bst. c EG-Health-Claims-Verordnung bestimmt, dass zu den auf der Gemeinschaftsliste veröffentlichten und zu Werbezwecken freigegebenen Health Claims auch die Angaben über schlank machende oder gewichtskontrollierende Eigenschaften eines Lebensmittels, die Verringerung

---

[781] HOLLE, S. 71. Die von HOLLE vorgenommene Unterscheidung zwischen geschützten und vertraulichen Daten findet sich beispielsweise in Art. 13 und 14 der Richtlinie 91/414/EWG des Rates über das Inverkehrbringen von Pflanzenschutzmitteln, vom 19. August 1991, ABl. EU L 230, S. 1–32.

[782] HOLLE, S. 71.

[783] HOLLE, S. 72.

des Hungergefühls oder ein verstärktes Sättigungsgefühl oder eine verringerte Energieaufnahme durch den Verzehr von Lebensmitteln gehören.

Zu den gesundheitsbezogenen Angaben zählt die EG-Health-Claims-Verordnung damit neben den Aussagen über das Wachstum, die Entwicklung und die Körperfunktionen sowie über die psychischen (Verhaltens-)Funktionen auch die Aussagen über schlank machende oder gewichtskontrollierende Eigenschaften eines Lebensmittels. Darunter fallen Claims wie: *„Macht länger satt"* oder *„Hilft beim Abnehmen"*.                                                671

Spezifische Angaben über das Ausmass und die Dauer der Gewichtsabnahme werden jedoch nicht erfasst, da diese Angaben bereits durch Art. 12 Bst. b EG-Health-Claims-Verordnung verboten sind.[784]                                                672

In der LKV finden sich keine Bestimmungen über die schlank machenden oder gewichtskontrollierenden Eigenschaften eines Lebensmittels. In der Schweiz sind entsprechende Angaben für gewöhnliche Lebensmittel generell nicht vorgesehen. Schlankheitshinweise fallen damit auch nicht in den Anwendungsbereich von Abschnitt 11a der LKV.[785]                                                673

Bezüglich Schlankheitshinweisen gilt gemäss Art. 10 Abs. 2 Bst. c LGV, was im Zusammenhang mit Lebensmitteln auch für krankheitsbezogene Angaben gilt: Verboten sind „Hinweise irgendwelcher Art, die *einem Lebensmittel Eigenschaften* der Vorbeugung, Behandlung oder Heilung einer menschlichen Krankheit oder *als Schlankheitsmittel* zuschreiben oder die den Eindruck entstehen lassen, dass solche Eigenschaften vorhanden sind". Schlankheitsbezogene Angaben sind in der Schweiz damit für gewöhnliche Lebensmittel nicht zulässig.                                                674

Eine gewisse Einschränkung erfährt dieser Grundsatz durch die Bestimmungen über die Speziallebensmittel.[786] Von diesen Bestimmungen erfasst werden insbesondere die Lebensmittel für eine gewichtskontrollierende Ernährung sowie die diätetischen Lebensmittel für besondere medizinische Zwecke.                                                675

---

[784]   Vgl. HOLLE, S. 60; MEYER, S. 141.

[785]   Siehe zum Geltungsbereich von Abschnitt 11a der LKV unten Rz. 801 ff.

[786]   Wie oben ausgeführt sind Speziallebensmittel Lebensmittel, die für eine besondere Ernährung bestimmt sind und aufgrund ihrer Zusammensetzung oder des besonderen Verfahrens ihrer Herstellung den besonderen Ernährungsbedürfnissen von Menschen, welche aus gesundheitlichen Gründen eine andersartige Kost benötigen, entsprechen oder die dazu beitragen, bestimmte ernährungsphysiologische oder physiologische Wirkungen zu erzielen (Art. 2 Abs. 1 Bst. a und b Speziallebensmittelverordnung; siehe dazu oben Rz. 243).

676 Lebensmittel für eine gewichtskontrollierende Ernährung sind Lebensmittel mit einer besonderen Zusammensetzung, die bei Verwendung entsprechend den Anweisungen der Herstellerin die tägliche Nahrungsmittelration ganz oder teilweise ersetzen.[787] Ausdrücklich verboten sind aber auch für diese Lebensmittel Hinweise darauf, innerhalb welcher Frist oder in welchem Ausmass eine Gewichtsabnahme zu erwarten ist, sowie Hinweise darauf, dass eine Verringerung des Hungergefühls oder ein verstärktes Sättigungsgefühl zu erwarten sind.[788]

677 Für die diätetischen Lebensmittel für besondere medizinische Zwecke gelten noch restriktivere Kennzeichnungs- und Anpreisungsvorschriften: Wer etwa als Herstellerin oder als Importeur ein solches Lebensmittel in den Verkehr bringen will, das die Anforderungen nach Anhang 14a der Speziallebensmittelverordnung erfüllt, muss dies dem BAG melden. Er oder sie hat dazu dem BAG eine Originalpackung oder -etikette beziehungsweise deren Laserandrucke mit Rezeptur einzureichen.[789]

# III. Regelung gemäss EU-Recht

## A. Regelungsziele der EG-Health-Claims-Verordnung

678 Zu den wesentlichen Zielen der EG-Health-Claims-Verordnung gehören gemäss Art. 1 Abs. 1 die Binnenmarktharmonisierung[790] und die Gewährleistung eines hohen Verbraucherschutzniveaus. Um den Verbraucherinnen und Verbrauchern bei der zunehmenden Anzahl gesundheitsfördernder Lebensmittel nach wie vor ein hohes Schutzniveau zu gewährleisten und ihnen zudem die Auswahl zu erleichtern, sollten die im Handel befindlichen Produkte,

---

[787] Art. 16 Abs. 1 Speziallebensmittelverordnung.

[788] Art. 16 Abs. 8 Speziallebensmittelverordnung.

[789] Vgl. zu den diätetischen Lebensmitteln für besondere medizinische Zwecke Art. 20a Speziallebensmittelverordnung.

[790] Betreffend Binnenmarktharmonisierung führt Erwägungsgrund 2 der EG-Health-Claims-Verordnung aus, dass nach wie vor Unterschiede zwischen den nationalen Bestimmungen bezüglich gesundheitsbezogener Angaben bestehen, die den freien Warenverkehr behindern könnten und ungleiche Wettbewerbsbedingungen schaffen. Damit hätten sie eine unmittelbare Auswirkung auf das Funktionieren des Binnenmarktes. Es sei deshalb unabdingbar, Unionsvorschriften für die Verwendung von gesundheitsbezogenen Angaben über Lebensmittel zu erlassen.

einschliesslich der eingeführten Produkte, sicher sein und eine angemessene Kennzeichnung aufweisen.[791]

Die EG-Health-Claims-Verordnung soll deshalb verhindern, dass sich die 679 Verbraucherinnen und Verbraucher aufgrund von irreführenden gesundheits- bezogenen Angaben ein unzutreffendes Bild von den tatsächlichen Eigen- schaften eines Lebensmittels machen. Die Verordnung dient damit – zusam- men mit der Lebensmittel-Basisverordnung und der Etikettierungsrichtlinie – dem Verbraucherschutz vor Irreführung und Täuschung sowie der ausglei- chenden Verbraucherinformation.[792] Den Verbraucherinnen und Verbrau- chern soll dadurch ermöglicht werden, eine sachkundige Wahl zu treffen.[793] Hierzu wird die Etikettierungsrichtlinie durch die „leges speciales" der EG- Health-Claims-Verordnung bezüglich nährwert- und gesundheitsbezogener Angaben ergänzt.[794]

Weitere Ziele der Verordnung sind eine Verbesserung der Markttransparenz, 680 eine höhere Rechtssicherheit für die Wirtschaftsakteure, fairer Wettbewerb sowie die Förderung und der Schutz von Innovationen im Lebensmittelsek- tor.[795] Die Verordnung fördert darüber hinaus die KMUs innerhalb des EU- Binnenmarktes, indem durch die fortlaufende Publikation von zulässigen gesundheitsbezogenen Angaben sowie durch eine zeitliche Befristung des Datenschutzes von Forschungsergebnissen den kleinen und mittleren Unter- nehmen – die häufig über geringere finanzielle Möglichkeiten zur Entwick- lung neuartiger Produkte verfügen als die Lebensmittelmultis – der Zugang zur Verwendung von Angaben erleichtert wird.

Nicht zu den Regelungsabsichten der EG-Health-Claims-Verordnung gehört 681 der Schutz vor einer falschen Ernährungsweise. Es liegt im Ermessen der

---

791    Vgl. Erwägungsgrund 1 der EG-Health-Claims-Verordnung.

792    Vgl. MEYER, S. 134.

793    Vgl. Erwägungsgrund 1 und 9 der EG-Health-Claims-Verordnung. Erwägungs- grund 9 hält hierzu Folgendes fest: „Es gibt eine Vielzahl von Nährstoffen und anderen Substanzen – unter anderem Vitamine, Mineralstoffe einschliesslich Spurenelementen, Aminosäuren, essenzielle Fettsäuren, Ballaststoffe, verschie- dene Pflanzen- und Kräuterextrakte und andere – mit ernährungsbezogener oder physiologischer Wirkung, die in Lebensmitteln vorhanden und Gegenstand ent- sprechender Angaben sein können. Daher sollten allgemeine Grundsätze *für alle Angaben über Lebensmittel* festgesetzt werden, um *ein hohes Verbraucher- schutzniveau* zu gewährleisten, dem Verbraucher die *notwendigen Informationen für eine sachkundige Entscheidung* zu liefern und gleiche Wettbewerbsbedin- gungen für die Lebensmittelindustrie zu schaffen."

794    Erwägungsgrund 3 der EG-Health-Claims-Verordnung; vgl. auch oben Rz. 623.

795    Vgl. Erwägungsgrund 32 der EG-Health-Claims-Verordnung; MEYER, S. 135.

Konsumentinnen und Konsumenten, zu entscheiden, wie gesund sie sich ernähren wollen. Eine abwechslungsreiche und ausgewogene Ernährung ist und bleibt eine Grundvoraussetzung für eine gute Gesundheit. Gesundheitsdienliche Lebensmittel sollen nur, aber immerhin einen Beitrag zur Förderung des Wohlbefindens und der Gesundheit leisten.[796]

# B. Anwendungsbereich der EG-Health-Claims-Verordnung

## 1. Allgemeines

682 Nach Art. 1 Abs. 2 gilt die EG-Health-Claims-Verordnung für „gesundheitsbezogene Angaben, die in kommerziellen Mitteilungen bei der Kennzeichnung und Aufmachung von oder bei der Werbung für Lebensmittel gemacht werden, die als solche an den Endverbraucher abgegeben werden sollen".

683 Somit können folgende Teilgehalte des Anwendungsbereichs unterschieden werden: „Lebensmittel", „gesundheitsbezogene Angaben"[797], „kommerzielle Mitteilungen", „Kennzeichnung und Aufmachung", „Werbung" sowie die „Endverbraucher". Diese Teilaspekte werden nun im Einzelnen untersucht.[798]

## 2. Lebensmittel

684 Die EG-Health-Claims-Verordnung gilt nur für Lebensmittel. Soweit auf den europäischen Lebensmittelbegriff nicht bereits oben eingegangen wurde (vgl. oben Rz. 385 ff.), bleibt Folgendes hinzuzufügen: Zu Lebensmitteln zählen namentlich Getränke, Süssigkeiten sowie alle Lebensmittelbestandtei-

---

[796] Vgl. Erwägungsgrund 1 der EG-Health-Claims-Verordnung; MEYER, S. 135.

[797] Wobei nachfolgend zwischen der Angabe und dem Gesundheitsbezug unterschieden wird.

[798] Art. 29a Abs. 1 LKV bestimmt bezüglich des Geltungsbereichs der schweizerischen Health-Claims-Bestimmungen lediglich: „Dieser Abschnitt (Abschnitt 11a der LKV) regelt die nährwert- und die gesundheitsbezogenen Angaben." Gemäss Abs. 2 bleiben die abweichenden Bestimmungen über die Speziallebensmittel und über Trink-, Quell- und Mineralwasser vorbehalten. Weiterführende Hinweise zum Geltungsbereich der Bestimmungen über die gesundheitsbezogenen Angaben finden sich in der LKV nicht. Meines Erachtens rechtfertigt sich daher eine vertiefte Auseinandersetzung mit den massgebenden EU-Bestimmungen zum Anwendungsbereich.

le, wie z.B. Wasser, aus denen sich ein Lebensmittel zusammensetzt.[799] Lebensmittel, die aus Drittländern in die EU eingeführt werden, unterliegen ebenfalls der EG-Health-Claims-Verordnung.[800]

Da nur Lebensmittel in den Anwendungsbereich der Verordnung fallen, gilt die Verordnung nicht für andere Gesundheitsprodukte wie z.B. kosmetische Mittel, Medizinprodukte oder Arzneimittel.[801] Lediglich einzelne Vorschriften der EG-Health-Claims-Verordnung sind gemäss Art. 1 Abs. 2 Satz 2 EG-Health-Claims-Verordnung auf unverpackte Lebensmittel nicht anwendbar.[802]

685

## 3. Gesundheitsbezogene Angaben

### a) Allgemeines

Im ersten Teil bei den Begriffsbestimmungen wurde der Begriff der gesundheitsbezogenen Angabe ausführlich behandelt, wobei auf die Unterscheidung zwischen „Angabe" und „Gesundheitsbezug" bereits hingewiesen wurde (vgl. oben Rz. 452 ff.). Ergänzend zu den dortigen Ausführungen sollen nun vor allem in Bezug auf den Anwendungsbereich weitere Ausführungen folgen.

686

---

[799] Für den Begriff des Lebensmittels verweist Art. 2 Abs. 1 Bst. a EG-Health-Claims-Verordnung auf die Lebensmittel-Basisverordnung.

[800] Vgl. Erwägungsgrund 1 und 2 der EG-Health-Claims-Verordnung; MEYER, S. 136.

[801] MEYER, S. 136.

[802] Keine Anwendung finden bei nicht vorverpackten Lebensmitteln Art. 7 und Art. 10 Abs. 2 Bst. a und b EG-Health-Claims-Verordnung. Für nicht vorverpackte Lebensmittel und für Lebensmittel, die entweder auf Wunsch des Käufers oder der Käuferin verpackt oder fertig zum sofortigen Verkauf fertig verpackt werden, ist eine Nährwertkennzeichnung somit nicht vorgeschrieben. Bei gesundheitsbezogenen Angaben müssen auch keine Hinweise auf die Bedeutung einer abwechslungsreichen und ausgewogenen Ernährung und einer gesunden Lebensweise erfolgen. Ebenfalls nicht notwendig sind Informationen zur Menge des Lebensmittels und zum Verkehrsmuster, die erforderlich sind, um die behauptete positive Wirkung zu erzielen (vgl. Art. 1 Abs. 2 Satz 2 i.V.m. Art. 7 und Art. 10 Abs. 2 Bst. a und b EG-Health-Claims-Verordnung; vgl. auch HOLLE, S. 157 ff.; MEYER, S. 151 f.).

## b)      Angabe

687  Nach Art. 2 Abs. 2 Ziff. 1 EG-Health-Claims-Verordnung ist eine Angabe „jede Aussage oder Darstellung, die nach dem Gemeinschaftsrecht oder den nationalen Vorschriften nicht obligatorisch ist, einschliesslich Darstellungen durch Bilder, grafische Elemente oder Symbole in jeder Form, und mit der erklärt, suggeriert oder auch nur mittelbar zum Ausdruck gebracht wird, dass ein Lebensmittel besondere Eigenschaften besitzt".

688  Der Begriff der Angabe ist damit äusserst weit gefasst; auch indirekte Ausdrucksformen werden darunter verstanden, was aus der Formulierung „suggeriert oder auch nur mittelbar zum Ausdruck gebracht wird", deutlich wird. Darüber hinaus ist die Form der Darstellung unerheblich[803]: Vom Wortlaut werden grundsätzlich alle Formen von Aussagen und Darstellungen erfasst. Darunter fallen insbesondere symbolische Angaben sowie Grafiken (in der EU namentlich auch Ampelgrafiken), Logos, Verpackungen und Aufmachungen sowie produktbegleitende Materialien. Dies gilt unabhängig davon, ob sie auf dem Produkt selbst, in den Medien (TV, Radio, Internet etc.) oder sonst in einer Form gemacht werden. MEYER zufolge dürfte auch jede mündliche Werbung unter den Begriff Angabe fallen.[804]

689  Angaben im Sinne des Anwendungsbereichs sind dabei immer werbliche Aussagen oder Formulierungen mit einer unmittelbaren oder mittelbaren sachlichen, auf ihren Wahrheitsgehalt hin überprüfbaren Aussage. Eine solche überprüfbare Aussage wird auch Tatsachenbehauptung genannt und enthält zwingend einen nachprüfbaren Tatsachenkern.[805] Dies wird mit der Formulierung „mit der erklärt, suggeriert oder auch nur mittelbar zum Ausdruck gebracht wird, dass ein Lebensmittel *besondere Eigenschaften besitzt*" verdeutlicht. Mit einer entsprechenden Angabe wird über die Werbung gezielt kommuniziert, dass ein Lebensmittel nachweislich über besondere Eigenschaften – namentlich gesundheitsbezogene – verfügt.

690  Dabei fallen auch allgemeine Werbeaussagen wie „*Kaufen Sie das Lebensmittel X, damit Sie sich wohlfühlen*", also sog. „Wellbeing Claims", unter den Angabebegriff, obschon diese Anpreisungsform einem wissenschaftlichen Beweis nicht ohne Weiteres zugänglich ist.[806]

---

803    BERG, S. 100.
804    MEYER, S. 137, m.w.H.
805    BERG, S. 100; MEYER, S. 137.
806    Vgl. Art. 10 Abs. 3 EG-Health-Claims-Verordnung, wonach „Verweise auf allgemeine, nichtspezifische Vorteile des Nährstoffs oder Lebensmittels für die Gesundheit im Allgemeinen oder das gesundheitsbezogene Wohlbefinden" nur

Mit den genannten „besonderen Eigenschaften" sind die ernährungsbezoge-    691
nen oder physiologischen Wirkungen eines Lebensmittels gemeint, durch die
es sich von vergleichbaren Produkten abhebt.[807] Im Kontext der EG-Health-
Claims-Verordnung handelt es sich dabei um die besonderen positiven Nährwerteigenschaften eines Lebensmittels (nährwertbezogene Angaben) und um
Zusammenhänge zwischen Lebensmitteln und der Gesundheit (gesundheitsbezogene Angaben). Diese beiden ernährungsbezogenen Angaben werden
von der EG-Health-Claims-Verordnung erfasst und geregelt.[808]

MEYER zufolge ist kein konkreter Produktbezug erforderlich, es reicht viel-    692
mehr aus, wenn nur die allgemein bekannte Wirkung eines Produktbestandteils mittels einer Angabe beschrieben wird oder wenn Lebensmittelerzeugnissen allgemein ein Gesundheitseffekt zugeschrieben wird. Damit fallen z.B.
auch in einer Werbebroschüre eines Detailhändlers[809] gemachte Ernährungsaussagen über die gesundheitsfördernde Wirkung von Lebensmitteln unter
den Angabebegriff.[810]

Aus dem Merkmal „besondere Eigenschaften" kann schliesslich abgeleitet    693
werden, dass Warnhinweise zu Lebensmittelerzeugnissen, wie z.B. *„Kann
abführend wirken"*, nicht in den Anwendungsbereich der EG-Health-Claims-
Verordnung fallen. Mit diesen Hinweisen wird nicht auf die besonderen positiven Wirkungen eines Lebensmittels aufmerksam gemacht, sondern lediglich
auf ein mögliches Gefahrenpotenzial, das mit der Konsumation des Lebensmittels verbunden ist.[811]

Eine Einschränkung des Anwendungsbereichs ergibt sich aufgrund des Zu-    694
satzes „nicht obligatorisch". Von der EG-Health-Claims-Verordnung werden
nur freiwillige Angaben und Hinweise erfasst. Angaben, die nach EU-Recht
(oder nach nationalen Vorschriften) obligatorisch sind, werden dem Angabe-

---

zulässig sind, wenn ihnen eine in einer der Listen nach Art. 13 oder 14 enthaltene spezielle gesundheitsbezogene Angabe beigefügt ist (MEYER, S. 137 f.).

[807]    Vgl. Erwägungsgrund 9 der EG-Health-Claims-Verordnung.

[808]    Art. 2 Abs. 2 Ziff. 4 und 5 EG-Health-Claims-Verordnung. Bei den „Angabe[n]
über die Reduzierung eines Krankheitsrisikos" gemäss Art. 2 Abs. 2 Ziff. 6 handelt es sich um eine besondere Form von gesundheitsbezogenen Angaben
(vgl. oben Rz. 447 ff. und unten Rz. 695).

[809]    Zu denken ist an periodisch erscheinende Werbematerialien wie beispielsweise
wöchentlich abgegebene Prospekte einer Supermarktkette, in denen auf die besonderen Lebensmitteleigenschaften ausgewählter Lebensmittel hingewiesen
wird (*„Vitaminwochen bei XY. Profitieren Sie von unserem grossen Angebot an
frischen Fruchtsäften. Vitamine sind wichtig für ..."*).

[810]    Vgl. so auch MEYER, S. 138.

[811]    MEYER, S. 138, m.w.Verw.

begriff nicht subsumiert. Damit gemeint sind die gesetzlichen Kennzeichnungsvorschriften, die sich insbesondere aufgrund der Etikettierungsrichtlinie ergeben.[812]

### c)   Gesundheitszusammenhang

695   Wie bereits im ersten Teil bei den Begriffsbestimmungen dargelegt wurde, ist bei einer gesundheitsbezogenen Angabe immer der Funktionszusammenhang zwischen dem Lebensmittel und der Gesundheit massgebend (vgl. oben Rz. 452 ff.). Es muss dabei grundsätzlich von einem ganzheitlichen Gesundheitsbegriff ausgegangen werden, bei dem das umfassende Wohlbefinden bzw. Wohlergehen des Menschen im Zentrum steht.[813] Diesem Begriffsverständnis folgend, unterscheidet die EG-Health-Claims-Verordnung verschiedene Arten von gesundheitsbezogenen Angaben:

–   Zunächst nennt Art. 13 Abs. 1 gesundheitsbezogene Angaben, die auf allgemein anerkannten wissenschaftlichen Erkenntnissen beruhen. Dazu gehören Angaben, welche die Bedeutung eines Nährstoffs oder einer anderen Substanz für Wachstum, Entwicklung und Körperfunktionen beschreiben (*„Vitamin A ist für die Blutbildung notwendig"* oder *„Magnesium – spielt eine wichtige Rolle im Energiestoffwechsel"*).[814] Ebenfalls erfasst werden Angaben, welche die psychischen Funktionen oder Verhaltensfunktionen ansprechen (*„Fördert die mentale Leistungsfähigkeit"*)[815], sowie Angaben über die schlank machenden oder gewichtskontrollierenden Eigenschaften eines Lebensmittels oder über die Verringerung des Hungergefühls oder ein verstärktes Sättigungsgefühl oder eine verringerte Energieaufnahme durch den Verzehr eines Lebensmittels (*„Hilft ihr Körpergewicht zu regulieren"* oder *„Macht länger satt"*).[816]

–   Sodann sind in Art. 14 EG-Health-Claims-Verordnung die Angaben über die Verringerung eines Krankheitsrisikos (*„Die vermehrte Aufnahme von Vitamin C beugt dem Risiko von Herzerkrankungen vor"*) sowie die Angaben über die Entwicklung und die Gesundheit von Kindern geregelt.[817]

---

[812]   BERG, S. 101; MEYER, S. 138.
[813]   Siehe zum Gesundheitsbegriff oben Rz. 422 ff. und 456.
[814]   Art. 13 Abs. 1 Bst. a EG-Health-Claims-Verordnung (sog. „wirkungsbezogene Angaben").
[815]   Art. 13 Abs. 1 Bst. b EG-Health-Claims-Verordnung.
[816]   Art. 13 Abs. 1 Bst. c EG-Health-Claims-Verordnung (sog. „gewichtsbezogene Angaben"; vgl. dazu oben Rz. 670 ff.).
[817]   HOLLE, S. 74 ff.; MEYER, S. 142 ff.

– Angaben, die auf Empfehlungen von nationalen Vereinigungen von Fachleuten der Bereiche Medizin, Ernährung oder Diätetik und karitativen medizinischen Einrichtungen beruhen sind in Art. 11 EG-Health-Claims-Verordnung geregelt.[818]

– Schliesslich gelten als gesundheitsbezogene Angaben die sog. „Wellbeing Claims" nach Art. 10 Abs. 3 EG-Health-Claims-Verordnung. Damit gemeint sind Verweise auf „allgemeine, nichtspezifische Vorteile des Nährstoffs oder Lebensmittels für die Gesundheit im Allgemeinen oder das gesundheitsbezogene Wohlbefinden". Beispiele für derartige Angaben sind: *„Damit Sie sich wohlfühlen", „Wirkt sich positiv auf Ihr Wohlbefinden aus"* und *„Stärkt die Abwehrkräfte".*[819]

Es ist dabei immer aus Sicht des Durchschnittskonsumenten zu beurteilen, ob eine bestimmte Angabe einen Gesundheitszusammenhang „suggeriert" oder „mittelbar zum Ausdruck bringt".[820] Die EG-Health-Claims-Verordnung geht dabei von der normal informierten, aufmerksamen und verständigen Durchschnittsverbraucherin unter Berücksichtigung sozialer, kultureller und sprachlicher Faktoren nach der Auslegung des europäischen Gerichtshofs als Massstab aus.[821]    696

Die europäische Rechtslehre ist sich grundsätzlich einig darin, dass allgemein übliche Werbebotschaften, die nicht nur bei Lebensmitteln, sondern auch bei anderen Produkten gebräuchlich sind, generelle Werbeaussagen darstellen und damit auch nicht über einen Gesundheitsbezug verfügen (*„Die besten XY-Produkte weit und breit", „Probieren Sie jetzt unsere feinen Äpfel"*). Solche allgemeinen Werbeformen unterliegen nicht den strengeren, spezifischen Voraussetzungen für die Verwendung gesundheitsbezogener Angaben. Wo die Grenze zwischen unbestimmten und hinreichend genauen Angaben verläuft ist in der Praxis jedoch nicht immer leicht zu erkennen.[822] Gemeint sind eine Werbeaussage wie z.B. *„mit lebenswichtigen Vitaminen"* (vgl. unten Rz. 701) oder Abbildungen von vor Gesundheit strotzenden Menschen.    697

---

[818]    MEYER, S. 145.

[819]    HOLLE, S. 58 f.; MEYER, S. 145 f.; siehe dazu unten Rz. 774 ff.

[820]    BERG, S. 103.

[821]    Erwägungsgrund 16 der EG-Health-Claims-Verordnung. Vgl. hierzu auch Art. 13 Abs. 1 Bst. ii EG-Health-Claims-Verordnung, demgemäss die in Abs. 1 gemachten gesundheitsbezogenen Angaben nur gemacht werden dürfen, wenn sie „vom durchschnittlichen Verbraucher richtig verstanden werden" (vgl. dazu unten Rz. 757 ff.). Siehe zum Begriff der Durchschnittsverbraucherin und des Durchschnittsverbrauchers oben Rz. 103 ff.

[822]    Vgl. BERG, S. 103; HOLLE, S. 59; MEYER, S. 146.

698 Definitionsgemäss sollen die Werbung und die eingesetzten Werbemittel das anzupreisende Produkt von seiner besten Seite zeigen und die Verbraucherinnen und Verbraucher zum Kauf animieren. Die betreffenden Anpreisungen müssen laut BERG jedoch immer im Zusammenhang mit den übrigen Angaben bei der Kennzeichnung und der gesamten Aufmachung gesehen werden. Nur aus dem Gesamteindruck könnten die Durchschnittskonsumentin und der Durchschnittskonsument schliessen, ob das angepriesene Lebensmittel gesundheitsfördernde Eigenschaften hat oder nicht.

699 Es ist folglich immer im Einzelfall zu prüfen, wie die Durchschnittsverbraucherinnen und der Durchschnittsverbraucher alle mit dem Produkt zusammenhängenden Angaben beurteilen. Bei der Überprüfung einer allenfalls gesundheitsbezogenen Lebensmittelwerbung muss deshalb immer folgende Frage gestellt werden: Lässt sich aus dem Gesamteindruck von Kennzeichnung, Aufmachung und Werbung ein Gesundheitsbezug entnehmen?

700 Schwierig gestaltet sich in der Praxis häufig die Abgrenzung der allgemeinen unspezifischen Angaben nach Art. 10 Abs. 3 EG-Health-Claims-Verordnung. Inhaltlich vage Werbebotschaften wie z.B. „Wellness", „Wohlfühl-Produkt-XY", „Balance" oder „vital und fit" gelten als solche unspezifischen gesundheitsbezogenen Angaben und sind nur zulässig, wenn ihnen eine zugelassene gesundheitsbezogene Angabe beigefügt ist (sog. „Wellbeing Claims").

701 Als typische Fallbeispiele, die in der Vergangenheit zu Abgrenzungsschwierigkeiten geführt haben, gelten die beiden Claims „mit lebenswichtigen Vitaminen" und „Red Bull verleiht Flügel".[823]

– Die Werbeaussage „mit lebenswichtigen Vitaminen" erscheint zunächst als recht vage – und damit als allgemeine Werbeaussage –, weil sie keinen konkreten Zusammenhang zwischen der Funktion eines Vitamins und/oder dem Körper anspricht. Bei genauerer Betrachtung wird aber

---

[823]  Vgl. zu den Fallbeispielen auch BERG, S. 99 f.; HOLLE, S. 59; MEYER, S. 145 f. Ähnlich verhält es sich auch mit dem Claim „Haribo macht Kinder froh". Im Lichte eines weiten Gesundheitsbegriffs, versanden als umfassendes Wohlbefinden des Menschen, könnte das „froh machen" dabei auch als Funktion oder Wirkung des Lebensmittels (Süssigkeiten) verstanden werden. Die Lehre lässt sich auf eine – für Süssigkeiten m.E. aufgrund ungünstiger Nährwertprofile ohnehin hinfällige – Überprüfung nach Gesundheitskriterien nicht ein und wertet die Aussage vielmehr als allgemeinen Werbereim, der „vom Verkehr als witziges Wortspiel verstanden und daher nicht wörtlich genommen" werde. Der Werbespruch enthält auch keinen nachprüfbaren Tatsachenkern, sodass auch gar keine Angabe i.S. von Art. 2 Abs. 2 Ziff. 1 EG-Health-Claims-Verordnung vorliegt (vgl. so auch BERG, S. 101).

deutlich, dass dieser Claim die Verbraucherinnen und Verbraucher darüber informiert, dass der menschliche Körper nicht imstande ist Vitamine selbst herzustellen und daher eine Zufuhr auf dem Wege der Ernährung notwendig ist. Es ist zudem auch wissenschaftlich erwiesen, dass für jedes Vitamin mindestens eine für Körperfunktion und Gesundheit positive Wirkung vorhanden ist. Im Lichte der EG-Health-Claims-Verordnung ist der genannte Claim deshalb durchaus als gesundheitsbezogene Angabe zu werten und muss den Vorschriften der Verordnung entsprechen.[824]

– Die Anpreisung „*Red Bull verleiht Flügel*" wird zunächst vom Angabebegriff im Sinne der EG-Health-Claims-Verordnung erfasst. BERG vertritt dabei die Ansicht, dass diese Aussage – unter Berücksichtigung des gesamten Werbeauftritts – durchaus einen wahren Tatsachenkern enthält. Im Zusammenhang mit den weiteren Produktangaben für koffeinhaltige Getränke lasse sich durchaus die Werbebotschaft ableiten, das Produkt spende Energie und wirke anregend. Folglich falle diese Aussage unter den Angabebegriff.[825] Sodann ist, so BERG weiter, bei der Aussage „*Red Bull verleiht Flügel*" auch der Gesundheitsbezug gegeben. Art. 13 Abs. 1 Bst. b EG-Health-Claims-Verordnung bestimme ausdrücklich, dass auch Angaben, die sich auf psychische Funktionen oder Verhaltensfunktionen beziehen, unter den Begriff der gesundheitsbezogenen Angaben fallen. Damit weise der Claim auch einen Gesundheitsbezug auf.[826]

Die obigen Beispiele verdeutlichen, dass immer im Einzelfall zu prüfen ist, wie die Durchschnittsverbraucherinnen und -verbraucher alle mit dem Lebensmittelprodukt zusammenhängenden Angaben verstehen können. Massgebend für die Beurteilung des Gesundheitsbezugs einer Lebensmittelanpreisung ist immer der Gesamteindruck von Kennzeichnung, Aufmachung und Werbung. Eine scheinbar allgemeine Werbeaussage kann sich dadurch bei genauer Überprüfung als gesundheitsbezogene Angabe herausstellen und fällt

702

---

[824] HOLLE zufolge können sich die Verbraucherinnen und Verbraucher auch ohne Weiteres über die Funktion einzelner Vitamine informieren – eine Erläuterung der Angabe „*mit lebenswichtigen Vitaminen*" auf der Produktverpackung oder im Gesamt der Werbekommunikation brauche es folglich nicht (vgl. HOLLE, S. 59). Der Autor der vorliegenden Arbeit vertritt hingegen die Ansicht, dass dieser Claim wie ein „Wellbeing Claim" zu behandeln ist. Folglich ist ein solcher Claim nur zulässig, wenn ihm eine zugelassene gesundheitsbezogene Angabe bezüglich der im Produkt enthaltenen Vitamine beigefügt ist.

[825] BERG, S. 101, m.w.H.

[826] BERG, S. 102, m.w.H.

– wenn dies der Fall ist – in den Anwendungsbereich gemäss Art. 1 Abs. 2 Satz 1 i.V.m. Art. 2 Abs. 1 Ziff. 5 EG-Health-Claims-Verordnung.[827]

## 4. Kommerzielle Mitteilung

703 In Anlehnung an den Werbebegriff nach der Irreführungsrichtlinie kann als kommerzielle Aussage grundsätzlich „jede Äusserung bei der Ausübung eines Handels, Gewerbes, Handwerks oder freien Berufs mit dem Ziel, den Absatz von Waren oder die Erbringung von Dienstleistungen, einschliesslich unbeweglicher Sachen, Rechte und Verpflichtungen zu fördern", aufgefasst werden.[828] Ebenfalls heranzuziehen ist die weite, auf den elektronischen Geschäftsverkehr zugeschnittene Definition nach Art. 2 Bst. f E-Commerce-Richtlinie.[829]

704 Die beiden Definitionen gemäss Irreführungsrichtlinie und E-Commerce-Richtlinie lassen sich jedoch nicht pauschal auf die Werbung für Lebensmittel und damit insbesondere auf den Anwendungsbereich der EG-Health-Claims-Verordnung übertragen. Die in beiden Definitionen genannte „[Erbringung von] Dienstleistungen" beispielsweise fällt nicht in den Anwendungsbereich der EG-Health-Claims-Verordnung, handelt es sich bei gesundheitsbezogenen Angaben doch immer um Aussagen, die sich auf Lebensmittelprodukte beziehen.[830]

705 Gemäss HOLLE muss man deshalb, um genauer zu definieren, was kommerzielle Mitteilungen im Sinne der EG-Health-Claims-Verordnung sind, den Begriff der „Geschäftspraktiken im Geschäftsverkehr zwischen Unternehmen und Verbrauchern" nach Art. 2 Bst. d der Richtlinie über unlautere Geschäftspraktiken mit in die Auslegung einbeziehen.[831]

706 Wie oben bereits ausgeführt, bezieht sich die Richtlinie auf das Verhältnis zwischen Unternehmen und Verbrauchern (sog. „Business to Consumer"-Relation; vgl. oben Rz. 315). Sie erfasst damit all jene Geschäftspraktiken, die in unmittelbarem Zusammenhang mit der Beeinflussung der geschäftli-

---

[827]   Vgl. BERG, S. 103.
[828]   Art. 2 Abs. 1 Irreführungsrichtlinie; vgl. HOLLE, S. 3; MEYER, S. 149.
[829]   Siehe zum Werbebegriff gemäss europäischem Recht oben Rz. 411 ff.
[830]   Vgl. so auch HOLLE, S. 4.
[831]   HOLLE, S. 4; vgl. oben Rz. 415.

chen Entscheidung der Verbraucherinnen und Verbraucher in Bezug auf Produkte stehen.[832]

Die EG-Health-Claims-Verordnung regelt ihrerseits ebenfalls produktbezo-   707
gene Angaben und erfasst Angaben in der kommerziellen Kommunikation für
Lebensmittel, die entsprechend an die Verbraucherinnen und Verbraucher
abgegeben werden sollen. Die EG-Health-Claims-Verordnung betrifft damit
in analoger Weise das Verhältnis zwischen Unternehmen und den Verbraucherinnen und Verbrauchern und hat damit grundsätzlich die gleichen
Schutzabsichten wie die Richtlinie über unlautere Geschäftspraktiken.[833]

Entsprechend ist mit Geschäftspraktiken nach Art. 2 Bst. d der Richtlinie über   708
unlautere Geschäftspraktiken „jede Handlung, Unterlassung, Verhaltensweise
oder Erklärung, kommerzielle Mitteilung einschliesslich Werbung und Marketing eines Gewerbetreibenden" gemeint, die „unmittelbar mit der Absatzförderung, dem Verkauf oder der Lieferung eines Produkts an Verbraucher
zusammenhängt".

Als kommerzielle Mitteilungen im Sinne des Anwendungsbereichs der EG-   709
Health-Claims-Verordnung gelten damit grundsätzlich alle Formen der
Kommunikation zwischen Unternehmen und Konsumenten, die der unmittelbaren Förderung des Warenabsatzes dienen und im Rahmen der wirtschaftlichen Tätigkeit im Handel verwendet werden.[834]

Vom Anwendungsbereich der EG-Health-Claims-Verordnung erfasst werden   710
damit auch Handelsmarken, Markennamen oder Phantasiebezeichnungen
(z.B. *„Wohlfühl-Tee", „Vital und Fit AG" oder „Omega-3-Fit"*)[835] sowie

---

832   Vgl. Erwägungsgrund 7 der Richtlinie über unlautere Geschäftspraktiken. Ge-
      schäftspraktiken, die anderen Zielen dienen, wie z.B. kommerzielle Mitteilungen
      an Investoren sind hingegen vom Anwendungsbereich ausgeschlossen (so z.B.
      Jahresberichte oder Unternehmensprospekte).

833   HOLLE weist auch darauf hin, dass die Berücksichtigung der Definition der „Ge-
      schäftspraktiken im Geschäftsverkehr zwischen Unternehmen und Verbrau-
      chern" bei der Bestimmung des Anwendungsbereichs der EG-Health-Claims-
      Verordnung gewährleistet, dass es zwischen den beiden EG-Vorschriften nicht
      zu Wertungswidersprüchen kommt (HOLLE, S. 4).

834   HOLLE, S. 4 f., m.w.H.

835   Handelsmarken, Markennamen oder Phantasiebezeichnungen, die in der Kenn-
      zeichnung, Aufmachung oder Werbung für ein Lebensmittel verwendet werden
      und als gesundheitsbezogene Angabe aufgefasst werden können, dürfen ohne die
      in der EG-Health-Claims-Verordnung vorgesehenen Zulassungsverfahren ver-
      wendet werden, sofern der betreffenden Kennzeichnung, Aufmachung oder
      Werbung eine gesundheitsbezogene Angabe beigefügt ist, die dieser Verordnung

Angaben zu Lebensmitteln, die für Grossverbraucher wie Restaurants, Krankenhäuser, Schulen, Kantinen und ähnliche Einrichtungen zur Gemeinschaftsverpflegung bestimmt sind.[836]

711 Ebenfalls unter den Begriff der kommerziellen Mitteilung fallen allgemeine gesundheitsbezogene Werbeaussagen über Lebensmittel, wie z.B. in einer Werbekampagne eines Kaufhauses, mit der auf die gesundheitsförderlichen Eigenschaften von Vitaminen und Mineralien, bezogen auf das hauseigene Früchte- und Gemüsesortiment, aufmerksam gemacht wird (*„Vitamine sind wichtig für die Körperfunktionen des Menschen – greifen Sie jetzt zu und profitieren Sie von unserem grossen Früchtesortiment"*.

712 Nicht in den Anwendungsbereich der EG-Health-Claims-Verordnung fallen hingegen gesundheitsbezogene Angaben in **nicht kommerziellen Mitteilungen,** wie z.B. in Ernährungsempfehlungen von staatlichen Gesundheitsbehörden und -stellen oder in nicht kommerzielle Mitteilungen und Informationen der Presse sowie in wissenschaftlichen Abhandlungen (z.B. „Stiftung Warentest informiert" oder in Tageszeitungen und Magazinen).[837]

713 Die Abgrenzung zwischen kommerziellen und nicht kommerziellen Mitteilungen gestaltet sich in der Praxis jedoch häufig äusserst schwierig. Es stellt sich dabei insbesondere die Frage, wie die Bezugnahme oder der Verweis auf nicht kommerziellen Mitelungen, wie staatliche oder wissenschaftliche Ernährungsberichte, in kommerzieller Kommunikation zu bewerten ist. Mit nicht kommerziellen Mitteilungen dürfen nämlich nicht Hinweise auf diese Mitteilungen in der Werbung für Lebensmittel verwechselt werden – wie z.B. in folgender Anpreisung: *„Der Beweis! Testergebnis der Stiftung Warentest liegt vor: unser Produkt X hilft am besten, Ihre Verdauung zu regulieren"*.[838]

714 Als Massstab zur Beurteilung solcher Werbeaussagen dient wiederum die normal informierte, aufmerksame und verständige Durchschnittsverbraucherin, deren Verständnis nach Erwägungsgrund 15 der EG-Health-Claims-Verordnung zugrunde zu legen ist. Diese wird den in Rz. 713 genannten Claim als Hinweis auf die Wirkung des angepriesenen Lebensmittels im Hinblick auf die im Warentest geprüften Eigenschaften des Produkts verstehen. Bezüglich der angepriesenen Eigenschaften stellt der Verweis auf den Waren-

---

entspricht (Art. 1 Abs. 3 EG-Health-Claims-Verordnung; siehe zu den Handelsmarken, Markennamen oder Phantasiebezeichnungen unten Rz. 790 f.).

[836] Vgl. Art. 1 Abs. 2 Satz 3 EG-Health-Claims-Verordnung.

[837] Vgl. Erwägungsgrund 4 der EG-Health-Claims-Verordnung; HOLLE, S. 7; MEYER, S. 150.

[838] Vgl. HOLLE, S. 7; MEYER, S. 150.

test eine gesundheitsbezogene Angabe dar, die den Anforderungen der EG-Health-Claims-Verordnung entsprechen muss.[839]

Publikationen und Reportagen in Massenmedien wie Printmedien (Zeitungen 715 und Zeitschriften) und elektronischen Medien (Hörfunk und Fernsehen) sowie im Internet sind dabei immer dem veröffentlichenden Unternehmen zuzurechnen. Pressetexte, die auf eigenen Recherchen von Journalistinnen und Journalisten beruhen, sind zwar grundsätzlich nicht von der EG-Health-Claims-Verordnung erfasst; sie unterstehen jedoch dann dem Anwendungsbereich der Verordnung, wenn sie gesundheitsbezogene Angaben enthalten und einen Bezug zur Vermarktung von Lebensmitteln aufweisen.[840]

Die Abgrenzung gestaltet sich auch hier – im Bereich der Medieninformation 716 – häufig schwierig, insbesondere dann, wenn Journalistinnen und Journalisten sich direkt auf Pressemitteilungen der Lebensmittelherstellerinnen und -hersteller beziehen (Zeitung Y berichtet ausführlich über neue Lebensmittelprodukte des Unternehmens X). HOLLE zufolge könnte der Grad der Übereinstimmung des redaktionellen Textes mit der Presseerklärung der Lebensmittelherstellerin ein geeignetes Abgrenzungskriterium sein. Sofern ein Journalist in wesentlichen Teilen lediglich den Inhalt der unternehmerischen Pressemitteilung wiedergebe, sei diese Aussage wie eine Äusserung des Unternehmens selbst anzusehen.[841] Kritische, auf eigenen Recherchen beruhende Medienberichte über gesundheitsbezogene Angaben im Allgemeinen oder über die Bewilligungspraxis der EFTA oder Entscheide sonstiger Behörden würden hingegen nicht in den Anwendungsbereich der EG-Health-Claims-Verordnung fallen.[842]

Bei der Kommunikation von Wirtschaftsverbänden muss auf den Zweck der 717 Aussage abgestellt werden. Bezweckt die Angabe unmittelbar die Absatzförderung der Verbandsmitglieder, so wird sie vom Anwendungsbereich der EG-Health-Claims-Verordnung erfasst (*„Mit Lebensmittel X fühlen Sie sich wohl – jetzt bei Ihrem Händler erhältlich"*). Reine Fachinformationen oder sog. „Fact sheets" über die positiven Auswirkungen eines Lebensmittels auf die Gesundheit des Menschen im Allgemeinen stellen hingegen keine kommerziellen Mitteilungen dar.[843]

Bezüglich kommerzieller Mitteilungen an Fachkreise, wie z.B. Ärzte, Apo- 718 theker und Ernährungsberater, bestehen divergierende Lehrmeinungen.

---

[839] Gleicher Meinung HOLLE, S. 7, bezüglich nährwertbezogener Angaben.

[840] Vgl. HOLLE, S. 8.

[841] Und damit als gesundheitsbezogene Lebensmittelwerbung.

[842] HOLLE, S. 8.

[843] Vgl. HOLLE, S. 8 f.

HOLLE ist der Ansicht, dass jegliche Kommunikation, die an Fachkräfte in Medizin, Ernährungswissenschaft und Diätetik gerichtet ist, nicht den Anforderungen der EG-Health-Claims-Verordnung unterliegt, da die Adressaten nicht als „Endverbraucher" angesprochen werden und darüber hinaus auch ausreichend geschult sind, um selbst eine sachkundige Bewertung der Werbeaussagen vornehmen zu können.[844]

719 Anderer Meinung ist MEYER, der trotz der in Art. 1 Abs. 2 Satz 1 EG-Health-Claims-Verordnung genannten „Endverbraucher" auch die Werbung gegenüber Fachkreisen unter den Anwendungsbereich der EG-Health-Claims-Verordnung subsumiert. Zwar handle es sich bei den angesprochenen Fachkreisen nicht um Endverbraucher; dennoch würden die Lebensmittel letztlich an die Endverbraucherinnen und Endverbraucher abgegeben werden.[845]

720 Der Meinung von MEYER ist m.E. beizupflichten. Es ist nicht ersichtlich, weshalb produktbezogene Werbung, z.B. eine Lebensmittelanpreisung in einem Fachmagazin für Ärztinnen und Ärzte, nicht als kommerzielle Mitteilung zu erachten ist. Obschon es sich bei den angesprochenen Fachkreisen nicht um Endverbraucher im Sinne von Art. 1 Abs. 2 Satz 1 EG-Health-Claims-Verordnung handelt, dürfte es kaum zu verhindern sein, dass die gesundheitsförderlichen Lebensmittel aufgrund von Empfehlungen von Fachpersonen an die Verbraucherinnen und Verbraucher gelangen. Gleichfalls ist nicht zu verhindern, dass der im Aufenthaltsraum einer Arztpraxis wartende Patient auf die Lektüre der soeben angesprochenen Fachzeitschrift verzichtet.

721 In der Praxis dürfte der von HOLLE vertretenen Lehrmeinung somit kaum zu folgen sein; eine Unterscheidung zwischen einer Kommunikation, die sich direkt an die Endverbraucherinnen und Endverbraucher richtet, und einer, die

---

[844] HOLLE unterscheidet somit zwischen Endverbrauchern (z.B. Patienten) einerseits und Fachpublikum anderseits. Ihm zufolge ist der Wortlaut von Art. 1 Abs. 2 Satz 1 EG-Health-Claims-Verordnung missverständlich und daher auf dem Wege der teleologischen Reduktion einschränkend auszulegen. Zweck der Verordnung sei nur, aber immerhin, der Schutz der Endverbraucherinnen und Endverbraucher; dies ergäbe sich insbesondere aus Erwägungsgrund 3, der ausdrücklich auf den Schutz des Käufers (Endverbraucher) von Lebensmitteln Bezug nehme (vgl. HOLLE, S. 9). Der Übergang zwischen den beiden Teilaspekten „kommerzielle Mitteilung" und „Endverbraucher" sei beim oben geschilderten Lehrstreit fliessend. Meines Erachtens ist es sinnvoll, die Frage nach den Adressaten kommerzieller Mitteilung an dieser Stelle bereits zu erläutern. Auf den Begriff „Endverbraucher" als Teilaspekt des Anwendungsbereichs der EG-Health-Claims-Verordnung wird unten in Rz. 726 ff. eingegangen.

[845] MEYER, S. 151, m.w.H.

nur für das Fachpublikum bestimmt ist und allenfalls auf „indirektem Weg" zu den Endverbrauchern gelangt, ist weder nachvollziehbar noch sinnvoll.

Obschon bis anhin keine Rechtsprechung bezüglich gesundheitsbezogener 722 Angaben in kommerziellen Mittelungen an Fachkreise ergangen ist, dürfte aber voraussehbar sein, dass HOLLES Ansicht zu unbefriedigenden Entscheiden führen würde. Wenn HOLLE schreibt, dass Kommunikation, die an Fachkräfte in Medizin, Ernährungswissenschaft und Diätetik gerichtet ist, nicht den Anforderungen der EG-Health-Claims-Verordnung unterliegt, dann stellt sich schon mit Nachdruck die Frage: Wenn nicht dieser Verordnung, welcher dann?

Dem Hinweis HOLLES schliesslich, dass eine Differenzierung hinsichtlich der 723 Kommunikation gegenüber Endverbrauchern einerseits und Fachpublikum andererseits zudem auch der Regelung des deutschen Heilmittelwerbegesetzes für die Vermarktung von Arzneimitteln entspräche[846], ist ebenfalls nicht zu folgen. Der Vertrieb von Lebensmitteln kann nicht mit demjenigen von Heilmitteln gleichgesetzt werden. Im Falle der Heilmittel sind sowohl das Zulassungsverfahren als auch die Anpreisung strenger geregelt (vgl. oben Rz. 353). Herkömmliche Lebensmittel, wie z.B. ein Joghurt oder ein Obstsaft, bedürfen grundsätzlich keiner vorgängigen Zulassung; erst die zu Werbezwecken verwendeten gesundheitsbezogenen Angaben müssen den Anforderungen der EG-Health-Claims-Verordnung entsprechen resp. bedürfen allenfalls einer Bewilligung durch die zuständigen Behörden.

Die Abgabe und Vermarktung von Lebensmitteln kann insofern nicht mit 724 derjenigen von Heilmitteln verglichen werden. Im Sinne des mit der EG-Health-Claims-Verordnung bezweckten erhöhten Verbraucherschutzniveaus bezüglich gesundheitsbezogener Lebensmittelwerbung ist auch eine möglichst weitgehende Auslegung des Begriffs „kommerzielle Mitteilung" zu wählen.[847] Dazu gehören deshalb m.E. auch kommerzielle Mitteilungen, die

---

[846]  Vgl. §§ 2 und 10 Abs. 1 HWG (Gesetz über die Werbung auf dem Gebiete des Heilwesens [Heilmittelwerbegesetz] vom 11. Juli 1965; Heilmittelwerbegesetz in der Fassung der Bekanntmachung vom 19. Oktober 1994 (BGBl. I S. 3068), das zuletzt durch Artikel 2 des Gesetzes vom 26. April 2006 (BGBl. I S. 984) geändert worden ist.

[847]  Vgl. etwa den Wortlaut in Erwägungsgrund 1 der EG-Health-Claims-Verordnung: „Um dem Verbraucher ein hohes Schutzniveau zu gewährleisten und ihm die Wahl zu erleichtern, sollten die im Handel befindlichen Produkte, einschliesslich der eingeführten Produkte, sicher sein und eine angemessene Kennzeichnung aufweisen." Noch eindeutiger ist der Wortlaut von Erwägungsgrund 9 der EG-Health-Claims-Verordnung: „Daher sollten allgemeine Grundsätze für alle Angaben über Lebensmittel festgesetzt werden, um ein hohes Verbraucher-

an Fachkreise, wie z.B. Ärzte, Apotheker und Ernährungsberater, gerichtet sind.[848]

# 5. Kennzeichnung, Aufmachung und Werbung

725 Die EG-Health-Claims-Verordnung erfasst sämtliche Werbeformen im Bereich der (nährwert- und) gesundheitsbezogenen Angaben bei Lebensmitteln. Die Verordnung unterscheidet nicht explizit zwischen der Kennzeichnung[849], der Aufmachung und der Werbung für ein Lebensmittel auf oder auch ausserhalb der Produktverpackung. Bezüglich der Begriffe Kennzeichnung, Aufmachung und Werbung kann auf die obigen Definitionen und Ausführungen verwiesen werden.[850]

# 6. Abgabe an die Endverbraucherinnen und Endverbraucher

726 Die EG-Health-Claims-Verordnung gilt für Lebensmittel, die von einem Lebensmittelunternehmer an die Endverbraucher abgegeben werden.[851] Auf welcher Produktions- oder Vertriebsstufe Health Claims tatsächlich zu Anpreisungszwecken eingesetzt werden, ist grundsätzlich unerheblich. Erfasst werden alle Gewerbetreibenden innerhalb der Wertschöpfungskette. Ein ge-

---

schutzniveau zu gewährleisten, dem Verbraucher die notwendigen Informationen für eine sachkundige Entscheidung zu liefern und gleiche Wettbewerbsbedingungen für die Lebensmittelindustrie zu schaffen."

[848] Eine Differenzierung zwischen Fachpublikum und Endverbrauchern ist deshalb unter diesem Blickwinkel abzulehnen. Auf diesen Adressatenlehrstreit wird beim Teilaspekt „Endverbraucher" noch einmal hingewiesen (vgl. unten Rz. 728).

[849] Hinsichtlich des Begriffs „Kennzeichnung" wird nach Art. 2 Abs. 1 Bst. d EG-Health-Claims-Verordnung auf die Definition der Etikettierung in Art. 1 Abs. 3 Bst. a Etikettierungsrichtlinie verwiesen. Daraus folgt, dass die beiden Begriffe Etikettierung und Kennzeichnung im gleichen Sinne zu verstehen sind (BERG, S. 99).

[850] Siehe zur Kennzeichnung oben Rz. 403 ff. und zur Aufmachung und Werbung oben Rz. 411 ff. und 703 ff.

[851] Lebensmittelunternehmer sind natürliche oder juristische Personen, die dafür verantwortlich sind, dass die Anforderungen des Lebensmittelrechts in dem ihrer Kontrolle unterstehenden Lebensmittelunternehmen erfüllt werden (Art. 3 Nr. 3 Lebensmittel-Basisverordnung; MEYER, S. 151).

werbsmässiges Handeln ist nicht Voraussetzung, dürfte aber beim Vorliegen von produktspezifischer Werbung die Regel sein.[852]

„Endverbraucher" bezeichnet gemäss Lebensmittel-Basisverordnung den 727 „letzten Verbraucher eines Lebensmittels, der das Lebensmittel nicht im Rahmen der Tätigkeit eines Lebensmittelunternehmens verwendet".[853] Wie schon bei den kommerziellen Mitteilungen dargelegt (vgl. oben Rz. 710), werden auch diejenigen funktionellen Lebensmittel vom Anwendungsbereich erfasst, die für Restaurants, Krankenhäusern, Schulen, Kantinen und ähnlichen Einrichtungen zur Gemeinschaftsverpflegung bestimmt sind und so an die Endverbraucherinnen und Endverbraucher gelangen.

Ebenfalls bereits untersucht wurden die kommerziellen Mitteilungen an 728 Fachkreise, wie z.B. Ärzte, Apotheker und Ernährungsberaterinnen (vgl. oben Rz. 718 ff.). Den obigen Ausführungen folgend, sind solche Anpreisungen grundsätzlich in gleicher Weise zu behandeln wie Werbeversprechen, die sich direkt an die Endverbraucherinnen und Endverbraucher richten. Solche kommerziellen Mitteilungen fallen in den Anwendungsbereich und unterstehen ebenfalls den Anforderungen der EG-Health-Claims-Verordnung. Zwar handelt es sich bei den angesprochenen Fachkreisen nicht um „letzte Verbraucher eines Lebensmittels" im Sinne des Wortlauts der Lebensmittel-Basisverordnung; jedoch sollen die in den Fachkreisen angepriesenen Lebensmittel letztlich an die Endverbraucherinnen und Endverbraucher abgegeben oder diesen zur Konsumation empfohlen werden.

# C. Allgemeine Bedingungen für die Verwendung gesundheitsbezogener Angaben

## 1. Anforderungen nach Art. 3 EG-Health-Claims-Verordnung

Art. 3 Satz 1 EG-Health-Claims-Verordnung legt grundsatzmässig fest, dass 729 gesundheitsbezogene Angaben bei der Kennzeichnung und Aufmachung von Lebensmitteln, die in der Union in Verkehr gebracht werden, bzw. bei der Werbung für diese nur verwendet werden dürfen, wenn sie den Vorschriften

---

[852]   Vgl. MEYER, S. 151.
[853]   Art. 3 Nr. 18 Lebensmittel-Basisverordnung.

dieser Verordnung entsprechen.[854] In Art. 3 Satz 2 Bst. a–e EG-Health-Claims-Verordnung werden die allgemeinen Irreführungs- und Täuschungs-tatbestände sodann mit Fokus auf die gesundheitsbezogene Lebensmittelwer-bung konkretisiert.[855]

730 Dementsprechend dürfen gesundheitsbezogene Angaben nicht falsch, mehr-deutig oder irreführend sein[856], keine Zweifel über die Sicherheit und/oder die ernährungsphysiologische Eignung anderer Lebensmittel wecken[857], nicht zum übermässigen Verzehr eines Lebensmittels ermutigen oder diesen wohl-wollend darstellen[858], nicht erklären, suggerieren oder auch nur mittelbar zum Ausdruck bringen, dass eine ausgewogene und abwechslungsreiche Ernäh-rung generell nicht die erforderlichen Mengen an Nährstoffen liefern kann[859] und nicht durch eine Textaussage oder durch Darstellungen in Form von Bil-dern, grafischen Elementen oder symbolische Darstellungen auf Veränderun-gen bei Körperfunktionen Bezug nehmen, die bei den Verbraucherinnen und Verbrauchern Ängste auslösen oder daraus Nutzen ziehen könnten[860].

731 Besondere Beachtung verdient die Vorschrift nach Art. 3 Satz 2 Bst. c EG-Health-Claims-Verordnung, wonach die Werbung nicht zu übermässigem Verzehr eines Lebensmittels ermutigen oder diesen wohlwollend darstellen soll. HOLLE zufolge ist diese Verpflichtung aus Gründen der staatlichen Ge-

---

[854] Nährwert- und gesundheitsbezogene Angaben die den Bestimmungen der EG-Health-Claims-Verordnung nicht entsprechen, gelten als irreführende Werbung im Sinne der Irreführungsrichtlinie (vgl. MEYER, S. 157).

[855] Die Etikettierungsrichtlinie und die Irreführungsrichtlinie werden in Art. 3 EG-Health-Claims-Verordnung ausdrücklich genannt („Unbeschadet der Richtlinien 2000/13/EG und 84/450/EWG dürfen die verwendeten nährwert- und gesund-heitsbezogenen Angaben … "). Damit gemeint sind Irreführungen und Täu-schungen, die sich nicht bereits daraus ergeben, dass die Vorschriften der EG-Health-Claims-Verordnung nicht eingehalten wurden (vgl. MEYER, S. 158; oben Rz. 594). Massgebend sind auch die Verbote unlauterer Geschäftspraktiken ge-mäss Richtlinie über unlautere Geschäftspraktiken sowie das in Art. 16 Lebens-mittel-Basisverordnung statuierte allgemeine Irreführungsverbot für Lebensmit-tel (vgl. auch HOLLE, S. 18; oben Rz. 595 ff. und 606 ff.).

[856] Art. 3 Satz 2 Bst. a EG-Health-Claims-Verordnung.

[857] Art. 3 Satz 2 Bst. b EG-Health-Claims-Verordnung („*Butter ist ungesund und macht fett*").

[858] Art. 3 Satz 2 Bst. c EG-Health-Claims-Verordnung („*Lebensmittel X ist gut für Ihre Gesundheit, essen Sie davon so viel Sie mögen*").

[859] Art. 3 Satz 2 Bst. d EG-Health-Claims-Verordnung („*Wir ernähren uns zu ein-seitig, verlassen Sie sich nicht auf die herkömmliche Ernährung – Lebensmittel Y bringt die Lösung!*").

[860] Art. 3 Satz 2 Bst. e EG-Health-Claims-Verordnung („*Verzichten Sie nicht auf das Produkt Z, damit schützen Sie Ihren Körper!*").

sundheitsvorsorge aufgenommen worden. Die Formulierung beruhe auf der Erkenntnis, dass der Anteil übergewichtiger Menschen in der EU in den vergangenen Jahren stark zugenommen habe und weiter zunehme. Dies gehe einher mit erheblichen Kostenfolgen für die Krankenversicherungssysteme der Mitgliedstaaten. Die Vorschrift ziele deshalb insbesondere darauf ab, Werbeaussagen zu verbieten, die zu einer aus ernährungswissenschaftlicher Sicht unerwünschten Ernährungsweise beitragen könnten.[861]

Bei Anpreisungen, die zu übermässigem Verzehr eines spezifischen Lebensmittels ermutigen, besteht nämlich insbesondere die Gefahr, dass die Verbraucherinnen und Verbraucher veranlasst werden, die Gesamtaufnahme einzelner Nährstoffe oder anderer Substanzen unmittelbar in einer Weise zu beeinflussen, die den einschlägigen wissenschaftlichen Empfehlungen widerspricht.   732

Entsprechend beworbene Lebensmittel könnten als Produkte wahrgenommen werden, die gegenüber ähnlichen oder anderen Produkten, denen solche Nährstoffe oder andere Stoffe eben nicht zugesetzt sind, einen übermässigen nährwertbezogenen oder anderweitigen gesundheitlichen Vorteil bieten. Dies würde wiederum zu einem unerwünschten ernährungswissenschaftlichen Effekt führen. Gesundheitsbezogene Angaben sollen über die positiven Eigenschaften eines Lebensmittels informieren und nicht zu einer einseitigen Ernährungsweise animieren.[862]   733

## 2.   Anforderungen nach Art. 5 EG-Health-Claims-Verordnung

### a)   Übersicht

Art. 5 EG-Health-Claims-Verordnung nennt weitere Anforderungen für die Verwendung von gesundheitsbezogenen Angaben. Gesundheitsbezogene Angaben sind nur zulässig, wenn folgende Bedingungen erfüllt sind:   734

–   **Wissenschaftlicher Nachweis bezüglich der positiven ernährungsbezogenen oder physiologischen Wirkung von Lebensmitteln:** Es ist anhand allgemein anerkannter wissenschaftlicher Nachweise zu belegen, dass das Vorhandensein, das Fehlen oder der verringerte Gehalt des Nährstoffs oder der anderen Substanz, auf die sich die Angabe bezieht, in

---

[861]   HOLLE, S. 18 f.
[862]   Vgl. zum Ganzen Erwägungsgrund 10 der EG-Health-Claims-Verordnung.

einem Lebensmittel oder einer Kategorie von Lebensmitteln eine positive ernährungsbezogene oder physiologische Wirkung hat.[863]

– **Wesentliche Menge des signifikanten Nährstoffs:** Der Nährstoff oder die andere Substanz, für welche die Angabe gemacht wird, ist im Endprodukt in einer gemäss dem Gemeinschaftsrecht signifikanten Menge oder, wo einschlägige Bestimmungen nicht bestehen, in einer Menge vorhanden, die nach allgemein anerkannten wissenschaftlichen Nachweisen geeignet ist, die behauptete ernährungsbezogene oder physiologische Wirkung zu erzielen, oder ist nicht oder in einer verringerten Menge vorhanden, was nach allgemein anerkannten wissenschaftlichen Nachweisen geeignet ist, die behauptete ernährungsbezogene oder physiologische Wirkung zu erzielen.[864]

– **Wesentliche Menge des Produkts:** Die Menge des Produkts, deren Verzehr vernünftigerweise erwartet werden kann, liefert eine gemäss dem Gemeinschaftsrecht signifikante Menge des Nährstoffs oder der anderen Substanz, auf die sich die Angabe bezieht, oder, wo einschlägige Bestimmungen nicht bestehen, eine signifikante Menge, die nach allgemein anerkannten wissenschaftlichen Nachweisen geeignet ist, die behauptete ernährungsbezogene Wirkung oder physiologische Wirkung zu erzielen.[865]

– **Bioverfügbarkeit:** Der Nährstoff oder die andere Substanz, auf die sich die Angabe bezieht, liegt in einer Form vor, die für den Körper verfügbar ist.[866]

– **Für die/den durchschnittliche(n) Verbraucherin/Verbraucher verständlich:** Die Verwendung gesundheitsbezogener Angaben ist nur zulässig, wenn vom durchschnittlichen Verbraucher erwartet werden kann, dass er die positive Wirkung, wie sie in der Angabe dargestellt wird, versteht.[867]

– **Verzehrfertiges Lebensmittel:** Nährwert- und gesundheitsbezogene Angaben müssen sich gemäss der Anweisung des Herstellers auf das verzehrfertige Lebensmittel beziehen.[868]

---

[863] Art. 5 Abs. 1 Bst. a i.V.m. Art. 6 EG-Health-Claims-Verordnung; vgl. unten Rz. 734 ff. und 739 ff.

[864] Art. 5 Abs. 1 Bst. b und d EG-Health-Claims-Verordnung; vgl. unten Rz. 751 f.

[865] Art. 5 Abs. 1 Bst. d EG-Health-Claims-Verordnung; vgl. unten Rz. 751 f.

[866] Art. 5 Abs. 1 Bst. c EG-Health-Claims-Verordnung; vgl. unten Rz. 753 ff.

[867] Art. 5 Abs. 2 EG-Health-Claims-Verordnung; vgl. unten Rz. 757 ff.

[868] Art. 5 Abs. 3 EG-Health-Claims-Verordnung; vgl. unten Rz. 762 ff.

Diese allgemeinen Bedingungen – sie gelten gleichzeitig auch für nährwert-    735
bezogene Angaben – werden nun im Einzelnen behandelt.

## b)    Ernährungsbezogene oder physiologische Wirkung

Wie HOLLE richtig feststellt, sind die wirkungsbezogenen Attribute „ernäh-    736
rungsbezogen" und „physiologisch" nicht in der Verordnung definiert. Das
weite Verständnis des Attributs „physiologisch" führe zudem oft zu Abgrenzungsschwierigkeiten zwischen gesundheitsbezogenen und krankheitsbezogenen Angaben. Zur Klärung dieser Begriffe müsse deshalb zunächst von
einem naturwissenschaftlichen Verständnis ausgegangen werden.[869]

Demgemäss ist aus naturwissenschaftlicher Sicht unter ernährungsbezogener    737
Wirkung jeder Effekt zu verstehen, der als Folge der Nahrungsaufnahme im
menschlichen Organismus hervorgerufen wird. Der in Art. 5 EG-Health-
Claims-Verordnung verwendete Begriff der physiologischen Wirkung beschreibt den Einfluss auf die Funktion von Organen, Gewebe und Zellen.
Umfasst werden dabei alle Lebensvorgänge im Organismus, insbesondere
dessen physikalische Funktionen. Aufgrund der Weite dieser Definition fallen
grundsätzlich alle Vorgänge im Körper, die durch die Nahrungsaufnahme
beeinflusst werden, unter den Begriff der physiologischen Wirkung.[870]

Da die LKV auf die Verwendung der Begriffe „ernährungsbezogene" und    738
„physiologische Wirkung" generell verzichtet und darüber hinaus auch auf
die Abgrenzung der Lebensmittel von den Heilmitteln bereits ausführlich
eingegangen wurde, wird an dieser Stelle auf eine lediglich europarechtlich
relevante Begriffsabgrenzung und -erläuterung verzichtet.[871]

---

[869]    HOLLE, S. 20.
[870]    Vgl. zum Ganzen HOLLE, S. 20, m.w.Verw.
[871]    Der Fokus dieser Arbeit liegt auf der Schweizer Health-Claims-Regulierung.
Eine zu tief greifende Darstellung der EG-Health-Claims-Verordnung würde unter diesem Blickwinkel nur Verwirrung stiften. Darüber hinaus werden die oben
erwähnten Begriffe in der EG-Health-Claims-Verordnung nicht definiert; die
endgültige Begriffsklärung bleibt damit letztlich den Gerichten überlassen, die
verbindlich über die Auslegung der Verordnung zu entscheiden haben (vgl. so
auch HOLLE, S. 20). Deshalb wird an dieser Stelle auf eine rein europarechtliche
Begriffsklärung verzichtet. Eine ausführliche begriffliche Erläuterung findet sich
bei HOLLE, S. 20–24.

## c)    Wissenschaftlicher Nachweis (Art. 5 Abs. 1 Bst. a EG-Health-Claims-Verordnung)

739  Gesundheitsbezogene Angaben sind nur zulässig, wenn die angepriesene Wirkung anhand „allgemein anerkannter wissenschaftlicher Nachweise nachgewiesen" ist.[872] Das Erfordernis der wissenschaftlichen Absicherung kann als das eigentliche „Herzstück" und damit auch als die wesentliche Anforderung der EG-Health-Claims-Verordnung für die Zulassung von gesundheitsbezogenen Angaben bezeichnet werden. Der ausreichende wissenschaftliche Nachweis stellt insofern einen Hauptaspekt der Verordnung dar, den es bei der Verwendung von gesundheitsbezogenen Angaben immer zu berücksichtigen gilt.

740  In Erwägungsgrund 14 der EG-Health-Claims-Verordnung heisst es bezüglich des wissenschaftlichen Nachweises folgendermassen: „Es gibt eine Vielzahl von Angaben, die derzeit bei der Kennzeichnung von Lebensmitteln und der Werbung hierfür in manchen Mitgliedstaaten gemacht werden und sich auf Stoffe beziehen, deren positive Wirkung nicht nachgewiesen wurde bzw. zu denen derzeit noch keine ausreichende Einigkeit in der Wissenschaft besteht. Es muss sichergestellt werden, dass für Stoffe, auf die sich eine Angabe bezieht, der Nachweis einer positiven ernährungsbezogenen Wirkung oder physiologischen Wirkung erbracht wird." Erwägungsgrund 17 der EG-Health-Claims-Verordnung hält zudem ausdrücklich fest: „Eine wissenschaftliche Absicherung sollte der Hauptaspekt sein, der bei der Verwendung nährwert- und gesundheitsbezogener Angaben berücksichtigt wird, und die Lebensmittelunternehmer, die derartige Angaben verwenden, sollten diese auch begründen. Eine Angabe sollte wissenschaftlich abgesichert sein, wobei alle verfügbaren wissenschaftlichen Daten berücksichtigt und die Nachweise abgewogen werden sollten."

741  Art. 6 Abs. 1 EG-Health-Claims-Verordnung hält deshalb grundsatzmässig fest, dass gesundheitsbezogene Angaben sich generell auf „allgemein anerkannte wissenschaftliche Nachweise stützen und durch diese abgesichert sein" müssen. Gemäss Abs. 2 muss ein Lebensmittelunternehmer, der gesundheitsbezogene Angaben macht, die Verwendung dieser Angaben begründen können.[873]

742  Die Verwendung von gesundheitsbezogenen Angaben setzt gemäss Art. 5 Abs. 1 Bst. a EG-Health-Claims-Verordnung deshalb immer voraus, dass anhand „allgemein anerkannter wissenschaftlicher Nachweise" nachgewiesen

---

[872]  Art. 5 Abs.1 Bst a EG-Health-Claims-Verordnung.

[873]  MEISTERERNST/HABER, N 2 zu Art. 6 EG-Health-Claims-Verordnung.

wird, „dass das Vorhandensein, das Fehlen oder der verringerte Gehalt des Nährstoffs oder der anderen Substanz, auf die sich die Angabe bezieht, in einem Lebensmittel oder einer Kategorie von Lebensmitteln eine positive ernährungsbezogene Wirkung oder physiologische Wirkung hat."

Wann dieser wissenschaftliche Nachweis erbracht ist, lässt sich nicht ohne Weiteres beurteilen. Das Merkmal des Nachweises wird in der EG-Health-Claims-Verordnung nicht definiert. Aus Erwägungsgrund 23 lässt sich lediglich ableiten, dass gesundheitsbezogene Angaben für die Verwendung in der EU „nur nach einer wissenschaftlichen Bewertung auf höchstmöglichem Niveau" zugelassen werden sollten. Damit eine einheitliche wissenschaftliche Bewertung dieser Angaben gewährleistet sei, solle die EFSA „solche Bewertungen" vornehmen.     743

Der EG-Health-Claims-Verordnung kann somit lediglich entnommen werden, dass „die wissenschaftliche Bewertung auf höchstmöglichem Niveau" stattzufinden habe und dass zum Zwecke der einheitlichen Zulassung neuer gesundheitsbezogener Angaben eine entsprechende Bewertung durch die EFSA zu erfolgen habe. Weiterführende Angaben über Umfang und Methodik des wissenschaftlichen Nachweises, wie z.B. technische oder naturwissenschaftliche Anforderungen oder vorgegebene Prüfkriterien für bestimmte Lebensmittelkategorien, finden sich in der Verordnung nicht.     744

Der Homepage der EFSA ist unter dem Themenbereich „Nährwert- und gesundheitsbezogene Angaben" zu entnehmen, dass es ein Hauptziel der EG-Health-Claims-Verordnung ist sicherzustellen, dass jede Angabe auf einem Etikett, mit dem ein Lebensmittel in der Europäischen Union gekennzeichnet ist, eindeutig und durch wissenschaftliche Nachweise abgesichert ist. Die EFSA sei dabei verantwortlich für die Überprüfung der wissenschaftlichen Absicherung der beantragten Angaben, von denen einige bereits verwendet, andere von den Antragstellern für eine künftige Verwendung vorgeschlagen würden. Diese Informationen dienten dann der Europäischen Kommission und den Mitgliedstaaten als Grundlage bei der Entscheidungsfindung hinsichtlich der Frage, ob die Angaben zur Verwendung auf Etiketten und in Werbeanzeigen für Lebensmittel zugelassen werden sollten.[874]     745

---

[874]  <http://www.efsa.europa.eu/de/topics/topic/nutrition.htm> (besucht am: 2. Juli 2010). Die EFSA verfügt über eine umfassende Homepage, die als weitreichendes Kommunikationsinstrument dient. Es finden sich unzählige Hinweise und Publikationen sowie themenspezifische Leitlinien zu Themen der Lebensmittelsicherheit. Weiter finden sich wissenschaftliche Dokumente und Referate sowie die in den europäischen Rechtsvorschriften vorgesehenen EFSA-Bewertungen.

746 Die Europäische Kommission ersuchte deshalb die EFSA, ein „Gutachten über eine wissenschaftliche und technische Anleitung für Anträge auf Zulassung von gesundheitsbezogenen Angaben im Sinne der EG-Health-Claims-Verordnung" zu erstellen.[875] Bezüglich des wissenschaftlichen Nachweises halten das Gutachten resp. die Anleitung fest, dass ein Antrag alle identifizierten sachdienlichen wissenschaftlichen Daten – sowohl bereits veröffentlichte als auch noch unveröffentlichte Daten zugunsten und zuungunsten des Antragstellers – enthalten müsse, welche die Grundlage für die Begründung der gesundheitsbezogenen Angabe liefern. Zur wissenschaftlichen Fundierung einer gesundheitsbezogenen Angabe seien insbesondere Daten aus Studien am Menschen erforderlich, in denen es um den Zusammenhang zwischen dem Verzehr des Lebensmittels oder eines Lebensmittelbestandteils und der beanspruchten gesundheitsbezogenen Angabe gehe.[876]

747 Gemäss Gutachten ist eine umfassende Übersicht über die Daten aus Humanstudien erforderlich, um den speziellen Zusammenhang zwischen dem Lebensmittel oder einem Lebensmittelbestandteil und der behaupteten Wirkung zu belegen. Diese Übersicht und die Identifikation von Daten, die als sachdienlich für den Anspruch angesehen werden, sind systematisch und transparent vorzunehmen, um zu belegen, dass der Antrag die Ausgewogenheit aller verfügbaren Erkenntnisse angemessen reflektiert. Sollten die geforderten Daten für einen bestimmten Antrag nicht zutreffen, sind Gründe oder Rechtfertigungen für das Fehlen dieser Daten im Antrag zu liefern. Wie bereits in der EG-Health-Claims-Verordnung vorgeschrieben, sind gesundheitsbezogene Angaben immer „unter Berücksichtigung der Gesamtheit der verfügbaren

---

[875] Das zuständige wissenschaftliche Gremium (sog. „Gremium für diätetische Produkte, Ernährung und Allergien") hat einen Gutachtenentwurf erstellt, der zur öffentlichen Konsultation publiziert wurde. Nach Berücksichtigung aller eingegangenen Kommentare hat das Gremium das angeforderte Gutachten in seiner heutigen Version erstellt. Das Gutachten beabsichtigt – im Sinne einer Anleitung – die Unterstützung von Antragstellerinnen und Antragstellern bei der Erstellung und Einreichung von Anträgen auf Zulassung von gesundheitsbezogenen Angaben. Die Anleitung soll einerseits die Antragstellerinnen und Antragsteller bei der Erstellung eines gut strukturierten Antrags unterstützen, andererseits auch der EFSA dabei dienlich sein, ihre wissenschaftlichen Empfehlungen in effizienter und einheitlicher Form zu publizieren (EFSA, Zusammenfassung, S. 1 f.).

[876] Angesichts der wissenschaftlichen Unsicherheiten bei der Extrapolierung nichthumaner Daten auf den Menschen können Daten aus Studien an Tieren oder entsprechende Modellsysteme nur als ergänzende Nachweise beigefügt werden, z.B. um den Mechanismus der behaupteten Wirkung des Lebensmittels oder Bestandteils zu begründen (EFSA, Zusammenfassung, S. 2; vgl. dazu auch MEISTERERNST/HABER, N 2 ff. zu Art. 6 EG-Health-Claims-Verordnung).

wissenschaftlichen Daten und durch Abwägen der Datenlage in Anbetracht der speziellen Verwendungsbedingungen" zu begründen.[877]

Entscheidend ist somit insbesondere, dass die wissenschaftlichen Nachweise aufzeigen, in welchem Masse:    748

– die behauptete Wirkung des Nahrungsmittels oder eines seiner Bestandteile für die menschliche Gesundheit relevant ist;

– eine Ursache-Wirkungs-Beziehung zwischen dem Verzehr des Lebensmittels oder einem seiner Bestandteile und der behaupteten Wirkung beim Menschen hergestellt wird;

– die für das Erreichen der behaupteten Wirkung erforderliche Menge und das erforderliche Aufnahmemuster des Lebensmittels oder seiner Bestandteile vernünftigerweise im Rahmen einer ausgewogenen Ernährung erreicht werden kann;

– die spezielle(n) Studiengruppe(n), bei der/denen der Nachweis erbracht wurde, für die Zielgruppe, für welche die Angabe beansprucht wird, repräsentativ ist.[878]

Inwiefern eine gesundheitsbezogene Anpreisung tatsächlich auf „allgemein anerkannten wissenschaftlichen Nachweisen" beruht, wird somit primär von der EFSA geprüft, da die Zulassung schlussendlich auf deren wissenschaftlicher Begutachtung basiert. Die Lebensmittelherstellerinnen und -hersteller müssen belegen können, dass gerade ihr Produkt die ausschlaggebenden Stoffe in den Mengen enthält, die für eine positive gesundheitsbezogene Wirkung allgemein wissenschaftlich anerkannt sind.[879]    749

Dabei ist bei der Beurteilung der Überzeugungskraft des wissenschaftlichen Nachweises immer die Gesamtheit der verfügbaren und eingereichten Daten    750

---

[877]   EFSA, Zusammenfassung, S. 2; vgl. dazu auch ausführlich MEISTERERNST/ HABER, N 5 und 29 ff. zu Art. 6 EG-Health-Claims-Verordnung.

[878]   Vgl. zum Ganzen EFSA, Zusammenfassung, S. 3 sowie die Verordnung (EG) Nr. 353/2008 der Kommission vom 18. April 2008 zur Festlegung von Durchführungsbestimmungen für Anträge auf Zulassung gesundheitsbezogener Angaben gemäss Art. 15 der EG-Health-Claims-Verordnung, die sich auf das EFSA-Gutachten stützt und diesem stark nachempfunden ist (vgl. Erwägungsgrund 8).

[879]   Es gilt insbesondere zu beachten, dass andere Inhaltsstoffe im Produkt dazu führen können, dass die wissenschaftlich anerkannte Wirkung des angepriesenen Inhaltsstoffes gemindert oder sogar blockiert wird. Dass ein solcher biochemischer Prozess eben nicht stattfindet, sollte von den Lebensmittelherstellerinnen und -hersteller ebenfalls belegt werden können (vgl. MEYER, S. 163).

zu betrachten und gestützt darauf eine Gesamtabwägung der vorhandenen Erkenntnisse vorzunehmen.[880]

### d) Wesentliche Menge des signifikanten Nährstoffs und des angebotenen Produkts (Art. 5 Abs. 1 Bst. b und d EG-Health-Claims-Verordnung)

751 Die Voraussetzungen nach Art. 5 Abs. 1 Bst. b und d EG-Health-Claims-Verordnung müssen zusammen betrachtet werden. In Erwägungsgrund 15 werden sie (zusammen mit der Anforderung an die Bioverfügbarkeit) auch gemeinsam ausgeführt. Demnach muss die Substanz, die Gegenstand der Angabe ist, im Endprodukt in einer ausreichenden Menge vorhanden bzw. nicht vorhanden oder ausreichend reduziert sein, um die behauptete ernährungsbezogene oder physiologische Wirkung zu erzeugen. Ausserdem sollte eine wesentliche Menge der Substanz, die für die behauptete ernährungsbezogene oder physiologische Wirkung verantwortlich ist, durch den Verzehr einer vernünftigerweise anzunehmenden Menge des Lebensmittels bereitgestellt werden.

752 Die signifikante Menge des in einem Produkt enthaltenen Nährstoffs steht damit in einem direkten Zusammenhang mit der Menge des Produkts, deren Verzehr vernünftigerweise erwartet werden kann (sog. „Verzehrsmuster"). Bei einem funktionellen Joghurt beispielsweise kann davon ausgegangen werden, dass die Verbraucherinnen und Verbraucher einen Becher Joghurt verzehren. Dieses Verzehrsmuster muss nun die signifikante Menge des Nährstoffs liefern, die nach allgemein anerkannten wissenschaftlichen Nachweisen geeignet ist, die angepriesene gesundheitsbezogene Wirkung zu erzielen.[881] Die Lebensmittelherstellerinnen und -hersteller müssen nachweisen können, dass die im Produkt enthaltene Menge der Substanz tatsächlich aus-

---

[880] HOLLE zufolge resultiert daraus eine Einstufung der Beweiskraft der Erkenntnisse, die von „überzeugend" über „wahrscheinlich" und „möglich" bis hin zu „unzureichend" reicht. HOLLE führt eine umfangreiche Liste von Kriterien zur Beurteilung der Beweiskraft an, die zum Teil mit den EFSA-Kriterien übereinstimmen, teilweise aber auch darüber hinausreichen (vgl. zur Beurteilung der Überzeugungskraft des wissenschaftlichen Nachweises HOLLE, S. 28 ff.; siehe zum wissenschaftlichen Nachweis gemäss Abschnitt 11a der LKV ausführlich unten Rz. 864 ff.).

[881] Vgl. Art. 5 Abs. 1 Bst. d EG-Health-Claims-Verordnung.

reichend ist, um die in der Werbung behauptete spezifische gesundheitsbezogene Wirkung zu erzielen.[882]

### e) Bioverfügbarkeit (Art. 5 Abs. 1 Bst. c EG-Health-Claims-Verordnung)

Der Nährstoff (oder eine andere Substanz), auf den sich die gesundheitsbezogene Angabe bezieht muss in einer Form vorliegen, die für den menschlichen Körper verfügbar ist. Mit anderen Worten müssen die Verbraucherinnen und Verbraucher die in den angereicherten Lebensmitteln vorhandenen funktionellen Substanzen auch tatsächlich verwerten können.[883]

753

„Bioverfügbarkeit" kann dabei verstanden werden als das Mass, in dem ein Nährstoff oder eine andere Substanz aus ihrer Umgebung freigesetzt wird. Die biologische Verfügbarkeit entspricht dabei dem in Bezug auf Lebensmittel prozentualen Anteil eines über die Nahrung zugeführten Nährstoffs, der von der Darmschleimhaut aufgenommen wird und ins Blut gelangt. Die Bioverfügbarkeit dient damit insbesondere der Bewertung von Lebensmitteln als Nährstofflieferanten. Sie lässt sich durch Messung der Stoffkonzentration in entsprechenden Körperflüssigkeiten bestimmen. Die Faktoren, welche die Bioverfügbarkeit beeinflussen, sind äusserst zahlreich: Dazu gehören das Herstellungsverfahren, die chemische Bindungsform des Nährstoffs, die Umgebung des Nährstoffs, die Fett- oder Wasserlöslichkeit, die erzeugte Wirkung durch gleichzeitige Einnahme mit anderen Lebensmitteln sowie die generelle Funktion des Verdauungssystems.[884]

754

Die Bioverfügbarkeit ist somit stark von der Verarbeitung des Lebensmittels und vom Allgemeinzustand des Organismus abhängig. Das Beta-Carotin aus rohen Mohrrüben beispielsweise wird vom Körper kaum aufgenommen. Werden die Mohrrüben jedoch zu einem Brei verarbeitet und dieser mit etwas Fett vermischt, können über 50 % des darin enthaltenen Beta-Carotins vom Körper verwertet werden.[885]

755

---

[882]   Vgl. HOLLE, S. 33.

[883]   Erwägungsgrund 15 der EG-Health-Claims-Verordnung.

[884]   Vgl. zum Ganzen DER BROCKHAUS, S. 80, m.w.H.

[885]   Es wird weiter zwischen absoluter und relativer Bioverfügbarkeit unterschieden. Die absolute Bioverfügbarkeit wird definiert als die Bioverfügbarkeit des Stoffs in Bezug auf die intravenöse Verabreichung dieses Stoffs in reiner Form. Die relative Bioverfügbarkeit ist die Bioverfügbarkeit des betrachteten Stoffes im Vergleich zu einem anderen Stoff (vgl. zum Ganzen DER BROCKHAUS, S. 80; HOLLE, S. 31).

756 Der Grad der Bioverfügbarkeit ist bei der Festlegung der für die angepriesene gesundheitsbezogene Wirkung wesentlichen Menge zu berücksichtigen. Entsprechend der Verwertbarkeit des Nährstoffs oder der Substanz muss auch die Menge im Lebensmittel angepasst, sprich enthalten sein. Massgebend sind auch hier die Durchschnittsverbraucherin und der Durchschnittsverbraucher. Ein nur schwer verwertbarer Nährstoff muss in entsprechend angepasster Menge im Produkt vorliegen. Die Anforderung an die Bioverfügbarkeit steht insofern in engem Zusammenhang mit den Anforderungen an die wesentliche Menge des signifikanten Nährstoffs und des angebotenen Produkts (vgl. oben Rz. 751 f.).[886]

### f) Für die oder den durchschnittliche(n) Verbraucherin oder Verbraucher verständlich (Art. 5 Abs. 2 EG-Health-Claims-Verordnung)

757 Der Begriff des Durchschnittsverbrauchers wurde bereits mehrfach behandelt (vgl. oben Rz. 103 ff. und 696 ff.). Im Sinne der hergeleiteten Standardformel, geht die EG-Health-Claims-Verordnung diesbezüglich vom „normal informierten, aufmerksamen und verständigen Durchschnittsverbraucher unter Berücksichtigung sozialer, kultureller und sprachlicher Faktoren nach der Auslegung des Gerichtshofs" aus. Der Begriff des Durchschnittsverbrauchers „beruht dabei nicht auf einer statistischen Grundlage, sondern ist vielmehr der Urteilsfähigkeit der Gerichte überlassen". Dies entspricht auch dem vom EuGH entwickelten Verbraucherleitbild, das „nicht pauschal, sondern auf die konkrete Fallgestaltung bezogen" ist.[887]

758 Um nun im Einzelnen beurteilen zu können, ob eine gesundheitsbezogene Angabe für die Durchschnittsverbraucherinnen und -verbraucher verständlich ist, muss zunächst vom Wissens- und Informationsstand ausgegangen werden, den die Lebensmittelhersteller bei einem durchschnittlichen Verbraucher voraussetzen dürfen. Sie können dabei davon ausgehen, dass der durchschnittlich verständige Verbraucher die Verpackung anschaut und, sofern er seine Kaufentscheidung von der Zusammensetzung des Produkts abhängig macht, das Zutatenverzeichnis liest (vgl. oben Rz. 103).

759 Die Lebensmittelhersteller müssen die Verbraucherinnen und Verbraucher zwar objektiv informieren, sie sind jedoch nicht verpflichtet, ihnen sämtliche Informationen zu liefern, die sie für eine sachgerechte, an ihren persönlichen

---

[886] Vgl. Erwägungsgrund 15 der EG-Health-Claims-Verordnung: „Die Substanz sollte **zudem** in einer für den Körper verwertbaren Form verfügbar sein."

[887] Erwägungsgrund 16 der EG-Health-Claims-Verordnung; HOLLE, S. 34 f.

Bedürfnissen und Zielen ausgerichtete Entscheidung benötigen. Ebenso wie die Lebensmittelhersteller bestimmte Pflichten treffen (z.B. Informationspflichten aufgrund von Kennzeichnungsvorschriften), obliegt es den Verbraucherinnen und Verbrauchern, die zur Verfügung gestellten Produktinformationen wahrzunehmen, zu verarbeiten und schliesslich bei ihrer Kaufentscheidung zu berücksichtigen.[888]

Verständlichkeit einer Angabe bedeutet weiterhin auch die Fähigkeit der Verbraucherinnen und Verbraucher, die ihnen zur Verfügung gestellten Informationen tatsächlich sachgerecht würdigen zu können. Gemäss HOLLE stellt das Attribut „durchschnittlich" klar, dass bei der Beurteilung der Verständlichkeit einer gesundheitsbezogenen Angabe – sowohl im Hinblick auf das Informationsniveau der Verbraucherinnen und Verbraucher als auch im Hinblick auf deren Fähigkeit zur Würdigung der zur Verfügung stehenden Informationen – nicht die intellektuellen und sozialen Besonderheiten eines jeden einzelnen potenziellen Adressaten berücksichtigt werden müsse.[889]  760

Für die Zulässigkeit einer gesundheitsbezogenen Angabe ist es auch nicht erforderlich, dass die Verbraucherinnen und Verbraucher die der Angabe zugrunde liegenden wissenschaftlichen Vorgänge im Einzelnen verstehen und nachvollziehen können. Dies würde die im Lebensmittelhandel vorhandenen Kommunikationsmöglichkeiten überschreiten. Für die Verbraucherinnen und Verbraucher ist vielmehr die positive gesundheitsbezogene Wirkung des Lebensmittels per se und nicht deren konkrete wissenschaftliche Begründung von Bedeutung. Diese ist ohnehin durch das Erfordernis der wissenschaftlichen Absicherung und die entsprechenden Kontrollen durch die zuständigen Behörden garantiert.[890] HOLLE zufolge reicht es daher aus, dass die Verbraucherinnen und Verbraucher eine konkrete Vorstellung von der durch die Angabe umschriebenen positiven Wirkung für die Gesundheit haben.[891]  761

---

[888]  Vgl. HOLLE, S. 35, m.w.H. auf die europäisches Lehre und Rechtsprechung.

[889]  Richtet sich eine Angabe allerdings speziell an eine besondere Verbrauchergruppe, wie z.B. Kinder, so muss die Auswirkung der Angabe aus der Sicht eines Durchschnittsmitglieds dieser Gruppe beurteilt werden resp. muss die Formulierung der Angabe an den entsprechenden Wissensstand angepasst werden (vgl. Erwägungsgrund 16 der EG-Health-Claims-Verordnung).

[890]  Siehe zum wissenschaftlichen Nachweis oben Rz. 739 ff. und unten Rz. 786 ff.

[891]  Vgl. zum Ganzen HOLLE, S. 36. Es findet somit eine Unterscheidung statt zwischen der wissenschaftlichen Absicherung einer gesundheitsbezogenen Angabe und dem eigentlichen Werbeinhalt. Die Verbraucherinnen und Verbraucher müssen sich darauf verlassen können, dass jeder Health Claim vorgängig durch die zuständigen Behörden geprüft wurde. Die eigentliche wissenschaftliche Absi-

## g)  Verzehrfertiges Lebensmittel (Art. 5 Abs. 3 EG-Health-Claims-Verordnung)

762  Art. 5 Abs. 3 EG-Health-Claims-Verordnung bestimmt, dass sich gesundheitsbezogene Angaben gemäss der Anweisung des Herstellers auf das verzehrfertige Lebensmittel beziehen müssen. „Verzehrfertig" beschreibt dabei den Zustand, in dem sich das Erzeugnis nach abgeschlossener Zubereitung durch die Verbraucherinnen und Verbraucher entsprechend den Zubereitungsanweisungen der Herstellerinnen und Hersteller befindet.

763  HOLLE weist zu Recht darauf hin, dass das Gebot, dass sich gesundheitsbezogene Angaben auf das zubereitete genuss- resp. verzehrfertige Lebensmittel beziehen müssen, in der Praxis einige Schwierigkeiten an die Formulierung der Zubereitungshinweise stellen dürfte.[892] Diese müssten nämlich gewährleisten, dass die zur Erreichung der angepriesenen Wirkung erforderliche Menge der Substanz noch im Produkt vorhanden ist, wenn dieses, nach erfolgter Zubereitung, durch die Verbraucherinnen und Verbraucher verzehrt wird. Gerade bei zu erwärmenden Produkten dürfte dies aufgrund der unterschiedlichen Funktionsweisen handelüblicher Haushaltsgeräte, wie z.B. Backofen, Mikrowelle oder Friteuse, einige Schwierigkeiten bereiten.

764  Es ist hier dem Lösungsvorschlag HOLLES zuzustimmen. Ihm zufolge muss es genügen, wenn die Lebensmittelherstellerinnen und -hersteller durch eigene interne Versuche nachweisen können, dass bei Einhaltung der Zubereitungsanweisungen ein effektiver Gehalt an wirksamer Substanz im Produkt noch erhalten sei.[893] Die entsprechenden Zubereitungshinweise müssen auf den Produktverpackungen angegeben sein.[894]

---

892  cherung (wie z.B. Studien und Statistiken) muss aber nicht in der Werbung (oder auf der Produktverpackung) angegeben werden.
HOLLE, S. 34. Ausgegangen wird hier von Lebensmittelprodukten, die einer Zubereitung bedürfen und nicht bereits verzehrfertig angeboten werden.

893  Vgl. zum Ganzen HOLLE, S. 34, m.w.H.

894  Vgl. den Hinweis in Art. 5 Abs. 3 EG-Health-Claims-Verordnung: „... gemäss der Anweisung des Herstellers ...".

# D. Besondere Anforderungen für die Verwendung gesundheitsbezogener Angaben

## 1. Verbote nach Art. 12 EG-Health-Claims-Verordnung

Art. 12 EG-Health-Claims-Verordnung nennt drei Arten von gesundheitsbezogenen Angaben, die nicht zulässig sind. Dazu gehören „Angaben, die den Eindruck erwecken, durch Verzicht auf das Lebensmittel könnte die Gesundheit beeinträchtigt werden"[895], „Angaben über Dauer und Ausmass der Gewichtsabnahme"[896] sowie „Angaben, die auf Empfehlungen von einzelnen Ärzten oder Vertretern medizinischer Berufe und von Vereinigungen [...] verweisen".[897]    765

Das Verbot von „Angaben über Dauer und Ausmass einer Gewichtsabnahme" ist bereits in Art. 5 Abs. 3 der Richtlinie 96/8/EG über Lebensmittel für kalorienarme Ernährung zur Gewichtsverringerung[898] enthalten. Es wurde sinngemäss in die EG-Health-Claims-Verordnung übernommen. Demgegenüber sind die ebenfalls in Art. 5 Abs. 3 der Richtlinie 96/8/EG verbotenen Aussagen über eine Verringerung des Hungergefühls bzw. ein verstärktes Sättigungsgefühl in Art. 13 Abs. 1 Bst. c EG-Health-Claims-Verordnung für Lebensmittel des allgemeinen Verzehrs ausdrücklich zugelassen worden.[899]    766

Mit dem Verbot von „Empfehlungen von einzelnen Ärzten oder Vertretern medizinischer Berufe und von Vereinigungen" (Bst. c) soll verhindert werden, dass die naturgemäss subjektive Auffassung einer einzelnen Person, die gerade durch ihre berufliche Tätigkeit bei den Verbraucherinnen und Verbrauchern eine hohe Glaubwürdigkeit geniesst, zur Grundlage einer Werbeaussage gemacht wird. Insbesondere soll damit die weitverbreitete Anpreisung von „Wundermitteln" mit fragwürdiger Wirksamkeit eingedämmt werden.[900]    767

---

[895]    Art. 12 Bst. a EG-Health-Claims-Verordnung.
[896]    Art. 12 Bst. b EG-Health-Claims-Verordnung.
[897]    Art. 12 Bst. c EG-Health-Claims-Verordnung.
[898]    Richtlinie 96/8/EG der Kommission über Lebensmittel für kalorienarme Ernährung zur Gewichtsverringerung vom 26. Februar 1996.
[899]    HOLLE, S. 55 f. Siehe dazu oben Rz. 670 ff.
[900]    HOLLE, S. 56.

## 2. Kennzeichnungsanforderungen gemäss Art. 10 Abs. 2 und Art. 7 EG-Health-Claims-Verordnung

768 Art. 10 Abs. 2 EG-Health-Claims-Verordnung bestimmt, dass gesundheitsbezogene Angaben nur gemacht werden dürfen, „wenn die Kennzeichnung oder, falls diese Kennzeichnung fehlt, die Aufmachung der Lebensmittel und die Lebensmittelwerbung folgende Informationen tragen:

– einen Hinweis auf die Bedeutung einer abwechslungsreichen und ausgewogenen Ernährung und einer gesunden Lebensweise (Bst. a);

– Informationen zur Menge des Lebensmittels und zum Verzehrsmuster, die erforderlich sind, um die behauptete positive Wirkung zu erzielen (Bst. b);

– gegebenenfalls einen Hinweis an Personen, die es vermeiden sollten, dieses Lebensmittel zu verzehren (Bst. c);

– einen geeigneten Warnhinweis bei Produkten, die bei übermässigem Verzehr eine Gesundheitsgefahr darstellen könnten (Bst. d)".

769 Bei der Verwendung von gesundheitsbezogenen Angaben zu Anpreisungszwecken sind somit zusätzliche Informationen erforderlich, die der Aufklärung der Verbraucherinnen und Verbraucher dienen sollen.[901] Diese Informationen sind entweder im Rahmen der Kennzeichnung oder, wo eine solche fehlt oder nicht erfolgt, im Rahmen der Aufmachung des Lebensmittels oder in der Werbung hierfür zu geben.

770 Bei vorverpackten – also in Fertigpackungen angebotenen – Lebensmitteln müssen die Pflichtangaben nach Art. 10 Abs. 2 Bst. a–d EG-Health-Claims-Verordnung somit nur auf der Packung selbst, nicht jedoch in anderer kommerzieller Kommunikation (z.B. in der Print- und Fernsehwerbung oder in Werbematerial an der Verkaufsstelle) gemacht werden.[902] Dies entspricht auch dem europäischen Verbraucherleitbild, nach dem es grundsätzlich in den Pflichtenkreis der Verbraucherinnen und Verbraucher fällt, die auf der Produktverpackung angebotenen Informationen zur Kenntnis zu nehmen. Vom mündigen, durchschnittlichen Konsumenten darf dabei durchaus erwartet werden, dass er die ihm vermittelten Informationen zu interpretieren und im Gesamtkontext zu würdigen weiss.[903]

---

[901] Vgl. BERG, S. 114.
[902] Vgl. BERG, S. 115; HOLLE, S. 57.
[903] Siehe zum europäischen Verbraucherleitbild oben Rz. 103 f.

Diese Auffassung trägt HOLLE zufolge dem Umstand Rechnung, dass Wer- 771
bung notwendigerweise komplexe Botschaften vereinfachen und zuspitzen
muss, um die Aufmerksamkeit der Verbraucherinnen und Verbraucher zu
erregen. Insbesondere in der Fernsehwerbung sei die Übermittlung umfangreicher Sachinformationen schon aus Zeitgründen nicht möglich. Es ist daher
durchaus zu begrüssen, so HOLLE, dass der Gesetzgeber es den Werbetreibenden gestattet, ergänzende Produktinformationen über die Fertigpackung
an die Verbraucherinnen und Verbraucher zu vermitteln.[904]

Weiter setzen die Kennzeichnungsvorschriften nach Art. 10 Abs. 2 EG- 772
Health-Claims-Verordnung voraus, dass sich gesundheitsbezogene Angaben
immer auf ein spezifisches Produkt beziehen und nicht zugleich auch auf ein
Komplementärprodukt, also ein Produkt, das zusammen mit diesem verzehrt
wird. So wäre es unzulässig, z.B. bei Müsliprodukten auf den hohen Kalzi-
umgehalt der Milch hinzuweisen. Allein die Zusammensetzung des beworbenen Produkts ist entscheidend dafür, ob eine gesundheitsbezogene Angabe
zulässig ist und wie die Informationen nach Art. 10 Abs. 2 EG-Health-
Claims-Verordnung ausgestaltet sein müssen.[905]

Eine weitere Kennzeichnungspflicht ergibt sich aus Art. 7 Abs. 1 EG-Health- 773
Claims-Verordnung. Demgemäss löst die Verwendung einer gesundheitsbezogenen Angabe die Verpflichtung zur Nährwertkennzeichnung aus. Für das
angepriesene Lebensmittel sind der Energiewert, der Gehalt an Eiweiss, Kohlenhydraten, Zucker, Fett, gesättigten Fettsäuren, Ballaststoffen und Natrium
anzugeben. Zusätzlich müssen für Stoffe, die Gegenstand einer gesundheitsbezogenen Angabe sind und nicht in der Nährwertkennzeichnung erscheinen,
die jeweiligen Mengen in demselben Sichtfeld in unmittelbarer Nähe der
Nährwertkennzeichnung gemäss Art. 6 der Richtlinie 90/496/EWG[906] angegeben werden.

## 3. Verweise auf allgemeine, nicht spezifische Vorteile (Art. 10 Abs. 3 EG-Health-Claims-Verordnung)

Gemäss Art. 10 Abs. 3 EG-Health-Claims-Verordnung sind Verweise auf 774
allgemeine, nichtspezifische Vorteile des Nährstoffs oder Lebensmittels für
die Gesundheit im Allgemeinen oder das gesundheitsbezogene Wohlbefinden

---

[904]  HOLLE, S. 57.
[905]  Vgl. BERG, S. 115.
[906]  Richtlinie 90/496/EWG des Rates über die Nährwertkennzeichnung von Lebensmitteln vom 24. September 1990.

nur zulässig, wenn ihnen eine in einer der Listen nach Artikel 13 oder 14 der EG-Health-Claims-Verordnung enthaltene spezielle gesundheitsbezogene Angabe beigefügt ist.

775 Mit Verweisen „auf allgemeine, nichtspezifische Vorteile des Nährstoffs oder Lebensmittels für die Gesundheit im Allgemeinen oder das gesundheitsbezogene Wohlbefinden" sind Anpreisungen wie *„Das tut Ihrem Körper gut!"*, *„Wirkt sich positiv auf Ihr Wohlbefinden aus"*, *„Erhält ihr gutes Körpergefühl"*, *„Gut für Ihren Organismus"* oder *„Damit fühlen sie sich wohl"* gemeint.

776 „Wellbeing Claims" nehmen nicht auf einen spezifischen Aspekt der Gesundheit oder eine Körperfunktion Bezug. Vielmehr soll durch die Werbung in grundsätzlicher Weise das „Wellbeing", das Wohlgefühl der Verbraucherinnen und Verbraucher angesprochen werden. Diese Form der Werbung beinhaltet somit vage und in Bezug auf die Gesundheit unbestimmte Aussagen.

777 Solche „Wellbeing Claims" sind nach Art. 10 Abs. 3 EG-Health-Claims-Verordnung nur zulässig, wenn sie durch eine zugelassene gesundheitsbezogene Angabe konkretisiert werden.

## 4. Zulassungsverfahren

### a) Gesundheitsbezogene Angaben gemäss Art. 13 Abs. 1 und 3 EG-Health-Claims-Verordnung

778 Die in Art. 13 Abs. 1 EG-Health-Claims-Verordnung genannten Kategorien gesundheitsbezogener Angaben (vgl. oben Rz. 695) dürfen ab Publikation auf der Gemeinschaftsliste verwendet werden, wenn sie sich auf allgemein anerkannte wissenschaftliche Nachweise stützen und von den durchschnittlichen Verbraucherinnen und Verbrauchern richtig verstanden werden.[907]

779 Der Grat zwischen diesen und den weiteren – nach Publikation der Gemeinschaftsliste – und auf neuen wissenschaftlichen Nachweisen beruhenden Angaben gemäss Art. 13 Abs. 5 EG-Health-Claims-Verordnung dürfte jedoch äusserst schmal sein. Was unter „neuen wissenschaftlichen Erkenntnissen" zu verstehen ist, lässt die EG-Health-Claims-Verordnung nämlich offen. Gemäss HOLLE müssen insbesondere diejenigen gesundheitsbezogenen Angaben, die

---

[907] Bis zur Publikation der Gemeinschaftsliste gilt eine Übergangsregelung, die es gestattet, allgemein anerkannte gesundheitsbezogene Angaben in Einklang mit dem nationalen Recht zu benutzen (vgl. HOLLE, S. 60).

in den letzten Jahren bereits auf dem Markt bekannt waren, aber auf noch nicht vollständig abgesicherten wissenschaftliche Erkenntnissen beruhen, als „neu" angesehen werden. Hier könnten sich in der Tat Einstufungsschwierigkeiten ergeben (vgl. unten Rz. 785 ff.).[908]

Die Liste der nach Art. 13 Abs. 1 zulässigen Angaben sollte von der Euro-    780
päischen Kommission nach Anhörung der EFSA und nach Stellungnahme der EU-Mitgliedstaaten bis spätestens zum 31. Januar 2010 verabschiedet werden.[909]

HOLLE zufolge besteht grundsätzlich Einigkeit darüber, dass die zu erstellen-    781
de Gemeinschaftsliste lediglich allgemeine Zusammenhänge zwischen Substanzen oder Lebensmitteln und einer positiven Wirkung auf die Gesundheit festlegen soll, die als wissenschaftlich anerkannt gelten.[910] Die genaue Formulierung resp. der endgültige Wortlaut der gesundheitsbezogenen Angabe bleibe aber den Lebensmittelunternehmen überlassen.[911] Es obliege insofern den nationalen Überwachungsbehörden und Gerichten zu prüfen, ob eine konkrete Formulierung den wissenschaftlichen Kern einer zugelassenen Angabe noch zutreffend widerspiegelt oder nicht.[912]

---

[908]   Vgl. HOLLE, S. 60 f.

[909]   Vgl. Art. 13 Abs. 3 EG-Health-Claims-Verordnung. Es sind mehr als 40'000 Anträge auf Health Claims bei der EFSA eingegangen. Die EU-Behörde hat die Liste inzwischen auf 4'186 reduziert. Wann die Positivliste der erlaubten Werbeaussagen fertiggestellt sein wird, ist noch nicht absehbar (es wird mit einem Veröffentlichungstermin ab 2012 gerechnet). Ursprünglich sollte sie Ende Januar 2010 veröffentlicht werden. Doch bis zu diesem Zeitpunkt waren erst knapp tausend solcher Health-Claim-Anträge abgearbeitet (vgl. BRISEÑO/LUBBADEH, S. 1 f.; vgl. dazu auch die aktuell nachgeführte Übersicht bei: <http://www.health-claims-verordnung.de/> [besucht am: 1. Mai 2011]; vgl. auch oben Rz. 304.

[910]   Vgl. für allgemeine Claims dieser Art die Beispiele oben Rz. 700.

[911]   HOLLE ist der Ansicht, dass eine Einzelzulassung konkreter Formulierungen von Werbeaussagen und die damit verbundene Flut von Zulassungsanträgen sich in der Praxis in Anbetracht der begrenzten Ressourcen der EFSA nicht handhaben lässt (vgl. HOLLE, S. 61).

[912]   Eine gewisse Flexibilität bezüglich des konkreten Wortlauts zugelassener gesundheitsbezogener Angaben wäre m.E. durchaus zu begrüssen, da die Arbeitslast der EFSA bei der wissenschaftlichen Bewertung der vorgelegten Angaben ohnehin schon beträchtlich ist und sie mit der Publikation der Gemeinschaftsliste aus diesem Grund in Verzug geraten ist. Zudem beliesse eine gewisse Flexibilität den Unternehmen Freiraum für die kreative Anpreisung ihrer Produkte (gl. M. HOLLE, S. 61 f., m.w.H.; siehe zur Bindung an den Wortlaut der durch

782 Bezüglich der Kriterien für die Ausformulierung gesundheitsbezogener Angaben weist HOLLE zu Recht darauf hin, dass die Lebensmittelunternehmer die sehr wissenschaftliche Sprache der Listen zugelassener Angaben in einen für die Verbraucherinnen und Verbraucher verständlichen Wortlaut „übersetzen" müssen und das eine gewisse sprachliche Vereinfachung und werbliche Pointierung unabdingbar ist. Eine solche Anpassung oder Zusammenfassung von spezifischen zugelassenen gesundheitsbezogenen Angaben müsse grundsätzlich möglich sein. HOLLE stellt folgende Voraussetzungen hierfür auf:

– die Aussage ist für die Durchschnittsverbraucherinnen und -verbraucher verständlich;

– die Aussage stützt sich auf eine oder mehrere zugelassene gesundheitsbezogene Angaben;

– neben der angepassten und zugespitzten Werbeaussage werden auch die spezifischen zugelassenen gesundheitsbezogenen Angaben in der Kennzeichnung oder im Rahmen der Aufmachung oder Anpreisung (analog Art. 10 Abs. 2 EG-Health-Claims-Verordnung) aufgeführt;

– die pointierte Werbeaussage geht inhaltlich nicht über die Summe der Einzelaussagen der zugelassenen spezifischen gesundheitsbezogenen Angaben hinaus.[913]

783 In der Praxis dürften sich diese Anforderungen wie folgt umsetzen lassen: *„Das Produkt X ist gut für Ihren Körperbau. Es ist reich an Vitamin C und Magnesium. Vitamin C ist notwendig für die Erhaltung von gesunden Knochen, und Magnesium spielt eine wichtige Rolle im Skelettaufbau sowie im Energiestoffwechsel."*

---

das BAG in der Schweiz zugelassenen gesundheitsbezogenen Angaben unten Rz. 838 ff.).

[913] HOLLE geht davon aus, dass die Lebensmittelunternehmer produktbezogene Werbeinhalte gegenüber zutatenbezogenen Angaben vorziehen und eine prägnante Werbeaussage besser geeignet ist, die positiven Effekte des Produkts in den Vordergrund zu rücken als die Aufzählung sämtlicher Einzeleffekte einzelner Zutaten. Die Verbraucherinnen und Verbraucher dürften nämlich weniger an der technisch-wissenschaftlichen Funktion der einzelnen Substanzen als vielmehr an dem grundlegenden positiven Effekt, den das beworbene Produkt auf das gesundheitliche Wohlbefinden hat, interessiert sein. Zur Veranschaulichung führt HOLLE das Beispiel der LDL-Cholesterin-Beeinflussung an: Für die Verbraucherinnen und Verbraucher spielt es eine untergeordnete Rolle, ob ein Produkt einen Beitrag zur Herzgesundheit liefert (Verringerung des Risikos), weil es den Anteil des LDL-Cholesterins im Körper herabsetzt oder weil es den Blutdruck günstig beeinflusst (vgl. HOLLE, S. 62).

In diesem Beispiel werden zwei unterschiedliche Effekte, der Einfluss von 784
Vitamin C für die Erhaltung von gesunden Knochen sowie die Förderung des
Skelettaufbaus und des Energiestoffwechsels durch Magnesium, angesprochen. Jede der gesundheitsbezogenen Angaben betrifft einen anderen Aspekt
der allgemeinen Aussage über den positiven Einfluss des Produkts auf den
Körperbau. Die Zusammenfassung der beiden spezifischen gesundheitsbezogenen Angaben unter die pointierte Aussage zum Körperbau (*„Das Produkt
X ist gut für ihren Körperbau"*) geht nicht weiter als die jeweiligen Einzelaussagen bezüglich Vitamin C und Magnesium. Darüber hinaus besteht auch
kein Zweifel bezüglich der Verständlichkeit dieser gesundheitsbezogenen
Anpreisung.[914]

## b)     Gesundheitsbezogene Angaben, die auf neuen wissenschaft-
lichen Daten beruhen (Art. 13 Abs. 5 EG-Health-Claims-
Verordnung)

Gesundheitsbezogene Angaben, die „auf neuen wissenschaftlichen Nachwei- 785
sen beruhen", werden nach dem Verfahren gemäss Art. 18 EG-Health-
Claims-Verordnung[915] in die Gemeinschaftsliste aufgenommen.[916] Der Grat
zu den soeben dargestellten gesundheitsbezogenen Angaben nach Art. 13
Abs. 1 EG-Health-Claims-Verordnung dürfte dabei äusserst schmal sein; eine
klare Abgrenzung ist nicht ohne Weiteres ersichtlich (vgl. oben Rz. 779).[917]

HOLLE vertritt die Ansicht, dass bei den auf neuen wissenschaftlichen Daten 786
gestützten gesundheitsbezogenen Angaben die Einstufung der Daten als
„neu" auf einer „Korrelation zum Grad des wissenschaftlichen Nachweises"

---

[914]  Vgl. zum Ganzen sehr anschaulich HOLLE, S. 63, mit weiteren Beispielen.

[915]  In Art. 18 EG-Health-Claims-Verordnung ist ein beschleunigtes Verfahren vorgesehen, das der EFSA für die Prüfung der von einer Antragstellerin zusätzlich
angeforderten und eingereichten Nachweise nur einen Monat (anstelle von zwei
Monaten) Zeit gibt. Darüber hinaus entscheidet die Europäische Kommission bei
einer positiven Stellungnahme seitens der EFSA innerhalb von zwei Monaten
über die Zulassung.

[916]  Art. 13 Abs. 5 EG-Health-Claims-Verordnung regelt neben den auf neuen wissenschaftlichen Nachweisen beruhenden Daten auch solche, die einen Antrag auf
den Schutz von geschützten Daten enthalten.

[917]  Die Einordnung spielt insbesondere eine Rolle wegen der unterschiedlichen
Zulassungsverfahren (Art. 13 Abs. 3 und 4 gegenüber Art. 18 EG-Health-
Claims-Verordnung) sowie wegen der Übergangsfristen (Art. 28 Abs. 5 gegenüber Art. 28 Abs. 6 EG-Health-Claims-Verordnung). Siehe zur Abgrenzungsproblematik ausführlich HOLLE, S. 60, 68 und 73 f.

beruht. Mit diesem Kriterium spricht HOLLE das „Mass der wissenschaftlichen Absicherung der neuen Angaben" an. Zwar sei es im Einzelfall nicht ausgeschlossen, dass neue wissenschaftliche Daten sogar einen überzeugenderen wissenschaftlichen Nachweis erbringen könnten als eine Vielzahl bereits lange bekannter Studien. Meist dürfte aber bei neuen wissenschaftlichen Erkenntnissen aufgrund der geringen Anzahl verfügbarer Studien das Mass der wissenschaftlichen Absicherung geringer sein als bei seit vielen Jahren allgemein anerkannten ernährungsbezogenen Effekten.[918]

787 Bei auf neuen wissenschaftlichen Daten beruhenden gesundheitsbezogenen Angaben handelt es sich somit grundsätzlich um Angaben über neue Wirkungen, deren wissenschaftliche Absicherung noch nicht bereits mehrfach belegt ist. Damit gemeint sind individuelle Health Claims, die nur für ein bestimmtes Produkt gelten, wie z.B. „*Das Getränk X unterstützt das natürliche Abwehrsystem im Darm*" oder „*Joghurt Y hilft mit seiner speziellen Kultur regelmässig das Darmwohlbefinden zu verbessern*".[919]

788 HOLLE weist auch auf den in Art. 13 Abs. 5 EG-Health-Claims-Verordnung zum Ausdruck gebrachten Willen des Gesetzgebers hin, nach dem gerade auch solche Angaben, die nicht auf langjährigem wissenschaftlichem Konsens beruhen, in der Werbung für Lebensmittel nach entsprechendem Zulassungsverfahren zugelassen werden. Erforderlich sei hierfür aber eine Zulassungspraxis, die Angaben gestatte, bei denen der behauptete gesundheitsförderliche Effekt hinreichend wahrscheinlich, nicht aber über jeden Zweifel erhaben sei.[920]

---

[918] Vgl. Holle, S. 68.

[919] Vgl. BRISEÑO/LUBBADEH, S. 2 f. Health Claims nach Art. 13 Abs. 1 EG-Health-Claims-Verordnung, wie z.B. „*Kalzium ist gut für Ihre Knochen*", oder „*Omega-3-Fettsäuren können den Cholesterinspiegel günstig beeinflussen*" sind hingegen nicht auf ein spezifisches Produkt beschränkt, sondern können für jedes entsprechend angereicherte Lebensmittel – nach den Vorgaben der Verordnung – gemacht werden (vgl. oben Rz. 781 ff.).

[920] Ein solches Verständnis von „neuen wissenschaftlichen Daten" steht auch im Einklang mit der amerikanischen Food and Drug Administration (FDA). Gemäss diesem Verständnis sind neue wissenschaftliche Erkenntnisse im Zusammenhang mit Lebensmitteln solche, bei denen ein wesentlicher Grad an Übereinstimmung in der Wissenschaft noch nicht erreicht ist. Es reiche vielmehr aus, das positive Auswirkungen einer Substanz oder eines Lebensmittels auf die Gesundheit nach Auffassung eines entsprechend qualifizierten wissenschaftlichen Sachverständigengremiums wahrscheinlich seien. Gleichzeitig müssen negative Auswirkungen auf die Gesundheit im Rahmen des zu erwartenden Konsums unwahrscheinlich sein (vgl. HOLLE, S. 69, m.w.H.).

Somit ist festzuhalten, dass der „Korrelation zum Grad des wissenschaftlichen Nachweises" somit bei der wissenschaftlichen Beurteilung der eingereichten Studien angemessen Rechnung zu tragen ist. Sofern bei der beabsichtigten Anpreisung keine Gesundheitsgefahr für die Öffentlichkeit besteht, sollte eine durch Humanstudien abgesicherte Wahrscheinlichkeit des behaupteten Effektes für die Zulassung der Angabe ausreichend sein. Eine an Sicherheit grenzende Wahrscheinlichkeit kann nicht gefordert werden.[921]

789

## F.    Handelsmarken und sonstige Markennamen

Die EG-Health-Claims-Verordnung findet auch auf Handelsmarken und sonstige Markennamen Anwendung, die als gesundheitsbezogene Angabe ausgelegt werden können.[922] Handelsmarken, Markennamen oder auch Phantasiebezeichnungen, die in der Kennzeichnung, Aufmachung oder Werbung für ein Lebensmittel verwendet werden und als gesundheitsbezogene Angabe aufgefasst werden können (wie z.B. „Gesundheitstee" oder „die Wohlfühl-Linie"), dürfen ohne die in der EG-Health-Claims-Verordnung vorgesehenen Zulassungsverfahren verwendet werden, sofern der betreffenden Kennzeichnung, Aufmachung oder Werbung eine gesundheitsbezogene Angabe beigefügt ist, die dieser Verordnung entspricht.[923]

790

Gemäss den Übergangsbestimmungen der EG-Health-Claims-Verordnung dürfen Produkte mit bereits vor dem 1. Januar 2005 bestehenden Handelsmarken oder Markennamen, die der EG-Health-Claims-Verordnung nicht entsprechen, bis zum 19. Januar 2022 weiterhin in den Verkehr gebracht werden.[924]

791

---

[921]   HOLLE weist zu Recht darauf hin, dass eine solche an Sicherheit grenzende Wahrscheinlichkeit des behaupteten gesundheitsbezogenen Effekts eine bereits gefestigte wissenschaftliche Überzeugung erfordert, die sich nur über lange Zeiträume hinweg entwickeln kann. Eine solche Angabe könnte dann auch gar nicht mehr als „neu" angesehen werden (vgl. HOLLE, S. 68).

[922]   Vgl. Erwägungsgrund 4 der EG-Health-Claims-Verordnung.

[923]   Art. 1 Abs. 3 EG-Health-Claims-Verordnung.

[924]   Art. 28 Abs. 2 EG-Health-Claims-Verordnung.

# IV. Regelung gemäss Schweizer Recht

## A. Allgemeines

792 EDI und BAG haben mit Abschnitt 11a der LKV ein Regelungssystem[925] entwickelt, das die Grenzen der zulässigen Verwendung von gesundheitsbezogenen Angaben genau festlegt. Dieses Regelungssystem soll sowohl einen konsistenten Täuschungsschutz gewährleisten als auch dem stärker werdenden Interesse der Konsumentinnen und Konsumenten, über die gesundheitsdienlichen Eigenschaften eines Lebensmittels aufgeklärt zu werden, gerecht werden. Schliesslich sollen auch die Lebensmittelherstellerinnen und -hersteller die Möglichkeit haben, ihre Produkte vorteilhaft anzupreisen.[926]

793 Bei den Bestimmungen über die Lebensmittelwerbung in der LKV handelt es sich um grundsatzkonforme, gesundheitspolizeiliche Beschränkungen der Wirtschaftsfreiheit der Betroffenen. Die LKV setzt an die Stelle grundsätzlicher Werbefreiheit eine gesetzlich vorgeschriebene Vorgehensweise zur Verwendung von gesundheitsbezogenen Angaben.[927] Dadurch wurde ein wichtiger Beitrag geleistet zur Verminderung der Problematik der Rechtsunsicherheit mit Bezug auf die zulässige gesundheitsbezogene Anpreisung von Lebensmitteln. Seit dem 1. April 2008 wird die Grenze der zulässigen gesundheitsbezogenen Lebensmittelwerbung in der LKV ausführlich geregelt.

794 Die entsprechenden Vorschriften finden sich im Abschnitt 11a der LKV – in den Artikeln 29a und 29f–29i –, im 5. Kapitel der LKV: „Anpassung der Anhänge" sowie im 6. Kapitel der LKV: „Schlussbestimmungen".

795 Im Nachfolgenden werden diese Vorschriften im Einzelnen analysiert: Zunächst wird auf das Regelungsziel und den Geltungsbereich von Abschnitt 11a der LKV sowie auf die vom BAG bereits zur Verwendung freigegebenen

---

[925] Der Systembegriff wird hier im Sinne von PIERRE TSCHANNEN (mit Verweis auf den Fremdwörter-Duden) verstanden als „Zusammenfassung von Elementen, zwischen denen besondere Beziehungen bestehen", und als „geordnetes Gefüge". Auf das Verwaltungsrecht bezogen, spricht TSCHANNEN von „… einzelnen Erscheinungen … als Teile[n] einer überlegten Konstruktion." Brauchbare Systematisierungen setzen voraus, dass die zu ordnenden Erscheinungen um einen gemeinsamen Kern (ein zugleich leitendes und begrenzendes Stichwort) kreisen (vgl. TSCHANNEN, S. 1).

[926] Siehe zu den einzelnen Interessengruppen oben Rz. 78 ff.

[927] Siehe zu den Einschränkungsvoraussetzungen oben Rz. 183 ff. und Rz. 240 f. sowie zur Frage der Verfassungsmässigkeit von Abschnitt 11a der LKV auch ausführlich unten Rz. 1007 ff.

Angaben eingegangen. Es folgen dann Ausführungen über das für neue, nicht bereits freigegebene Angaben vorgesehene Bewilligungsverfahren und Erörterungen zum wissenschaftlichen Nachweis im Bewilligungsverfahren. Anschliessend werden besondere Anpreisungstatbestände, die heute explizit geregelt und in der Praxis häufig anzutreffen sind, dargestellt. Es folgen dann Hinweise auf die in den Artikeln 29h und 29i LKV enthaltenen sog. „weiteren Anforderungen" sowie auf die Übergangsbestimmungen. Schliesslich werden die Themenbereiche „Vollzug" und „Rechtsschutz" im Health-Claims-Bereich näher ausgeführt.

Die nun folgenden Untersuchungen orientieren sich stark an den obigen Ausfürungen zur EG-Health-Claims-Verordnung. Dies soll eine der Vorbildfunktion des europäischen Lebensmittelrechts gerecht werdende Darstellung sicherstellen (vgl. oben Rz. 334 und 637 ff.).  796

# B.    Regelungsziel von Abschnitt 11a der LKV

Abschnitt 11a der LKV legt in den Artikeln 29a und 29f–29i LKV fest, was  797 gesundheitsbezogene Angaben sind und inwiefern diese zur Anpreisung von Lebensmitteln verwendet werden dürfen. Zum eigentlichen Regelungsziel finden sich in diesem Verordnungsabschnitt jedoch keine gesetzgeberischen Hinweise. Dem Zweckartikel des LMG folgend sollen lebensmittelrechtliche Vorschriften dazu dienen, die Konsumentinnen und Konsumenten vor Lebensmitteln zu schützen, welche die Gesundheit gefährden können, und den hygienischen Umgang mit Lebensmitteln sicherstellen.[928] Zudem sollen die Konsumentinnen und Konsumenten im Zusammenhang mit Lebensmitteln vor Täuschungen geschützt werden.[929]

Ein Blick auf die Ziele der EG-Health-Claims-Verordnung verdeutlicht die  798 spezifische Umsetzung dieser allgemeinen Zweckvorgaben für den Bereich der gesundheitsbezogenen Lebensmittelwerbung: Oberstes Ziel ist die Gewährleistung eines hohen Verbraucherschutzniveaus. Es geht darum zu verhindern, dass sich die Konsumentinnen und Konsumenten aufgrund von täuschenden und irreführenden gesundheitsbezogenen Angaben eine unzutreffende Vorstellung über die tatsächlichen gesundheitsfördernden Eigenschaften eines Lebensmittels machen. Wie bereits die Vorschriften der EG-Health-Claims-Verordnung, so dienen auch die Bestimmungen des Abschnitts 11a der LKV dem Konsumentenschutz vor Irreführung und Täuschung sowie der

---

[928]    Art. 1 Bst. a und b LMG.
[929]    Art. 1 Bst. c LMG.

ausgleichenden Verbraucherinformation (vgl. oben Rz. 678 ff.). Die Konsumentinnen und Konsumenten sollen die Möglichkeit haben, ihre Kaufentscheidung basierend auf einer sachkundigen, weil auf wahren und klaren Angaben beruhenden Wahl zu treffen.

799 Neben den Konsumentenschutz treten die Interessen der Wirtschaftsakteure: Mit der Regulierung sollen gleiche Wettbewerbsbedingungen für die Lebensmittelindustrie geschaffen werden, und dies insbesondere durch Schaffung und Erhaltung von Markttransparenz, durch die Erhöhung der Rechtssicherheit, durch einen fairen Wettbewerb sowie durch die Förderung der Innovationen im Lebensmittelsektor.[930]

800 Grundsätzlich nicht zu den Regelungsabsichten des Abschnitts 11a der LKV gehört der Schutz vor einer falschen Ernährungsweise. Gesundes Essen bleibt Sache der Konsumentinnen und Konsumenten.[931] Mit der Regulierung der gesundheitsbezogenen Werbung soll die lautere Information der Konsumentinnen und Konsumenten bezüglich gesundheitsbezogener Angaben sichergestellt werden. Eine Ernährungsberatung oder gar eine Einteilung der Lebensmittel in „gut" und „böse" findet damit auch auf dem Wege der schweizerischen Health-Claims-Regulierung nicht statt.[932]

# C.  Geltungsbereich

## 1.  Allgemeines

801 Art. 29a Abs. 1 LKV bestimmt bezüglich des Geltungsbereichs der schweizerischen Health-Claims-Bestimmungen lediglich: „Dieser Abschnitt (Abschnitt 11a der LKV) regelt die nährwert- und die gesundheitsbezogenen Angaben." Gemäss Abs. 2 bleiben die abweichenden Bestimmungen über die Spezialle-

---

[930]  Siehe dazu oben Rz. 621.

[931]  Vgl. immerhin die Bestimmung in Art. 29h Abs. 1 Bst. a LKV, welche vorschreibt, dass bei jeglicher gesundheitsbezogenen Werbung immer auch ein Hinweis auf die Bedeutung einer abwechslungsreichen und ausgewogenen Ernährung und einer gesunden Lebensweise gemacht werden muss (vgl. dazu unten Rz. 899 ff.).

[932]  So verzichtet das BAG auch auf die Einführung eines freiwilligen Labels (sog. „Healthy-Choice-Label") für gesunde Lebensmittel. Mit dem Healthy-Choice-Label sollten etwa gesündere Produkte innerhalb einer Lebensmittelkategorie gekennzeichnet werden, wobei die Kriterien je nach Lebensmittelart unterschiedlich wären (siehe SCHOCH, Lebensmittel, S. 13; siehe auch SCHOCH, Label, S. 1).

bensmittel und über Trink-, Quell- und Mineralwasser vorbehalten. Weiterführende Hinweise zum Geltungsbereich der Bestimmungen über die gesundheitsbezogenen Angaben finden sich in der LKV nicht.

## 2. Vorbehalt nach Art. 29a Abs. 2 LKV

Nicht vom Geltungsbereich von Abschnitt 11a der LKV erfasst werden Lebensmittel, die den abweichenden Bestimmungen über Speziallebensmittel nach Art. 2 Abs. 2 der Verordnung des EDI über Speziallebensmittel vom 23. November 2005 sowie den Bestimmungen über Trink-, Quell- und Mineralwasser nach der Verordnung des EDI über Trink-, Quell- und Mineralwasser vom 23. November 2005 unterstehen.[933]     802

Fällt ein Lebensmittel in den Geltungsbereich einer dieser beiden Verordnungen, so muss es grundsätzlich nach diesen Bestimmungen beurteilt werden und nicht nach denjenigen der LKV. Die abweichenden Bestimmungen über die Speziallebensmittel und über Trink-, Quell- und Mineralwasser bleiben der LKV vorbehalten und gehen dieser als „leges speciales"[934] vor.     803

Ein koffeinhaltiges Spezialgetränk (sog. „Energy Drink") beispielsweise fällt in den Geltungsbereich der Speziallebensmittelverordnung[935] und ist in Art. 23 Speziallebensmittelverordnung geregelt. Es müssen somit primär die dortigen Bestimmungen beachtet werden.     804

Finden sich in den vorbehaltenen Verordnungen keine abweichenden produktspezifischen Bestimmungen, namentlich bezüglich zulässiger Anpreisungsformen, so stellt sich die Frage, inwieweit die Vorschriften des Abschnitts 11a der LKV allenfalls dennoch zur Anwendung gelangen.     805

Im Falle des oben erwähnten, aber zusätzlich mit Vitaminen angereicherten koffeinhaltigen Spezialgetränks wäre zunächst Art. 4 Abs. 6 Speziallebensmittelverordnung einschlägig. Demnach sind für Speziallebensmittel allgemeine Hinweise auf die besondere Zweckbestimmung und die besonderen ernährungsphysiologischen oder physiologischen Eigenschaften eines Speziallebensmittels nur zulässig, wenn sie wissenschaftlich belegt werden können.     806

Hier stehen sich somit zwei Vorschriften gegenüber: einerseits diejenige von Art. 4 Abs. 6 Speziallebensmittelverordnung, andererseits die Vorschriften     807

---

[933]  Vgl. Art. 29a Abs. 2 Bst. a und b LKV.

[934]  Siehe zum *Lex specialis*-Grundsatz als juristische Auslegungsregel KRAMER, S. 107 ff.; SEILER, S. 144 und 223.

[935]  Vgl. Art. 2 Abs. 2 Bst. v Speziallebensmittelverordnung.

des Abschnitts 11a der LKV. Art. 29f Abs. 2 LKV bestimmt, dass gesundheitsbezogene Angaben nur gemacht werden dürfen, wenn sie in Anhang 8 der LKV vorgesehen sind und die Anforderungen von Abschnitt 11a der LKV erfüllen. Gesundheitsbezogene Angaben, die noch nicht in Anhang 8 aufgeführt sind, bedürfen einer Bewilligung des BAG.

808   Meines Erachtens muss Art. 4 Abs. 6 Speziallebensmittelverordnung im Lichte von Art. 29f Abs. 2 LKV ausgelegt werden. Demnach kommt als „Lex specialis" zunächst die Werbevorschrift gemäss Art. 4 Abs. 6 zur Anwendung und als Auslegungshilfe dient Art. 29f Abs. 2 LKV. Entsprechend können die wissenschaftlich zu belegenden „allgemeine[n] Hinweise auf die besondere Zweckbestimmung und die besonderen ernährungsphysiologischen oder physiologischen Eigenschaften eines Speziallebensmittels" dem Anhang 8 der LKV entnommen werden, der die zulässigen gesundheitsbezogenen Angaben für Vitamine und Mineralstoffe, andere Nährstoffe und Inhaltsstoffe sowie die Voraussetzungen für ihre Verwendung festlegt.[936]

809   Ein mit Vitamin C angereicherter „Energy Drink" könnte somit wie folgt angepriesen werden: *„Das Produkt X enthält eine Extraportion Vitamin C, Taurin und Koffein. Vitamin C ist für das normale Wachstum notwendig und dient dem Unterhalt von Gewebe und der Hautoberfläche.*"[937]

810   Sollten die in Anhang 8 der LKV aufgeführten gesundheitsbezogenen Angaben nicht ausreichend sein oder sollte ein Lebensmittelbestandteil eingesetzt werden, für den Anhang 8 noch keine gesundheitsbezogenen Angaben vorsieht, so muss gemäss Art. 29g LKV eine Bewilligung beim BAG für weitere gesundheitsbezogene Angaben beantragt werden.[938]

## 3.   Weitere Hinweise

### a)   Allgemeines

811   In Art. 29a Abs. 1 LKV finden sich keine weiteren Hinweise zum Geltungsbereich von Abschnitt 11a der LKV. Aufgrund der bisherigen Ausführungen zur Thematik, insbesondere zum Anwendungsbereich der EG-Health-Claims-Verordnung und zum Lebensmittelrecht im Allgemeinen, lassen sich folgende zusätzlichen Anhaltspunkte ableiten:

---

[936]   Siehe zu Art. 29f Abs. 2 und Anhang 8 der LKV unten Rz. 831 ff.

[937]   Im Weiteren ist Art. 23 Speziallebensmittelverordnung zu beachten; insbesondere die zu kennzeichnenden Warnhinweise nach Art. 23 Abs. 4 Bst. a–d.

[938]   Siehe zum Bewilligungsverfahren nach Art. 29g LKV unten Rz. 846 ff.

## b) Lebensmittel, Lebensmittelbestandteile oder Lebensmittelkategorien

Die Vorschriften des Abschnitts 11a der LKV gelten für Lebensmittel, Lebensmittelbestandteile oder Lebensmittelkategorien. Folglich werden andere Gesundheitsprodukte wie kosmetische Mittel, Medizinprodukte oder Arzneimittel nicht vom Geltungsbereich erfasst.[939]   812

Ein konkreter Produktbezug – also Aussagen über ein spezifisches Produkt XY – ist dabei nicht erforderlich. Wie bei der Anpreisung ganzer Lebensmittelkategorien üblich (wie z.b. bei Früchten, Gemüse oder Milcherzeugnissen), reicht es aus, wenn nur die allgemein bekannte Wirkung eines Produktbestandteils oder Nährstoffs beschrieben wird oder wenn Lebensmittelerzeugnissen allgemein ein Gesundheitseffekt zugeschrieben wird. Damit fallen auch in einer Werbebroschüre eines Detailhändlers gemachte Ernährungsaussagen über die gesundheitsfördernde Wirkung von Lebensmitteln in den Geltungsbereich von Abschnitt 11a der LKV, wie z.B. *„Früchte- und Gemüsewochen bei XY! Vitamine sind wichtig für die Körperfunktionen des Menschen – greifen Sie jetzt zu und kommen Sie gesund durch den Winter"*.[940]   813

## c) Gesundheitsbezogene Angaben

Der Begriff der Angabe ist wie schon beim Anwendungsbereich der EG-Health-Claims-Verordnung weit aufzufassen (vgl. oben Rz. 688); auch indirekte Ausdrucksformen sind davon erfasst, was aus der Formulierung „suggeriert oder auch nur mittelbar zum Ausdruck gebracht wird" in Art. 29f Abs. 1 LKV deutlich wird (vgl. dazu sogleich unten Rz. 818 f.).   814

Darüber hinaus ist die Form der Darstellung unerheblich. Vom Wortlaut werden verschiedenste Formen von Aussagen und Darstellungen erfasst. Darun-   815

---

[939]   Auf nicht vorverpackte Lebensmittel (offen angebotene Lebensmittel, insbesondere Frischprodukte wie Obst, Gemüse oder Brot), die den Konsumentinnen und Konsumenten zum Kauf angeboten werden, und auf Lebensmittel, die an der Verkaufsstelle auf Wunsch der Käuferinnen und Käufer verpackt werden, findet Abschnitt 11a der LKV somit grundsätzlich ebenfalls Anwendung (vgl. Art. 1 Abs. 1 und Art. 29f Abs. 1 LKV sowie bezüglich offen angebotener Lebensmittel wie Obst und Gemüse Art. 4 Abs. 1 Bst. k LGV i.V.m. Art. 36 Abs. 1 LKV). Insofern gesundheitsbezogene Angaben bei offen angebotenen Lebensmitteln nicht schriftlich erfolgen, besteht bezüglich Angaben nach Art. 29h Abs. 1 Bst. a und b sowie Art. 29i Abs. 4 LKV jedoch keine Informationspflicht (vgl. Art. 36 Abs. 1 LKV).

[940]   Siehe zu den Rechtsfolgen unten Rz. 823.

ter fallen insbesondere symbolische Angaben, Grafiken, Logos, Verpackungen und Aufmachungen sowie produktbegleitende Materialien. Dies gilt unabhängig davon, ob sie auf dem Produkt selbst, in den Medien (TV, Radio, Internet etc.) oder sonst in einer Form gemacht werden. Sogar mündliche Werbung dürfte damit vom Geltungsbereich erfasst werden.[941]

816 Gesundheitsbezogene Angaben im Sinne des Geltungsbereichs sind immer werbliche Aussagen oder Formulierungen mit einer unmittelbaren oder mittelbaren sachlichen, auf ihren Wahrheitsgehalt hin überprüfbaren Aussage. Eine solche überprüfbare Tatsachenbehauptung enthält zwingend einen nachprüfbaren Tatsachenkern. Mit der entsprechenden Angabe wird über die Werbung kommuniziert, dass ein Lebensmittel nachweislich über besondere gesundheitsbezogene Eigenschaften verfügt. Dies gilt auch für allgemeine gesundheitsbezogene Werbeanpreisungen, wie z.B. *„Kaufen Sie das Lebensmittel X, damit fühlen Sie sich wohl"*. Die sog. „Wellbeing Claims", werden somit ebenfalls vom Geltungsbereich erfasst.

817 Wie bereits bei den Begriffsbestimmungen ausgeführt wurde, ist bei gesundheitsbezogenen Angaben immer der Funktionszusammenhang zwischen dem Lebensmittel und der Gesundheit massgebend (vgl. oben Rz. 416 ff.).[942] Vom Geltungsbereich erfasst werden damit typischerweise Angaben, welche die Bedeutung eines Nährstoffs[943] oder einer anderen Substanz für Wachstum, Entwicklung und Körperfunktionen beschreiben (*„Vitamin C ist notwendig für die Erhaltung von gesunden Knochen, Zähnen, Zahnfleisch und Blutgefässen"* oder *„Kalzium ist ein wichtiger Bestandteil/Baustein von Knochen und Zähnen und spielt eine wichtige Rolle bei der Reizübertragung im Nervensystem"*). Ebenfalls erfasst werden – obschon bis anhin nicht in Anhang 8 der LKV aufgeführt – Angaben, welche die psychischen Funktionen oder Verhaltensfunktionen ansprechen, wie z.B. *„Fördert die mentale Leistungsfähigkeit"*. Sodann fallen gesundheitsbezogene Aussagen über die Verringerung eines Krankheitsrisikos (*„Die vermehrte Aufnahme von Vitamin C beugt dem Risiko von Herzerkrankungen vor"*)[944] und die Verweise auf allgemeine, nichtspezifische Vorteile des Nährstoffs oder Lebensmittels für die Gesund-

---

[941]   Siehe zu mündlichen Werbeaussagen oben Rz. 688.

[942]   Vgl. Art. 29f Abs. 1 LKV.

[943]   Für den Abschnitt 11a der LKV definiert Art. 29b LKV den Begriff Nährstoff als ein Protein, ein Kohlenhydrat, ein Fett, einen Ballaststoff, Natrium, Vitamine und Mineralstoffe sowie als jeden Stoff, der zu einer dieser Kategorien gehört oder Bestandteil eines Stoffes aus einer dieser Kategorien ist.

[944]   Vgl. Art. 29h Abs. 1 Bst. e LKV; siehe zu den Angaben über die Verringerung eines Krankheitsrisikos oben Rz. 447 und unten Rz. 885 ff.

heit im Allgemeinen oder das gesundheitsbezogene Wohlbefinden in den Geltungsbereich.

Massgebend für die Beurteilung, ob eine bestimmte Angabe einen Gesund-  818
heitszusammenhang „suggeriert" oder „mittelbar zum Ausdruck bringt", ist die Sicht der Durchschnittskonsumenten. Beim Begriff des Durchschnitts-konsumenten ist dabei von einem unvoreingenommenen, normal informier-ten, aufmerksamen und verständigen Verbraucher auszugehen. Entscheidend ist, wie der unvoreingenommene durchschnittliche Konsument zum gegebe-nen Zeitpunkt – ex nunc – eine Lebensmittelanpreisung auffasst.[945]

Allgemein übliche Werbebotschaften, die nicht nur bei Lebensmitteln son-  819
dern auch bei anderen Produkten gebräuchlich sind, stellen generelle Werbe-aussagen dar und verfügen somit auch über keinen Gesundheitsbezug (*„Die besten XY-Produkte weit und breit"*, *„Probieren Sie jetzt unsere feinen Äp-fel"*). Solche allgemeinen Werbeformen unterliegen nicht den strengeren, spezifischen Voraussetzungen für die Verwendung gesundheitsbezogener Angaben. Wo die Grenze zwischen unbestimmten und hinreichend genauen Angaben verläuft, ist in der Praxis jedoch nicht immer leicht zu erkennen. Den europäischen Lehrmeinungen folgend, gilt es im Einzelfall grundsätzlich zu prüfen, wie die Konsumentinnen und Konsumenten alle mit dem Lebens-mittelprodukt zusammenhängenden Angaben verstehen und ob aus dem Ge-samteindruck von Kennzeichnung, Aufmachung und Werbung ein Gesund-heitsbezug ersichtlich ist.[946]

Warnhinweise zu Lebensmittelerzeugnissen, wie z.B. *„Kann abführend wir-*  820
*ken"*, fallen nicht in den Geltungsbereich von Abschnitt 11a der LKV. Mit diesen Hinweisen wird nicht auf die besonderen positiven Wirkungen eines Lebensmittels aufmerksam gemacht, sondern lediglich auf ein mögliches

---

[945]  Siehe dazu anschaulich das Urteil des Verwaltungsgerichts des Kantons Zürich vom 14.1.2010 E. 4.5, in: Ingres News 9/10, S. 6. Das zürcherische Verwal-tungsgericht ging bei seinem Urteil davon aus, dass das Anbringen von Abbil-dungen von Früchten auf Sirupetiketten gemäss geltendem Lebensmittelrecht nicht täuschend ist, auch wenn in dem Sirup der Fruchtgeschmack in erster Linie nicht von Früchten, sondern von Aromen herstammt. Der Durchschnittskonsu-ment erkenne in den Fruchtabbildungen eine Angabe zum Geschmack des Pro-dukts; er sehe darin nicht eine Aussage zur Produktzusammensetzung. Vielmehr sei für den unvoreingenommenen durchschnittlichen Konsumenten primär der aufgrund der Fruchtabbildung zu erwartende Geschmack von Relevanz, während er bei weiterem Interesse die genaue Zusammensetzung des Produkts durchlesen werde.

[946]  Siehe zur Abgrenzungsproblematik ausführlich oben Rz. 699 ff., insbesondere die Bsp. in Rz. 701 f.

Gefahrenpotenzial, das mit der Konsumation des Lebensmittels verbunden ist.

### d)  Kommerzielle Mitteilungen

821  In den Geltungsbereich von Abschnitt 11a der LKV fallen alle Formen der Kommunikation zwischen Unternehmen und Konsumentinnen und Konsumenten, die der unmittelbaren Förderung des Warenabsatzes eines gesundheitsfördernden Lebensmittels dienen und im Rahmen der wirtschaftlichen Tätigkeit im Handel verwendet werden.[947]

822  Vom Geltungsbereich erfasst werden damit auch Handelsmarken, Markennamen oder Phantasiebezeichnungen (z.B. „Wohlfühl-Tee" oder „actilife") die in der Kennzeichnung, Aufmachung oder Werbung für ein Lebensmittel erscheinen und als gesundheitsbezogene Angabe aufgefasst werden können.[948]

823  Wie oben bereits dargelegt wurde, sind auch nicht produktspezifische kommerzielle Mitteilungen wie allgemeine gesundheitsbezogene Werbeaussagen über Lebensmittelkategorien vom Geltungsbereich des Abschnitts 11a der LKV erfasst (*„Vitaminwochen bei XY! Vitamine sind wichtig für die Körperfunktionen des Menschen – greifen Sie jetzt zu und kommen Sie gesund durch den Winter"*; vgl. oben Rz. 816). Bei der Verwendung solcher Werbeaussagen muss an geeigneter Stelle eine gesundheitsbezogene Angabe beigefügt werden, die den Bestimmungen von Abschnitt 11a der LKV entspricht.

824  Nicht in den Geltungsbereich von Abschnitt 11a der LKV fallen gesundheitsbezogene Angaben in **nicht kommerziellen Mitteilungen**, wie z.B. in Ernährungsempfehlungen von staatlichen Gesundheitsbehörden oder in nicht kommerziellen Mitteilungen und Informationen der Presse sowie in wissenschaftlichen Abhandlungen (z.B. „Stiftung Warentest informiert" oder in Tageszeitungen und Ernährungsbroschüren). Wie beim Anwendungsbereich der EG-Health-Claims-Verordnung erläutert, gestaltet sich die Abgrenzung zwischen kommerziellen und nicht kommerziellen Mitteilungen in der Praxis häufig äusserst schwierig (vgl. oben Rz. 713 ff.).

---

[947]  Dieses Begriffsverständnis folgt den Ausführungen zur kommerziellen Kommunikation bei den Grundlagen und insbesondere auch den entsprechenden Erläuterungen zum Anwendungsbereich der EG-Health-Claims-Verordnung (vgl. oben Rz. 393 ff. und 703 ff.).

[948]  Vgl. Art. 29i Abs. 6 LKV. Siehe zu den Handelsmarken, Markennamen oder Phantasiebezeichnungen unten Rz. 956 f.

Häufig anzutreffen sind in diesem Zusammenhang Bezugnahmen auf solche  825
nicht kommerziellen Mitteilungen in der Werbung. Mit nicht kommerziellen
Mitteilungen dürfen nämlich nicht Hinweise auf diese Mitteilungen in der
Werbung für ein Lebensmittel verwechselt werden (z.B. folgende Anpreisung: *„Der Beweis! Testergebnis der Stiftung Warentest liegt vor: Unser
Produkt X hilft am besten, Ihre Verdauung zu regulieren"*). Den europäischen
Lehrmeinungen folgend, gilt als Massstab für die Auslegung solcher Werbeaussagen wiederum der normal informierte, aufmerksame und verständige
Durchschnittskonsument, dessen Verständnis der Beurteilung zugrunde zu
legen ist (vgl. oben Rz. 714). Dieser dürfte den obgenannten Claim als Hinweis auf die Wirkung des angepriesenen Lebensmittels im Hinblick auf die
im Warentest geprüften Eigenschaften des Produkts verstehen. Bezüglich der
angepriesenen Eigenschaften stellt der Claim eine gesundheitsbezogene Aussage dar, die den Anforderungen von Abschnitt 11a der LKV entsprechen
muss.

Publikationen in Massenmedien wie Printmedien (Zeitungen und Zeitschrif-  826
ten) und elektronischen Medien (Hörfunk und Fernsehen) sowie im Internet
sind grundsätzlich dem veröffentlichenden Unternehmen zuzurechnen. Pressetexte, die auf eigenen Recherchen der publizierenden Journalistinnen und
Journalisten beruhen, sind deshalb nicht vom Geltungsbereich von Abschnitt
11a der LKV erfasst. Sie unterstehen jedoch dann dem Geltungsbereich,
wenn sie gesundheitsbezogene Angaben enthalten und dabei einen Bezug zur
Vermarktung von Lebensmittelprodukten herstellen.[949] Im Einzelfall gestaltet
sich die Abgrenzung auch hier schwierig, insbesondere dann, wenn Journalistinnen und Journalisten sich direkt auf Mitteilungen der Lebensmittelherstellerinnen und -hersteller beziehen (Zeitungsartikel über eine angekündigte gesundheitsfördernde Produktlinie von Lebensmittelunternehmen
X). Den europäischen Lehrmeinungen folgend, könnte ein geeignetes Abgrenzungskriterium im Grad der Übereinstimmung des redaktionellen Textes
mit der Presseerklärung der Lebensmittelherstellerin liegen.[950]

Bei der Kommunikation von Wirtschaftsverbänden muss auf den Zweck der  827
Aussage abgestellt werden. Bezweckt die Angabe unmittelbar die Absatzför-

---

[949]  Siehe dazu oben Rz. 715.

[950]  Sofern der Journalist in wesentlichen Teilen nur den Inhalt der unternehmerischen Pressemitteilung wiedergibt, ist die Aussage wie eine Äusserung des Unternehmens selbst – und damit als gesundheitsbezogene Anpreisung anzusehen
(vgl. oben Rz. 716; HOLLE, S. 8). Kritische, auf eigenen Recherchen beruhende
Medienberichte über gesundheitsbezogene Angaben im Allgemeinen und insbesondere über die Bewilligungspraxis des BAG oder Entscheide sonstiger Behörden werden vom Geltungsbereich von Abschnitt 11a der LKV nicht erfasst.

derung der Verbandsmitglieder, so wird sie vom Geltungsbereich von Abschnitt 11a der LKV erfasst (*„Funktionelle Lebensmittel dienen der Gesundheit – jetzt beim Händler in Ihrer Nähe erhältlich"*).[951]

828 Auf kommerzielle Mitteilungen an Fachkreise, wie z.B. Ärzte, Apotheker und Ernährungsberater, wurde oben in den Rz. 718–724 ausführlich eingegangen. Ohne auf die divergierenden europäischen Lehrmeinungen noch einmal einzugehen, soll an dieser Stelle MEYERS Meinung gefolgt werden, der nicht zwischen Fachpublikum und Endverbrauchern unterscheidet und daher eine möglichst einheitliche Vorgehensweise bezüglich kommerzieller Kommunikation und gesundheitsbezogener Angaben anstrebt.[952] Eine Differenzierung zwischen Fachkreisen und Endverbrauchern ist deshalb abzulehnen; gesundheitsbezogene Werbung soll unabhängig vom beabsichtigten Zielpublikum immer den Bestimmungen von Abschnitt 11a der LKV unterstehen.

829 MEYERS Lehrmeinung ist auch deshalb zuzustimmen, da die LKV gar nicht vom Begriff „Endverbraucher" ausgeht. In Abschnitt 11a der LKV ist lediglich von „Konsumentinnen und Konsumenten" die Rede. Diese dürfen durch gesundheitsbezogene Angaben nicht über die Eigenschaften eines Lebensmittels getäuscht werden.[953] Eine Unterscheidung der Begriffe „Fachpublikum", „Endverbraucher" und „Konsumenten" ist deshalb m.E. wenig sinnvoll.

830 Schliesslich ist es auch unerheblich, auf welcher Produktions- oder Vertriebsstufe Health Claims zu Anpreisungszwecken eingesetzt werden. Erfasst werden kommerzielle Mitteilungen aller Unternehmen innerhalb der Wertschöpfungskette. Ein gewerbsmässiges Handeln ist nicht Voraussetzung, dürfte aber beim Vorliegen von produktspezifischer Werbung die Regel sein.[954]

# D. Grundsatz: Positivliste der erlaubten gesundheitsbezogenen Angaben

## 1. Allgemeines

831 Das Bundesgericht hat seit jeher gesundheitsbezogene Anpreisungen, die auf vertretbaren Tatsachen beruhen und ihrerseits nicht wieder zu Täuschung

---

[951] Vgl. oben Rz. 717, insbesondere den dortigen Hinweis auf reine Fachinformationen, sog. „Fact sheets".

[952] Vgl. MEYER, S. 151, m.w.Verw.

[953] Vgl. Art. 29g Abs. 1 Bst. b LKV.

[954] Vgl. MEYER, S. 151.

Anlass geben, zugelassen.[955] Die Marketingabteilungen und Werbeagenturen der Lebensmittelherstellerinnen und -hersteller haben in der Folge eine Vielzahl von entsprechenden Werbebotschaften entwickelt.

Eine Arbeitsgruppe hat deshalb schon im Jahre 2006 im Auftrag des BAG    832
damit begonnen, eine Liste der zulässigen Anpreisungen für Vitamine und Mineralstoffe zu erarbeiten.[956] Der neue Abschnitt 11a der LKV über die Verwendung von gesundheitsbezogenen Angaben hat diese Liste übernommen und weitergeführt. Er berücksichtigt insofern eine Vielzahl der bereits im Markt etablierten Slogans.[957] Diese tabellarische Auflistung der zulässigen gesundheitsbezogenen Angaben findet sich in Anhang 8 der LKV.

Hier besteht ein massgeblicher Unterschied zum Verfahren nach Art. 13    833
Abs. 1 und 3 EG-Health-Claims-Verordnung: Während in der EU das Gemeinschaftsregister der häufigsten allgemeinen gesundheitsbezogenen Angaben noch verabschiedet werden muss (aufgrund der Anträge der Mitgliedstaaten und der Prüfung durch die EFSA; vgl. oben Rz. 744 ff.), hat das BAG gleichzeitig mit der Einfügung von Abschnitt 11a in die LKV den Anhang 8 publiziert, in dem eine Vielzahl der bereits im Markt etablierten Slogans aufgeführt sind.

## 2.    Voraussetzung zur Verwendung von gesundheitsbezogenen Angaben (Art. 29f Abs. 2 LKV)

Im Sinne einer Positivliste der erlaubten gesundheitsbezogenen Angaben    834
schreibt Art. 29f Abs. 2 Satz 1 LKV vor, dass gesundheitsbezogene Angaben nur gemacht werden dürfen, wenn sie in Anhang 8 der LKV vorgesehen sind und alle weiteren Anforderungen des Abschnittes 11a der LKV erfüllen.

In der tabellarischen Auflistung des Anhangs 8 finden sich zulässige gesund-    835
heitsbezogene Angaben für Lebensmittelbestandteile, wie Vitamine und Mineralstoffe, andere Nährstoffe und Inhaltsstoffe sowie die Voraussetzungen für ihre Verwendung. Vitamine und Mineralstoffe dürfen dabei nur als gesundheitsdienlich angepriesen werden, wenn mindestens 30 % der empfohle-

---

[955]    Urteil des BGer 2A.374/2003 vom 13. Mai 2004, E. 2.1; vgl. auch Urteil des BGer 2A.213/2006 vom 19. Oktober 2006, E. 3.4; BGE 127 II 91 ff. (101 f.), E. 4b; siehe zu der vom Bundesgericht seit jeher zugelassenen gesundheitsbezogenen Anpreisung auch oben Rz. 618 ff.

[956]    NELLEN-REGLI, Health Claims, S. 1.

[957]    Vgl. Eidgenössisches Departement des Innern/Bundesamt für Gesundheit, S. 3.

nen Tagesdosen für Erwachsene in der Tagesration enthalten sind.[958] Andere bereits aufgelistete Nährstoffe, wie Ballaststoffe und Fettsäuren, müssen ebenfalls entsprechende Voraussetzungen erfüllen. Die gesundheitsbezogene Angabe zum Coenzym Q 10 („*... spielt eine wichtige Rolle in der körpereigenen Energiegewinnung*") ist nur zulässig, wenn die Mindestmenge von 9 mg Coenzym Q 10 pro Tagesration vorhanden ist.

836 Möchte eine Lebensmittelherstellerin beispielsweise ein Lebensmittel, das die vorgeschriebene Menge an Vitamin C enthält, anpreisen, so stehen gemäss Anhang 8 der LKV die folgenden gesundheitsbezogenen Angaben für Werbezwecke zur Verfügung: „*Ist notwendig für die Erhaltung von gesunden Knochen, Zähnen, Zahnfleisch und Blutgefässen. Ist an der Absorption von Eisen beteiligt. Hat die Funktion eines Antioxidans.*" Im Falle von Kalzium lauten die zugelassenen gesundheitsbezogenen Angaben: „*Ist ein wichtiger Bestandteil/Baustein von Knochen und Zähnen. Spielt eine wichtige Rolle bei der Reizübertragung im Nervensystem. Lebensnotwendiger Mineralstoff für den Aufbau von Knochen und Zähnen. Für gesunden Knochenbau und starke Zähne.*"

837 Die Lebensmittelherstellerinnen und -hersteller haben mit der tabellarischen Auflistung in Anhang 8 der LKV somit ein einfaches und überschaubares Instrumentarium. Sie können aus einer vorgegebenen Liste zulässiger gesundheitsbezogener Angaben auswählen. Wie oben in Rz. 834 erwähnt, dürfen die Angaben aber nur verwendet werden, wenn sie auch die weiteren

---

[958]  Die für Vitamine und Mineralstoffe empfohlenen Tagesdosen finden sich in den Anhängen 1 und 3 der V des EDI über den Zusatz essenzieller oder physiologisch nützlicher Stoffe zu Lebensmitteln vom 23. November 2005 (SR 817.022.32). Die Voraussetzung, dass mindestens 30 % der empfohlenen Tagesdosen für Erwachsene in einer Tagesration enthalten sein müssen, stellt sicher, dass gesundheitsbezogene Angaben über Vitamine und Mineralstoffe gleichzeitig immer auch die Voraussetzungen der entsprechenden nährwertbezogenen Angaben erfüllen. Ein angereichertes Lebensmittel, das aufgrund seines Gehalts an Vitaminen oder Mineralstoffen als gesundheitsförderlich angepriesen wird, verfügt damit immer auch über einen entsprechend erhöhten Gehalt an Vitaminen. Die Voraussetzung der „30 % der empfohlenen Tagesdosis für Erwachsene" entspricht der nährwertbezogenen Angabe „Hoher Gehalt/reich an [Name des Vitamins oder des Mineralstoffs]", die in Anhang 7 der LKV bestimmt, dass „das Produkt mindestens das Doppelte der (oben genannten) signifikanten Menge enthält". Die signifikante Menge an Vitaminen oder Mineralstoffen beträgt für Lebensmittel am Ende der Haltbarkeitsfrist 15 % der Tagesdosis (vgl. Art. 26 Abs. 2 LKV). Das Doppelte der signifikanten Menge ergibt nun die besagten 30 % (der empfohlenen Tagesdosis für Erwachsene).

Anforderungen des Abschnittes 11a der LKV erfüllen. Diese Anforderungen sind in den Artikeln 29h und 29i LKV geregelt.[959]

## 3. Inwieweit ist der Wortlaut von Anhang 8 der LKV bindend?

Anhang 8 der LKV ist zwar ein zweckdienliches Instrumentarium zur Auswahl von gesundheitsbezogenen Angaben, allerdings ist davon auszugehen, dass dieser Marketingzwecken nicht vollauf genügt. Es stellt sich deshalb die Frage, inwieweit der genaue Wortlaut der einzelnen Angaben abgeändert werden darf. Oder mit anderen Worten: Stellt Anhang 8 der LKV einen Minimalstandard der zulässigen gesundheitsbezogenen Anpreisung dar, oder besteht ein gewisser Handlungsspielraum bezüglich der Ausformulierung der einzelnen Angaben? 838

Bei den in Anhang 8 der LKV freigegebenen Angaben kann dabei zwischen dem reinen Wortlaut und der eigentlichen Aussage unterschieden werden. Im Falle von β-Carotin entspricht dem Wortlaut „Dient unter anderem dem Unterhalt der Gewebe, der Hautoberfläche und der Schleimhäute" somit die gesundheitsbezogene Aussage über die dienende Funktion für den Unterhalt von Gewebe, Hautoberfläche und Schleimhäuten. 839

Meines Erachtens ist nur die wissenschaftliche Kernaussage einer gesundheitsbezogenen Angabe bindend, während der vom BAG festgelegte Wortlaut nicht unabänderlich ist. Feine Wortanpassungen oder Zusammenfügungen resp. Trennung einzelner vorgegebener Sätze sind somit grundsätzlich als zulässig zu erachten. Im Falle von Vitamin C („*Ist notwendig für die Erhaltung von gesunden Knochen, Zähnen, Zahnfleisch und Blutgefässen. Ist an der Absorption von Eisen beteiligt. Hat die Funktion eines Antioxidans"*) wäre somit auch die folgende Formulierung möglich: „*Mit antioxidantiver Wirkung und zur Unterstützung von gesunden Knochen."* Beim soeben erwähnten β-Carotin wäre folgende Anpreisung denkbar: „*Bindet freie Radikale und dient u.a. dem Unterhalt von Gewebe und der Hautoberfläche."* 840

Diese Ansicht entspricht auch der europäischen Lehrmeinung HOLLES, wonach die konkrete Ausformulierung der gesundheitsbezogenen Angaben den Lebensmittelunternehmen überlassen bleiben sollte. HOLLE weist zu Recht darauf hin, dass es schliesslich Sache der nationalen Überwachungsbehörden (in der Schweiz den Kantonalen Laboratorien) und der Gerichte ist zu prüfen, 841

---

[959] Siehe zu den weiteren Anforderungen gemäss Art. 29h und Art. 29i LKV unten Rz. 896 ff.

ob eine konkrete Formulierung den wissenschaftlichen Kern einer zugelassenen Angabe noch zutreffend widerspiegelt oder nicht.[960]

842 Vom Kerngehalt der vom BAG zugelassenen gesundheitsbezogenen Angaben darf somit nicht abgewichen werden. Wo genau die Grenze zwischen wissenschaftlicher Aussage und dem vom BAG festgelegten Wortlaut liegt, ist jedoch in der Praxis häufig schwer feststellbar. Entsprechende Abgrenzungen sind heikel und müssen mit äusserster Vorsicht vorgenommen werden. Zu empfehlen ist deshalb eine frühzeitige Anfrage resp. die Zusammenarbeit mit den zuständigen kantonalen Laboratorien und allenfalls mit dem BAG.

843 Es ist darüber hinaus davon auszugehen, dass die unvoreingenommenen Durchschnittskonsumentinnen und -konsumenten weniger an der technisch-wissenschaftlichen Funktion der einzelnen Lebensmittelbestandteile als vielmehr am grundlegenden positiven gesundheitsbezogenen Effekt für das Wohlbefinden interessiert sind. In Übereinstimmung mit HOLLE, der fordert, dass die sehr wissenschaftliche Sprache der bereits zugelassenen Angaben in einen für die Konsumentinnen und Konsumenten verständlichen Wortlaut „übersetzt" werden müsse und eine gewisse sprachliche Vereinfachung und werbliche Pointierung deshalb unabdingbar sei, ergeben sich folgende Kriterien zur Ausformulierung einer gesundheitsbezogenen Anpreisung in Anlehnung an Anhang 8 der LKV:[961]

– die Anpreisung ist für die Durchschnittskonsumentinnen und -konsumenten leicht verständlich und entspricht auch sonst den Anforderungen von Abschnitt 11a der LKV;

– die Anpreisung lässt sich auf eine oder mehrere in Anhang 8 der LKV zugelassene gesundheitsbezogene Angaben stützen;

– die Anpreisung widerspiegelt die wissenschaftliche Kernaussage der Angaben in Anhang 8 der LKV wider;

– neben der zugespitzten Werbeaussage wird auch die zugelassene gesundheitsbezogene Angabe nach Anhang 8 der LKV in der Kennzeichnung oder im Rahmen der Aufmachung oder Anpreisung aufgeführt.[962]

---

[960] Vgl. HOLLE, S. 61, bes. FN 131; siehe dazu auch oben Rz. 781.

[961] Siehe zum Ganzen ausführlich oben Rz. 782 ff.

[962] Bei lediglich marginalen Anpassungen dürfte im Einzelfall auch auf diese Anforderung verzichtet werden, so z.B. wenn einzelne Angaben durch ein „und" verbunden werden.

## 4. Anpassung von Anhang 8 der LKV

Gemäss Art. 41 Abs. 1 LKV passt das BAG den Anhang 8 regelmässig dem    844
Stand von Wissenschaft und Technik sowie dem Recht der wichtigsten Handelspartner der Schweiz an. Absatz 2 erwähnt ausdrücklich die Anpassung
von Anhang 8 der LKV an das Gemeinschaftsregister nach Art. 20 der EG-
Health-Claims-Verordnung.

Es ist davon auszugehen, dass das BAG nach Publikation des Gemeinschafts-    845
registers den Anhang 8 um die für den EU-Binnenmarkt freigegebenen Angaben erweitern wird. Ebenfalls Eingang dürften die bis anhin gemäss Medienberichten umstrittenen Angaben nach Art. 13 Abs. 5 EG-Health-Claims-
Verordnung finden.[963]

## E. Die Bewilligung weiterer gesundheitsbezogener Angaben (Art. 29 f. Abs. 2 Satz 2 i.V.m. Art. 29g LKV)

### 1. Bewilligungsverfahren

Wie soeben ausgeführt, ist die Auflistung in Anhang 8 der LKV nicht ab-    846
schliessend und erhebt auch keinen Anspruch auf Vollständigkeit (vgl. oben
Rz. 844 f.). Die Lebensmittelherstellerinnen und -hersteller sollen vielmehr
die Möglichkeit haben, auch mit weiteren gesundheitsbezogenen Angaben zu
werben.

Das EDI sieht deshalb zusammen mit dem BAG ein Verfahren vor, das die    847
Bewilligung neuer gesundheitsbezogener Angaben ermöglichen soll. In
Art. 29f Abs. 2 Satz 2 LKV heisst es: „Gesundheitsbezogene Angaben, die
nicht in Anhang 8 aufgeführt sind, bedürfen einer Bewilligung des BAG."

Das Bewilligungsverfahren ist in Art. 29g LKV geregelt. Gemäss Art. 29g    848
Abs. 1 LKV bewilligt das BAG eine gesundheitsbezogene Angabe, die nicht
in Anhang 8 aufgeführt ist, unter den folgenden zwei Voraussetzungen:

–   wenn anhand allgemein anerkannter wissenschaftlicher Studien der
    Nachweis erbracht werden kann, dass die gesundheitsbezogene Angabe
    die Kriterien dieses Abschnitts (11a der LKV) erfüllt (Bst. a);

---

[963]   Siehe zu den umstrittenen Angaben, insbesondere bei den probiotischen Zusätzen, oben Rz. 491 ff.

– und wenn die Konsumentinnen und Konsumenten durch die Angabe nicht über die Eigenschaften des Lebensmittels getäuscht werden (Bst. b).

849 Der Wortlaut von Art. 29g Abs. 1 Bst. a und b LKV stützt sich dabei weitestgehend auf die bisherige Bundesgerichtspraxis.[964] Das Bundesgericht hat die gesundheitsbezogene Anpreisung von Lebensmitteln jeweils unter den beiden Voraussetzungen erlaubt, dass diese „auf vertretbaren Tatsachen beruht und ihrerseits nicht wieder zu Täuschung Anlass gibt".[965]

850 Die erste Voraussetzung – der wissenschaftliche Nachweis gemäss Art. 29f Abs. 1 Bst. a LKV – hat das gleiche Regelungsziel wie schon der Sondertatbestand des Täuschungsverbotes nach Art. 10 Abs. 2 Bst. a LGV. Die Konsumentinnen und Konsumenten sollen grundsätzlich vor Angaben über Wirkungen oder Eigenschaften eines Lebensmittels, das dieses nach dem aktuellen Stand der Wissenschaft gar nicht besitzt oder die wissenschaftlich nicht hinreichend gesichert sind, geschützt werden.[966]

851 Lebensmittel dürfen nur mit gesundheitsbezogenen Angaben angepriesen werden, die auf wissenschaftlich fundierten Abklärungen beruhen. Durch diese Regelung wird jegliche gesundheitsbezogene Werbung nicht nur dem Konsumentenschutz, sondern auch dem Gesundheitsschutz und dem lauterkeitsrechtlichen Gebot der Wahrheit und Klarheit gerecht.

852 Mit den zu erfüllenden „Kriterien dieses Abschnitts" wird auf die Anforderungen gemäss Art. 29h und Art. 29i LKV Bezug genommen. Die Einhaltung dieser Anforderungen soll das soeben Gesagte sicherstellen. So heisst es in Art. 29i Abs. 1 Bst. b LKV wiederum: „Gesundheitsbezogene Aussagen [...] müssen sich auf anerkannte wissenschaftliche Nachweise stützen."[967]

853 Die zweite Voraussetzung gemäss Art. 29g Abs. 1 Bst. b LKV hat die Funktion eines Auffangtatbestandes bezüglich eines umfassenden Täuschungsschutzes. Schon die Voraussetzung in Art. 29g Abs. 1 Bst. a LKV übernimmt

---

[964] Beachte auch den Wortlaut in Art. 13 Abs. 1 Bst. i und ii EG-Health-Claims-Verordnung. Demnach dürfen auf der Gemeinschaftsliste publizierte gesundheitsbezogene Angaben verwendet werden, wenn sie „sich auf allgemein anerkannte wissenschaftliche Nachweise stützen und vom durchschnittlichen Verbraucher richtig verstanden werden."

[965] Urteil des BGer 2A.374/2003 vom 13. Mai 2004, E. 2.1; vgl. auch Urteil des BGer 2A.213/2006 vom 19. Oktober 2006, E. 3.4; BGE 127 II 91 ff. (101), E. 4b.

[966] Siehe zu Art. 10 Abs. 2 Bst. a LGV oben Rz. 537 ff.

[967] Siehe zu den Anforderungen gemäss Art. 29h und Art. 29i LKV unten Rz. 896 ff.

eine gewisse Schutzfunktion vor Täuschung, indem grundsätzlich nur wissenschaftlich fundierte Angaben gemäss den Kriterien des Abschnitts 11a der LKV verwendet werden dürfen. Darüber hinaus soll die zweite Voraussetzung die Konsumentinnen und Konsumenten vor jeder nur erdenklichen Täuschung schützen.

Mit dem Wortlaut „durch die Angabe nicht über die Eigenschaften des Lebensmittels getäuscht werden" soll sichergestellt werden, dass die Konsumentinnen und Konsumenten nicht – trotz der Verwendung von wahren und wissenschaftlich fundierten Angaben – über die tatsächlichen Eigenschaften eines Lebensmittels getäuscht werden. Denn hier gilt ebenfalls der Grundsatz, dass auch mit wahren Angaben getäuscht werden kann.  854

Die grundlegende Eigenschaft eines Lebensmittels ist immer seine ernährungsphysiologische Wirkung.[968] Die Verwendung einer neuen gesundheitsbezogenen Angabe darf diese zentrale Funktion des Lebensmittels nicht vereiteln. Ansonsten besteht nämlich die Gefahr, dass diese zu einer unzulässigen, da täuschenden Anpreisung „mutiert". So ist eine allenfalls sogar wissenschaftlich belegte Heilanpreisung für Lebensmittel nicht zulässig. Die Verwendung von Heilanpreisungen bleibt im Zusammenhang mit Lebensmitteln verboten und ist den Arzneimitteln vorbehalten.[969]  855

Die beiden Voraussetzungen in Art. 29g Abs. 1 LKV stellen somit sicher, dass auch neue, nicht bereits vom BAG freigegebene gesundheitsbezogene Angaben immer ein derartiges Verständnis über die Wirkung von Lebensmitteln vermitteln, dass deren sich darauf stützender Gebrauch gesundheitsförderlich und in keiner Weise für die Konsumentinnen und Konsumenten schädlich ist.  856

Dieser Regelungsabsicht dient auch Art. 29g Abs. 2 LKV. Das BAG kann nach Absprache mit den gesuchstellenden Personen auf deren Kosten auch externe Expertinnen und Experten beiziehen und weitere Beurteilungsgrundlagen (wie z.B. einen Analysebericht oder angabenspezifische Gutachten) verlangen.  857

---

[968] Siehe zum Begriff des Lebensmittels oben Rz. 337 ff.
[969] Siehe zu den verbotenen Heilanpreisungen für Lebensmittel oben Rz. 351 ff. und 546 ff.

## 2. Formular zur Bewilligung von neuen gesundheitsbezogenen Angaben

858 Seit dem 1. April 2008 kann von der Homepage des BAG ein Formular zur Bewilligung von neuen gesundheitsbezogenen Angaben heruntergeladen werden.[970] Dieses Antragsformular fasst die Anforderungen nach Art. 29h und 29i LKV zusammen. Es soll den Lebensmittelherstellerinnen und -herstellern auch als Einstiegshilfe für das Bewilligungsverfahren dienen.

859 Damit das Antragsformular rechtsgenügend ausgefüllt werden kann, ist eine präzise Auseinandersetzung mit den soeben erwähnten Anforderungen aber unerlässlich; insbesondere Art. 29h LKV enthält Bestimmungen, die generell bei der gesundheitsbezogenen Anpreisung von Lebensmitteln berücksichtigt werden müssen und die nicht auf dem Antragsformular im Einzelnen aufgeführt sind.[971]

860 Auf dem Formular müssen neben den Kontaktdaten der Antragstellerin und des Antragstellers ein ausformulierter Antrag auf Bewilligung sowie die relevante Lebensmittelkategorie bezeichnet und eine kurze Beschreibung des Zusammenhangs zwischen der Lebensmittelkategorie, dem Lebensmittel oder den Lebensmittelbestandteilen und der gesundheitsbezogenen Angabe gemacht werden.

861 Es muss zudem der wissenschaftliche Nachweis bezüglich der zu bewilligenden gesundheitsbezogenen Angabe erbracht werden. Ebenfalls notwendig ist ein Vorschlag für den Wortlaut oder die bildliche Darstellung der gewünschten gesundheitsbezogenen Angabe.[972]

862 Schliesslich muss angegeben werden, ob die Angabe bereits in der EU, in einem EU-Mitgliedstaat oder in einem anderen Land offiziell zugelassen wurde. Als Beilage können Rezepturen, Spezifikationen der Zutaten, Etikettenvorschläge, spezifische bereits vorhandene wissenschaftliche Studien im

---

[970] <http://www.bag.admin.ch/themen/lebensmittel/04858/04862/04880/index. html?lang=de> (besucht am: 1. Mai 2011); siehe auch Anhang 2.

[971] Vgl. beispielsweise Art. 29h Abs. 1 LKV über die besondere Kennzeichnungspflicht bei der Verwendung von gesundheitsbezogenen Angaben.

[972] Weiter müssen auf dem Formular – falls vorhanden – die spezifischen Anforderungen für die Anwendung der gewünschten gesundheitsbezogenen Angaben in Bezug auf Effekt und Einnahme des Produktes angegeben werden. Erforderlich ist auch die Angabe der Verzehrsmenge pro Tag, um den gewünschten Effekt zu erzielen. Es müssen die Methode zum Nachweis der ausgelobten Komponenten (Stoff oder Mikroorganismen) sowie die Analysenzertifikate beschrieben werden.

Volltext, Beurteilungen von Ernährungsgesellschaften, wissenschaftlichen Gremien oder ähnlichen Institutionen sowie Gesetzestexte und offizielle Dokumente von Länderbehörden, FAO oder WHO hinzugefügt werden.

Bezüglich der Kriterien für die Ausformulierung von neuen gesundheitsbezogenen Angaben ist – wie oben in Rz. 838 ff. dargelegt – davon auszugehen, dass die Lebensmittelherstellerinnen und -hersteller die wissenschaftliche Sprache in einen für die Konsumentinnen und Konsumenten besser verständlichen Wortlaut „übersetzen" möchten.[973] Dies macht eine sprachliche Vereinfachung und werbliche Zuspitzung notwendig. Es ist deshalb empfehlenswert, im Formular zur Bewilligung von neuen gesundheitsbezogenen Angaben unter 6. („Vorschlag des Wortlauts oder der bildlichen Darstellung der gewünschten gesundheitsbezogenen Angaben:") sowohl die wissenschaftliche Angabe als auch die zusammenfassende, für Anpreisungszwecke beabsichtigte Werbeaussage aufzuführen und gegebenenfalls frühzeitig mit dem BAG zusammenzuarbeiten. 863

# F. Zum wissenschaftlichen Nachweis im Bewilligungsverfahren

## 1. Allgemeines

Der wissenschaftliche Nachweis ist das eigentliche „Herzstück" von Abschnitt 11a der LKV. Die Konsumentinnen und Konsumenten sollen sich darauf verlassen können, dass gesundheitsbezogene Anpreisungen der Wahrheit entsprechen und in keiner Weise täuschend sind. Jegliche Angaben über Wirkungen und Eigenschaften eines Lebensmittels müssen wissenschaftlich erwiesen und hinreichend gesichert sein. Der ausreichende wissenschaftliche Nachweis stellt insofern einen zentralen Aspekt der LKV dar, den es bei der Verwendung von gesundheitsbezogenen Angaben zu berücksichtigen gilt. 864

Damit das BAG eine gesundheitsbezogene Angabe bewilligt, die nicht bereits in Anhang 8 der LKV aufgeführt ist, muss anhand „allgemein anerkannter wissenschaftlicher Studien der Nachweis erbracht werden […], dass die ge- 865

---

[973] Die Hersteller beabsichtigen produktbezogene und prägnante Werbeinhalte, welche die positiven Effekte des Produkts in den Vordergrund rücken (vgl. oben Rz. 782).

sundheitsbezogene Angabe die Kriterien von [Abschnitt 11a der LKV] erfüllt".[974]

866 Mit den „Kriterien dieses Abschnitts" wird in genereller Weise auf die Anforderungen gemäss Art. 29h und Art. 29i LKV Bezug genommen (vgl. oben Rz. 852).[975] Auch das „Formular zur Erweiterung von Anhang 8 der LKV" gibt Aufschluss darüber, welche Kriterien wissenschaftlich zu belegen sind. Gemäss Punkt 5 des Formulars sollen die wissenschaftlichen Nachweise insbesondere die „Bioverfügbarkeit" sowie den „gesundheitsbezogenen Effekt" belegen.

867 Die Klammerbemerkung zu Punkt 5 „wenn möglich Arbeiten aus relevanten Fachzeitschriften" macht zudem deutlich, dass neben den Arbeiten aus sog. „relevanten Fachzeitschriften" auch andere wissenschaftliche Belege zugelassen sind.

## 2. Kriterien aufgrund des europäischen PASSCLAIM-Projekts

868 In der EU sollen gesundheitsbezogene Angaben grundsätzlich nur nach einer höchsten Ansprüchen genügenden wissenschaftlichen Bewertung zugelassen werden.[976] Der Nachweis ist etwa dann nicht erbracht, wenn die „positive Wirkung nicht nachgewiesen wurde bzw. [...] derzeit noch keine ausreichende Einigkeit in der Wissenschaft bestehe".[977] Dabei räumt die EG-Health-Claims-Verordnung den mit der wissenschaftlichen Evaluierung von gesundheitsbezogenen Angaben betrauten Expertinnen und Experten der EFSA einen erheblichen Beurteilungsspielraum ein.[978]

869 Zur Evaluation der zur wissenschaftlichen Untermauerung einer gesundheitsbezogenen Angabe vorgelegten Daten wurden von den Europäischen Behörden in der Vergangenheit häufig auch die sog. „PASSCLAIM"-Kriterien[979]

---

[974] Art. 29g Abs. 1 Bst. a LKV.

[975] Siehe zu den Anforderungen gemäss Art. 29h und Art. 29i LKV unten Rz. 896 ff.

[976] Vgl. MEYER, S. 162 mit Hinweis auf Erwägungsgrund 23 der EG-Health-Claims-Verordnung; HOLLE, S. 25. Siehe dazu oben Rz. 744 ff.

[977] HOLLE, S. 25, mit Hinweis auf Erwägungsgrund 14 der EG-Health-Claims-Verordnung.

[978] Vgl. bezüglich des von der EFSA publizierten Gutachtens und der darin festgelegten Grundsätze zum wissenschaftlichen Nachweis oben Rz. 747 ff.

[979] PASSCLAIM steht für „Process for the assessment of scientific support of the claims on food". Die Europäische Kommission bezieht sich hierbei auf das von

herangezogen. Die im PASSCLAIM-Projekt entwickelten Kriterien stellen hohe Anforderungen an die wissenschaftliche Substantiierung. Humanstudien etwa haben ein höheres Gewicht als Tierstudien oder In-vitro-Studien. Menschliche Interventionsstudien – vorzugsweise auf mindestens zwei randomisierten, placebokontrollierten Studien beruhend – sind deshalb grundsätzlich höher einzustufen als epidemiologische Studien oder reine Beobachtungsstudien.[980]

Für den Nachweiswert der wissenschaftlichen Studien wurden u.a. folgende Kriterien entwickelt: Design der Studie, Testgruppe, Anzahl der Probanden, Dauer und Ort – und auch die Qualität des Testinstituts.[981] Darüber hinaus sind auch geeignete Mechanismen vorzusehen, um den zu beweisenden Effekt zu kontrollieren.[982] Die Studie muss generell auf einen Zeitraum angelegt sein, der ausreicht, um die Aufnahme der zur Erzielung des beabsichtigten Effekts erforderlichen Menge der zu prüfenden Substanz zu gewährleisten sowie die Nachhaltigkeit dieses Effekts nachzuweisen. Die den Probandinnen und Probanden verabreichte Menge des Lebensmittels oder der Substanz sollte mit dem beabsichtigen späteren Verwendungszweck sowie der Art und Menge des dabei üblichen Verzehrs übereinstimmen.   870

Zu den vom BAG geforderten „Arbeiten aus relevanten Fachzeitschriften" zur Begründung der Wirkweisen (vgl. oben Rz. 867) gehören gemäss PASSCLAIM-Projekt u.a. Monografien, Peer-Review-Artikel in wissenschaftlichen Magazinen sowie entsprechende Publikationen in wissenschaftlichen Fachbüchern. Grosses Gewicht wird auch Untersuchungen von aner-   871

---

ihr finanzierte und geförderte Projekt PASSCLAIM. Dieses Projekt legt die Grundsätze und Kriterien für die Bewertung der wissenschaftlichen Absicherung von gesundheitsbezogenen Angaben fest. Die vorgeschlagenen Kriterien wurden im Rahmen des von der Europäischen Kommission geförderten Projekts unter Beteiligung von Wissenschaftlerinnen und Wissenschaftlern aus dem öffentlichen und privaten Sektor entwickelt und sind publiziert im European Journal of Nutrition (2005), Vol. 44, Suppl. 1. Die nachfolgenden Ausführungen zum PASSCLAIM-Projekt stützen sich auf HOLLE, S. 26 f. und MEYER, S. 162 f.

[980] Vgl. zu den PASSCLAIM-Kriterien und ihrer Gewichtung auch die Schemata bei MEINSTERERNST/HABER, N 9 zu Art. 6 EG-Health-Claims-Verordnung.

[981] Die für die Studie ausgewählten Probandengruppen müssen für die Zielgruppe, an die sich die gesundheitsbezogene Angabe richtet, repräsentativ sein. Zudem muss die Studie statistisch relevante Aussagen liefern (HOLLE, S. 27).

[982] Um einen sog. „passiven Effekt" allein durch das Ersetzen eines bestimmten Lebensmittelbestandteils durch das Prüfobjekt zu verhindern, muss die zu prüfende aktive Substanz in der der Probandengruppe zur Verfügung gestellten Nahrung entweder nicht oder in einer bekannten Menge vorhanden sein (HOLLE, S. 27).

kannten wissenschaftlichen Institutionen wie den staatlich zuzuordnenden wissenschaftlichen Einrichtungen EFSA, der amerikanischen Food and Drug Administration (FDA), dem Bundesinstitut für Risikobewertung oder anderen anerkannten wissenschaftlichen Organisationen wie der WHO beigemessen. Ebenfalls herangezogen werden sollen international bereits anerkannte wissenschaftliche Studien, z.B. aus den USA, Japan oder Europa.[983]

# 3. Beurteilung der Überzeugungskraft

872 Um nun zu beurteilen, ob der wissenschaftliche Nachweis für eine bestimmte gesundheitsbezogene Angabe tatsächlich erbracht ist, muss immer die Gesamtheit der verfügbaren Daten betrachtet und eine Gesamtabwägung der vorhandenen Erkenntnisse vorgenommen werden (vgl. oben Rz. 750). Dies ermöglicht schliesslich eine Einstufung der Beweiskraft von „überzeugend" bis hin zu „ungenügend".

873 Gestützt auf das PASSCLAIM-Projekt und das bereits erörterte EFSA-Gutachten[984] ergeben sich folgende Kriterien zur Beurteilung der Überzeugungskraft wissenschaftlicher Belege:

– die Überzeugungskraft der bereits vorhandenen einschlägigen Studien;

– der Grad an Übereinstimmung der Ergebnisse verschiedener Studien;

– der Umfang und die Dauerhaftigkeit des beobachteten Effekts;

– die Stärke des Zusammenhangs zwischen Aufnahme des Lebensmittels oder Lebensmittelbestandteils und dem beobachteten gesundheitsfördernden Effekt für die Gesundheit des Menschen (Ursache-Wirkungs-Beziehung);

– die Dosis-Wirkungs-Beziehung;

– zeitliche Bezüge, wie z.B. die Dauer der Einnahme bis zum Erreichen einer positiven Wirkung;

– die biologische Plausibilität;

– die spezifische Wirksamkeit des beobachteten Effekts;

– die statistische Stichhaltigkeit.

---

[983] Siehe weitere infrage kommende wissenschaftliche Quellen bei MEYER, S. 162 f.
[984] Vgl. bezüglich des von der EFSA publizierten Gutachtens und der darin festgelegten Grundsätze zum wissenschaftlichen Nachweis oben Rz. 748 ff.

**Überzeugend** erbracht ist der wissenschaftliche Nachweis, wenn er auf Humanstudien gründet, die einen überzeugenden Zusammenhang zwischen Aufnahme des Lebensmittels oder Lebensmittelbestandteils und dem durch die gesundheitsbezogene Angabe beschriebenen Effekt zeigen, und wenn keine oder nur wenige Studien existieren, die gegen einen solchen Effekt sprechen.[985] Der Zusammenhang sollte darüber hinaus auch aus biologischer Sicht nachvollziehbar sein. Für einen überzeugend erbrachten wissenschaftlichen Nachweis sprechen auch positive Stellungnahmen anerkannter offizieller oder wissenschaftlicher Gremien wie der FDA, EFSA oder WHO sowie die Veröffentlichung in allgemein anerkannten Fachbüchern und Monografien.[986]

874

**Unzureichend** ist die wissenschaftliche Absicherung, wenn nur begrenzte oder keine Erkenntnisse aus Humanstudien oder Interventionsstudien vorliegen und lediglich einige wenige Studien auf den behaupteten Effekt hindeuten, diese Studien aber nicht ausreichen, um einen Zusammenhang zwischen der Aufnahme des Lebensmittels oder Lebensmittelbestandteils und dem für die Gesundheit positiven Effekt zu begründen.[987]

875

Die Frage, ob der Nachweis aufgrund „allgemein anerkannter wissenschaftlicher Studien" erbracht ist oder nicht, beruht schliesslich auf der Beurteilung durch das BAG. Das BAG kann nach Absprache mit den gesuchstellenden Personen auch externe Expertinnen und Experten beiziehen und weitere Beurteilungsgrundlagen verlangen.[988]

876

Meines Erachtens muss bei der Beurteilung der Überzeugungskraft des wissenschaftlichen Nachweises aber immer berücksichtigt werden, um welche Art von Health Claim es sich dabei handelt. Das BAG sollte deshalb hinsichtlich der Anforderungen an den wissenschaftlichen Nachweis nach der Art der zu bewilligenden gesundheitsbezogenen Angabe differenzieren.[989]

877

Am strengsten zu beurteilen sind demnach die *Angaben über die Verringerung eines Krankheitsrisikos* nach Art. 29h Abs. 1 Bst. e LKV, da bei solchen Anpreisungsformen eine besondere Nähe zu den verbotenen Heilanpreisun-

878

---

[985] Der vorhandene wissenschaftliche Kenntnisstand basiert idealerweise auf einer Anzahl von Studien, die empirische Studien und randomisierte, kontrollierte Interventionsstudien von ausreichender Grösse, Dauer und Qualität einschliessen (HOLLE, S. 28).

[986] Vgl. HOLLE, S. 28 f.

[987] Vgl. HOLLE, S. 29.

[988] Art. 29g Abs. 2 LKV; vgl. oben Rz. 857.

[989] Der Autor folgt damit den Lehrmeinungen HOLLES (S. 30) und MEYERS (S. 163) bezüglich des europäischen Zulassungsverfahrens bei der EFSA.

gen besteht. Hier müssen die erbrachten wissenschaftlichen Nachweise *überzeugend* erbracht werden.[990]

879 Bei den allgemein-wirkungsbezogenen gesundheitsbezogenen Angaben, die mit den bereits freigegebenen in Anhang 8 vergleichbar sind und den allgemein anerkannten gesundheitsbezogenen Angaben im Sinne von Art. 13 Abs. 3 EG-Health-Claims-Verordnung entsprechen, dürfte ein *wissenschaftlicher Konsens hingegen ausreichend* sein. Dies ist etwa dann der Fall, wenn eine gewisse gesundheitsbezogene Funktion eines Vitamins (z.B. Vitamin C) oder eines anderen Nährstoffs (z.B. Omega-3) noch nicht in Anhang 8 der LKV aufgeführt ist. Überzeugend erbracht muss der wissenschaftliche Nachweis zwar nicht sein, im Bereich des Wahrscheinlichen sollte der behauptete Effekt aber dennoch liegen. Gewisse Defizite hinsichtlich der verfügbaren Erkenntnisse oder entgegenstehende Studien sind somit zulässig, wobei die Defizite sich auf Dauer, Grösse oder Anzahl vorhandener Studien beschränken sollten. Der behauptete gesundheitsbezogene Effekt sollte aber idealerweise durch Erkenntnisse aus Tierversuchen, In-vitro-Studien oder statistisch-mathematischen Modellierungen unterstützt und aus biologischer Sicht plausibel sein.[991]

880 Bei gesundheitsbezogenen Angaben, die auf gänzlich neuen wissenschaftlichen Daten beruhen, dürfte ein *wesentlicher Grad an Übereinstimmung in der Wissenschaft* erforderlich sein. Auch hier müssen Erkenntnisse aus Laborversuchen den behaupteten Effekt unterstützen, und der mögliche Zusammenhang muss biologisch nachvollziehbar sein. Zusätzliche Studien, welche die Schlussfolgerungen weiter absichern, sind jedoch häufig – da es sich eben gerade um neue Angaben handelt – noch ausstehend. Den obigen Ausführungen zu den „auf neuen wissenschaftlichen Daten beruhenden gesundheitsbezogenen Angaben" nach Art. 13 Abs. 5 EG-Health-Claims-Verordnung folgend (vgl. oben Rz. 785 ff.), ist es im Einzelfall aber nicht ausgeschlossen, dass neue wissenschaftliche Daten sogar einen überzeugenderen wissenschaftlichen Nachweis erbringen können als eine Vielzahl bereits lange bekannter Studien. Meist dürfte aber bei neuen wissenschaftlichen Erkenntnissen aufgrund der geringeren Anzahl verfügbarer Studien das Mass der wissenschaftlichen Absicherung geringer sein als bei seit vielen Jahren anerkannten Effekten. Diesem Umstand sollte das BAG bei der Beurteilung der zu prüfenden wissenschaftlichen Nachweise angemessen Rechnung tragen. So-

---

[990]  „*Lebensmittel X ist reich an Calcium und senkt dadurch das Risiko an Osteoporose zu erkranken.*" Siehe zu den Angaben über die Verringerung eines Krankheitsrisikos nach Art. 29h Abs. 1 Bst. e LKV oben Rz. 447 ff. und unten Rz. 885 ff.

[991]  Vgl. zum Ganzen ausführlich HOLLE, S. 29 f.

fern bei der neuen Anpreisung keine Gesundheitsgefahr für die Öffentlichkeit besteht, dürfte eine durch Humanstudien abgesicherte Wahrscheinlichkeit des behaupteten Effektes für die Zulassung der neuen Angabe ausreichend sein.[992] Eine an Sicherheit grenzende Wahrscheinlichkeit kann meiner Meinung nach aber nicht gefordert werden.[993]

Zusammenfassend kann somit festgehalten werden, dass der wissenschaftliche Nachweis, der auf „allgemein anerkannten wissenschaftlicher Studien" beruht, sich auf diverse Daten und Erkenntnisquellen stützen kann. Entscheidend ist dabei, dass bei einer Gesamtbeurteilung aller vorliegenden Erkenntnisse und Studien ein plausibler wissenschaftlicher Zusammenhang zwischen dem verwendeten Lebensmittel oder Lebensmittelbestandteil und dem positiven Effekt für die Gesundheit eindeutig erkennbar ist.[994]   881

Es muss dabei zwischen den unterschiedlichen Arten von gesundheitsbezogenen Angaben unterschieden werden. Je nach Anpreisungsform gelten unterschiedliche Anforderungen an den wissenschaftlichen Nachweis. Die Einstufung der Beweiskraft kann von „überzeugend" bis hin zu „ungenügend" reichen.   882

# G. Besondere Tatbestände gesundheitsbezogener Anpreisung

## 1. Allgemeines

Die zwei besonderen Tatbestände gesundheitsbezogener Anpreisung sollen näher untersucht werden, da diese von der Werbebranche häufig für die Anpreisung von Lebensmitteln verwendet werden. Es handelt sich um Angaben   883

---

[992] Ebenfalls ausreichend sind gemäss HOLLE Nachweise, die mittels einer Beweiskette erbracht werden. Voraussetzung ist, dass diese Kette wissenschaftlich in sich geschlossen ist und die behauptete positive Wirkung auf die Gesundheit belegen kann. Bei der Angabe *„stärkt das Immunsystem"* folgt etwa die Beweiskette etwa folgendem Muster: Die Aufnahme von Präbiotika erhöht die Zahl der Bifidobakterien im Darm; die Erhöhung der Zahl „guter" Bifidobakterien führt zu einer Verbesserung der Darmflora, und eine gesündere Darmflora sorgt für eine Stärkung des Immunsystems. Eine Beweiskette ist immer nur so stark wie ihr schwächstes Glied; ein solcher Nachweis ist daher leichter angreifbar als die Beweisführung über eine klinische Studie (vgl. ausführlich HOLLE, S. 31).

[993] Vgl. so auch HOLLE, S. 68.

[994] Vgl. HOLLE, S. 30.

über die Verringerung eines Krankheitsrisikos (Art. 29h Abs. 1 Bst. e LKV) und um die sog. „Wellbeing Claims" (Art. 29h Abs. 2 LKV). Im Abschnitt 11a der LKV sind beide Tatbestände nun explizit geregelt.

884 Der Wortlaut der beiden Bestimmungen orientiert sich sehr stark an der EG-Health-Claims-Verordnung.[995] Während allerdings bei der Angabe über die Verringerung eines Krankheitsrisikos die EG-Health-Claims-Verordnung zunächst in Art. 2 Ziff. 6 den Begriff definiert und die Verwendung später bei der Zulassung in Art. 14 regelt, fasst das schweizerische Pendant Definition und Verwendungsweise in Art. 29h Abs. 1 Bst. e LKV zusammen.

## 2.    Angaben über die Verringerung eines Krankheitsrisikos (Art. 29h Abs. 1 Bst. e LKV)

885 Die Verwendung von Angaben über die Verringerung eines Krankheitsrisikos ist in Art. 29h Abs. 1 Bst. e LKV geregelt. Dabei handelt es sich um Anpreisungen wie z.B.: *„Das Lebensmittel X hat einen günstigen Einfluss auf den Cholesterinspiegel und verringert dadurch das Risiko von Herz-Kreislauferkrankungen."* Oder: *„Das Lebensmittel Y ist reich an Calcium und senkt dadurch das Risiko, an Osteoporose zu erkranken."*[996]

886 Wie bereits erwähnt, ist bei diesen Aussagen die Abgrenzung zu den für Lebensmittel verbotenen krankheitsbezogenen Angaben besonders relevant (vgl. oben Rz. 450 ff.). Angaben über die Verringerung eines Krankheitsrisikos beschreiben immer die günstigen Wirkungen eines Lebensmittels auf einzelne (oder mehrere) Risikofaktoren einer Krankheit, nicht dagegen auf die Krankheit selbst.

887 Angaben über die Verringerung eines Krankheitsrisikos dürfen deshalb nur verwendet werden, wenn zusätzlich eine Erklärung abgegeben wird, wonach „die Krankheit, auf die sich die Angabe bezieht, durch mehrere Risikofaktoren bedingt ist und dass die Veränderung eines dieser Risikofaktoren eine positive Wirkung haben kann oder auch nicht".[997] Dieser Hinweis muss in der

---

[995]   Vgl. für die Angaben über die Verringerung eines Krankheitsrisikos Art. 2 Abs. 2 Ziff. 6 i.V.m. Art. 14 Abs. 2 (vgl. oben Rz. 695) und für die sog. „Wellbeing Claims" Art. 10 Abs. 3 EG-Health-Claims-Verordnung (vgl. oben Rz. 774 ff.).

[996]   Siehe zum Begriff der Angaben über die Verringerung eines Krankheitsrisikos oben Rz. 447 ff.

[997]   Art. 29h Abs. 1 Bst. e Satz 2 LKV.

Kennzeichnung oder, falls diese fehlt, in der Aufmachung des Lebensmittels und in der Lebensmittelwerbung enthalten sein.[998]

Die vollständige Anpreisung lautet deshalb wie folgt: *„Das Lebensmittel X ist*    888
*reich an Calcium und senkt dadurch das Risiko, an Osteoporose zu erkranken. Osteoporose ist durch mehrere Risikofaktoren bedingt. Die Veränderung eines dieser Risikofaktoren kann eine positive Wirkung haben oder auch nicht.“*

Die übrigen Kennzeichnungsvorschriften nach Art. 29h Abs. 1 Bst. a–d LKV,    889
die für alle gesundheitsbezogenen Angaben gelten, müssen gleichfalls berücksichtigt werden.[999]

## 3. „Wellbeing Claims" oder die nicht spezifischen Vorteile eines Lebensmittels (Art. 29h Abs. 2 LKV)

Die „Wellbeing Claims" sind in Art. 29h Abs. 2 LKV geregelt. Damit sind    890
Anpreisungen gemeint, bei denen Verweise auf die nicht spezifischen Vorteile eines Nährstoffs oder Lebensmittels für die Gesundheit im Allgemeinen oder für das gesundheitsbezogene Wohlbefinden gemacht werden. Beispiele für „Wellbeing Claims" sind: *„Kaufen Sie das Lebensmittel X. Damit Sie sich wohlfühlen"*, *„Lebensmittel Y ist gut für Ihre Gesundheit"*, *„Stärkt Ihren Organismus"* oder *„Stärkt die Abwehrkräfte"*.

Diese Form der Anpreisung nimmt nicht spezifisch auf eine Facette der Gesundheit oder eine Körperfunktion Bezug. Vielmehr soll die Werbung in    891
grundsätzlicher Weise das „Wellbeing", das Wohlgefühl der Konsumentinnen und Konsumenten, ansprechen. Ebenfalls unter diese mit Bezug auf die Gesundheit unbestimmten Aussagen fallen Markennamen wie z.B. *„Wellness/Fit-Produkt X"* oder *„Wohlfühl-Produkt Y"*.[1000]

Bei „Wellbeing Claims" besteht die Gefahr eines Verstosses gegen das lauterkeitsrechtliche Gebot der Klarheit, indem nur sehr vage und unpräzise auf    892
das Wohlgefühl und die Gesundheit im Allgemeinen angespielt wird. Die Konsumentinnen und Konsumenten können so nicht ohne Weiteres feststellen, welcher Bestandteil des Lebensmittels in welcher spezifischen Weise gesundheitsdienlich ist. Es muss jedoch immer klar aus der Werbung hervor-

---

[998]   Art. 29h Abs. 1 LKV.
[999]   Siehe zu den Kennzeichnungsvorschriften nach Art. 29h Abs. 1 Bst. a–d LKV unten Rz. 899 ff.
[1000]   Siehe zu den Anforderungen an die Verwendung von Marken unten Rz. 956 f.

gehen, welches Produkt mit welchen Eigenschaften beworben wird. Die Werbung soll nicht nur wahr, sondern immer auch klar sein. Die Lebensmittelherstellerinnen und -hersteller sollen die eigenen Absichten transparent offenlegen, und ihre Produkte sollen die bei den Käuferinnen und Käufern erweckten Erwartungen erfüllen.[1001]

893   Art. 29h Abs. 2 LKV schreibt deshalb vor, dass „Wellbeing Claims" nur gemacht werden dürfen, wenn der Anpreisung eine gesundheitsbezogene Angabe nach Anhang 8 der LKV beigefügt ist.[1002] Damit wird eine Spezifizierung der entsprechenden Anpreisung sichergestellt. Die Konsumentinnen und Konsumenten können nun feststellen, inwiefern das angepriesene Lebensmittel tatsächlich über gesundheitsdienliche Eigenschaften verfügt.

894   Der nicht spezifische Health Claim „*Gut für Ihren Körper*" lässt sich beispielsweise durch den Hinweis auf den erhöhten Vitamin-D-Gehalt und die damit verbundene positive Wirkung wie folgt begründen: „*Das Produkt X ist gut für Ihren Körper. Es ist reich an Vitamin D, dieses Vitamin dient der Erhaltung von gesunden Knochen, vor allem in der Kindheit und im Alter.*"[1003]

895   Die übrigen Kennzeichnungsvorschriften nach Art. 29h Abs. 1 Bst. a–d LKV, die für alle gesundheitsbezogenen Angaben gelten, müssen gleichfalls berücksichtigt werden.[1004]

# H.   Weitere Anforderungen nach Art. 29h und Art. 29i LKV

## 1.   Allgemeines

896   Die Anforderungen an die Verwendung von gesundheitsbezogenen Angaben sind in den Artikeln 29h und 29i LKV geregelt. Art. 29h LKV enthält „besondere Bestimmungen", die nur bei gesundheitsbezogenen Angaben An-

---

[1001]   Vgl. FRICK, Lebensmittel, S. 247; DAVID/JACOBS, Nr. 59; MÜLLER, SIWR V/I, S. 12; siehe zum Gebot der Wahrheit und Klarheit oben Rz. 568 ff.

[1002]   Siehe auch NELLEN-REGLI, Schweizer Lebensmittelrecht, F. 19; Angaben über Vitamin D gemäss Anhang 8 der LKV.

[1003]   Vgl. auch das Beispiel (für Vitamin C) bei HOLLE, S. 59.

[1004]   Vgl. DAVID, Werberecht, S. 273, N 3; siehe zu den Kennzeichnungsvorschriften nach Art. 29h Abs. 1 Bst. a–d LKV unten Rz. 899 ff.

wendung finden. Art. 29i LKV enthält „gemeinsame" Kriterien, die auch für nährwertbezogene Angaben[1005] gelten.

Diese Anforderungen müssen sowohl bei den bereits vom BAG freigegebenen gesundheitsbezogenen Angaben gemäss Anhang 8 der LKV als auch bei neuen, noch zu bewilligenden Angaben immer erfüllt sein.[1006] Sie sollen einen hohen Qualitätsstandard der gesundheitsbezogenen Werbung für Lebensmittel sicherstellen. 897

Die Konsumentinnen und Konsumenten sollen umfassend vor Irreführung und Täuschung geschützt werden. Die zu beachtenden Kriterien konkretisieren insofern die bereits erwähnten lebensmittel- und lauterkeitsrechtlichen Grundsätze zum Täuschungsverbot. Die zu verwendenden Angaben müssen stets wahr und klar sein, und sie dürfen die Konsumentinnen und Konsumenten nicht täuschen.[1007] 898

## 2. Besondere Bestimmungen gemäss Art. 29h LKV

### a) Kennzeichnungspflicht (Art. 29h Abs. 1 LKV)

Art. 29h Abs. 1 LKV enthält in den Bestimmungen a–d besondere Kennzeichnungspflichten, die sicherstellen sollen, dass die Konsumentinnen und Konsumenten differenziert über die gesundheitsbezogenen Eigenschaften eines Lebensmittels informiert werden. Die Informationen nach Art. 29h Abs. 1 LKV dienen somit der Aufklärung der Konsumentinnen und Konsumenten. 899

Werden zu einem Lebensmittel gesundheitsbezogene Angaben gemacht, so muss seine Kennzeichnung oder, falls diese fehlt, die Aufmachung des Lebensmittels und die Lebensmittelwerbung folgende Informationen enthalten: 900

– einen Hinweis auf die Bedeutung einer abwechslungsreichen und ausgewogenen Ernährung und einer gesunden Lebensweise (Bst. a);

– Informationen zur Menge des Lebensmittels und zum Verzehrsmuster, die erforderlich sind, um die behauptete positive Wirkung zu erzielen (Bst. b);

---

[1005] Siehe zu den nährwertbezogenen Angaben oben Rz. 433 ff.
[1006] Siehe dazu oben Rz. 837 und 852.
[1007] Siehe zum Grundsatz des Täuschungsverbotes bei der Anpreisung von Lebensmitteln ausführlich oben im zweiten Teil Rz. 523 ff.

- gegebenenfalls einen Hinweis an Personen, die es vermeiden sollten, dieses Lebensmittel zu verzehren (Bst. c);

- einen geeigneten Warnhinweis bei Produkten, die bei übermässigem Verzehr eine Gesundheitsgefährdung darstellen können (Bst. d).

901 Der Wortlaut von Art. 29h Abs. 1 LKV ist deckungsgleich mit demjenigen von Art. 10 Abs. 2 EG-Health-Claims-Verordnung. Den europäischen Lehrmeinungen folgend (vgl. oben Rz. 768 ff.), kann für die Schweizer Bestimmung Folgendes abgeleitet werden:

902 Bei vorverpackten – also in Fertigpackungen angebotenen – Lebensmitteln müssen die Pflichtangaben im Rahmen der Kennzeichnung auf der Verpackung angegeben werden, nicht jedoch bereits in der kommerziellen Kommunikation (z.B. in der Print- und Fernsehwerbung). In der Werbung und in der übrigen Aufmachung des Produkts sind die Pflichtangaben nur vorgeschrieben, wenn das angepriesene Lebensmittel nicht über eine Kennzeichnung verfügt, denn nur in diesen Fällen kann die Information nicht bei der Kennzeichnung (z.B. auf dem Etikett) erfolgen.[1008]

903 Wird beispielsweise in einer Zeitung mit gesundheitsbezogenen Angaben für ein Lebensmittel geworben, so müssen die Pflichtangaben nach Art. 29h Abs. 1 LKV in der Werbung selbst noch nicht gemacht werden. Sie müssen aber auf der Verpackung des betreffenden Lebensmittels in der Kennzeichnung aufgeführt sein. Diese Auffassung trägt auch dem Umstand Rechnung, dass Werbung notwendigerweise komplexe Botschaften vereinfachen und zuspitzen muss, um die Aufmerksamkeit des Verbrauchers zu erregen. Gerade in der Fernsehwerbung ist die Übermittlung umfangreicher Sachinformationen schon aus Zeitgründen nicht möglich. Die ergänzenden Produktinformationen müssen aber spätestens über die Produktkennzeichnung auf der Verpackung an die Konsumentinnen und Konsumenten vermittelt werden.

904 Dies entspricht auch dem aktuellen Verbraucherleitbild, nach dem es grundsätzlich in den Pflichtenkreis der Konsumentinnen und Konsumenten fällt, die auf der Produktverpackung angebotenen Informationen zur Kenntnis zu nehmen. Von den mündigen, durchschnittlichen Konsumenten darf erwartet werden, dass sie die ihnen vermittelten Informationen zu interpretieren und im Gesamtkontext zu würdigen wissen (vgl. oben Rz. 103 f. und Rz. 770).

905 Nicht-vorverpackte Lebensmittel, wie z.B. frisch angebotener Fisch müssen die Pflichtangaben hingegen auf dem Wege der Aufmachung oder Werbung

---

[1008] Vgl. BERG, S. 114 f.; HOLLE, S. 57. Siehe dazu oben Rz. 769 ff.

vermitteln. Dies kann unmittelbar an der Verkaufsstelle, durch Abgabe von Werbe- oder Informationsmaterial, geschehen oder aber durch Anbringen vorgefertigter Informationskleber auf der Umhüllung.

Die im Rahmen der Kennzeichnung nach Art. 29h Abs. 1 LKV anzubringen-  906
den Informationen lauten wie folgt: *„XY-Produkt unterstützt die Abwehrkräfte (Health Claim). Ein Fläschchen XY täglich (Information zur notwendigen Menge; Bst. b) unterstützt im Rahmen einer gesunden Lebensweise und einer ausgewogenen und abwechslungsreichen Ernährung die Gesundheit (Hinweis auf die Bedeutung einer ausgewogenen Ernährung; Bst. a). Für Diabetiker nicht geeignet (Personenhinweis; Bst. c). Kann bei übermässigem Verzehr abführend wirken (Folgen übermässigen Verzehrs; Bst. d).“*

Ebenfalls zu den Kennzeichnungspflichten nach Art. 29h Abs. 1 LKV gehört,  907
und zwar bei Angaben über die Verringerung eines Krankheitsrisikos, der bereits erwähnte Hinweis, dass eine Krankheit multifaktoriell ist (vgl. oben Rz. 887).[1009]

## b)    Unzulässige Angaben (Art. 29h Abs. 3 und 4 LKV)

Gemäss Art. 29h Abs. 3 LKV sind gesundheitsbezogene Angaben zu Geträn-  908
ken mit einem Alkoholgehalt von mehr als 1,2 Volumenprozent verboten. Die gesundheitsbezogene Werbung für das Genussmittel Alkohol ist somit grundsätzlich nicht gestattet.[1010] Alkoholische Getränke dienen primär dem psychischen Wohlbefinden.[1011] Sie besitzen im Gegensatz zu Nahrungsmitteln auch keinen eigentlichen Nährwert, sondern werden wegen ihrer anregenden Wirkung konsumiert. Insofern wäre es nicht sinnvoll, diese Erzeugnisse als gesundheitsdienlich anzupreisen.

Gesundheitsbezogene Angaben dürfen nach Art. 29h Abs. 4 Bst. a–c LKV  909
auch nicht:

–    den Eindruck vermitteln, dass durch Verzicht auf das Lebensmittel die Gesundheit beeinträchtigt werden könnte (Bst. a);

–    mit Angaben über die Dauer und das Ausmass einer Gewichtsabnahme verbunden werden (Bst. b);

---

[1009]   Art. 29h Abs. 1 Bst. e LKV.
[1010]   Siehe zum Begriff der Genussmittel und den alkoholischen Getränken oben Rz. 339.
[1011]   EGGENBERGER STÖCKLI, Arzneimittel-Werbeverordnung, N 51 zu Art. 1 AWV.

267

– als Empfehlungen einzelner Ärztinnen, Ärzte oder anderer Angehöriger medizinischer Berufe gestaltet werden (Bst. c).

910 Die gesundheitsbezogene Anpreisung darf somit gemäss Art. 29h Abs. 4 Bst. a LKV nicht den Eindruck erwecken, durch den Verzicht auf die Einnahme des betreffenden Lebensmittels könne die Gesundheit beeinträchtigt werden.[1012] Dies würde dem eigentlichen Sinn und Zweck der gesundheitsbezogenen Angabe widersprechen. Die Angaben sollen über die positiven Eigenschaften eines Lebensmittels informieren und nicht mögliche gesundheitliche Mängel anprangern. Es ist grundsätzlich den Konsumentinnen und Konsumenten überlassen, wie sie sich ernähren möchten. Eine solche „Schreck-Werbung" könnte auch zu einer unausgewogenen und übermässigen Ernährung animieren. Das Kantonale Laboratorium Zürich hat deshalb in der Vergangenheit etwa die folgenden Anpreisungen verboten: „*Unverzichtbar für die Gesundheit Ihres Kindes*" und „*Ohne Milch geht's nicht!*".[1013]

911 Verboten ist nach Art. 29h Abs. 4 Bst. b LKV auch jede Angabe über die Dauer und das Ausmass einer Gewichtsabnahme.[1014] Dieses Verbot leitet sich direkt vom Heilanpreisungsverbot für Lebensmittel gemäss Art. 10 Abs. 2 Bst. c LGV ab.[1015] Hinweise irgendwelcher Art, die einem Lebensmittel Eigenschaften der Vorbeugung, Behandlung oder Heilung einer menschlichen Krankheit oder als Schlankheitsmittel zuschreiben oder die den Eindruck entstehen lassen, dass solche Eigenschaften vorhanden wären, sind verboten. Eine gesundheitsbezogene Anpreisung darf einem Lebensmittel nicht den Anschein eines Schlankheitsmittels geben. Dies würde einen Verstoss gegen das Täuschungsverbot darstellen. Ebenfalls nicht gestattet sind die in der EU grundsätzlich zulässigen Angaben nach Art. 13 Abs. 1 Bst. c EG-Health-Claims-Verordnung über die schlank machenden oder gewichtskontrollierenden Eigenschaften eines Lebensmittels (vgl. oben Rz. 670 ff.). Claims wie z.B. „*Macht länger satt*" oder „*Hilft beim Abnehmen*" sind in der Schweiz damit nicht zulässig.

912 Ebenfalls verboten sind gemäss Art. 29h Abs. 4 Bst. c LKV Empfehlungen einzelner Ärztinnen, Ärzte oder anderer Angehöriger medizinischer Berufe. Auch dieses Verbot leitet sich direkt vom lebensmittelrechtlichen Täuschungsverbot ab.[1016] Nach Art. 10 Abs. 2 Bst. d LGV sind Aufmachungen

---

[1012] Nellen-Regli, Schweizer Lebensmittelrecht, F. 19.
[1013] Etter, F. 39 f.
[1014] Nellen-Regli, Schweizer Lebensmittelrecht, F. 19.
[1015] Siehe zum Heilanpreisungsverbot für Lebensmittel oben Rz. 351 ff. und 546 ff.
[1016] Vgl. David/Reutter, S. 290 f.; Nellen-Regli, Schweizer Lebensmittelrecht, F. 19.

irgendwelcher Art, die einem Lebensmittel den Anschein eines Heilmittels geben, verboten.[1017] Die gesundheitsbezogene Werbung darf nicht so ausgestaltet sein, dass fälschlicherweise der Eindruck entstehen könnte, beim beworbenen Lebensmittel handle es sich um ein Heilmittel. Die naturgemäss subjektive Auffassung einer einzelnen Person, die gerade durch ihre berufliche Tätigkeit bei den Konsumentinnen und Konsumenten eine hohe Glaubwürdigkeit geniesst, darf nicht zur Grundlage einer Werbeaussage gemacht werden.[1018] Auf einem Lebensmittel abgedruckte Empfehlungen von Ärztinnen oder Ärzten wie *„Täglich am besten einen Becher Joghurt konsumieren. – Ist gut für Ihre Verdauung"* sind daher verboten.[1019] Schliesslich wird mit dem Verbot auch die weitverbreitete Anpreisung von „Wundermitteln" mit fragwürdiger Wirksamkeit eingedämmt.[1020]

# 3. Gemeinsame Bestimmungen gemäss Art. 29i LKV

## a) Anforderungen nach Art. 29i Abs. 1 LKV

In Art. 29i Abs. 1 Bst. a–i LKV finden sich weitere für die gesundheitsbezogene Anpreisung von Lebensmitteln massgebende Anforderungen. Gesundheitsbezogene Aussagen: 913

– müssen leicht verständlich sein (Bst. a);

– müssen sich auf anerkannte wissenschaftliche Nachweise stützen (Bst. b);

– müssen durch das Lebensmittelunternehmen, das sie anwendet, begründet werden können (Bst. c);

– müssen sich auf das gemäss der Anweisung des Herstellers zubereitete genussfertige Lebensmittel beziehen (Bst. d);

– dürfen nicht falsch, mehrdeutig oder irreführend sein (Bst. e);

– dürfen keinen Zweifel über die Sicherheit oder die ernährungsphysiologische Eignung anderer Lebensmittel wecken (Bst. f);

---

[1017] Siehe zur verbotenen Aufmachung eines Lebensmittels als Heilmittel oben Rz. 554 ff.

[1018] Siehe dazu oben zu Art. 12 EG-Health-Claims-Verordnung, Rz. 767, m.w.Verw.

[1019] ETTER, F. 42.

[1020] Vgl. auch SCHWEIZERISCHE LAUTERKEITSKOMMISSION, Grundsatz Nr. 2.4 (vgl. oben Rz. 260 f. und 566).

–  dürfen nicht zum übermässigen Verzehr des entsprechenden Lebensmittels ermutigen oder diesen wohlwollend darstellen (Bst. g);

–  dürfen nicht erklären, suggerieren oder auch nur mittelbar zum Ausdruck bringen, dass eine ausgewogene und abwechslungsreiche Ernährung generell nicht die erforderlichen Mengen an Nährstoffen liefern kann (Bst. h);

–  dürfen nicht durch eine Textaussage oder durch Darstellungen in Form von Bildern, grafischen Elementen oder symbolischen Darstellungen auf Veränderungen bei Körperfunktionen Bezug nehmen, die bei den Konsumentinnen und Konsumenten Ängste auslösen können (Bst. i).

914 Durch diese Anforderungen wird wiederum ein umfassender Konsumentenschutz sichergestellt. Die Konsumentinnen und Konsumenten müssen sich auf die Richtigkeit der in der Lebensmittelwerbung verwendeten gesundheitsbezogenen Angaben verlassen können und vor Täuschung geschützt werden. Insofern stellen diese Bestimmungen, wie die EG-Health-Claims-Vorschriften, eine Konkretisierung der allgemeinen lebensmittel- und lauterkeitsrechtlichen Täuschungstatbestände dar.

915 Insbesondere die Anforderungen an die Verständlichkeit (Bst. a) und die Wissenschaftlichkeit (Bst. b und c) sowie das Verbot der Irreführung (Bst. e) folgen den lebensmittel- und lauterkeitsrechtlichen Grundsätzen zum Täuschungsverbot. Die in der Anpreisung verwendeten gesundheitsbezogenen Angaben müssen immer klar und wahr sein und dürfen die Konsumentinnen und Konsumenten nicht täuschen.[1021]

916 Art. 29i Abs. 1 Bst. e–i entsprechen den „Allgemeinen Grundsätzen für alle Angaben" nach Art. 3 Bst. a–e EG-Health-Claims-Verordnung; der Wortlaut der Vorschriften ist nahezu deckungsgleich.

917 Im Nachfolgenden werden die Anforderungen von Art. 29i Abs. 1 Bst. a–i LKV im Einzelnen konkretisiert.

### aa.  Verständliche Angaben (Art. 29i Abs. 1 Bst. a LKV)

918 Gesundheitsbezogene Angaben „müssen leicht verständlich sein". Die Anforderung an die Verständlichkeit nach Art. 29i Abs. 1 Bst. a LKV ist dabei eng an Art. 5 Abs. 2 EG-Health-Claims-Verordnung angelehnt.[1022] Demnach ist

---

[1021]  Siehe zum Grundsatz des Täuschungsverbotes bei der Anpreisung von Lebensmitteln ausführlich oben im zweiten Teil Rz. 523 ff.

[1022]  Siehe zu Art. 5 Abs. 2 EG-Health-Claims-Verordnung oben Rz. 757 ff.

die Verwendung gesundheitsbezogener Angaben nur zulässig, wenn „vom durchschnittlichen Verbraucher erwartet werden kann, dass er die positive Wirkung, wie sie in der Angabe dargestellt wird, versteht". Bezüglich „Verständlichkeit" ist somit immer vom Wissens- und Informationsstand auszugehen, den ein Lebensmittelhersteller bei einem durchschnittlichen Konsumenten voraussetzen darf. Der Lebensmittelhersteller kann dabei davon ausgehen, dass der verständige Konsument die Verpackung anschaut und, sofern er seine Kaufentscheidung von der Zusammensetzung des Produkts abhängig macht, auch das Zutatenverzeichnis liest. Mithin obliegt es den Konsumentinnen und Konsumenten, die angebotenen oder angepriesenen Produktinformationen wahrzunehmen, geistig zu verarbeiten und schliesslich bei der Kaufentscheidung zu berücksichtigen.[1023]

Die Lebensmittelhersteller müssen die Konsumentinnen und Konsumenten objektiv informieren. Sie sind aber nicht verpflichtet, sämtliche Informationen zu liefern, welche die Konsumentinnen und Konsumenten für eine sachgerechte, an ihren persönlichen Bedürfnissen und Zielen ausgerichtete Entscheidung benötigen. 919

Es ist dabei ebenfalls nicht erforderlich, dass die Konsumentinnen und Konsumenten die der Angabe zugrunde liegenden wissenschaftlichen Vorgänge im Einzelnen verstehen. Dies würde sowohl die auf der Verpackung als auch die im Lebensmittelhandel vorhandenen Kommunikationsmöglichkeiten bei Weitem überschreiten. Für die Konsumentinnen und Konsumenten entscheidend ist vielmehr die positive gesundheitsbezogene Wirkung eines Lebensmittels per se und nicht deren wissenschaftlich ausformulierte Begründung. Es kann deshalb auch der europäischen Lehrmeinung HOLLES gefolgt werden, wonach es ausreicht, wenn die Konsumentinnen und Konsumenten eine konkrete Vorstellung von der durch die Angabe umschriebenen positiven Wirkung für die Gesundheit haben (vgl. oben Rz. 761). 920

### bb. Wissenschaftlicher Nachweis und Begründungspflicht (Art. 29i Abs. 1 Bst. b und c LKV)

Die in Art. 29i Abs. 1 Bst. b und c LKV statuierte Nachweis- und Begründungspflicht kann als Leitsatz der schweizerischen Health-Claims-Regulierung betrachtet werden. Sie stellt das zentrale Kriterium von Ab- 921

---

[1023] Siehe zum Begriff des Durchschnittskonsumenten oben Rz. 103 f. und 757 ff.

schnitt 11a der LKV dar.[1024] Unabhängig davon, ob eine Angabe in Anhang 8 der LKV bereits freigegeben ist oder ob es sich um eine neue, noch zu bewilligende Angabe handelt, jegliche gesundheitsbezogene Anpreisung muss stets wissenschaftlich nachweisbar und begründbar sein.[1025]

922 Die Lebensmittelherstellerinnen und -hersteller müssen somit jederzeit sicherstellen, dass sie die verwendeten gesundheitsbezogenen Angaben auch wissenschaftlich belegen können. Damit werden sie auch der Pflicht zur Selbstkontrolle nach Art. 23 Abs. 1 LMG i.V.m. Art. 49 Abs. 1 und 2 LGV gerecht, wonach die verantwortlichen Personen auf allen Herstellungs-, Verarbeitungs- und Vertriebsstufen selber dafür sorgen müssen, dass die gesetzlichen Anforderungen an Lebensmittel eingehalten werden, insbesondere in Bezug auf den Gesundheitsschutz und den Täuschungsschutz.

### cc. Genussfertige Lebensmittel (Art. 29i Abs. 1 Bst. d LKV)

923 Gesundheitsbezogene Angaben müssen sich immer auf das „gemäss der Anweisung des Herstellers zubereitete genussfertige Lebensmittel beziehen".[1026] Obschon der europäische Gesetzgeber in Art. 5 Abs. 3 EG-Health-Claims-Verordnung den Wortlaut „verzehrfertig" statt „genussfertig" verwendet, ist in beiden Fällen der Zustand gemeint, in dem sich das Erzeugnis nach abgeschlossener Zubereitung durch die Konsumentinnen und Konsumenten entsprechend den Zubereitungsanweisungen der Lebensmittelherstellerinnen und -hersteller befindet.

924 Wie bei Art. 5 Abs. 3 EG-Health-Claims-Verordnung ausgeführt, bereitet dieses Erfordernis in der Praxis einige Schwierigkeiten an die Formulierung der Zubereitungshinweise (vgl. oben Rz. 763). Die Hinweise müssen nämlich gewährleisten, dass die zur Erreichung der angepriesenen Wirkung erforderliche Menge der gesundheitsförderlichen Substanz noch im Produkt vorhanden ist, wenn dieses schliesslich durch die Konsumentinnen und Konsumenten

---

[1024] Vgl. Art. 29f Abs. 2 LKV. Auf den wissenschaftlichen Nachweis wurde bereits mehrfach eingegangen. Auf eine nochmalige Erläuterung wird deshalb hier verzichtet; siehe dazu oben Rz. 739 ff., 846 ff. und 864 ff.

[1025] Der Vollständigkeit halber sei hier immerhin erwähnt, dass der wissenschaftliche Nachweis im Rahmen des Bewilligungsverfahrens gesondert geprüft wird (vgl. Art. 29g Abs. 1 Bst. a LKV). Deshalb dürfte sich Art. 29i Abs. 1 Bst. b und c LKV v.a. an Anpreisungen nach Anhang 8 der LKV und an bereits früher vom BAG bewilligte Claims richten.

[1026] Art. 29i Abs. 1 Bst. d LKV. In der Fassung vom 7. März 2008 (AS 2008 1029) ist ein kleiner redaktioneller/orthografischer Fehler vorhanden. Es müsste richtig „des Herstellers" statt „der Herstellers" lauten.

verzehrt wird. Gerade bei zu erwärmenden Produkten dürfte dies aufgrund der unterschiedlichen Funktionsweise handelsüblicher Haushaltsgeräte einige Schwierigkeiten bereiten. Der Lehrmeinung HOLLES folgend, müsste es deshalb wohl ausreichend sein, wenn die Lebensmittelherstellerinnen und -hersteller durch entsprechende eigene interne Versuche nachweisen können, dass bei Einhaltung der Zubereitungsanweisungen ein effektiver Gehalt an wirksamer Substanz im Produkt noch erhalten ist. Die entsprechenden Zubereitungshinweise müssen auf den Produktverpackungen angegeben sein.[1027]

*dd.*    *Keine falschen, mehrdeutigen oder irreführenden Angaben*
       *(Art. 29i Abs. 1 Bst. e LKV)*

Gesundheitsbezogene Angaben „dürfen nicht falsch, mehrdeutig oder irreführend sein". Art. 29i Abs. 1 Bst. e LKV leitet sich direkt von den lauterkeitsrechtlichen Grundsätzen ab und manifestiert diese im Bereich der Lebensmittelwerbung. Wie bereits erwähnt, sind Werbetreibende, unabhängig vom engen Korsett der Werbung im Lebensmittelbereich, schon aufgrund der Anforderungen im Lauterkeitsrecht bei ihren Anpreisungen eingeschränkt (vgl. oben Rz. 581).   925

Dementsprechend dürfen gesundheitsbezogene Aussagen nicht falsch, mehrdeutig oder irreführend sein. Das Kriterium „falsch" basiert dabei auf dem Gebot der Wahrheit resp. auf dem Täuschungsverbot, während die Kriterien „nicht mehrdeutig oder irreführend" sich vom Klarheitsgebot und Irreführungsverbot ableiten.   926

Das Wahrheitsgebot und in seiner negativen Ausprägung das Täuschungsverbot gebieten den Werbetreibenden darum, dass die gemachten Aussagen wahr und folglich objektiv belegbar sein müssen. Im Bereich der Health Claims bedeutet dies, dass jegliche Aussagen über die gesundheitsfördernde Wirkung eines Lebensmittels wissenschaftlich erwiesen und begründbar sein müssen. Ansonsten wäre die Lebensmittelwerbung unwahr und für die Konsumentinnen und Konsumenten täuschend.   927

Die Kriterien „nicht mehrdeutig oder irreführend" stellen sicher, dass aus der gesundheitsbezogenen Werbung klar und eindeutig hervorgeht, welches Produkt mit welchen Eigenschaften beworben wird. Health Claims sollen nicht nur wahr, sondern immer auch klar und verständlich sein.[1028] Die Lebensmit-   928

---

[1027]   Vgl. HOLLE, S. 34, m.w.H. Siehe zum verzehrfertigen Lebensmittel gemäss Art. 5 Abs. 3 EG-Health-Claims-Verordnung oben Rz. 762 ff.

[1028]   Vgl. auch die Ausführungen zu Art. 29i Abs. 1 Bst. a LKV (oben Rz. 918 ff.).

telherstellerinnen und -hersteller müssen die eigenen Absichten deshalb immer eindeutig und unmissverständlich offenlegen.

929 Genügt eine gesundheitsbezogene Anpreisung diesen Erfordernissen, so erfüllt sie die bei den Käuferinnen und Käufern erweckten Erwartungen. Als Beurteilungsmassstab hierfür dient die Auffassung der Durchschnittskonsumentin und des Durchschnittskonsumenten.

### ee. Keine falschen Angaben über andere Lebensmittel (Art. 29i Abs. 1 Bst. f LKV)

930 Gesundheitsbezogene Werbung darf „keinen Zweifel über die Sicherheit oder die ernährungsphysiologische Eignung anderer Lebensmittel wecken".[1029] Damit gemeint sind Anpreisungen wie: „Kaufen Sie Joghurt X. Nur damit stellen Sie sicher, dass Ihre Abwehrkräfte optimal funktionieren. Gewöhnliche Joghurts kosten nur und helfen nicht."

931 Diese Bestimmung beabsichtigt, unerwünschte oder negative ernährungswissenschaftliche Effekte zu verhindern. So beworbene Lebensmittel könnten von den Konsumentinnen und Konsumenten als Produkte wahrgenommen werden, die gegenüber ähnlichen oder anderen Produkten, denen solche Nährstoffe eben nicht zugesetzt sind, einen nährwertbezogenen, physiologischen oder anderweitigen gesundheitlichen Vorteil bieten. Dies wiederum könnte zu einem Konsumverhalten führen, das die Gesamtaufnahme einzelner Nährstoffe in einer Weise beeinflusst, die den einschlägigen ernährungswissenschaftlichen Empfehlungen widerspräche. Dies würde jedoch dem eigentlichen Sinn und Zweck der gesundheitsbezogenen Werbung zuwiderlaufen. Die Angaben sollen über die positiven Eigenschaften eines Lebensmittels informieren und nicht zu einer einseitigen Ernährungsweise animieren.[1030]

932 Nach Art. 29i Abs. 1 Bst. f LKV sollen vergleichende Werbehinweise im Health-Claims-Bereich auf jeden Fall verboten sein. Sogar wenn wissenschaftlich nachgewiesen werden könnte, dass das Produkt X gegenüber Produkt Y tatsächlich über gewisse ernährungsphysiologische Vorteile verfügt, bleibt vergleichende Werbung dennoch unzulässig.

---

[1029]   Art. 29i Abs. 1 Bst. f LKV.
[1030]   Vgl. Erwägungsgrund 10 der EG-Health-Claims-Verordnung; siehe dazu auch oben Rz. 733.

*ff.* **Keine Aufforderung zu übermässigem Verzehr (Art. 29i Abs. 1 Bst. g LKV)**

Art. 29i Abs. 1 Bst. g LKV stellt sicher, dass die gesundheitsbezogene An- 933
preisung nicht zu einem übermässigen Verzehr eines Lebensmittels ermutigt
oder diesen wohlwollend darstellt.

Wie bereits zu Art. 3 Satz 2 Bst. c EG-Health-Claims-Verordnung ausgeführt, 934
ist diese Vorschrift aus Gründen der staatlichen Gesundheitsvorsorge aufgenommen worden (vgl. oben Rz. 731). Die Formulierung beruht auf der Erkenntnis, dass der Anteil übergewichtiger Menschen in der EU und in der
Schweiz in den vergangenen Jahren zugenommen hat und weiter zunimmt,
und dies mit massiven Kostenfolgen für die betroffenen Krankenversicherungssysteme.[1031] Somit sind generell Werbeaussagen zu verbieten, die zu
einer aus ernährungswissenschaftlicher Sicht unerwünschten Ernährungsweise beitragen.[1032]

*gg.* **Keine falschen Angaben über eine ausgewogene und abwechslungsreiche Ernährung (Art. 29i Abs. 1 Bst. h LKV)**

Gemäss Art. 29i Abs. 1 Bst. h LKV darf eine gesundheitsbezogene Angabe 935
„nicht erklären, suggerieren oder auch nur mittelbar zum Ausdruck bringen,
dass eine ausgewogene und abwechslungsreiche Ernährung generell nicht die
erforderlichen Mengen an Nährstoffen liefern kann".

Die Anforderung von Art. 29i Abs. 1 Bst. h LKV folgt dem ernährungswis- 936
senschaftlichen Prinzip, wonach eine abwechslungsreiche und ausgewogene
Ernährung sowie eine gesunde Lebensweise massgebend sind für die Gesundheit und das Wohlbefinden des Menschen.[1033]

Gesundheitsfördernde Lebensmittel können eine solche Lebensweise nicht 937
ersetzen; vielmehr sollen durch den Einsatz solcher Lebensmittel natürliche
oder oftmals alltagsbedingte Ernährungsdefizite ausgeglichen werden
(vgl. oben Rz. 51). Art. 29h Abs. 1 Bst. a LKV schreibt deshalb ausdrücklich
vor, dass bei jeglicher gesundheitsbezogenen Werbung, Kennzeichnung oder
Aufmachung eines Lebensmittels ein „Hinweis auf die Bedeutung einer abwechslungsreichen und ausgewogenen Ernährung und einer gesunden Lebensweise" enthalten sein muss. Ein gegenteiliger Hinweis, wonach „eine

---

[1031] Vgl. oben Rz. 14 und 44 f., m.w.Verw. auf aktuelle Studien.
[1032] Vgl. HOLLE, S. 18 f.
[1033] Vgl. Erwägungsgrund Nr. 1 EG-Health-Claims-Verordnung.

ausgewogene und abwechslungsreiche Ernährung generell nicht die erforderlichen Mengen an Nährstoffen liefern kann", ist hingegen nicht zulässig.

### hh. *Kein Bezug auf die Veränderung von Körperfunktionen, welche Ängste auslösen können (Art. 29i Abs. 1 Bst. i LKV)*

938 Gesundheitsbezogene Anpreisungen „dürfen nicht durch Textaussagen oder durch Darstellungen in Form von Bildern, grafischen Elementen oder symbolischen Darstellungen auf Veränderungen bei Körperfunktionen Bezug nehmen, die bei den Konsumentinnen und Konsumenten Ängste auslösen können".[1034]

939 Art. 29i Abs. 1 Bst. i LKV beinhaltet ein objektives und ein subjektives Element: Zunächst darf eine Angabe objektiv nicht auf Veränderungen bei Körperfunktionen Bezug nehmen. Dieses Verbot greift aber erst dann, wenn – subjektiv – bei den Konsumentinnen und Konsumenten durch die Angabe Ängste ausgelöst werden.

940 Besonders heikel ist diese Vorgabe für Grafiken, bei denen durch die Abbildung des Magen-Darmtraktes auf die Verdauungsfunktion Bezug genommen wird. Bei solchen äusserst heilanpreisungsnahen Anpreisungen ist zu vermeiden, dass die Grafik den Eindruck vermittelt, durch den Verzicht auf das Lebensmittel könnten sich die entsprechenden Körperfunktionen verändern.

941 Als Massstab für die Beurteilung der Verbraucherängste dient wiederum die Auffassung der Durchschnittskonsumentin und des Durchschnittskonsumenten.

### b) Aussagen über vorhandene Nährstoffe (Art. 29i Abs. 2 LKV)

942 Die gesundheitsbezogene Anpreisung des Vorhandenseins eines Nährstoffes oder eines anderen Stoffes, der eine ernährungsbezogene oder eine physiologische Wirkung hat, ist gemäss Art. 29i Abs. 2 Bst. a–c LKV nur zulässig, wenn:

– der Nährstoff oder die andere Substanz im Endprodukt in signifikanter Menge oder in derjenigen Menge vorhanden ist, welche nach anerkannten wissenschaftlichen Belegen die behauptete ernährungsbezogene oder physiologische Wirkung erzielt (Bst. a);

---

[1034] Art. 29i Abs. 1 Bst. i LKV.

– das verzehrfertige Endprodukt in der Menge, deren Verzehr vernünftigerweise erwartet werden kann, eine signifikante Menge des Nährstoffs oder der anderen Substanz liefert, auf welche sich die Angabe bezieht (Bst. b);

– der Nährstoff oder die andere Substanz in einer Form vorliegt, welche für den Körper verfügbar ist (Bst. c).

Bei diesen Kriterien handelt es sich um Anforderungen an eine „signifikante Menge".[1035] Für die vom BAG freigegebenen gesundheitsbezogenen Angaben finden sich im Anhang 8 der LKV für jedes Vitamin und jeden anderen Nährstoff entsprechende Mengenangaben.[1036] Bei noch zu bewilligenden Angaben müssen die signifikanten Mengen wissenschaftlich belegt werden.

Das von Lebensmittelherstellerin und -hersteller angepriesene Lebensmittel muss tatsächlich über die genügende Menge des gesundheitsdienlichen Nährstoffs verfügen, ansonsten kann die ernährungsbezogene Wirkung nicht erzeugt werden (Bst. a).

Die signifikante Menge des Nährstoffs muss im verzehrfertigen Endprodukt in der Menge, deren „Verzehr vernünftigerweise erwartet werden kann", enthalten sein (Bst. b). Anders als Art. 29i Abs. 1 Bst. d LKV regelt diese Vorschrift nicht das von den Herstellern als solches zu bezeichnende „zubereitete genussfertige Lebensmittel", sondern die in einem Lebensmittel enthaltene signifikante Menge einer gesundheitsfördernden Substanz, die durch den vernünftigerweise zu erwartenden Verzehr geliefert wird. Gemeint sind damit etwa Einheiten wie ein Becher Joghurt oder eine Einheit (z.B. 3 dl) eines Getränks.

Zudem muss der Nährstoff in einer Form vorliegen, die „für den Körper verfügbar ist" (Bst. c). Die Anforderung an die Verfügbarkeit kann dabei auch als „Bioverfügbarkeit" bezeichnet werden. Damit gemeint ist das Mass, in dem ein Nährstoff oder eine andere Substanz aus seiner resp. ihrer Umgebung freigesetzt wird. Die Bioverfügbarkeit entspricht dabei dem prozentualen Anteil eines über die Nahrung zugeführten Nährstoffs, der von der Darmschleimhaut aufgenommen wird und schlussendlich ins Blut gelangt.[1037]

---

[1035]  NELLEN-REGLI, Schweizer Lebensmittelrecht, F. 20.
[1036]  Siehe zu Anhang 8 und den erforderlichen Mengen oben Rz. 834 ff.
[1037]  Die Faktoren, welche die Bioverfügbarkeit beeinflussen, sind äusserst zahlreich: Dazu gehören das Herstellungsverfahren, die chemische Bindungsform des Nährstoffs, die Umgebung des Nährstoffs, die Fett- oder Wasserlöslichkeit, die erzeugte Wirkung durch gleichzeitige Einnahme mit anderen Lebensmitteln sowie die generelle Funktion des Verdauungssystems (vgl. zum Ganzen DER

947  Massgebend für die Anforderungen nach Art. 29i Abs. 2 Bst. a–c LKV sind wiederum die Durchschnittskonsumentin und der Durchschnittskonsument. Ein von den Konsumentinnen und Konsumenten nur schwer verwertbarer Nährstoff muss in entsprechend angepasster Menge im Produkt vorliegen. Die Anforderung an die Bioverfügbarkeit steht insofern in engem Zusammenhang mit den Anforderungen an die wesentliche Menge des signifikanten Nährstoffs im angebotenen Produkt.[1038]

### c)  Aussagen über reduzierte Nährstoffe (Art. 29i Abs. 3 LKV)

948  Auch durch die Reduktion einer normalerweise in einem Lebensmittel enthaltenen Substanz kann ein positiver, gesundheitsdienlicher Effekt erzeugt werden. Darunter fallen Anpreisungen wie z.B. *„50 % weniger schädliche Fettsäuren, das tut Ihrem Körper gut!"*[1039]

949  Solche gesundheitsbezogenen Angaben über das Fehlen oder den reduzierten Gehalt eines Nährstoffes oder einer anderen Substanz sind in Art. 29i Abs. 3 Bst. a und b LKV geregelt. Sie sind nur zulässig, wenn:

–  nachgewiesen ist, dass das Fehlen oder der reduzierte Gehalt des Nährstoffs oder der anderen Substanz, auf die sich die Angabe bezieht, in einem Lebensmittel oder in einer Kategorie von Lebensmitteln eine positive ernährungsbezogene oder physiologische Wirkung hat (Bst. a)

–  und der Nährstoff oder die andere Substanz im Endprodukt nicht oder in reduzierter Menge vorhanden ist (Bst. b).

950  Entscheidend ist somit, dass durch die Reduktion eines Nährstoffes oder einer anderen Substanz nachgewiesenermassen eine positive ernährungsbezogene Wirkung erzielt wird. Zudem muss der Nährstoff im Endprodukt in tatsächlich verminderter Menge vorhanden sein.[1040]

---

BROCKHAUS, S. 80, m.w.H.; siehe zum Kriterium der Bioverfügbarkeit nach Art. 5 Abs. 1 Bst. c EG-Health-Claims-Verordnung ausführlich oben Rz. 753 ff.).

[1038]  Siehe zu den wissenschaftlichen Zusammenhängen auch oben Rz. 751 f. und 756.

[1039]  Vgl. ein ähnliches Beispiel für nährwertbezogene Angaben bei ETTER, F. 16.

[1040]  Der Umstand, dass auch durch die Reduktion einer normalerweise in einem Lebensmittel enthaltenen Substanz eine positive gesundheitsdienliche Wirkung erzielt werden kann, wird bei der Definition für Functional Food berücksichtigt (vgl. oben Rz. 475).

## d) Nährwertkennzeichnung und Angabe weiterer Substanzen (Art. 29i Abs. 4 und 5 LKV)

Bei der Verwendung von gesundheitsbezogenen Angaben sind die Nährwert-  951
kennzeichnung nach den Artikeln 22–29 LKV und im Besonderen die Angaben nach Art. 25 Abs. 1 Bst. b LKV zwingend aufzuführen.[1041] Damit gemeint sind die auf der Packung oder der Etikette in einer Tabelle zusammengefassten Angaben der Nährwertkennzeichnung über den Energiewert
(Brennwert) und den Gehalt an Eiweiss, Kohlenhydraten, Zucker, Fett, gesättigten Fettsäuren, Nahrungsfasern und Natrium.

Darüber hinaus muss auch der übrige Gehalt an Nährstoffen angegeben wer-  952
den. Gemäss Art. 29b LKV gehören dazu insbesondere Vitamine und Mineralstoffe.[1042]

Erscheint eine Substanz, wie z.B. Milchsäurebakterien, die Gegenstand einer  953
gesundheitsbezogenen Angabe ist, nicht in der Nährwertkennzeichnung, so
muss zusätzlich die jeweilige Menge in unmittelbarer Nähe und im selben
Sichtfeld der Nährwertkennzeichnung angegeben werden.[1043]

Die Nährwertkennzeichnung stellt sicher, dass sich ein vermeintlich gesund-  954
heitsdienliches Lebensmittel nicht als „Kalorienbombe" entpuppt, das, in
übermässiger Menge verzehrt, für die Gesundheit schädlich sein kann. Die
Angaben über den Energiewert ermöglichen es den Konsumentinnen und
Konsumenten zu entscheiden, ob das mit gesundheitsbezogenen Angaben
angepriesene Lebensmittel auch tatsächlich den persönlichen Ernährungsbedürfnissen entspricht.

Ein übersüsster Joghurt etwa kann ohne Weiteres mit der signifikanten Men-  955
ge an probiotischen Kulturen oder Bifidusbakterien angereichert sein. Es liegt
aber an den Konsumentinnen und Konsumenten zu entscheiden, ob das Lebensmittel die eigenen Ernährungserwartungen erfüllt oder nicht. Die Nährwertkennzeichnung gibt somit in transparenter Weise Aufschluss darüber, wie
ein Lebensmittel bezüglich seines Energiewerts und seines Gehalt an Nährstoffen effektiv beschaffen ist.

---

[1041]  Art. 29i Abs. 4 LKV.

[1042]  In Abschnitt 11a der LKV bedeutet Nährstoff ein Protein, ein Kohlenhydrat, ein
Fett, einen Ballaststoff, Natrium, Vitamine und Mineralstoffe sowie jeden Stoff,
der zu einer dieser Kategorien gehört oder Bestandteil eines Stoffes aus einer
dieser Kategorien ist (Art. 29b i.V.m. Art. 22 Abs. 2 Bst. a LKV).

[1043]  Art. 29i Abs. 5 LKV.

### e) Anforderungen an die Verwendung von Marken (Art. 29i Abs. 6 LKV)

956 Handelsmarken, Markennamen oder Fantasiebezeichnungen, die in der Kennzeichnung, Aufmachung oder Werbung für ein Lebensmittel erscheinen und als gesundheitsbezogene Angabe aufgefasst werden können, dürfen nur verwendet werden, sofern eine gesundheitsbezogene Angabe beigefügt ist, die den Bestimmungen des Abschnitts 11a der LKV entspricht.[1044]

957 Damit gemeint sind Bezeichnungen wie z.B. *„Gesundheitstee"* oder *„Health Food AG"*. Solche Fantasienamen, die von den Konsumentinnen und Konsumenten als gesundheitsbezogene Angaben aufgefasst werden können, dürfen nur zusammen mit einer zulässigen gesundheitsbezogenen Angabe gemacht werden.

# I. Übergangsbestimmungen

958 Bezüglich der Übergangsfristen gilt, dass Lebensmittel, die dem Abschnitt 11a der LKV nicht entsprechen, noch bis am 31. Dezember 2012 nach bisherigem Recht gekennzeichnet und angepriesen werden dürfen. Bis zur Erschöpfung der Bestände dürfen die Lebensmittel noch an die Konsumentinnen und Konsumenten abgegeben werden.[1045]

959 Da sich eingeführte Handelsmarken oder Markennamen weniger leicht anpassen lassen als einzelne Werbeslogans, sind die Übergangsfristen zur Anpassung an die Anforderungen von Abschnitt 11a der LKV grosszügig bemessen. Produkte mit bereits vor dem 1. Januar 2005 bestehenden Handelsmarken oder Markennamen, die den Änderungen vom 7. März 2008 nicht entsprechen, dürfen noch bis zum 19. Januar 2022 nach bisherigem Recht an die Konsumentinnen und Konsumenten abgegeben werden.[1046]

960 Zusammenfassend sei hier noch einmal auf die wichtigsten Neuerungen hingewiesen. Verlangt sind:

– wissenschaftliche Nachweis- und Belegbarkeit (Art. 29i Abs. 1 Bst. b und c LKV; vgl. oben Rz. 921 f., m.w.Verw.);

---

[1044] Art. 29i Abs. 6 LKV; NELLEN-REGLI, Schweizer Lebensmittelrecht, F. 20.

[1045] Vgl. Abs. 2 i.V.m. Abs. 2$^{ter}$ der UeB (eingefügt durch Ziff. I der V des EDI vom 6. Dez. 2011, in Kraft seit 1. Jan. 2012 [AS 2011 6255]).

[1046] Abs. 3 der UeB.

- Kennzeichnungsvorschriften nach Art. 29h Abs. 1 Bst. a–d LKV (insbesondere der zwingend notwendige Hinweis auf „die Bedeutung einer abwechslungsreichen und ausgewogenen Ernährung"; vgl. oben Rz. 899 ff.);

- Anpassung der „Wellbeing Claims" (Art. 29h Abs. 2 LKV; vgl. oben Rz. 890 ff.);

- Anforderungen an die signifikanten Mengen und die Bioverfügbarkeit (Art. 29i Abs. 2 Bst. a–d LKV; vgl. oben Rz. 942 ff.);

- Nährwertkennzeichnung (Art. 29i Abs. 4 LKV; vgl. oben Rz. 951 ff.);

- gesundheitsbezogene Angaben bei Handelsmarken, Markennamen oder Fantasiebezeichnungen (Art. 29i Abs. 6 LKV; vgl. oben Rz. 956 f.).

# 3. Kapitel: Vollzug und Rechtsschutz

## I.   Vorbemerkungen

Der Vollzug des Lebensmittelrechts basiert in der Schweiz auf einer Zusam-   961
menarbeit zwischen Bund, Kantonen und Gemeinden.[1047] Eine massgebende
Rolle obliegt dabei der Lebensmittelkontrolle. Obschon im Lebensmittelrecht
der Grundsatz der Selbstkontrolle[1048] gilt, finden regelmässige, risikobasierte
amtliche Lebensmittelkontrollen statt.

Die amtlichen Kontrollen dienen der Überprüfung der Einhaltung des Le-   962
bensmittelrechts.[1049] Fachlich geschulte Kontrollorgane überprüfen Lebensmittel, Zusatzstoffe, Gebrauchsgegenstände, Räume, Einrichtungen, Fahrzeu-
ge, Herstellungsverfahren, Tiere, Pflanzen, Mineralstoffe und landwirtschaft-
lich genutzte Böden sowie die hygienischen Verhältnisse, wobei die Kontrolle in der Regel ohne Vorankündigung und stichprobenweise erfolgt.[1050]

Der Rechtsschutz garantiert schliesslich den von einer Verfügung über Mass-   963
nahmen Betroffenen – gegenüber der verfügenden Lebensmittelbehörde –,
Rechtsmittel ergreifen zu können. Der Rechtsschutz ist in Art. 52–57 LMG
geregelt.

Vollzug und Rechtsschutz spielen somit auch für die gesundheitsbezogene   964
Lebensmittelwerbung eine wichtige Rolle. Im Nachfolgenden werden die
beiden Themenbereiche vorgestellt und erläutert.

## II.   Vollzug der Lebensmittelkontrolle

## A.   Durchführung und Ablauf

Die Durchführung der Lebensmittelkontrolle obliegt in der Schweiz den Kan-   965
tonen. Die amtlichen Kontrollen werden von den kantonalen Kontrollorganen
durchgeführt und dienen der Überprüfung der Einhaltung des Lebensmittel-

---

[1047]   Vgl. die Überschriften im vierten Kapitel des LMG: 1. Abschnitt: „Bund",
2. Abschnitt: „Kantone". Die Gemeinden inspizieren sodann die Betriebe auf
kommunaler Ebene.

[1048]   Siehe zum Grundsatz der Selbstkontrolle oben Rz. 922.

[1049]   Vgl. Art. 56 Abs. 1 LGV.

[1050]   Vgl. Art. 24 Abs. 1 LMG.

rechts. Die Überprüfung der Lebensmittelwerbung wird somit ebenfalls von der Lebensmittelkontrolle erfasst.[1051]

966 Auf Bundesebene führt das BAG die Aufsicht über die Lebensmittel.[1052] Dem BAG kommt dabei bezüglich Vollzug des Lebensmittelgesetzes eine Aufsichts- und Koordinationsrolle zu.[1053] Es erforscht und beschafft die für die Anwendung der Lebensmittelgesetzgebung erforderlichen wissenschaftlichen Grundlagen und koordiniert die Vollzugsmassnahmen der Kantone und ihre Informationstätigkeit, soweit ein gesamtschweizerisches Interesse besteht. Der Bundesrat erlässt die erforderlichen Verordnungen, wobei diese Befugnis im Bereich des Lebensmittelrechts häufig an die zuständigen Departemente und Bundesämter (besagte EDI und BAG) übertragen wird.[1054]

967 In den Kantonen steht die Lebensmittelkontrolle unter der Aufsicht der Regierung. Das für die Kontrolle zuständige Departement ist in der Regel das Kantonale Gesundheitsdepartement.[1055] Zur Untersuchung der Lebensmittelproben betreiben die Kantone hierfür spezialisierte Laboratorien. Die Kantone können sich zur Führung gemeinsamer Laboratorien auch zusammenschliessen.[1056]

968 Zu den kantonalen Kontrollorganen der Laboratorien gehören die Kantonschemikerin oder der Kantonschemiker[1057] sowie die notwendige Anzahl Lebensmittelinspektorinnen und -inspektoren[1058], Lebensmittelkontrolleurinnen und -kontrolleure sowie die amtlichen Fachassistentinnen und -assistenten.[1059]

---

[1051] Art. 32 Abs. 1 und 3 i.V.m. Art. 40 LMG (Abs. 5 richtet sich an die Kontrollen im Bereich der Tierhaltung und der Schlachtung). Siehe zur Überprüfung der Lebensmittelwerbung im Rahmen amtlicher Kontrollen unten Rz. 976 ff.

[1052] Siehe zu Funktion und Aufgabenbereich des BAG oben Rz. 120 ff.

[1053] Vgl. Art. 36 LMG iV.m. Art. 60 LGV.

[1054] Der Bund vollzieht zudem die Kontrolle an der Grenze im Zusammenhang mit der Einfuhr, Durchfuhr und Ausfuhr (vgl. zum Bundesvollzug der Lebensmittelgesetzgebung Art. 32–38 LMG; CLOETTA/VOGELSANGER, S. 31).

[1055] CLOETTA/VOGELSANGER, S. 29.

[1056] Sie können auch geeignete private Laboratorien mit der Untersuchung von Proben beauftragen (Art. 40 Abs. 6 LMG).

[1057] Der Kantonschemiker ist Leiter des Kantonalen Laboratoriums. Er leitet die Lebensmittelkontrolle in seinem Bereich. Er koordiniert die Tätigkeit der Lebensmittelinspektoren und Lebensmittelkontrolleure. Er ist verantwortlich für die Untersuchung aller der Lebensmittelgesetzgebung unterworfenen Waren (Art. 40 Abs. 4 LMG; CLOETTA/VOGELSANGER, S. 31).

[1058] Die Lebensmittelinspektoren inspizieren alle kontrollpflichtigen Betriebe. Sie erheben Proben zur Untersuchung im Kantonalen Laboratorium, treffen Massnahmen wie Verfügungen, Beschlagnahmungen, Benützungsverbote und Be-

Alle mit dem Lebensmittelvollzug beauftragten Personen unterstehen nach Art. 42 LMG der Schweigepflicht. Damit hat das Gesetz einen sehr weit gefassten Kreis von Personen festgelegt. Erfasst sind alle Personen, welche die Lebensmittelgesetzgebung durchführen, die Durchführung kontrollieren oder sie beaufsichtigen.[1060] Ob es sich um öffentlich-rechtlich angestellte Personen handelt oder nicht, ist nicht von Bedeutung.[1061] Dritte dürfen somit nicht über den Gang von laufenden Untersuchungen und Verfahren informiert werden. Dies gilt insbesondere für die Presseorgane sowie für Anzeigestellerinnen oder Anzeigesteller, welche die Kantonalen Laboratorien über einen allfälligen Gesetzesverstoss hingewiesen haben.[1062]

969

Die Lebensmittelinspektorinnen und -inspektoren führen die Kontrollen risikobasiert, regelmässig und mit angemessener Häufigkeit durch. In der Regel finden die Kontrollen ohne Vorankündigung statt.[1063] Dabei zu berücksichtigen sind neben dem bisherigen Verhalten der verantwortlichen Personen hinsichtlich der Einhaltung des Lebensmittelrechts und der Verlässlichkeit der bereits durchgeführten Selbstkontrollen[1064] auch die Grösse des Betriebs sowie allfällige Hinweise, die auf einen Verstoss gegen das Lebensmittelrecht deuten könnten.[1065]

970

---

triebsschliessungen. Sie kontrollieren die Betriebe zusammen mit den Lebensmittelkontrolleuren (CLOETTA/VOGELSANGER, S. 31).

[1059] Vgl. zum Ganzen Art. 40 Abs. 1–4 LMG.

[1060] Siehe POLEDNA/KIESER, S. 158, Rz. 25, zur Schweigepflicht nach Art. 62 HMG. Die mit dem Vollzug des Heilmittelrechts befassten Personen unterstehen ebenfalls der Schweigepflicht. Die beiden Vorschriften nach Art. 42 LMG und Art. 62 HMG verfügen über den gleichen Gesetzeswortlaut und sind daher bezüglich Regelungsabsicht vergleichbar.

[1061] Vgl. POLEDNA/KIESER, S. 158, Rz. 25, m.w.Verw.

[1062] Art. 42 LMG.

[1063] Art. 56 Abs. 2 und 3 LGV.

[1064] Zur Umsetzung der gesetzlich angeordneten Selbstkontrolle werden die hierzu notwendigen Unterlagen wie z.B. Computersoftware, Übersichten und Pläne sowie die Einholung der erforderlichen betriebs- und produktspezifischen Bewilligungen geprüft (vgl. CLOETTA/VOGELSANGER, S. 35).

[1065] Vgl. Art. 56 Abs. 3 Bst. b–e LGV. Eine Inspektion umfasst die folgenden Bereiche: Sauberkeit und Ordnung in den Betrieben (bei den Gerätschaften, Werkzeugen, Maschinen, Apparaten, Einrichtungen, Räumen und Fahrzeugen), den Umgang mit Lebensmitteln (die Lagerung, Kühlhaltung, die Lebensmittel-, Betriebs-, und Personalhygiene), den Zustand der Lebensmittel (Sinnenprobe: Aussehen, Geruch, Geschmack, Veränderungen, Verunreinigungen, Alter, Genusstauglichkeit, Verderb und Gesundheitsrisiko), Probenentnahmen und die Prüfung der eingesetzten Anpreisungen (Reklamen aller Art sowie Speise- und Getränke-

971  Im Rahmen der Inspektion geprüft wird auch das Täuschungspotenzial der Anpreisungen. Von der Lebensmittelkontrolle erfasst wird damit immer auch die Lebensmittelwerbung.[1066] Die entsprechenden Kontrollen werden von den Lebensmittelinspektoren und -kontrolleuren entweder unmittelbar vor Ort oder, wie heute üblich, auf digitalem Wege (z.b. über das Internet) durchgeführt. Neben den eigentlichen Lebensmittelbetrieben, wie z.b. den Ladenlokalen, Restaurants, Versand- und Lagerhäusern, werden somit immer auch die Internetauftritte/-portale der Gewerbetreibenden mitkontrolliert.[1067]

972  Die amtliche Lebensmittelkontrolle endet schliesslich mit einem schriftlichen Inspektionsbericht, wobei Beanstandungen mittels einer Verfügung festgestellt werden.[1068] Die Beanstandung bildet die Grundlage für die Anordnung von Massnahmen. Mit der Verfügung wird die Verantwortliche aufgefordert, die beanstandeten Mängel zu beheben. Für die zeitliche Befolgung dieser Anordnungen können Fristen festgelegt werden (vgl. unten Rz. 983 f.).[1069]

973  Als mögliche Massnahmen in Betracht kommen vorsorgliche Massnahmen (wie z.b. die Beschlagnahmung von Lebensmitteln), Benützungsverbote oder Betriebsschliessungen.[1070] Stellen die Vollzugsbehörden fest, dass gesundheitsgefährdende Lebensmittel, Zusatzstoffe oder Gebrauchsgegenstände an eine unbestimmte Zahl von Konsumentinnen und Konsumenten bereits abgegeben worden sind, so informieren sie die Öffentlichkeit und empfehlen der Bevölkerung, wie sie sich verhalten soll.[1071]

974  Schliesslich zeigt die zuständige kantonale Vollzugsbehörde der Strafverfolgungsbehörde Widerhandlungen gegen die Vorschriften des Lebensmittelrechts an.[1072] Die Strafbestimmungen von Art. 47 und Art. 48 f. LMG ahnden lebensmittelrechtliche Vergehen oder Übertretung und legen für die einzelnen Straftatbestände entsprechende Strafen fest.[1073] In besonders leichten Fällen

---

karten). Siehe zur Inspektionstätigkeit auch ausführlich CLOETTA/VOGELSANGER, S. 33 ff.

[1066]  Art. 56 Abs. 3 Bst. g LGV.

[1067]  Vgl. Art. 24 LMG und Art. 56 ff. LGV (Erheben von Proben und Durchführung etc.).

[1068]  Art. 25 Abs. 3 und Art. 27 LMG.

[1069]  Vgl. Art. 28 f. LMG.

[1070]  Vgl. Art. 29 f. LMG.

[1071]  Art. 43 Abs. 1 LMG.

[1072]  Art. 31 Abs. 1 i.V.m Art. 50 Abs. 1 LMG.

[1073]  Vergehen nach Art. 47 LMG werden mit Freiheitsstrafe bis zu drei Jahren oder Geldstrafe bestraft (Abs. 1). Bei Gewerbsmässigkeit oder Gewinnsucht beträgt die Strafe Freiheitsstrafe bis zu fünf Jahren oder Geldstrafe (Abs. 2). Fahrlässigkeit wird mit Geldstrafe bis zu 180 Tagessätzen geahndet (Abs. 3). Übertretun-

kann auf Strafverfolgung (Strafanzeige) und Bestrafung verzichtet werden; das Kantonale Laboratorium spricht dann eine Verwarnung gegenüber den Verantwortlichen aus.[1074]

Führt eine Lebensmittelkontrolle zu einer Beanstandung, so werden Gebühren erhoben. Der oder die Verurteilte tragen die Verfahrenskosten, einschliesslich der Kosten des Verwaltungsverfahrens.[1075]    975

## B.    Gesundheitsbezogene Angaben

Wird bei einer Lebensmittelkontrolle festgestellt, dass eine gesundheitsbezogene Anpreisung die Bestimmungen von Abschnitt 11a der LKV verletzt, so beanstanden die kantonalen Kontrollorgane den Mangel und legen, basierend auf dem Inspektionsbericht, die in der Verfügung anzuordnenden Massnahmen fest.    976

Bei unzulässigen gesundheitsbezogenen Anpreisungen kommen dabei ein Verbot der Werbemittel und/oder die Beschlagnahmung der fehlbaren Produkte und Verpackungen in Betracht. Das Kantonale Laboratorium erlässt eine Verfügung und setzt die Fristen zur Instandsetzung des gesetzlich vorgeschriebenen Zustandes fest.[1076]    977

Besonders schwere Werbeverstösse können eine Strafverfolgung auslösen. Nach Art. 48 Abs. 1 Bst. h und k LMG wird mit Busse bis zu CHF 40'000.- bestraft, wer vorsätzlich über Lebensmittel falsche oder täuschende Angaben macht oder vorgeschriebene Angaben über Lebensmittel weglässt oder unrichtig wiedergibt. Der fahrlässig Handelnde wird mit Busse bis zu CHF 20'000.- bestraft.[1077]    978

In leichten Fällen, z.B. wenn die Lebensmittelherstellerinnen und -hersteller den beanstandeten Mangel unverzüglich beheben (Anpassung des Internetauf-    979

---

gen nach Art. 48 LMG werden bei Vorsatz mit Busse bis zu CHF 40'000.- und beim Vorliegen von Fahrlässigkeit mit CHF 20'000.- bestraft (Abs. 1 und Abs. 1[bis]).

[1074]    Vgl. Art. 31 Abs. 2 i.V.m Art. 48 Abs. 3 LMG.

[1075]    Vgl. Art. 51 LMG. Die Kontrollorgane erheben somit nur dann Gebühren, wenn die Kontrollen zu einer Beanstandung geführt haben. Die Lebensmittelkontrolle ist eine staatliche Aufgabe im Dienste der Öffentlichkeit. Sie wird grundsätzlich aus allgemeinen Steuermitteln finanziert und ist gebührenfrei (vgl. CLOETTA/ VOGELSANGER, S. 39).

[1076]    Vgl. ETTER, F. 50.

[1077]    Art. 48 Abs. 1[bis] LMG.

tritts oder von Werbematerial), dürfe eine Strafverfolgung ausbleiben. In solchen leichten Fällen verzichtet die kantonale Vollzugsbehörde auf eine Strafanzeige und verwarnt die Verantwortlichen.[1078]

980  Die Grenze zu den „besonders leichten Fällen" nach Art. 31 Abs. 2 i.V.m Art. 48 Abs. 3 LMG, die lediglich eine Verwarnung nach sich ziehen, darf aber nicht leichtfertig gezogen werden. Stellt eine vermeintlich gesundheitsbezogene Anpreisung gar eine unzulässige Heilanpreisung dar und handeln die Lebensmittelhersteller darüber hinaus als Wiederholungstäter, so ist davon auszugehen, dass die kantonalen Vollzugsbehörden die Widerhandlungen zur Anzeige bringen werden.

981  Gemäss ETTER erfolgt eine Strafanzeige generell in Fällen von erheblicher Täuschung, im Wiederholungsfall und bei Vorliegen einer Gesundheitsgefährdung. Allfällige Strafanzeigen richten sich dabei nicht nur an die Lebensmittelherstellerinnen und -hersteller sondern auch an Medien, Verlage und Anzeigeverwaltungen.[1079]

# III.  Rechtsschutz

## A.  Beanstandungsverfahren

982  Wird bei einer Lebensmittelkontrolle eine unzulässige gesundheitsbezogene Anpreisung festgestellt, so beanstanden die Kantonschemikerin oder der Kantonschemiker die betreffenden Lebens- und Werbemittel. Die Beanstandung enthält in der Regel die folgenden Angaben:

–  Probeninformationen: Angaben über Inspektionsort und -zeit, Name des Lebensmittelkontrolleurs, die Warenbezeichnung des beanstandeten Guts sowie Angaben über das Zustandekommen der Inspektion (wie z.B. Überweisung durch Dritte oder nicht zuständige Kantonale Laboratorien).

–  Befund: Feststellung, dass die erhobene Probe die lebensmittelrechtlichen Anforderungen nicht erfüllt und kurze Hinweise auf den Grund der Beanstandung, wie z.B. „es wird mit unzulässigen gesundheitsbezogenen Angaben geworben".

---

[1078]  Vgl. Art. 31 Abs. 2 i.V.m Art. 48 Abs. 3 LMG; vgl. auch CLOETTA, S. 37; CLOETTA/VOGELSANGER, S. 39.

[1079]  ETTER, F. 51.

–   Beurteilung: Angabe der Rechtsgrundlagen, auf die sich die Beurteilung stützt – in der Regel Bestimmungen des LMG, der LGV und LKV.

–   Erwägungen: Ausführungen zu den Rechtsgrundlagen, deren Nichtbeachtung zur Beanstandung geführt hat.

–   Gelegenheit zur Stellungnahme: Bei unzulässiger Lebensmittelwerbung wird den für die Produktsicherheit verantwortlichen Personen gewöhnlich eine Gelegenheit zur Stellungnahme gegeben. Innert der vom Kantonalen Laboratorium angesetzten Frist (in der Regel zehn Tage) muss ein schriftlicher Bericht über die Massnahmen erstellt werden, die getroffen wurden, damit die in Verkehr gebrachten Lebens- und Werbemittel zukünftig den gesetzlichen Anforderungen entsprechen.

–   Kosten: Rechnungsstellung über die bisher angefallenen Kosten (mit den Rechtsgrundlagen).

Gestützt auf die Beanstandung wird eine weitere Verfügung über die zu treffenden Massnahmen erlassen. Probeninformationen, Befund und Beurteilung sowie die Erwägungen werden noch einmal angegeben. Besonders angezeigt werden die Verfügungsanordnungen. Infrage kommen Massnahmen wie die Vernichtung, Löschung oder Anpassung von Lebensmittelanpreisungen auf den Verpackungen, Etiketten, Homepages, Flyern oder sonstigen Werbemitteln. In der Verfügung finden sich auch eine Kostennote sowie die Rechtsmittelbelehrung. In der Rechtsmittelbelehrung ist festgehalten, wie die Verfügung angefochten werden kann.   983

# B.   Rechtsmittelverfahren

Das LMG sieht in den Artikeln 52–57 LMG ein zweistufiges verwaltungsinternes Rechtsmittelverfahren vor: das „Einspracheverfahren" und das „Beschwerdeverfahren".   984

Mit der **Einsprache** kann eine Verfügung über Massnahmen unmittelbar bei der verfügenden Behörde, in der Regel dem Kantonalen Laboratorium, angefochten werden. Die Einsprachefrist beträgt von der Mitteilung der Verfügung an gerechnet fünf Tage.[1080] Die Einspracheschrift muss einen Antrag und dessen Begründung enthalten. Allfällige Beweismittel sind zu bezeichnen und soweit als möglich beizulegen. Die Kantonschemikerin und der Kantonschemiker sind dabei verpflichtet, ihren Entscheid nochmals zu überprüfen   985

---

[1080]   Vgl. Art. 52 LMG und Art. 55 Abs. 1 LMG.

und dann eine neue Verfügung zu erlassen oder die angefochtene Verfügung aufzuheben.[1081]

986 Mit der **Beschwerde** kann die zweite Verfügung zur selben Sache angefochten werden. Die Beschwerdefrist beträgt zehn Tage.[1082] Das Beschwerdeverfahren richtet sich nach kantonalem Verwaltungsrecht. Dieses legt die verwaltungsinterne Beschwerdeinstanz fest.[1083]

987 Da die eidgenössischen Vorgaben die Verfahrensgrundsätze weitläufig bereits vorgeben, weichen die kantonalen Verfahrenswege und Instanzen in lebensmittelrechtlichen Angelegenheiten nur unwesentlich voneinander ab. Dies soll anhand von zwei Kantonen aufgezeigt werden. Im Kanton Luzern und im Kanton Zürich gelten die folgenden Rechtsmittelverfahren:

988 Im **Kanton Luzern** ist das *Einspracheverfahren* in den §§ 117–122 VRG-LU geregelt. Die fünftätige Einsprachefrist gemäss Art. 55 Abs. 1 LMG geht § 119 Abs. 1 VRG-LU dabei vor („Soweit das eidgenössische Recht nichts anderes vorschreibt"). Die Einsprache ist schriftlich einzureichen, und allfällige Beweisurkunden sind beizulegen.[1084] Sofern sich die Einsprache nicht sofort als unzulässig oder unbegründet erweist, gibt die Einspracheinstanz, also das Kantonale Laboratorium, den allfälligen Gegenparteien noch einmal Gelegenheit zur Vernehmlassung.[1085]

989 Das verwaltungsinterne *Beschwerdeverfahren* richtet sich nach den §§ 142–147 VRG-LU.[1086] Gemäss § 142 Abs. 1 Bst. b VRG-LU können mit Verwaltungsbeschwerde Entscheide von unteren Instanzen der kantonalen Verwaltung beim sachlich zuständigen Departement angefochten werden. Bei Verfügungen über Massnahmen des Kantonalen Laboratoriums ist das sachlich zuständige Departement das Gesundheits- und Sozialdepartement. Die Beschwerde muss somit an dieses Departement gerichtet werden. In der Rekursschrift können alle Mängel formeller und materieller Art gerügt werden.[1087] Das Gesundheits- und Sozialdepartement ist an die Anträge der Parteien nicht gebunden. Es kann den angefochtenen Entscheid zugunsten oder zuungunsten einer Partei ändern.[1088]

---

[1081] CLOETTA/VOGELSANGER, S. 40.

[1082] Vgl. Art. 53 Abs. 2 und Art. 55 Abs. 2 LMG.

[1083] Art. 53 Abs. 1 LMG. Vgl. zur verwaltungsinternen Rechtspflege, JAAG, Nr. 1008 ff.

[1084] § 120 VRG-LU.

[1085] § 121 VRG-LU.

[1086] Das Beschwerdeverfahren ist im dritten Abschnitt „Rechtsschutz" geregelt.

[1087] § 144 Abs. 1 Bst. a–c VRG-LU.

[1088] § 147 VRG-LU.

Die verwaltungsexternen Beschwerden richten sich nach den gängigen kanto- 990
nalen Verfahren. Das Verwaltungsgericht entscheidet gemäss § 148 Bst. c
VRG-LU über Entscheide der Departemente, soweit nicht die Verwaltungsbeschwerde an den Regierungsrat zulässig ist oder soweit nicht die Rechts-
ordnung die Verwaltungsgerichtsbeschwerde ausschliesst. Der Beschwerde-
entscheid des Gesundheits- und Sozialdepartements kann somit mit Verwaltungsgerichtsbeschwerde ans Verwaltungsgericht weitergezogen werden. Die
Verwaltungsgerichtsbeschwerde richtet sich nach den §§ 148 ff. VRG-LU.

Im **Kanton Zürich** können gemäss § 19 b Abs. 1 Bst. b VRG-ZH Anord- 991
nungen (Verfügungen über Massnahmen) einer unteren Behörde mit Rekurs
an die übergeordnete Behörde weitergezogen werden. Rekursinstanz ist bei
einer Verwaltungseinheit der Direktion die Direktion selbst. Bei Verfügungen
über Massnahmen des Kantonalen Laboratoriums richtet sich der Rekurs
resp. die Beschwerde somit an die Gesundheitsdirektion.[1089] In der Rekursschrift können alle Mängel formeller und materieller Art gerügt werden.[1090]

Das Verwaltungsgericht beurteilt nach der Generalklausel von § 41 Abs. 1 992
VRG-ZH Beschwerden gegen letztinstanzliche Anordnungen (Verfügungen)
von Verwaltungsbehörden.[1091] Die Beschwerde ist in den §§ 41 ff. VRG-ZH
geregelt.

Letztinstanzliche kantonale Gerichtsentscheide können schliesslich mit Be- 993
schwerde in öffentlich-rechtlichen Angelegenheiten an das Bundesgericht
weitergezogen werden.[1092]

---

[1089] JAAG, Nr. 1010.

[1090] JAAG, Nr. 1016.

[1091] JAAG, Nr. 1011 und 1039.

[1092] Art. 82 Bst. a BGG; vgl. auch WALDMANN BERNHARD, BaKomm, N 9 zu Art. 82
BGG.

# 4. Kapitel: Health Claims, THG und „Cassis de Dijon"-Prinzip

## I. Vorbemerkungen

Mit der am 1. Juli 2010 in Kraft getretenen Revision des THG wurde das vom Europäischen Gerichtshof entwickelte „Cassis de Dijon"-Prinzip[1093] autonom in der Schweiz eingeführt. Demnach können Produkte, die in der EU bzw. im EWR rechtmässig in Verkehr sind, grundsätzlich auch in der Schweiz ohne vorgängige Kontrollen frei zirkulieren. Ausnahmen sind nur zum Schutz überwiegender öffentlicher Interessen möglich. Produkte, die nicht gestützt auf das „Cassis de Dijon"-Prinzip importiert werden können, sind auf einer sog. „Negativliste" aufgeführt.[1094]    994

Auch schweizerischen Herstellerinnen und Herstellern ist es nun möglich, für den schweizerischen Markt bestimmte Produkte nach den Bestimmungen der EU oder von EU/EWR-Mitgliedstaaten herzustellen. Gemäss dem sog. „Gleichbehandlungsgrundsatz" können schweizerische Herstellerinnen und    995

---

[1093]  Das „Cassis de Dijon"-Prinzip gehört zu den Eckpfeilern des EU-Binnenmarktes und geht auf ein Urteil des Europäischen Gerichtshofes (EuGH) von 1979 zurück (vgl. EuGH, Rs. 120/78 [Rewe/Bundesmonopolverwaltung für Brandweine] Slg. 1979, S. 649, Rn. 8 und 13 f.). Damals hatte die deutsche Bundesmonopolverwaltung für Branntweine den Import eines französischen Johannisbeer-Likörs (Cassis aus Dijon) untersagt, weil er in Bezug auf den Alkoholgehalt nicht den deutschen Vorschriften entsprach. Es kam zum Rechtsstreit, den die Importeure am Ende gewannen. Der EuGH hielt fest, dass die Beschränkung des freien Warenverkehrs nur in begründeten Ausnahmefällen zulässig sei, etwa zum Schutz der öffentlichen Gesundheit, zum Schutz der Konsumenten oder wenn ein allgemeines öffentliches Interesse besteht. Diese Bedingung sei beim Alkoholgehalt für Liköre aber nicht erfüllt, weshalb das Produkt in Deutschland ohne Schikanen zugelassen werden müsse. Das „Cassis de Dijon"-Prinzip legt somit fest, dass die Mitgliedstaaten ihre jeweiligen Regelungen gegenseitig anerkennen, solange keine allgemeinverbindlichen EU-Regeln vorliegen. Damit können Waren, die in einem Mitgliedstaat (EU/EWR) rechtmässig hergestellt und in Verkehr gebracht worden sind, grundsätzlich auch in allen anderen Mitgliedstaaten ohne weitere Kontrollen verkauft werden (vgl. zum Ganzen BAG, Das „Cassis de Dijon"-Prinzip in der EU, Bern 2010, <http://www.bag.admin.ch/themen/lebensmittel/10380/10382/index.html?lang=de> (besucht am: 28. April 2011).

[1094]  Die „Negativliste" zum „Cassis de Dijon"-Prinzip kann auf der Homepage des SECO unter <http://www.seco.admin.ch/themen/00513/00730/01220/04172/index.html?lang=de> (besucht am: 27. April 2011) heruntergeladen werden.

Hersteller, die nur für den inländischen Markt produzieren, diese Produkte nach den technischen Vorschriften gemäss Art. 16a Abs. 1 Bst. a THG in Verkehr bringen.[1095]

996 Für Lebensmittel ist eine Sonderregelung zur Anwendung des „Cassis de Dijon"-Prinzips vorgesehen.[1096]

## II.  Sonderregelung für Lebensmittel

997 Für Lebensmittel als besonders sensible Produkte gilt eine Sonderregelung zur Anwendung des „Cassis de Dijon"-Prinzips.[1097] Lebensmittel, welche die schweizerischen technischen Vorschriften nicht oder nicht vollständig erfüllen, die jedoch den technischen Vorschriften der EU oder eines EU/EWR-Mitgliedstaates entsprechen und dort rechtmässig in Verkehr sind, können auch in der Schweiz vermarktet werden. Im Unterschied zu den übrigen Produkten bedürfen Lebensmittel dafür vor dem erstmaligen Inverkehrbringen einer Bewilligung des BAG.[1098] Die Bewilligung wird in Form einer Allgemeinverfügung erteilt und gilt für alle gleichartigen Lebensmittel.[1099]

998 Die Gesuchstellerin und der Gesuchsteller müssen nachweisen, dass das Lebensmittel den technischen Vorschriften der EU oder eines EU/EWR-Mitgliedstaates entspricht, und glaubhaft machen, dass das Lebensmittel in der EU oder im entsprechenden EU/EWR-Mitgliedstaat rechtmässig in Verkehr ist. Des Weiteren dürfen keine überwiegenden öffentlichen Interessen

---

[1095] Art. 16b THG; Botschaft Teilrevision THG, S. 7323. Die Gesuchstellerin und der Gesuchsteller müssen gemäss Art. 16a Abs. 1 Bst. a THG nachweisen, dass das Lebensmittel den technischen Vorschriften der EU oder eines EU/EWR-Mitgliedstaates entspricht und dass das Lebensmittel in der EU oder im entsprechenden EU/EWR-Mitgliedstaat rechtmässig in Verkehr ist.

[1096] Vgl. Botschaft Teilrevision THG, S. 7276 ff.; SECO, Bundesgesetz über die technischen Handelshemmnisse (THG) und das „Cassis de Dijon"-Prinzip, Bern 2010, <http://www.seco.admin.ch/themen/00513/00730/01220/index.html? lang=de> (besucht am: 27. April 2011).

[1097] Vgl. Art. 16c und 16d THG sowie Art. 4–11 VIPaV.

[1098] Vgl. Art. 16c THG; EDI/BAG, Sonderregelung, F. 8.

[1099] Lebensmittel, die den technischen Vorschriften der Schweiz nicht vollständig entsprechen, müssen somit vom BAG bewilligt werden. Bestehen keine Bedenken punkto Sicherheit oder Täuschungsschutz, erfolgt die Bewilligung in Form einer Allgemeinverfügung. Entsprechende Gesuche können seit dem 1. Juli 2010 beim BAG gestellt werden (vgl. EDI/BAG, Sonderregelung, F. 11).

(u.a. Schutz des Lebens und der Gesundheit von Menschen, Tieren und Pflanzen) nach Art. 4 Abs. 4 Bst a–e THG gefährdet sein.[1100]

Lebensmittel bilden somit eine Ausnahme vom Grundsatz, wonach alle Produkte, die in der EU bzw. im EWR rechtmässig in Verkehr sind, auch in der Schweiz ohne vorgängige Kontrollen frei zirkulieren können. Lebensmittel, die den schweizerischen technischen Vorschriften nicht entsprechen, bedürfen somit immer einer Bewilligung vom BAG.[1101]

999

## III. Health Claims: Befristete Ausnahme von der Sonderregelung

Wie mehrfach ausgeführt, verabschiedet die Europäische Kommission gestützt auf das Prüfungsergebnis der EFSA eine Gemeinschaftsliste, in der die zulässigen und die abgelehnten Health Claims aufgeführt werden (vgl. oben Rz. 304 und 780). Diese Liste wurde für den 31. Januar 2010 in Aussicht gestellt, sie liegt aufgrund der grossen Anzahl eingereichter Claims bisher aber noch nicht vor.

1000

Bis zur Veröffentlichung der Liste gestattet das EU-Recht, die bisher in den Mitgliedstaaten nach einzelstaatlichem Recht zulässigen Health Claims weiterzuverwenden. Nach deren Publikation werden die altrechtlichen Claims noch während einer Übergangsfrist von sechs Monaten weiterverwendet werden können. Im schweizerischen Recht wurde in der LKV ebenfalls eine Übergangsfrist aufgenommen, die vorerst auf den 31. Dezember 2012 festgelegt wurde.[1102] Das BAG wird gemäss Art. 41 LKV den Anhang 8 der LKV

1001

---

1100 Vgl. Art. 16d THG; EDI/BAG, Sonderregelung, F. 9 f.
1101 Von dieser Bewilligungspflicht nicht betroffen sind somit Lebensmittel, die nach den schweizerischen technischen Vorschriften, d.h. spezifisch für den schweizerischen Markt, hergestellt worden sind. Für diese Produkte stellt sich die Frage einer Anwendung des „Cassis-de-Dijon"-Prinzips naturgemäss nicht (vgl. zum Ganzen auch SECO, Sonderregelung für Lebensmittel, Bern 2010, <http://www.seco.admin.ch/themen/00513/00730/01220/04170/index.html?lang=de> [besucht am: 27. April 2011]; Botschaft Teilrevision THG, S. 7324 f.).
1102 Vgl. Abs. 2 i.V.m. Abs. 2ter der UeB (eingefügt durch Ziff. I der V des EDI vom 6. Dez. 2011, in Kraft seit 1. Jan. 2012 [AS 2011 6255]); SECO/BAG, S. 17; siehe zu den UeB der LKV auch oben Rz. 958 ff.

regelmässig dem Stand der Gemeinschaftsliste anpassen, wodurch die fortlaufende Harmonisierung im Health Claims Bereich sichergestellt wird.[1103]

1002 Die einzelstaatlichen Regelungen der EU-Mitgliedstaaten sind somit von Land zu Land nach wie vor sehr unterschiedlich und weichen vom bisherigen schweizerischen Recht teilweise erheblich ab. Die EU-Behörden tolerieren sie, bis die Europäische Kommission über die Zulässigkeit der diesbezüglichen Anpreisungen befunden hat. Würden Lebensmittel mit derartigen Health Claims im Rahmen des Verfahrens nach Art. 16d THG dem BAG unterbreitet, würde die Beweislast, dass der wissenschaftliche Nachweis für die behauptete Wirkung fehlt, beim BAG liegen. Dies wäre mit vertretbarem Aufwand nicht möglich. Im Extremfall könnte ein solcher Beweis nur mittels Humanstudien erbracht werden.[1104]

1003 Um nun zu verhindern, dass die Schweiz mit Lebensmitteln überschwemmt wird, die mit Health Claims versehen sind, die einer wissenschaftlichen Prüfung nicht standhalten, sieht Art. 19 Abs. 1 i.V.m. Art. 19 Abs. 1[bis] UeB VIPaV vor, bis zur Verabschiedung der Gemeinschaftsliste nach Artikel 16a Abs. 1 THG in Verkehr gebrachte Lebensmittel bezüglich der Zulässigkeit der verwendeten gesundheitsbezogenen Anpreisungen nach dem bisherigen schweizerischen Recht zu beurteilen.[1105]

1004 Das „Cassis de Dijon"-Prinzip gelangt im Bereich der gesundheitsbezogenen Anpreisung somit frühestens ab 31. Dezember 2012 zur Anwendung. Der Ausnahmetatbestand nach Art. 19 VIPaV ist darum auch auf der „Negativliste" zum „Cassis de Dijon"-Prinzip ausdrücklich aufgeführt.[1106]

---

[1103]    Siehe zu Art. 41 LKV oben Rz. 844 f. Gemäss Abs. 2 der UeB sollte der Abschnitt 11a der LKV bereits per 31. März 2010 Geltung erlangen. Aufgrund der verzögerten Publikation der Gemeinschaftsliste wurde die Geltungsdauer bis zum 31. Dezember 2011 verlängert.

[1104]    SECO/BAG, S. 18.

[1105]    Die erwähnten Gemeinschaftslisten werden in absehbarer Zeit erwartet, sodass diese Übergangsfrist gemäss Art. 19 Abs. 1 i.V.m. Art. 19 Abs. 1[ter] bis zum 31. Dezember 2012 befristet werden kann (eingefügt durch Ziff. I der V vom 16. Nov. 2011, in Kraft seit 1. Jan. 2012 [AS 2011 5821]. Sollte die Europäische Kommission die angekündigte Gemeinschaftsliste bis zu diesem Zeitpunkt nicht verabschiedet haben, wird eine der dann vorliegenden Situation Rechnung tragende Verlängerung der Übergangsfrist zu prüfen sein (vgl. SECO/BAG, S. 18).

[1106]    Vgl. „Negativliste" zum „Cassis de Dijon"-Prinzip, S. 10. Der Bundesrat wurde durch Art. 16a Abs. 2 Bst. e THG ermächtigt, Ausnahmen vom „Cassis de Dijon"-Prinzip zu beschliessen. Diese Ausnahmen wurden in Art. 2 Bst. b und Art. 19 der VIPaV festgelegt und sind im Sinne einer Übersicht auf der „Negativliste" zum „Cassis de Dijon"-Prinzip aufgeführt.

Zu Vollzugsschwierigkeiten dürfte es auch nach Veröffentlichung der Gemeinschaftsliste kaum kommen. Aufgrund des Vorbildcharakters der EG-Health-Claims-Verordnung sind die beiden Vorschriften in den massgebenden Regelungspunkten ohnehin verwandt. Darüber hinaus wird Anhang 8 der LKV laufend an die in der EU zugelassenen Health Claims angepasst. 1005

Insofern ist auch nicht zu erwarten, dass wegen des „Cassis de Dijon"-Prinzips Lebensmittel in der Schweiz mit unzulässigen Health Claims angepriesen werden. 1006

# 5. Kapitel: Abschnitt 11a der LKV als grundsatzkonformer Eingriff in die Wirtschaftsfreiheit?

## I. Vorbemerkungen

Die bisherige Rechtsprechung ordnet das Recht auf Werbung – als Handlung   1007
in Ausübung privatwirtschaftlicher Erwerbstätigkeit – typischerweise dem
Grundrecht der Wirtschaftsfreiheit zu.[1107] Die Freiheit der Werbung geniesst
somit verfassungsrechtlichen Schutz. Der Erwerbstätige darf für seine Produkte und Dienstleistungen grundsätzlich frei werben. Dazu gehört, dass er
selber bestimmen kann, ob und in welchem Umfang er in den Medien Werbung treiben will.[1108]

Die Wirtschaftsfreiheit und die darin enthaltene Freiheit der Werbung gelten   1008
aber nicht absolut. Wie bereits im Abschnitt über die Beschränkung der Werbefreiheit erläutert (vgl. oben Rz. 183 ff.), sind Einschränkungen der Wirt-
schafsfreiheit nur gestattet, wenn sie grundsatzkonform sind. Namentlich
zwecks Polizeigüterschutzes sind solche Einschränkungen häufig angezeigt.

Grundsatzkonforme Massnahmen sind mit dem Grundsatz der Wirtschafts-   1009
freiheit aber nur vereinbar, sofern sie den allgemein geltenden Anforderungen
an die Einschränkung von Grundrechten, wie sie sich aus Art. 36 BV ergeben
– nämlich gesetzliche Grundlage, öffentliches Interesse und Verhältnismässigkeit – genügen und ferner den Grundsatz der Gleichbehandlung der direkten Konkurrenten beachten.

Es stellt sich nun die Frage, ob der Abschnitt 11a der LKV tatsächlich eine   1010
solche grundsatzkonforme Einschränkung der Wirtschafts- und Werbefreiheit
darstellt. Wie bereits mehrfach ausgeführt ist es den Lebensmittelherstellerinnen und -herstellern nicht gestattet, ihre Produkte völlig frei mit Health
Claims zu bewerben. Um die Konsumentinnen und Konsumenten vor gesundheitsgefährdenden Einflüssen, insbesondere vor Täuschung und Irreführung im Nahrungsmittelbereich zu schützen sind gesundheitsbezogene Le-

---

[1107]   Vgl. BGE 125 I 417 ff. (421); BGE 123 I 201 ff. (205 und 209); BGE 118 Ib
356 ff. (363); BGE 104 Ia 473 ff. (475), E. 2; BGE 96 I 699 ff. (701), E. 2. Siehe
zur Werbefreiheit als Teilgehalt der Wirtschaftsfreiheit oben Rz. 172 und 176 ff.
[1108]   Vgl. HÄFFELIN/HALLER/KELLER, Nr. 647; KNAAK/RITSCHER, Nr. 15; NOBEL/
WEBER, S. 115, N 192; STRAUB, S. 90; VALLENDER, SG-Komm BV, N 18 zu
Art. 27 BV.

bensmittelanpreisungen nur in den in Abschnitt 11a der LKV gesetzlich genau umschriebenen Schranken zulässig.

1011 In diesem Abschnitt soll deshalb geprüft werden, ob die einzelnen Vorschriften vor den Anforderungen an die Beschränkung der Wirtschaftsfreiheit gemäss Art. 36 i.V.m. Art. 94 BV standhalten oder ob es aus verfassungsrechtlicher Perspektive gewisse Zweifel geben könnte.

## II. Einschränkungsvoraussetzungen gemäss Art. 36 i.V.m. Art. 94 BV

## A. Gesetzliche Grundlage

### 1. Erfordernis des Rechtsatzes

1012 Einschränkungen von Grundrechten bedürfen einer gesetzlichen Grundlage (Art. 36 Abs. 1 Satz 1 BV). Diese Voraussetzung setzt sich aus zwei Teilgeboten zusammen: dem Erfordernis des Rechtssatzes und dem Erfordernis der Gesetzesform.[1109]

1013 Gemäss dem Erfordernis des Rechtssatzes muss eine Freiheitsbeschränkung in einem Rechtssatz, d.h. in einer generell-abstrakten Norm, vorgesehen sein. Der Rechtssatz muss genügend bestimmt oder in den Worten des Bundesgerichts „so präzise formuliert sein, dass der Bürger sein Verhalten danach richten und die Folgen eines bestimmten Verhaltens mit einem den Umständen entsprechenden Grad an Gewissheit erkennen kann".[1110]

1014 Der Begriff der gesundheitsbezogenen Angabe sowie die grundlegenden Voraussetzungen zur Verwendung von gesundheitsbezogenen Angaben sind in Art. 29f LKV genau festgelegt. So dürfen gesundheitsbezogene Angaben nur gemacht werden, wenn sie in Anhang 8 vorgesehen sind und die weiteren Anforderungen von Abschnitt 11a der LKV erfüllen. Auch die Bewilligungspflicht für neue gesundheitsbezogene Angaben ist in Art. 29g LKV umfassend geregelt; zudem kann auf der Homepage des BAG ein Formular zur

---

[1109] HÄFFELIN/HALLER/KELLER, Nr. 307.
[1110] HÄFFELIN/HALLER/KELLER, Nr. 308 f. mit Hinweis auf BGE 117 Ia 472 ff. (480). Durch dieses Erfordernis werden sowohl Rechtssicherheit (insbesondere Voraussehbarkeit) als auch Rechtsgleichheit gewährleistet.

Bewilligung von neuen gesundheitsbezogenen Angaben heruntergeladen werden.[1111]

Bei den Bestimmungen des Abschnitts 11a der LKV handelt es sich somit um generell-abstrakte Normen, d.h. um Regelungen die sich an eine unbestimmte Anzahl von Adressatinnen und Adressaten richten und eine unbestimmte Zahl von Fällen erfassen. Rechte und Pflichten der Privaten werden begründet und die Organisation und Zuständigkeit sowie die Aufgaben und die Verfahren werden genau geregelt.[1112] Die einzelnen Normen, auf die sich zukünftige behördliche Massnahmen stützen, sind auch genügend bestimmt; so ist das Handeln des BAG dadurch im Einzelfall voraussehbar und rechtsgleich.[1113]    1015

Das Erfordernis des Rechtssatzes wird damit durch die Bestimmungen des Abschnitts 11a der LKV erfüllt.    1016

## 2. Erfordernis der Gesetzesform

Mit dem Erfordernis des Rechtssatzes wird noch nichts über die Rechtsetzungsstufe ausgesagt, also über die Frage, ob ein im Gesetzgebungsverfahren beschlossener Rechtssatz erforderlich sei oder ob auch eine kompetenzgemäss erlassene Rechtsnorm niederer Stufe, d.h. eine Verordnung, genüge.    1017

Diese Frage bedarf gemäss Lehre und Rechtsprechung einer differenzierenden Beantwortung: Schwere Eingriffe in Freiheitsrechte (z.B. Verhaftung, Telefonüberwachung, gemäss Praxis auch Erhebung von Steuern und anderen Abgaben) sind auf der Stufe eines Gesetzes zu normieren.[1114] Bei leichten Eingriffen reicht eine Regelung auf Verordnungsstufe aus. Eine solche Regelung muss jedoch ihrerseits, um dem Erfordernis der Gesetzesform zu genügen, auf einer zulässigen und hinreichenden Delegation durch ein formelles Gesetz beruhen.[1115]    1018

---

[1111]  Siehe zum Formular zur Bewilligung von neuen gesundheitsbezogenen Angaben oben Rz. 858 ff.

[1112]  Siehe zu den einzelnen Bestimmungen von Abschnitt 11a der LKV ausführlich oben Rz. 792 ff.

[1113]  Siehe zum Erfordernis des Rechtsatzes auch HÄFELIN/MÜLLER/UHLMANN, Nr. 383 ff.

[1114]  Je schwerer ein Eingriff in ein Freiheitsrecht ist, desto stärker sollte er demokratisch legitimiert sein, d.h. auf einem Entscheid der Volksvertretung beruhen (HÄFELIN/HALLER/KELLER, Nr. 310 f.; HÄFELIN/MÜLLER/UHLMANN, Nr. 393 ff.; RICHLI, Wirtschaftsverfassungsrecht, Nr. 275; BGE 132 I 157 ff., [159], E. 2.2; BGE 126 I 180 ff. [182]).

[1115]  Vgl. HÄFFELIN/HALLER/KELLER, Nr. 311.

1019 Bei der Regulierung von Health Claims ist grundsätzlich von einem leichten Eingriff in die Freiheitsrechte, namentlich in die Wirtschafts- und Werbefreiheit, auszugehen. Gesundheitsbezogene Lebensmittelwerbung ist nicht generell verboten, sondern im Rahmen der rechtlich genau umschriebenen Vorgaben zulässig. Insofern reicht eine Regelung auf Verordnungsstufe aus. Bei der Frage, ob sich der Bundesrat und damit auch das ihm unterstellte EDI mit der Einfügung von Abschnitt 11a in die LKV an den ihnen gesetzten Delegationsrahmen gehalten haben, ist zu berücksichtigen, dass der Gesetzgeber grundsätzlich einen weiten Gestaltungsspielraum bei der Konkretisierung dessen einräumen wollte, was als „Anpreisung, Aufmachung und Verpackung der Lebensmittel" geeignet erscheint, die Konsumentinnen und Konsumenten im Sinne von Art. 18 Abs. 2 LMG zu täuschen.[1116] Dieser Spielraum ist für die rechtsanwendenden Behörden verbindlich.[1117] Mit dem weiten Ermessensspielraum soll den im Lebensmittelbereich erforderlichen technischen Anpassungen an die sich rasch wandelnden Entwicklungen Rechnung getragen werden können. Das LMG regelt die Grundsätze, die technischen Einzelheiten werden dagegen auf Verordnungsstufe erfasst.[1118]

1020 Die gesundheitsbezogene Anpreisung von Lebensmitteln ist denn auch in der vom EDI erlassenen LKV und damit auf Verordnungsstufe geregelt. Die Rechtsetzungskompetenz des EDI findet sich in Art. 10 Abs. 3 i.V.m. Art. 26 Abs. 6 LGV. Art. 10 Abs. 3 LGV bestimmt, dass das EDI die Grenzen zulässiger Anpreisung von Lebensmitteln weiter festlegen soll, und Art. 26 Abs. 6 LGV sieht vor, dass das EDI bestimmen kann, dass die Verwendung von gesundheitsbezogenen Angaben im Zusammenhang mit Lebensmitteln dem BAG vor der Abgabe des betreffenden Lebensmittels an die Konsumentinnen und Konsumenten gemeldet werden muss und dass das BAG über die wissenschaftliche Begründung einer solchen Angabe zu informieren ist.[1119]

1021 Insofern genügt der in der LKV enthaltene Abschnitt 11a über gesundheitsbezogene Angaben dem Erfordernis der Gesetzesform und stellt damit die demokratische Legitimität sicher.

---

[1116] Vgl. BGE 127 II 91 ff. (99), E. 3b, mit Verweis auf die Botschaft LMG, S. 949.
[1117] BGE 126 II 399 ff. (404 f.), E. 4a, m.w.H.
[1118] BGE 127 II 91 ff. (99), E. 3b, mit Verweis auf die Botschaft LMG, S. 973.
[1119] Siehe zur Rechtsetzungskompetenz des EDI auch oben Rz. 234 ff.

# B.    Öffentliches Interesse

Einschränkungen von Grundrechten müssen durch ein öffentliches Interesse gerechtfertigt sein.[1120] Der Begriff des öffentlichen Interesses lässt sich aber gemäss Lehre nicht in einer einfachen Formel einfangen. Er ist zeitlich wandelbar und kann in gewissen Bereichen auch örtlich verschieden sein.[1121] Im öffentlichen Interesse liegt all das, was der Staat zum Gemeinwohl vorkehren muss, um eine ihm obliegende Aufgabe zu erfüllen. Dazu gehören polizeiliche Interessen. Einschränkungen eines Freiheitsrechts aus polizeilichen Gründen dienen dem Schutz der öffentlichen Ordnung, Ruhe, Sicherheit, Gesundheit und Sittlichkeit sowie von Treu und Glauben im Geschäftsverkehr.[1122]

1022

Dem Schutz der öffentlichen Ordnung vor einer schrankenlosen Freiheit dienen insbesondere auch Werbevorschriften. Sie sollen die mit der Ausübung bestimmter Gewerbe verbundenen Gefahren abwehren und die traditionellen Polizeigüter wie öffentliche Gesundheit sowie Treu und Glauben im Geschäftsverkehr schützen.[1123]

1023

Im Nahrungsmittelbereich müssen die Konsumentinnen und Konsumenten besonders vor gesundheitsgefährdenden Einflüssen, insbesondere vor Täuschung und Ausbeutung, geschützt werden. Gesundheitsbezogene Lebensmittelanpreisungen sind folglich nur in gesetzlich genau umschriebenen Schranken zulässig. Der Abschnitt 11a der LKV bildet eine solche normative Schranke, der die gesundheitsbezogene Anpreisung von Lebensmitteln aus Gründen der öffentlichen Gesundheit[1124] und von Treu und Glauben im Geschäftsverkehr[1125] regelt.

1024

---

[1120]    Das öffentliche Interesse ist die allgemeine Voraussetzung für jede staatliche Tätigkeit. Der Staat hat das Wohl der Allgemeinheit zu schützen und zu fördern und die Anliegen der staatlichen Gemeinschaft wahrzunehmen (vgl. Art. 5 Abs. 2 BV; HÄFELIN/MÜLLER/UHLMANN, Nr. 535; RICHLI, Wirtschaftsverfassungsrecht, Nr. 280 f.).

[1121]    Vgl. HÄFELIN/HALLER/KELLER, Nr. 313 ff.; HÄFELIN/MÜLLER/UHLMANN, Nr. 538 ff.; RICHLI, Wirtschaftsverfassungsrecht, Nr. 283 ff., m.w.H.

[1122]    HÄFELIN/HALLER/KELLER, Nr. 315 und 672.

[1123]    DAVID/REUTTER, S. 24.

[1124]    Vgl. zur öffentlichen Gesundheit anschaulich HÄFELIN/HALLER/KELLER, Nr. 675.

[1125]    Vgl. zu Treu und Glauben im Geschäftsverkehr anschaulich HÄFELIN/HALLER/KELLER, Nr. 677.

# C. Verhältnismässigkeit

## 1. Vorbemerkungen

1025 Einschränkungen von Grundrechten müssen gemäss Art. 36 Abs. 3 BV verhältnismässig sein. Dem Verhältnismässigkeitsprinzip liegt der Gedanke zugrunde, dass ein Eingriff in ein Freiheitsrecht nicht weiter gehen darf, als es das öffentliche Interesse erfordert; die Freiheitsbeschränkung darf auch nicht in einem Missverhältnis zum damit verfolgten öffentlichen Interesse stehen.[1126]

1026 Der Grundsatz der Verhältnismässigkeit umfasst gemäss Lehre und Praxis drei Elemente, die kumulativ gegeben sein müssen: Die Massnahmen müssen zur Verwirklichung des im öffentlichen Interesse liegenden Ziels geeignet und notwendig sein. Ausserdem muss der angestrebte Zweck in einem vernünftigen Verhältnis zu den Belastungen stehen, die den Privaten auferlegt werden.[1127]

## 2. Eignung

1027 Die staatliche Massnahme muss geeignet sein, um den im öffentlichen Interesse verfolgten Zweck herbeizuführen. Ungeeignet ist eine Massnahme dann, wenn sie am Ziel vorbeischiesst, d.h. keinerlei Wirkungen im Hinblick auf den angestrebten Zweck entfaltet oder die Erreichung dieses Zweckes sogar erschwert oder verhindert. Zu prüfen ist also die Zwecktauglichkeit einer Massnahme.[1128]

1028 Den oben geschilderten öffentlichen Interessen und insbesondere dem Zweckartikel des LMG folgend, sollen lebensmittelrechtliche Vorschriften grundsätzlich dazu dienen, die Konsumentinnen und Konsumenten vor Lebensmitteln zu schützen, welche die Gesundheit gefährden können. Zudem sollen die Konsumentinnen und Konsumenten im Zusammenhang mit Lebensmitteln vor Täuschungen geschützt werden.[1129]

---

[1126] HÄFFELIN/HALLER/KELLER, Nr. 320; RICHLI, Wirtschaftsverfassungsrecht, Nr. 313.

[1127] HÄFELIN/MÜLLER/UHLMANN, Nr. 581, m.w.Verw.

[1128] HÄFFELIN/HALLER/KELLER, Nr. 321; HÄFELIN/MÜLLER/UHLMANN, Nr. 587, mit Verweis auf BGE 130 I 140 ff. (154).

[1129] Art. 1 Bst. a und c LMG.

Abschnitt 11a der LKV legt fest, was gesundheitsbezogene Angaben sind und    1029
inwiefern diese zur Anpreisung von Lebensmitteln verwendet werden dürfen.[1130] Oberstes Ziel der Health-Claims-Regulierung ist dabei die Gewährleistung eines hohen Verbraucherschutzniveaus. Es geht darum, zu verhindern, dass sich die Konsumentinnen und Konsumenten aufgrund von täuschenden und irreführenden gesundheitsbezogenen Angaben eine unzutreffende Vorstellung über die tatsächlichen gesundheitsfördernden Eigenschaften eines Lebensmittels machen. Die Konsumentinnen und Konsumenten
sollen die Möglichkeit haben, ihre Kaufentscheidung basierend auf einer
sachkundigen, weil auf wahren und klaren Angaben beruhenden Wahl zu
treffen.

Mit Abschnitt 11a der LKV sollen darüber hinaus auch gleiche Wettbewerbs-    1030
bedingungen für die Lebensmittelindustrie geschaffen werden. Dies insbesondere durch Schaffung und Erhaltung von Markttransparenz, durch die
Erhöhung der Rechtssicherheit, durch die Sicherstellung eines fairen Wettbewerbs sowie durch die Förderung der Innovationen im Lebensmittelsektor.[1131]

Der Umsetzung dieser Regelungsabsichten dient der in Art. 29f Abs. 2 LKV    1031
erfasste Grundsatz, wonach gesundheitsbezogene Angaben nur gemacht werden dürfen, wenn sie in Anhang 8 der LKV vorgesehen sind (Positivliste der
erlaubten gesundheitsbezogenen Angaben) und auch die übrigen Anforderungen von Abschnitt 11a der LKV erfüllen. Gesundheitsbezogene Angaben, die
nicht in Anhang 8 aufgeführt sind, bedürfen einer Bewilligung des BAG.

Drei Regelungselemente sind somit massgebend, um die im öffentlichen Inte-    1032
resse verfolgten Zwecke herbeizuführen: Der vom BAG erstellte Anhang 8,
der zulässige, zur Verwendung freigegebene gesundheitsbezogene Angaben
enthält; das Bewilligungsverfahren gemäss Art. 29g LKV sowie die übrigen
Bestimmungen, die weitere Anforderungen an die Verwendung von gesundheitsbezogenen Angaben festlegen.

Der Anhang 8 der LKV wurde von einer Arbeitsgruppe im Auftrag des BAG    1033
erstellt und enthält die zulässigen Anpreisungen für Vitamine und Mineralstoffe sowie die Voraussetzung ihrer Verwendung. Der neue Abschnitt 11a
der LKV über die Verwendung von gesundheitsbezogenen Angaben hat diese
Liste übernommen und weitergeführt. Eine neue gesundheitsbezogene Angabe, die nicht im Anhang 8 der LKV aufgeführt ist, wird vom BAG sodann nur
bewilligt, wenn anhand allgemein anerkannter wissenschaftlicher Studien der
Nachweis erbracht werden kann, dass die gesundheitsbezogene Angabe die

---

[1130]  Siehe zum Regelungsziel von Abschnitt 11a der LKV oben Rz. 797 ff.
[1131]  Siehe dazu oben Rz. 621.

Kriterien von Abschnitt 11a der LKV erfüllt und die Konsumentinnen und Konsumenten durch die Angabe nicht über die Eigenschaften des Lebensmittels getäuscht werden.

1034 Diese Massnahmen stellen m.E. eindeutig zwecktaugliche Mittel dar, um ein hohes Verbraucherschutzniveau und damit auch die betroffenen öffentlichen Interessen, vorliegend Gesundheitsschutz sowie Treu und Glauben im Geschäftsverkehr, zu garantieren. Es werden mit den Bestimmungen des Abschnitts 11a der LKV darüber hinaus auch gleiche Wettbewerbsbedingungen für die gesamte Lebensmittelindustrie geschaffen; für alle Marktteilnehmer gelten dieselben gesetzlich genau vorgeschriebenen Vorgehensweisen.

1035 Die einzelnen Massnahmen schiessen somit in keiner Weise am Ziel vorbei; die notwendigen Wirkungen im Hinblick auf den angestrebten Zweck werden entfaltet und damit die Erreichung der mit Abschnitt 11a der LKV bezweckten Regelungsabsichten, im Sinne der zu schützenden öffentlichen Interessen, sichergestellt.

## 3.  Erforderlichkeit

1036 Die Massnahme muss im Hinblick auf den angestrebten Zweck erforderlich sein.[1132] Sie hat zu unterbleiben, wenn eine gleich geeignete, aber mildere Massnahme für den angestrebten Erfolg ausreichen würde. Der Eingriff darf insbesondere in sachlicher Beziehung nicht über das Notwendige hinausgehen.[1133]

1037 Bei der Prüfung der Erforderlichkeit ist zunächst in Erinnerung zu rufen, dass die gesundheitsbezogene Anpreisung von Lebensmitteln seit jeher erlaubt war; jedoch stets scharf von der krankheitsbezogenen Anpreisung abgegrenzt werden musste.[1134] Das Bundesgericht hat daher mit Blick auf Art. 10 Abs. 2 Bst. c LGV wiederholt darauf hingewiesen, dass diese Bestimmung eine „gesundheitsbezogene Anpreisung zulässt, soweit diese auf vertretbaren Tatsachen beruht und ihrerseits nicht wieder zu Täuschung Anlass gibt" resp.

---

[1132] Das Gebot der Erforderlichkeit einer Massnahme wird auch als Prinzip der „Notwendigkeit", des „geringst möglichen Eingriffes", der „Zweckangemessenheit" oder als „Übermassverbot" bezeichnet. Die Bedeutung dieser Umschreibungen ist die gleiche (HÄFELIN/MÜLLER/UHLMANN, Nr. 592).

[1133] HÄFELIN/HALLER/KELLER, Nr. 322; HÄFELIN/MÜLLER/UHLMANN, Nr. 591. Der Eingriff darf auch nicht in räumlicher, zeitlicher und personeller Hinsicht über das Notwendige hinausgehen.

[1134] Krankheitsbezogene Werbung ist den Heilmitteln vorbehalten (siehe dazu oben Rz. 350 ff.).

„nicht geeignet ist, das Durchschnittspublikum über allfällige krankheitsheilende, lindernde oder verhütende Wirkungen zu täuschen".[1135]

Die weite Interpretation des Begriffs der menschlichen Krankheit durch das      1038
Bundesgericht führte in der Vergangenheit jedoch dazu, dass der Spielraum
für zulässige gesundheitsbezogene Werbung entsprechend eng wurde. Als
Anbieterin oder Anbieter von Lebensmitteln musste man angesichts dieser
Rechtsprechung damit rechnen, dass die rechtsanwendenden Gerichte und die
zuständigen Behörden möglicherweise auch eine bewusst nicht krankheitsbezogene Werbung als entfernte Bezugnahme auf einen Krankheitszustand
auslegen konnten.[1136] Insofern führte die frühere Regelung zu oft unbefriedigenden, da nicht voraussehbaren Ergebnissen.

Erst mit Einfügung von Abschnitt 11a der LKV[1137] wurde dieser Problematik    1039
der Rechtsunsicherheit mit Bezug auf die zulässige gesundheitsbezogene
Anpreisung von Lebensmitteln Abhilfe geschaffen, in dem die Grenze der
zulässigen gesundheitsbezogenen Lebensmittelwerbung umfassend geregelt
wurde. Zudem haben die vom Bundesgericht entwickelten Voraussetzungen
für den Einsatz von gesundheitsbezogener Werbung – sie muss auf vertretbaren Tatsachen beruhen und darf nicht zu Täuschung Anlass geben – unmittelbar in Abschnitt 11a der LKV Eingang gefunden: Gemäss Art. 29g Abs. 1
Bst. a und b LKV bewilligt das BAG eine gesundheitsbezogene Angabe, die
nicht bereits in Anhang 8 der LKV aufgeführt ist, nur, wenn „anhand allgemein anerkannter wissenschaftlicher Studien der Nachweis erbracht werden
kann, dass die gesundheitsbezogene Angabe die Kriterien von Abschnitt 11a
der LKV erfüllt" und „die Konsumentinnen und Konsumenten durch die Angabe nicht über die Eigenschaften des Lebensmittels getäuscht werden".

Somit ist die systematische Regelung in der LKV grundsätzlich der nur         1040
scheinbar milderen, aber in seiner Konsequenz unbefriedigenden, da unge-
schriebenen sich auf die Bundesgerichtspraxis beschränkenden Lösung vor-
zuziehen. Damit ist aber noch nicht geklärt, ob die durch die umfassende
Regelung in Abschnitt 11a der LKV vorliegende Beschränkung der Wirtschaftsfreiheit nicht doch allenfalls in sachlicher Beziehung über das Notwendige hinausgeht.

---

[1135]  Urteil des BGer 2C.590/2008 vom 27. Januar 2008, E. 2.1 f.; Urteil des BGer
        2A.374/2003 vom 13. Mai 2004, E. 2.1; vgl. auch Urteil des BGer 2A.213/2006
        vom 19. Oktober 2006, E. 3.4; BGE 127 II 91 ff. (101), E. 4b.
[1136]  Siehe dazu oben Rz. 618 ff.
[1137]  Eingefügt mit Änderung des EDI vom 7. März 2008, Inkrafttreten am 1. April
        2008 (AS 2008 1029).

1041 Unter dem Gesichtspunkt der Erforderlichkeit zu prüfen sind dabei wiederum die drei folgenden Regelungselemente des Abschnitts 11a der LKV: Der Anhang 8, der zulässige, zur Verwendung freigegebene gesundheitsbezogene Angaben enthält; das Bewilligungsverfahren gemäss Art. 29g LKV sowie die übrigen Anforderungen, die bei jeglicher gesundheitsbezogener Anpreisung immer auch erfüllt sein müssen.

1042 Die Lebensmittelherstellerinnen und -hersteller haben mit der tabellarischen Auflistung in Anhang 8 der LKV ein einfaches und überschaubares Instrumentarium. Sie können aus einer vorgegebenen Liste zulässiger gesundheitsbezogener Angaben auswählen. Die Angaben dürfen verwendet werden, wenn sie auch die weiteren Anforderungen des Abschnittes 11a der LKV erfüllen.[1138] Gemäss Art. 41 Abs. 1 LKV passt das BAG den Anhang 8 auch regelmässig dem Stand von Wissenschaft und Technik sowie dem Recht der wichtigsten Handelspartner der Schweiz an. Absatz 2 erwähnt ausdrücklich die Anpassung von Anhang 8 der LKV an das Gemeinschaftsregister nach Art. 20 der EG-Health-Claims-Verordnung.

1043 Meines Erachtens geht die Positivliste des Anhangs 8 der LKV nicht über das Notwendige hinaus; die Markttransparenz und Rechtssicherheit werden gestärkt, was für die Wirtschaftsakteure von Vorteil ist. Für alle Konkurrenten gelten nunmehr dieselben rechtlichen Rahmenbedingungen und die aufgelisteten gesundheitsbezogenen Angaben können den einschlägigen Bestimmungen ohne grossen Aufwand entnommen werden. Zu den häufigsten Lebensmittelbestandteilen wie Vitaminen oder Mineralstoffen findet sich dort eine vielfältige Auswahl an gängigen Claims; die Liste wird auch fortlaufend vom BAG erweitert.

1044 Möglicherweise schwerer wiegt der Eingriff durch das Bewilligungsverfahren für neue nicht bereits in Anhang 8 aufgeführte gesundheitsbezogene Angaben. Im Bewilligungsverfahren nach Art. 29g LKV muss beim BAG anhand allgemein anerkannter wissenschaftlicher Studien der Nachweis erbracht werden können, dass die gesundheitsbezogene Angabe alle Kriterien von Abschnitt 11a der LKV erfüllt. Zudem dürfen die Konsumentinnen und Konsumenten durch die Angabe nicht über die Eigenschaften des Lebensmittels getäuscht werden.[1139]

1045 Hier würde eine zu restriktive Bewilligungspraxis bezüglich neuer Health Claims der Förderung und dem Schutz von Innovation im Lebensmittelsektor

---

[1138]   Diese Anforderungen sind in den Artikeln 29h und 29i LKV geregelt.
[1139]   Siehe zum Bewilligungsverfahren für neue gesundheitsbezogene Angaben ausführlich oben Rz. 846 ff.

klar entgegenwirken. Neuen, nicht bereits zugelassenen Angaben darf deshalb meiner Meinung nach auch nicht eine allzu hohe wissenschaftliche Nachweisbarkeit abverlangt werden, liegt es doch geradezu in der Natur neuer Produkte und ihrer Anpreisungen, dass diese noch nicht im Markt eingeführt sind. Folglich ist auch die Anzahl der bereits vorhandenen wissenschaftlichen Studien und Vergleichsmöglichkeiten geringer.

Um aber ein hohes Verbraucherschutzniveau und damit auch die öffentlichen Interessen, vorliegend Gesundheitsschutz sowie Treu und Glauben im Geschäftsverkehr, sicherzustellen, muss ein wesentlicher Grad an Übereinstimmung in der Wissenschaft von den betroffenen Lebensmittelunternehmen nachgewiesen werden können. Erkenntnisse aus Laborversuchen sollten den behaupteten Effekt stützen und der mögliche Zusammenhang muss biologisch nachvollziehbar sein.[1140]  1046

Sofern solche Kriterien bei der Bewilligung neuer gesundheitsbezogener Angaben berücksichtigt werden und sich damit eine differenzierte Bewilligungspraxis des BAG entwickelt, erachte ich die Bewilligungsvorschrift des Art. 29g LKV aber als nicht über das Notwendige hinausgehend. Es gibt insgesamt nur bescheidene Mittel, um gegen die grosse Flut an neuen Health Claims anzukommen und diese einzeln auf ihre wissenschaftliche Nachweisbarkeit hin behördlich zu überprüfen. Das vorgesehene Bewilligungsverfahren zwingt die Lebensmittelunternehmen, ihre neuen Claims anhand wissenschaftlicher Studien zu belegen sowie die weiteren Anforderungen des Abschnitts 11a der LKV einzuhalten.  1047

Die Massnahmen des Abschnitts 11a der LKV sind somit auch im Hinblick auf den angestrebten Zweck erforderlich und gehen in sachlicher Beziehung nicht über das Notwendige hinaus.  1048

## 4. Verhältnismässigkeit von Eingriffszweck und Eingriffswirkung

In Lehre und Rechtsprechung wird statt von Verhältnismässigkeit von Eingriffszweck und Eingriffswirkung oft auch von „Verhältnismässigkeit im engeren Sinn" gesprochen. Für HÄFELIN/MÜLLER/UHLMANN ist dieser Ter-  1049

---

[1140] Siehe zum wissenschaftlichen Nachweis im Bewilligungsverfahren oben Rz. 864 ff.

minus „wenig aussagekräftig" und deshalb zu vermeiden. Zutreffend sei dagegen die Bezeichnung „Zumutbarkeit".[1141]

1050 Demgemäss ist eine Verwaltungsmassnahme nur gerechtfertigt, wenn sie ein vernünftiges Verhältnis zwischen dem angestrebten Ziel und dem Eingriff, den sie für den betroffenen Privaten bewirkt, wahrt. Es ist deshalb eine wertende Abwägung vorzunehmen, die im konkreten Fall das öffentliche Interesse an der Massnahme und die durch den Eingriff beeinträchtigten privaten Interessen der Betroffenen miteinander vergleicht. Der staatliche Eingriff muss durch ein das private Interesse überwiegendes öffentliches Interesse gerechtfertigt sein. Nur in diesem Fall ist er den Privaten zumutbar. Für die Interessenabwägung massgeblich sind also einerseits die Bedeutung der verfolgten öffentlichen Interessen und anderseits das Gewicht der betroffenen privaten Interessen. Eine Massnahme, an der nur ein geringes öffentliches Interesse besteht, die aber tief greifende Auswirkungen auf die Rechtsstellung der betroffenen Privaten hat, soll unterbleiben.[1142]

1051 Im Health-Claims-Bereich müssen somit die folgenden Interessen einander gegenübergestellt und abgewogen werden: Die öffentlichen Interessen nach Gesundheit und Treu und Glauben im Geschäftsverkehr – im Besonderen die Sicherstellung eines hohen Verbraucherschutzniveaus und die Schaffung und Erhaltung von Markttransparenz, durch die Erhöhung der Rechtssicherheit – gegenüber dem privaten Interesse nach einer unbeschränkten Werbefreiheit für gesundheitsfördernde Lebensmittel.

1052 Meines Erachtens wiegen die mit dem Abschnitt 11a der LKV verfolgten öffentlichen Interessen eindeutig schwerer als die betroffenen privaten Interessen. Dies insbesondere, da auch die Lebensmittelindustrie selbst ein Interesse daran hat, ein griffiges und zugleich faires Regelungsinstrument zur Hand zu haben.

1053 Wie bereits unter dem Kriterium der Erforderlichkeit erläutert, bildet der Innovationsanreiz dabei die sog. „rote Linie", die nicht überschritten werden darf (vgl. oben Rz. 880). Die zu schützenden öffentlichen Interessen dürfen

---

[1141] HÄFELIN/MÜLLER/UHLMANN, Nr. 613. Im Allgemeinen wird die Verhältnismässigkeit im engeren Sinn dahingehend definiert, dass zwischen dem gesteckten Ziel und der zu seiner Erlangung notwendigen Freiheitsbeschränkung ein vernünftiges Verhältnis bestehen muss. Diese Zweck-Mittel-Relation liege jedoch den beiden bereits erwähnten Aspekten der Eignung und der Erforderlichkeit der eingesetzten Mittel zur Erreichung des angestrebten Ziels zugrunde (vgl. so HÄFFELIN/HALLER/KELLER, Nr. 323).

[1142] Siehe zum Ganzen HÄFELIN/MÜLLER/UHLMANN, Nr. 613 ff.; vgl. auch HÄFFELIN/HALLER/KELLER, Nr. 323.

nicht zu einer totalen Verhinderung jeglicher Produktinnovation, etwa durch ein allzu strenges Bewilligungsverfahren für neue gesundheitsbezogene Angaben, führen. Dann liefe die aktuelle Health-Claims-Regulierung Gefahr, zu tief in die Rechtsstellung der betroffenen Privaten einzugreifen.

# D. Gleichbehandlung der direkten Konkurrenten

Aus der Wirtschaftsfreiheit leitet das Bundesgericht einen Anspruch der direkten Konkurrenten (vom Bundesgericht als „Gewerbegenossen" bezeichnet) auf Gleichbehandlung bzw. ein Verbot der rechtsungleichen Behandlung der direkten Konkurrenten ab.[1143] Nach dem Grundsatz der Gleichbehandlung der direkten Konkurrenten sind Massnahmen verboten, die den Wettbewerb unter direkten Konkurrenten verzerren, bzw. die nicht wettbewerbsneutral sind.[1144]    1054

Der Anspruch auf Gleichbehandlung steht aber nur den direkten Konkurrenten zu. Als solche gelten die Angehörigen der gleichen Branche, die sich mit gleichen Angeboten an dasselbe Publikum richten, um das gleiche Bedürfnis zu befriedigen.[1145]    1055

Im Bereich der gesundheitsbezogenen Lebensmittelwerbung sind die direkten Konkurrenten somit typischerweise Lebensmittelunternehmerinnen und -unternehmer resp. Lebensmittelproduzentinnen und -produzenten, die ihre Lebensmittelerzeugnisse mit Health Claims anpreisen, um sie den Konsumentinnen und Konsumenten bekannt zu machen.    1056

Bei den Bestimmungen des Abschnitts 11a der LKV handelt es sich dabei, wie bei dem Erfordernis der Gesetzesform bereits erläutert (vgl. oben Rz. 1013 ff.), um generell-abstrakte Normen, also um Regelungen, die sich an    1057

---

[1143] Staatliche Hoheitsakte können Unterscheidungen treffen, die zwar auf vernünftigen, sachlichen Gründen beruhen und damit vor dem Rechtsgleichheitsgebot standhalten, aber dennoch in unzulässiger Weise vom Grundsatz der Wirtschaftsfreiheit abweichen, weil die Differenzierung nicht genügend wettbewerbsneutral ist. Die Wirtschaftsfreiheit ergänzt somit das allgemeine Gleichbehandlungsgebot und bietet einen darüber hinausreichenden Schutz (vgl. HÄFFELIN/HALLER/KELLER, Nr. 693; RICHLI, Wirtschaftsverfassungsrecht, Nr. 327 ff., m.w.H.).

[1144] Das Verbot wettbewerbsverzerrender Massnahmen, die einzelne direkte Konkurrenten bevorzugen bzw. benachteiligen, leitet sich ab aus Art. 94 Abs. 1 und 4 BV (HÄFFELIN/HALLER/KELLER, Nr. 692 f.; RICHLI, Wirtschaftsverfassungsrecht, Nr. 328).

[1145] HÄFFELIN/HALLER/KELLER, Nr. 695, m.w.H.

eine unbestimmte Anzahl von Adressantinnen und Adressaten richten und eine unbestimmte Zahl von Fällen erfassen. Rechte und Pflichten werden somit für alle direkten Konkurrenten in gleichem Masse begründet. So wird beispielsweise das Bewilligungsverfahren für neue gesundheitsbezogene Angaben für alle Betroffenen genau gleich geregelt und auch die Voraussetzungen gemäss Art. 29h und 29i LKV gelten für alle Konkurrenten gleichermassen.[1146]

1058 Die Behandlung der direkten Konkurrenten erfolgt aufgrund von Abschnitt 11a der LKV somit in grundsätzlich rechtsgleicher Weise. Es ist deshalb auch nicht davon auszugehen, dass künftige Massnahmen gestützt auf dieser Rechtsgrundlage den Wettbewerb unter den Lebensmittelunternehmen verzerren könnten oder in sonstiger Weise nicht wettbewerbsneutral sind.

## III. Fazit

1059 Die Bestimmungen des Abschnitts 11a der LKV stellen einen grundsatzkonformen Eingriff in die Wirtschaftsfreiheit, namentlich die Werbefreiheit dar. Die allgemeinen Anforderungen für die Einschränkung von Freiheitsrechten gemäss Art. 36 BV sind erfüllt. Es kann deshalb davon ausgegangen werden, dass behördliche Massnahmen, die auf Abschnitt 11a der LKV basieren, sich auf eine genügende gesetzliche Grundlage stützten, im öffentlichen Interesse erfolgen, und grundsätzlich auch verhältnismässig sind. Die Gleichbehandlung der direkten Konkurrenten ist ebenfalls gewahrt.

1060 Durch Abschnitt 11a der LKV geht der Eingriff in die Wirtschaftsfreiheit somit nicht weiter als es die betroffenen öffentlichen Interessen (vorliegend öffentliche Gesundheit sowie Treu und Glauben im Geschäftsverkehr) erfordern. Die Beschränkung ist geeignet und erforderlich, um die damit verfolgten öffentlichen Interessen zu schützen. Ein vernünftiges Verhältnis zwischen dem angestrebten Ziel und dem Eingriff bleibt für die betroffenen Privaten ebenfalls gewahrt.

1061 Abschliessend bleibt noch Folgendes hinzuzufügen: Das Bundesgericht hat in vergangenen Entscheiden damit begonnen, die der Beanstandung zugrundeliegenden lebensmittelrechtlichen Erlasse auch auf ihre europarechtliche Entsprechung hin zu überprüfen.[1147] Im „Alpecin forte"-Entscheid befand das

---

[1146]   Siehe zu Regulierung der Health Claims ausführlich oben Rz. 637 ff.
[1147]   BGE 127 II 91 ff. (99 f.), E. 3b.; BGer 2A.213/2006 vom 19. Oktober 2006, E. 3.2 und 4.6.

Gericht etwa ausdrücklich: „Etwas anderes ergibt sich auch nicht aus dem einschlägigen EG-Richtlinienrecht, das von der Schweiz regelmässig autonom nachvollzogen wird, um unnötige Handelshemmnisse zu vermeiden." Und: „Es kann somit nicht gesagt werden, dass krankheitsbezogene Anpreisungen von Kosmetika im EU-Recht zulässig wären; sie können unter Umständen dazu führen, dass die Regeln über die Medikamente zur Anwendung kommen; nach dem Gemeinschaftsrecht ist ein Produkt entweder ein Arznei- oder ein Kosmetikprodukt; es bestehen keine Zwischenformen."[1148]

Unter dem Gesichtspunkt der „Europarechtskompatibilität" kann der Abschnitt 11a der LKV damit als massgebende Rechtsgrundlage zur Angleichung an das europarechtliche Vorbild und damit schliesslich als grundlegende Voraussetzung zur Vermeidung von Handelshemmnissen im Health-Claims-Bereich erachtet werden.[1149]    1062

---

[1148] Urteil des BGer 2C.590/2008 vom 27. Januar 2008, E. 3.2 und 3.2.2; siehe zum „Alepecin forte"-Entscheid auch oben Rz. 567.

[1149] Siehe zur Vorbildfunktion des EU-Lebensmittelrechts ausführlich oben Rz. 321 ff.

# 4. Teil: Schlussfolgerungen und Ausblick

Abschliessend soll nun aufgezeigt werden, ob und inwiefern die untersuchten Health-Claims-Bestimmungen den Anliegen der massgebenden Interessengruppen des Marktsegments der gesundheitsfördernden Lebensmittel, den sog. „Stakeholdern", gerecht werden (vgl. zu den Anliegen oben Rz. 78 ff.). 1063

Vorrangig stehen sich die Interessen der Konsumentinnen und Konsumenten einerseits und der Lebensmittelherstellerinnen und -hersteller andererseits gegenüber. Das dabei entstehende Spannungsfeld zwischen gesundheitlichen und wirtschaftlichen Interessen kommt am stärksten bei der wissenschaftlichen Nachweispflicht zur Geltung: Wer mit gesundheitsbezogenen Angaben wirbt, muss anhand allgemein anerkannter wissenschaftlicher Studien die angepriesene Wirkungsweise belegen können. 1064

Für die **Konsumentinnen und Konsumenten** bedeutet dies, dass die in der Lebensmittelwerbung in Aussicht gestellten Eigenschaften auch wirklich im zum Verzehr bestimmten Produkt vorhanden sind. Gerade bei neuen gesundheitsbezogenen Angaben, die von den zuständigen staatlichen Behörden individuell bewilligt werden müssen, können die Verbraucherinnen und Verbraucher davon ausgehen, dass diese ein umfangreiches wissenschaftlich basiertes Prüfungsverfahren durchlaufen haben. Die bewilligten Claims werden insofern auch dem Anspruch nach Gesundheits- und Täuschungsschutz gerecht. 1065

Problematischer könnte sich die Situation bei den bereits zugelassenen gesundheitsbezogenen Angaben gestalten; etwa bei den im Anhang 8 der LKV publizierten Angaben über Vitamine und Mineralstoffe. Zwar müssen auch diese Health Claims resp. die entsprechenden Wirkungsweisen durch das Lebensmittelunternehmen, das sie verwendet, begründet werden. Allerdings besteht hier die Gefahr, dass die Lebensmittelunternehmen zu einer etwas gar leichtfertigen Verwendung der aufgelisteten Claims neigen. 1066

Ohne Weiteres lässt sich nämlich ein herkömmliches Getränk mit Vitaminen etwas „aufpeppen". Und auch die altbekannte Margarine kann durch den Zusatz von z.B. Omega-3-Fettsäuren attraktiver gestaltet werden. Doch verfügt das einzelne Produkt wirklich über die angepriesene Wirkung? Ist die für die angepriesene Wirkung notwendige Menge im verzehrfertigen Produkt auch tatsächlich enthalten und sind die notwendigen Kennzeichnungen angebracht? 1067

Hier obliegt es der Lebensmittelkontrolle sicherzustellen, dass die auf den Markt gebrachten Produkte auch tatsächlich den Anforderungen von Abschnitt 11a der LKV genügen, insbesondere, dass die wissenschaftliche 1068

Nachweisbarkeit gegeben ist und eine lückenlose Kennzeichnung über die wahren Eigenschaften eines Lebensmittels informiert. Dann werden diese neuartigen gesundheitsförderlichen Lebensmittelprodukte auch den Konsumentenbedürfnissen nach Gesundheit – und nicht zuletzt auch nach Convenience und Lifestyle – gerecht.

1069 Gleichzeitig müssen aber auch die **Lebensmittelherstellerinnen und -hersteller** die Möglichkeit haben, ihre aufwendig entwickelten Produkte gebührend anzupreisen. Eine allzu strenge Bewilligungspraxis bezüglich neuer Health Claims würde hier der Förderung und dem Schutz von Innovation im Lebensmittelsektor entgegenwirken.

1070 Insbesondere neuen, nicht bereits zugelassenen Angaben darf nicht eine zu hohe wissenschaftliche Nachweisbarkeit abverlangt werden. Es liegt in der Natur neuer Produkte und ihrer Anpreisungen, dass diese noch nicht im Markt eingeführt sind. Folglich ist auch die Anzahl der bereits vorhandenen wissenschaftlichen Studien und Vergleichsmöglichkeiten geringer. Ein wesentlicher Grad an Übereinstimmung in der Wissenschaft muss von den Lebensmittelunternehmern aber nachgewiesen werden können. Erkenntnisse aus Laborversuchen sollten den behaupteten Effekt stützen und der mögliche Zusammenhang muss biologisch nachvollziehbar sein.

1071 Sofern solche Kriterien bezüglich Bewilligung neuer gesundheitsbezogener Angaben berücksichtigt werden, erachte ich die aktuelle Health-Claims-Gesetzgebung auch aus Sicht der Ernährungsindustrie als zweckdienlich. Gerade die starke Anpassung an die europarechtlichen Vorgaben garantiert eine wirtschaftliche Tätigkeit ohne einschränkende Handelshemmnisse. Zudem werden die Markttransparenz und Rechtssicherheit gestärkt, was für die Wirtschaftsakteure ebenfalls von Vorteil ist. Für alle Konkurrenten gelten nunmehr dieselben rechtlichen Rahmenbedingungen; die aufgelisteten gesundheitsbezogene Angaben können den einschlägigen Bestimmungen auch ohne grossen Aufwand entnommen werden.

1072 Damit wird auch den wesentlichen Erwartungen und Anliegen der Werbeagenturen und der Ernährungsberatung entsprochen. Die **Werbeagenturen** verfügen nunmehr über ein Instrument, welches den rechtlichen Rahmen, in dem sich die gesundheitsbezogene Lebensmittelwerbung bewegen darf, eindeutig festlegt. Sie können grundsätzlich nachvollziehen, in welchen Fällen und bei welchen Aussagen sie bei ihren Werbebemühungen Gefahr laufen, in den Bereich von unzulässiger oder täuschender Werbung zu gelangen.

1073 Mit dem Erfordernis des wissenschaftlichen Nachweises werden auch die Interessen der **Ernährungsberatung** wahrgenommen. Jegliche gesundheitsbezogene Lebensmittelwerbung muss wissenschaftlich fundiert sein und darf in keiner Weise geeignet sein, die Konsumentinnen und Konsumenten zu täuschen oder irrezuführen. Zudem muss jedes entsprechend angepriesene Produkt mit einem Hinweis auf die Bedeutung einer abwechslungsreichen und ausgewogenen Ernährung und einer gesunden Lebensweise gekennzeichnet sein. Ebenfalls zwingend vorgeschrieben ist die Nährwertkennzeichnung. Somit muss jedes Produkt auf der Packung oder der Etikette die in einer Tabelle zusammengefassten Angaben der Nährwertkennzeichnung über den Energiewert (Brennwert) und den Gehalt an Eiweiss, Kohlenhydraten, Zucker, Fett, gesättigten Fettsäuren, Nahrungsfasern und Natrium enthalten. Die interessierten Kreise erhalten somit in transparenter Weise Aufschluss darüber, wie ein Lebensmittel bezüglich seines Energiewerts und seines Gehalt an Nährstoffen effektiv beschaffen ist.

Schliesslich bedarf es für die **staatliche Verwaltung** klarer und bestimmter Normen, die einen griffigen Vollzug ermöglichen. Aus Sicht des Autors ist diesbezüglich festzustellen, dass die geltenden Health-Claims-Bestimmungen diesem Anspruch grundsätzlich gerecht werden, wobei zu diesem Zeitpunkt allerdings schwer abzusehen ist, wie die vorgesehenen Anpassungen an die in der EU zugelassenen Claims im Einzelnen erfolgen werden. Es ist aber davon auszugehen, dass das BAG abwartet, bis die Europäische Kommission die Listen zulässiger Health Claims veröffentlicht haben wird, und dann seinerseits den Anhang 8 der LKV entsprechend anpasst. Anschliessend dürfte eine regelmässige (halbjährliche oder jährliche) Erweiterung – je nach Publikationshäufigkeit der EU-Organe – die Regel werden. Zu Vollzugsschwierigkeiten dürfte es aber auch nach Veröffentlichung der Gemeinschaftsliste und der damit zusammenhängenden Umsetzung des „Cassis de Dijon"-Prinzips kaum kommen. Denn aufgrund des Vorbildcharakters der EG-Health-Claims-Verordnung für den Abschnitt 11a der LKV sind die beiden Vorschriften in den massgebenden Regelungspunkten ohnehin bereits eng verwandt. 1074

Der Lebensmittelmarkt ist dynamisch und schnelllebig. Neue Produkte werden lanciert und etablieren sich, andere wiederum verschwinden aus den heimischen Lebensmittelregalen. Dem Erfindungsreichtum der Lebensmittelindustrie sind kaum Grenzen gesetzt. Dies gilt im Besonderen auch für die gesundheitsfördernden Lebensmittel. Laufend werden neue Wege und Technologien gefunden, um gewöhnliche Lebensmitteln mit gesundheitsdienlichen Stoffen anzureichern und anschliessend entsprechend anzupreisen. 1075

In Zeiten von „Legal Management" bedeutet dies, dass die **Juristinnen und Juristen** pro-aktiv über die Chancen und Risiken der aktuellen Entwicklungen im Lebensmittelrecht informiert sein müssen. Nur so können sie sicherstellen, dass die rechtlichen Vorgaben der Produkteinführung und -ver- 1076 marktung unmittelbar in das unternehmerische Handeln einfliessen und spätere – oft kostenintensive – Anpassungen vermieden werden.

1077 Meines Erachtens hat der Schweizer Gesetzgeber den Juristinnen und Juristen ein hierzu geeignetes Instrument in die Hand gegeben. Denn einerseits sind Anhänge mit zulässigen gesundheitsbezogenen Angaben bereits publiziert, die es den Rechtsanwendern auf einfache Art und Weise ermöglichen, eine Übersicht über die zulässigen Anpreisungen sowie die Voraussetzungen und die Spielräume für ihre Verwendung zu gewinnen. Andererseits ist das Bewilligungsverfahren so ausgestaltet, dass die Gesuchstellerinnen und Gesuchsteller gemeinsam mit den zuständigen Behörden eine sowohl rechtsgenügliche als auch nach ökonomischen Gesichtspunkten gangbare Lösung finden können.

1078 Abschliessend kann somit festgehalten werden, dass der Abschnitt 11a der LKV über gesundheitsbezogene Angaben der überwiegenden Mehrheit der Anliegen und Bedürfnisse der massgebenden Interessengruppen gerecht wird. Die hierzu erfolgten Erläuterungen im dritten Teil haben zudem aufgezeigt, dass die Bestimmungen – nicht zuletzt aufgrund der laufenden Anpassungen an die wichtigsten Handelspartner der Schweiz – genügend flexibel ausgestaltet sind, um für die zukünftigen Entwicklungen im Health-Claims-Bereich gewappnet zu sein.

# 5. Teil: Anhänge

**Anhang 1:**
**Abschnitt 11a der Verordnung des EDI über**
**die Kennzeichnung und Anpreisung von Lebens-**
**mitteln (LKV) vom 23. November 2005**
**(Stand am 1. Januar 2012)**

**Art. 29**          Masseinheiten, Mengenangaben

1 Der Energiewert ist in kJ und kcal anzugeben.

2 Für die Angabe des Gehalts an Nährstoffen oder Nährstoffbestandteilen sind folgende Einheiten zu verwenden:

| | |
|---|---|
| Eiweiss | g (Gramm) |
| Kohlenhydrate | g |
| Fett (ausgenommen Cholesterin) | g |
| Nahrungsfasern | g |
| Natrium | g |
| Cholesterin | mg (Milligramm) |

3 Der Energiewert und der Gehalt an Nährstoffen oder Nährstoffbestandteilen ist je 100 g oder 100 ml anzugeben. Zusätzlich kann diese Angabe je Portion erfolgen, wenn diese mengenmässig auf der Etikette festgelegt oder wenn die Anzahl der in der Packung enthaltenen Portionen angegeben ist.

## 11a Abschnitt:[34] Nährwert- und gesundheitsbezogene Angaben

**Art. 29a**          Geltungsbereich

1 Dieser Abschnitt regelt die nährwert- und die gesundheitsbezogenen Angaben.

2 Vorbehalten bleiben die folgenden abweichenden Bestimmungen:

   a.   die Bestimmungen über Speziallebensmittel nach Artikel 2 Absatz 2 der Verordnung des EDI vom 23. November 2005[35] über Speziallebensmittel;

   b.   die Bestimmungen über Trink-, Quell- und Mineralwasser nach der Verordnung des EDI vom 23. November 2005[36] über Trink-, Quell- und Mineralwasser.

**Art. 29b**          Nährstoff

In diesem Abschnitt bedeutet Nährstoff ein Protein, ein Kohlenhydrat, ein Fett, einen Ballaststoff, Natrium, Vitamine und Mineralstoffe, sowie jeder Stoff, der zu einer dieser Kategorien gehört oder Bestandteil eines Stoffes aus einer dieser Kategorien ist.

**Art. 29c**          Nährwertbezogene Angaben: Allgemeine Bestimmungen

1 Nährwertbezogene Angaben sind sprachliche oder bildliche Angaben, einschliesslich grafische Elemente oder Symbole jeder Form, mit denen erklärt, suggeriert oder

---

34    Eingefügt durch Ziff. I der V des EDI vom 7. März 2008 (AS **2008** 1029). Für die
      Art. 29c–29i siehe auch die UeB dieser Änd. am Schluss dieses Textes.
35    SR **817.022.104**
36    SR **817.022.102**

auch nur mittelbar zum Ausdruck gebracht wird, dass ein Lebensmittel besondere positive Nährwerteigenschaften besitzt, und zwar:

a. aufgrund seiner Energie, die es liefert oder nicht liefert oder die reduziert oder erhöht ist; oder

b.[37] aufgrund seiner Nährstoffe oder anderer Substanzen, die im Lebensmittel:

1. in signifikanter Menge (Art. 26 Abs. 2) enthalten sind, oder

2. wo entsprechende Bestimmungen fehlen, in einer Menge vorhanden sind, die nach allgemein anerkannten wissenschaftlichen Nachweisen geeignet ist, die behauptete ernährungsbezogene oder physiologische Wirkung zu erzielen; oder

c.[38] aufgrund der Tatsache, dass bestimmte Nährstoffe oder anderer Substanzen nicht enthalten sind oder reduziert oder erhöht sind.

2 Nährwertbezogene Angaben dürfen nur gemacht werden, wenn sie in Anhang 7 vorgesehen sind und die Anforderungen dieses Abschnitts erfüllen. Nährwertbezogene Angaben, die nicht in Anhang 7 aufgeführt sind, bedürfen einer Bewilligung des Bundesamts für Gesundheit (BAG).

**Art. 29d**    Bewilligung weiterer nährwertbezogener Angaben

1 Das BAG bewilligt eine nährwertbezogene Angabe, die nicht in Anhang 7 aufgeführt ist, wenn:

a. anhand allgemein anerkannter wissenschaftlicher Dokumentationen der Nachweis erbracht werden kann, dass das betreffende Produkt die angegebenen Eigenschaften aufweist; und

b. die Konsumentinnen und Konsumenten durch die Angabe nicht über die Eigenschaften des Lebensmittels getäuscht werden.

2 Das BAG kann nach Absprache mit der gesuchstellenden Person auf deren Kosten externe Expertinnen und Experten beiziehen und weitere Beurteilungsgrundlagen (z.B. einen Analysebericht) verlangen.

**Art. 29e**    Nährwertbezogene Angaben: Besondere Bestimmungen

1 Bei Getränken mit einem Alkoholgehalt von mehr als 1,2 Volumenprozent sind nur nährwertbezogene Angaben zulässig, die sich auf einen geringen Alkoholgehalt oder eine Reduzierung des Alkoholgehalts oder eine Reduzierung des Energiewerts (Brennwerts) beziehen.

2 Vergleichende Angaben sind nur zwischen Lebensmitteln derselben Kategorie und unter Berücksichtigung einer Reihe von Lebensmitteln dieser Kategorie zulässig. Dabei ist der Unterschied in der Menge eines Nährstoffs oder im Energiewert

---

37  Fassung gemäss Ziff. I der V des EDI vom 11. Mai 2009, in Kraft seit 25. Mai 2009 (AS **2009** 2025).
38  Eingefügt durch Ziff. I der V des EDI vom 11. Mai 2009, in Kraft seit 25. Mai 2009 (AS **2009** 2025).

(Brennwert) anzugeben. Der Vergleich muss sich auf dieselbe Menge des Lebensmittels beziehen.

3 Vergleichende nährwertbezogene Angaben müssen die Zusammensetzung des betreffenden Lebensmittels mit derjenigen einer Reihe von Lebensmitteln derselben Kategorie vergleichen, deren Zusammensetzung die Verwendung einer Angabe nicht erlaubt, darunter auch Lebensmittel anderer Marken.

**Art. 29*f*** Gesundheitsbezogene Angaben: Allgemeine Bestimmungen

1 Gesundheitsbezogene Angaben sind sprachliche oder bildliche Angaben, einschliesslich grafischer Elemente oder Symbole in jeder Form, mit denen erklärt, suggeriert oder auch nur mittelbar zum Ausdruck gebracht wird, dass ein Zusammenhang zwischen einer Lebensmittelkategorie, einem Lebensmittel oder einem Lebensmittelbestandteil einerseits und der Gesundheit andererseits besteht.

2 Gesundheitsbezogene Angaben dürfen nur gemacht werden, wenn sie in Anhang 8 vorgesehen sind und die Anforderungen dieses Abschnittes erfüllen. Gesundheitsbezogene Angaben, die nicht in Anhang 8 aufgeführt sind, bedürfen einer Bewilligung des BAG.

**Art. 29*g*** Bewilligung weiterer gesundheitsbezogener Angaben

1 Das BAG bewilligt eine gesundheitsbezogene Angabe, die nicht in Anhang 8 aufgeführt ist, wenn:

a. anhand allgemein anerkannter wissenschaftlicher Studien der Nachweis erbracht werden kann, dass die gesundheitsbezogene Angabe die Kriterien dieses Abschnitts erfüllt; und

b. die Konsumentinnen und Konsumenten durch die Angabe nicht über die Eigenschaften des Lebensmittels getäuscht werden.

2 Das BAG kann nach Absprache mit den gesuchstellenden Person auf deren Kosten externe Expertinnen und Experten beiziehen und weitere Beurteilungsgrundlagen (z.B. einen Analysebericht) verlangen.

**Art. 29*h*** Gesundheitsbezogene Angaben: Besondere Bestimmungen

1 Werden zu einem Lebensmittel gesundheitsbezogene Angaben gemacht, so muss seine Kennzeichnung oder, falls diese fehlt, die Aufmachung des Lebensmittels und die Lebensmittelwerbung folgende Informationen enthalten:

a. einen Hinweis auf die Bedeutung einer abwechslungsreichen und ausgewogenen Ernährung und einer gesunden Lebensweise;

b. Informationen zur Menge des Lebensmittels und zum Verzehrsmuster, die erforderlich sind, um die behauptete positive Wirkung zu erzielen;

c. gegebenenfalls einen Hinweis an Personen, die es vermeiden sollten, dieses Lebensmittel zu verzehren;

d.  einen geeigneten Warnhinweis bei Produkten, die bei übermässigem Verzehr eine Gesundheitsgefährdung darstellen können;

e.  bei Aussagen oder Darstellungen, mit denen erklärt, suggeriert oder auch nur mittelbar zum Ausdruck gebracht wird, dass der Verzehr des Lebensmittels einen Risikofaktor für die Entwicklung einer Krankheit beim Menschen deutlich senkt (Angabe über die Verringerung eines Krankheitsrisikos); eine Erklärung, wonach die Krankheit, auf die sich die Angabe bezieht, durch mehrere Risikofaktoren bedingt ist und dass die Veränderung eines dieser Risikofaktoren eine positive Wirkung haben kann oder auch nicht.

[2] Verweise auf nichtspezifische Vorteile eines Nährstoffs oder Lebensmittels für die Gesundheit im Allgemeinen oder das gesundheitsbezogene Wohlbefinden sind nur zulässig, wenn ihnen eine gesundheitsbezogene Angabe nach Anhang 8 beigefügt ist.

[3] Gesundheitsbezogene Angaben zu Getränken mit einem Alkoholgehalt von mehr als 1,2 Volumenprozent sind verboten.

[4] Gesundheitsbezogene Angaben dürfen nicht:

a.  den Eindruck vermitteln, dass durch Verzicht auf das Lebensmittel die Gesundheit beeinträchtigt werden könnte;

b.  mit Angaben über die Dauer und das Ausmass einer Gewichtsabnahme verbunden werden;

c.  als Empfehlungen einzelner Ärztinnen, Ärzte oder anderer Angehöriger medizinischer Berufe gestaltet werden.

## Art. 29*i*       Gemeinsame Bestimmungen

[1] Nährwert- und gesundheitsbezogene Aussagen:

a.  müssen leicht verständlich sein;

b.  müssen sich auf anerkannte wissenschaftliche Nachweise stützen;

c.  müssen durch das Lebensmittelunternehmen, das sie anwendet, begründet werden können;

d.  müssen sich auf das gemäss der Anweisung der Herstellers zubereitete genussfertige Lebensmittel beziehen;

e.  dürfen nicht falsch, mehrdeutig oder irreführend sein;

f.  dürfen keinen Zweifel über die Sicherheit oder die ernährungsphysiologische Eignung anderer Lebensmittel wecken;

g.  dürfen nicht zum übermässigen Verzehr des entsprechenden Lebensmittels ermutigen oder diesen wohlwollend darstellen;

h.  dürfen nicht erklären, suggerieren oder auch nur mittelbar zum Ausdruck bringen, dass eine ausgewogene und abwechslungsreiche Ernährung generell nicht die erforderlichen Mengen an Nährstoffen liefern kann;

i. dürfen nicht durch eine Textaussage oder durch Darstellungen in Form von Bildern, grafischen Elementen oder symbolischen Darstellungen auf Veränderungen bei Körperfunktionen Bezug nehmen, die bei den Konsumentinnen und Konsumenten Ängste auslösen können.

2 Nährwert- und gesundheitsbezogene Angaben über das Vorhandensein eines Nährstoffes oder eines anderen Stoffes, der eine ernährungsbezogene oder eine physiologische Wirkung hat (andere Substanz), sind nur zulässig, wenn:

a. der Nährstoff oder die andere Substanz im Endprodukt in signifikanter Menge oder in derjenigen Menge vorhanden ist, welche nach anerkannten wissenschaftlichen Belegen die behauptete ernährungsbezogene oder physiologische Wirkung erzielt;

b. das verzehrsfertige Endprodukt in der Menge, deren Verzehr vernünftigerweise erwartet werden kann, eine signifikante Menge des Nährstoffs oder der anderen Substanz liefert, auf welche sich die Angabe bezieht; und

c. der Nährstoff oder die andere Substanz in einer Form vorliegt, welche für den Körper verfügbar ist.

3 Nährwert- und gesundheitsbezogene Angaben über das Fehlen oder den reduzierten Gehalt eines Nährstoffes oder einer andern Substanz sind nur zulässig, wenn:

a. nachgewiesen ist, dass das Fehlen oder der reduzierte Gehalt des Nährstoffs oder der anderen Substanz, auf die sich die Angabe bezieht, in einem Lebensmittel oder in einer Kategorie von Lebensmitteln eine positive ernährungsbezogene oder physiologische Wirkung hat; und

b. der Nährstoff oder die andere Substanz im Endprodukt nicht oder in reduzierter Menge vorhanden ist.

4 Bei der Verwendung einer nährwert- oder gesundheitsbezogenen Angabe ist die Nährwertkennzeichnung nach den Artikeln 22–29 zwingend. Bei gesundheitsbezogenen Angaben sind die Angaben nach Artikel 25 Absatz 1 Buchstabe b aufzuführen.

5 Erscheint eine Substanz, die Gegenstand einer nährwert- oder gesundheitsbezogenen Angabe ist, nicht in der Nährwertkennzeichnung, so muss zusätzlich die jeweilige Menge in unmittelbarer Nähe und im selben Sichtfeld der Nährwertkennzeichnung angegeben werden.

6 Handelsmarken, Markennamen oder Fantasiebezeichnungen, die in der Kennzeichnung, Aufmachung oder Werbung für ein Lebensmittel erscheinen und als nährwert- oder gesundheitsbezogene Angabe aufgefasst werden können, dürfen nur verwendet werden, sofern eine nährwert- oder gesundheitsbezogene Angabe beigefügt ist, welche den Bestimmungen dieses Abschnitts entspricht.

# Anhang 2:
# Formular zur Bewilligung von nährwert- und gesundheitsbezogenen Angaben

Internetquelle:
Bundesamt für Gesundheit, Formular zur Bewilligung von nähr-
wert- und gesundheitsbezogenen Angaben (LKV Anhang 7 und 8),
Bern 2008, <http://www.bag.admin.ch/themen/lebensmittel/04858/
04862/04880/index.html?lang=de> (besucht am: 4. Mai 2011)

Absender
(genaue Adresse)

Ort, Datum:

Bundesamt für Gesundheit
Abteilung Lebensmittelsicherheit
3003 Bern

## Formular zur Erweiterung der Anhänge 7/8
Verordnung des EDI vom 23. November 2005 über die Kennzeichnung und Anpreisung von Lebensmitteln (LKV)

1.  Name Gesuchsteller, Adresse, Telefon, E-Mail, verantwortliche Person:

2.  Antrag auf Bewilligung gemäss Art. 29 d oder 29 g der Verordnung des EDI über Kennzeichnung und Anpreisung von Lebensmitteln:

3.  Umschreibung der Lebensmittelkategorie oder des Lebensmittels oder der Lebensmittelbestandteile, für welche eine nährwert- oder gesundheitsbezogene Angabe gemacht werden soll:

4.  Kurzer Beschrieb des Zusammenhangs zwischen der Lebensmittelkategorie, des Lebensmittels, der Lebensmittelbestandteile und der nährwert- und gesundheitsbezogenen Angabe:

5.  Wissenschaftliche Nachweise (wenn möglich Arbeiten aus relevanten Fachzeitschriften) z.B. bezüglich Bioverfügbarkeit, gesundheitsbezogenem Effekt:

6.  Vorschlag des Wortlauts oder der bildlichen Darstellung der gewünschten nährwert- oder gesundheitsbezogenen Angaben:

7.  Spezifische Voraussetzung für die Anwendung der gewünschten nährwert- oder gesundheitsbezogenen Angaben, in Bezug auf Effekt und Einnahme des Produktes (evtl. Angabe der Risikogruppen):

328

8.      Angabe der Verzehrsmenge pro Tag, um den gewünschten Effekt zu erzielen:

9.      Methode zum Nachweis der ausgelobten Komponenten (Stoff oder Mikroorganismen) sowie die Analysenzertifikate:

10.     Wurde die Angabe bereits in der EU, in einem EU Mitgliedstaat oder in einem anderen Land offiziell zugelassen?

Unterschrift des Verantwortlichen: _____

Beilagen:
☐ Rezeptur
☐ Spezifikationen der Zutaten
☐ Etikettenvorschlag
☐ Spezifische wissenschaftliche Studien im Volltext
☐ Beurteilungen von Ernährungsgesellschaften, wissenschaftlichen Gremien etc.
☐ Gesetzestexte und offizielle Dokumente von Länderbehörden, FAO, WHO

**Anhang 3:**

**Verordnung (EG) Nr. 1924/2006 des Europäischen Parlaments und des Rates über nährwert- und gesundheitsbezogene Angaben über Lebensmittel vom 20. Dezember 2006**

## VERORDNUNG (EG) NR. 1924/2006 DES EUROPÄISCHEN PARLAMENTS UND DES RATES

### vom 20. Dezember 2006

### über nährwert- und gesundheitsbezogene Angaben über Lebensmittel

DAS EUROPÄISCHE PARLAMENT UND DER RAT DER EUROPÄISCHEN UNION —

gestützt auf den Vertrag zur Gründung der Europäischen Gemeinschaft, insbesondere auf Artikel 95,

auf Vorschlag der Kommission,

nach Stellungnahme des Europäischen Wirtschafts- und Sozialausschusses ([1]),

gemäß dem Verfahren des Artikels 251 des Vertrags ([2]),

in Erwägung nachstehender Gründe:

(1) Zunehmend werden Lebensmittel in der Gemeinschaft mit nährwert- und gesundheitsbezogenen Angaben gekennzeichnet, und es wird mit diesen Angaben für sie Werbung gemacht. Um dem Verbraucher ein hohes Schutzniveau zu gewährleisten und ihm die Wahl zu erleichtern, müssen die im Handel befindlichen Produkte sicher sein und eine angemessene Kennzeichnung aufweisen.

(2) Unterschiede zwischen den nationalen Bestimmungen über solche Angaben können den freien Warenverkehr behindern und ungleiche Wettbewerbsbedingungen schaffen. Sie haben damit eine unmittelbare Auswirkung auf das Funktionieren des Binnenmarktes. Es ist daher notwendig, Gemeinschaftsregeln für die Verwendung von nährwert- und gesundheitsbezogenen Angaben über Lebensmittel zu erlassen.

(3) Die Richtlinie 2000/13/EG des Europäischen Parlaments und des Rates vom 20. März 2000 zur Angleichung der Rechtsvorschriften der Mitgliedstaaten über die Etikettierung und Aufmachung von Lebensmitteln sowie die Werbung hierfür ([3]) enthält allgemeine Kennzeichnungsbestimmungen. Mit der Richtlinie 2000/13/EG wird allgemein die Verwendung von Informationen untersagt, die den Käufer irreführen können oder den Lebensmitteln medizinische Eigenschaften zuschreiben. Mit der vorliegenden Verordnung sollten die allgemeinen Grundsätze der Richtlinie 2000/13/EG ergänzt und spezielle Vorschriften für die Verwendung von nährwert- und gesundheitsbezogenen Angaben bei Lebensmitteln, die als solche an den Endverbraucher abgegeben werden sollen, festgelegt werden.

(4) Diese Verordnung sollte für alle nährwert- und gesundheitsbezogenen Angaben gelten, die in kommerziellen Mitteilungen, u. a. auch in allgemeinen Werbeaussagen über Lebensmittel und in Werbekampagnen wie solchen, die ganz oder teilweise von Behörden gefördert werden, gemacht werden. Auf Angaben in nichtkommerziellen Mitteilungen, wie sie z. B. in Ernährungsrichtlinien oder -empfehlungen von staatlichen Gesundheitsbehörden und -stellen oder in nichtkommerziellen Mitteilungen und Informationen in der Presse und in wissenschaftlichen Veröffentlichungen zu finden sind, sollte sie jedoch keine Anwendung finden. Diese Verordnung sollte ferner auf Handelsmarken und sonstige Markennamen Anwendung finden, die als nährwert- oder gesundheitsbezogene Angabe ausgelegt werden können.

(5) Nährwertbezogene Angaben mit negativen Aussagen fallen nicht unter den Anwendungsbereich dieser Verordnung; Mitgliedstaaten, die nationale Regelungen für negative nährwertbezogene Angaben einzuführen gedenken, sollten dies der Kommission und den anderen Mitgliedstaaten gemäß der Richtlinie 98/34/EG des Europäischen Parlaments und des Rates vom 22. Juni 1998 über ein Informationsverfahren auf dem Gebiet der Normen und technischen Vorschriften und der Vorschriften für die Dienste der Informationsgesellschaft ([4]) mitteilen.

(6) Auf internationaler Ebene hat der Codex Alimentarius 1991 allgemeine Leitsätze für Angaben und 1997 Leitsätze für die Verwendung nährwertbezogener Angaben verabschiedet. Die Codex-Alimentarius-Kommission hat eine Änderung der letztgenannten Dokuments verabschiedet. Dabei geht es um die Aufnahme gesundheitsbezogener Angaben in die Leitsätze von 1997. Die in den Codex-Leitsätzen vorgegebenen Definitionen und Bedingungen werden entsprechend berücksichtigt.

(7) Die in der Verordnung (EG) Nr. 2991/94 des Rates vom 5. Dezember 1994 mit Normen für Streichfette ([5]) vorgesehene Möglichkeit, die Angabe „fettarm" zu verwenden, sollte so bald wie möglich an die Bestimmungen dieser Verordnung angepasst werden. Zwischenzeitlich gilt die Verordnung (EG) Nr. 2991/94 für die darin erfassten Erzeugnisse.

([1]) ABl. C 110 vom 30.4.2004, S. 18.
([2]) Stellungnahme des Europäischen Parlaments vom 26. Mai 2005 (noch nicht im Amtsblatt veröffentlicht), Gemeinsamer Standpunkt des Rates vom 8. Dezember 2005 und Beschluss des Europäischen Parlaments vom … (noch nicht im Amtsblatt veröffentlicht).
([3]) ABl. L 109 vom 6.5.2000, S. 29. Zuletzt geändert durch die Richtlinie 2003/89/EG (ABl. L 308 vom 25.11.2003, S. 15).
([4]) ABl. L 204 vom 21.7.1998, S. 37. Zuletzt geändert durch die Beitrittsakte von 2003.
([5]) ABl. L 316 vom 9.12.1994, S. 2.

L 404/10     [ DE ]     Amtsblatt der Europäischen Union     30.12.2006

(8)    Es gibt eine Vielzahl von Nährstoffen und anderen Substanzen — unter anderem Vitamine, Mineralstoffe einschließlich Spurenelementen, Aminosäuren, essenzielle Fettsäuren, Ballaststoffe, verschiedene Pflanzen- und Kräuterextrakte und andere — mit ernährungsbezogener oder physiologischer Wirkung, die in Lebensmitteln vorhanden und Gegenstand entsprechender Angaben sein können. Daher sollten allgemeine Grundsätze für alle Angaben über Lebensmittel festgesetzt werden, um ein hohes Verbraucherschutzniveau zu gewährleisten, dem Verbraucher die notwendigen Informationen für eine sachkundige Entscheidung zu liefern und gleiche Wettbewerbsbedingungen für die Lebensmittelindustrie zu schaffen.

(9)    Lebensmittel, die mit entsprechenden Angaben beworben werden, können vom Verbraucher als Produkte wahrgenommen werden, die gegenüber ähnlichen oder anderen Produkten, denen solche Nährstoffe oder andere Stoffe nicht zugesetzt sind, einen nährwertbezogenen, physiologischen oder anderweitigen gesundheitlichen Vorteil bieten. Dies kann den Verbraucher zu Entscheidungen veranlassen, die die Gesamtaufnahme einzelner Nährstoffe oder anderer Substanzen unmittelbar in einer Weise beeinflussen, die den einschlägigen wissenschaftlichen Empfehlungen widersprechen könnte. Um diesem potenziellen unerwünschten Effekt entgegenzuwirken, wird es für angemessen erachtet, gewisse Einschränkungen für Produkte, die solche Angaben tragen, festzulegen. In diesem Zusammenhang sind Faktoren wie das Vorhandensein von bestimmten Substanzen — etwa Alkoholgehalt — in einem Produkt oder das Nährwertprofil des Produkts ein geeignetes Kriterium für die Entscheidung, ob das Produkt Angaben tragen darf. Die Verwendung solcher Kriterien auf nationaler Ebene ist zwar für den Zweck gerechtfertigt, dem Verbraucher sachkundige Entscheidungen über seine Ernährung zu ermöglichen, könnte jedoch zu Behinderungen des innergemeinschaftlichen Handels führen und sollte daher auf Gemeinschaftsebene harmonisiert werden.

(10)    Durch die Anwendung des Nährwertprofils als Kriterium soll vermieden werden, dass die nährwert- und gesundheitsbezogenen Angaben den Ernährungsstatus eines Lebensmittels verschleiern und so den Verbraucher irreführen können, wenn dieser bemüht ist, durch ausgewogene Ernährung eine gesunde Lebensweise anzustreben. Die in dieser Verordnung vorgesehenen Nährwertprofile dienen einzig dem Zweck festzulegen, unter welchen Voraussetzungen solche Angaben gemacht werden dürfen. Sie sollten sich auf allgemein anerkannte wissenschaftliche Erkenntnisse über das Verhältnis zwischen Ernährung und Gesundheit stützen. Die Nährwertprofile sollten jedoch auch Produktinnovationen ermöglichen und die Verschiedenartigkeit der Ernährungsgewohnheiten und -traditionen sowie den Umstand, dass einzelne Produkte eine bedeutende Rolle im Rahmen der Gesamternährung spielen können, berücksichtigen.

(11)    Bei der Festlegung von Nährwertprofilen sollten die Anteile verschiedener Nährstoffe und Substanzen mit ernährungsbezogener Wirkung oder physiologischer Wirkung, insbesondere solcher wie Fett, gesättigte Fettsäuren, trans-Fettsäuren, Salz/Natrium und Zucker, deren übermäßige Aufnahme im Rahmen der Gesamternährung nicht empfohlen wird, sowie mehrfach und einfach ungesättigte Fettsäuren, verfügbare Kohlenhydrate außer Zucker, Vitamine, Mineralstoffe, Proteine und Ballaststoffe, berücksichtigt werden. Bei der Festlegung der Nährwertprofile sollten die verschiedenen Lebensmittelkategorien sowie der Stellenwert und die Rolle dieser Lebensmittel in der Gesamternährung berücksichtigt werden. Ausnahmen von der Anforderung, etablierte Nährwertprofile zu berücksichtigen, können für bestimmte Lebensmittel oder Lebensmittelkategorien je nach ihrer Rolle und ihrer Bedeutung für die Ernährung der Bevölkerung erforderlich sein. Dies würde eine komplexe technische Aufgabe bedeuten und die Verabschiedung entsprechender Maßnahmen sollte daher der Kommission übertragen werden, wobei den Empfehlungen der Europäischen Behörde für Lebensmittelsicherheit Rechnung zu tragen ist.

(12)    Die in der Richtlinie 2002/46/EG des Europäischen Parlaments und des Rates vom 10. Juni 2002 über die Angleichung der Rechtsvorschriften der Mitgliedstaaten über Nahrungsergänzungsmittel (¹) definierten Nahrungsergänzungsmittel, die in flüssiger Form dargereicht werden und mehr als 1,2 % vol. Alkohol enthalten, gelten nicht als Getränke im Sinne dieser Verordnung.

(13)    Es gibt eine Vielzahl von Angaben, die derzeit bei der Kennzeichnung von Lebensmitteln und der Werbung hierfür in manchen Mitgliedstaaten gemacht werden und sich auf Stoffe beziehen, deren positive Wirkung nicht nachgewiesen wurde bzw. zu denen derzeit noch keine ausreichende Einigkeit in der Wissenschaft besteht. Es muss sichergestellt werden, dass für Stoffe, auf die sich eine Angabe bezieht, der Nachweis einer positiven ernährungsbezogenen Wirkung oder physiologischen Wirkung erbracht wird.

(14)    Um zu gewährleisten, dass die Angaben der Wahrheit entsprechen, muss die Substanz, die Gegenstand der Angabe ist, im Endprodukt in einer ausreichenden Menge vorhanden bzw. im umgekehrten Fall nicht vorhanden oder ausreichend reduziert sein, um die behauptete ernährungsbezogene Wirkung oder physiologische Wirkung zu erzeugen. Die Substanz sollte zudem in einer für den Körper verwertbaren Form verfügbar sein. Außerdem sollte —falls sachgerecht — eine wesentliche Menge der Substanz, die für die behauptete ernährungsbezogene Wirkung oder physiologische Wirkung verantwortlich ist, durch den Verzehr einer vernünftigerweise anzunehmenden Menge des Lebensmittels bereitgestellt werden.

(¹) ABl. L 183 vom 12.7.2002, S. 51.

(15) Es ist wichtig, dass Angaben über Lebensmittel vom Verbraucher verstanden werden können und es ist angezeigt, alle Verbraucher vor irreführenden Angaben zu schützen. Der Gerichtshof der Europäischen Gemeinschaften hat es allerdings in seiner Rechtsprechung in Fällen im Zusammenhang mit Werbung seit dem Erlass der Richtlinie 84/450/EWG des Rates vom 10. September 1984 über irreführende und vergleichende Werbung (¹) für erforderlich gehalten, die Auswirkungen auf einen fiktiven typischen Verbraucher zu prüfen. Entsprechend dem Grundsatz der Verhältnismäßigkeit und im Interesse der wirksamen Anwendung der darin vorgesehenen Schutzmaßnahmen nimmt diese Verordnung den normal informierten, aufmerksamen und verständigen Durchschnittsverbraucher unter Berücksichtigung sozialer, kultureller und sprachlicher Faktoren als Maßstab, zielt mit ihren Bestimmungen jedoch darauf ab, die Ausnutzung von Verbrauchern zu vermeiden, die aufgrund bestimmter Charakteristika besonders anfällig für irreführende Angaben sind. Richtet sich eine Angabe speziell an eine besondere Verbrauchergruppe wie z. B. Kinder, so sollte die Auswirkung der Angabe aus der Sicht eines Durchschnittsmitglieds dieser Gruppe beurteilt werden. Der Begriff des Durchschnittsverbrauchers beruht dabei nicht auf einer statistischen Grundlage. Die nationalen Gerichte und Verwaltungsbehörden müssen sich bei der Beurteilung der Frage, wie der Durchschnittsverbraucher in einem gegebenen Fall typischerweise reagieren würde, auf ihre eigene Urteilsfähigkeit unter Berücksichtigung der Rechtsprechung des Gerichtshofs verlassen.

(16) Eine wissenschaftliche Absicherung sollte der Hauptaspekt sein, der bei der Verwendung nährwert- und gesundheitsbezogener Angaben berücksichtigt wird, und die Lebensmittelunternehmer, die derartige Angaben verwenden, sollten diese auch begründen.

(17) Eine nährwert- oder gesundheitsbezogene Angabe sollte nicht gemacht werden, wenn sie den allgemein akzeptierten Ernährungs- und Gesundheitsgrundsätzen zuwiderläuft oder wenn sie zum übermäßigen Verzehr eines Lebensmittels verleitet oder diesen gutheißt oder von vernünftigen Ernährungsgewohnheiten abbringt.

(18) Angesichts des positiven Bildes, das Lebensmitteln durch nährwert- und gesundheitsbezogene Angaben verliehen wird, und der potenziellen Auswirkung solcher Lebensmittel auf Ernährungsgewohnheiten und die Gesamtaufnahme an Nährstoffen sollte der Verbraucher in die Lage versetzt werden, den Nährwert insgesamt zu beurteilen. Daher sollte die Nährwertkennzeichnung obligatorisch und bei allen Lebensmitteln, die gesundheitsbezogene Angaben tragen, umfassend sein.

(19) Die Richtlinie 90/496/EWG des Rates vom 24. September 1990 über die Nährwertkennzeichnung von Lebensmitteln (²) enthält allgemeine Vorschriften für die Nährwertkennzeichnung von Lebensmitteln. Nach der genannten Richtlinie sollte die Nährwertkennzeichnung zwingend vorgeschrieben sein, wenn auf dem Etikett, in der Aufmachung oder in der Werbung, mit Ausnahme allgemeiner Werbeaussagen, eine nährwertbezogene Angabe gemacht wurde. Bezieht sich eine nährwertbezogene Angabe auf Zucker, gesättigte Fettsäuren, Ballaststoffe oder Natrium, so sind die Angaben in Artikel 4 Absatz 1 der Richtlinie 90/496/EWG definierten Gruppe 2 zu machen. Im Interesse eines hohen Verbraucherschutzniveaus sollte diese Pflicht, die Angaben der Gruppe 2 zu liefern, entsprechend für gesundheitsbezogene Angaben, mit Ausnahme allgemeiner Werbeaussagen, gelten.

(20) Es sollte eine Liste zulässiger nährwertbezogener Angaben und der spezifischen Bedingungen für ihre Verwendung erstellt werden, beruhend auf den Verwendungsbedingungen für derartige Angaben, die auf nationaler und internationaler Ebene vereinbart sowie in Gemeinschaftsvorschriften festgelegt wurden. Für jede Angabe, die als für den Verbraucher gleich bedeutend mit einer in der oben genannten Aufstellung aufgeführten nährwertbezogenen Angabe angesehen wird, sollten die in dieser Aufstellung angegebenen Verwendungsbedingungen gelten. So sollten beispielsweise für Angaben über den Zusatz von Vitaminen und Mineralstoffen wie „mit ...", „mit wieder hergestelltem Gehalt an ...", „mit Zusatz von ...", „mit ... angereichert" die Bedingungen gelten, die für die Angabe „Quelle von ..." festgelegt wurden. Die Liste sollte zur Berücksichtigung des wissenschaftlichen und technischen Fortschritts regelmäßig aktualisiert werden. Außerdem müssen bei vergleichenden Angaben dem Endverbraucher gegenüber die miteinander verglichenen Produkte eindeutig identifiziert werden.

(21) Die Bedingungen für die Verwendung von Angaben wie „laktose-" oder „glutenfrei", die an eine Verbrauchergruppe mit bestimmten Gesundheitsstörungen gerichtet sind, sollten in der Richtlinie 89/398/EWG des Rates vom 3. Mai 1989 zur Angleichung der Rechtsvorschriften der Mitgliedstaaten über Lebensmittel, die für eine besondere Ernährung bestimmt sind (³), geregelt werden. Überdies bietet die genannte Richtlinie die Möglichkeit, bei für den allgemeinen Verzehr bestimmten Lebensmitteln auf ihre Eignung für diese Verbrauchergruppen hinzuweisen, sofern die Bedingungen für einen solchen Hinweis erfüllt sind. Bis die Bedingungen für solche Hinweise auf Gemeinschaftsebene festgelegt worden sind, können die Mitgliedstaaten einschlägige nationale Maßnahmen beibehalten oder erlassen.

(22) Gesundheitsbezogene Angaben sollten für die Verwendung in der Gemeinschaft nur nach einer wissenschaftlichen Bewertung auf höchstmöglichem Niveau zugelassen werden. Damit eine einheitliche wissenschaftliche Bewertung dieser Angaben gewährleistet ist, sollte die Europäische Behörde für Lebensmittelsicherheit solche Bewertungen vornehmen.

(¹) ABl. L 250 vom 19.9.1984, S. 17. Zuletzt geändert durch die Richtlinie 2005/29/EG des Europäischen Parlaments und des Rates (ABl. L 149 vom 11.6.2005, S. 22).
(²) ABl. L 276 vom 6.10.1990, S. 40. Zuletzt geändert durch die Richtlinie 2003/120/EG der Kommission (ABl. L 333 vom 20.12.2003, S. 51).
(³) ABl. L 186 vom 30.6.1989, S. 27. Zuletzt geändert durch die Verordnung (EG) Nr. 1882/2003 des Europäischen Parlaments und des Rates (ABl. L 284 vom 31.10.2003, S. 1).

(23) Neben die Ernährung betreffenden gibt es zahlreiche andere Faktoren, die den psychischen Zustand und die Verhaltensfunktion beeinflussen können. Die Kommunikation über diese Funktionen ist somit sehr komplex, und es ist schwer, in einer kurzen Angabe bei der Kennzeichnung von Lebensmitteln und in der Werbung hierfür eine umfassende, wahrheitsgemäße und bedeutungsvolle Aussage zu vermitteln. Daher ist es angebracht, bei der Verwendung von Angaben, die sich auf psychische oder verhaltenspsychologische Wirkungen beziehen, einen wissenschaftlichen Nachweis zu verlangen.

(24) Im Lichte der Richtlinie 96/8/EG der Kommission vom 26. Februar 1996 über Lebensmittel für kalorienarme Ernährung zur Gewichtsverringerung (¹), in der festgelegt ist, dass die Kennzeichnung und die Verpackung der Erzeugnisse sowie die Werbung hierfür keine Angaben über Dauer und Ausmaß der aufgrund ihrer Verwendung möglichen Gewichtsabnahme enthalten dürfen, wird es als angemessen betrachtet, diese Einschränkung auf alle Lebensmittel auszudehnen.

(25) Andere gesundheitsbezogene Angaben als Angaben über die Reduzierung eines Krankheitsrisikos, die sich auf allgemein anerkannte wissenschaftliche Erkenntnisse stützen, sollten einer anderen Art von Bewertung und Zulassung unterzogen werden. Es ist daher erforderlich, nach Konsultation der Europäischen Behörde für Lebensmittelsicherheit eine Gemeinschaftsliste solcher zulässiger Angaben zu erstellen.

(26) Zur Anpassung an den wissenschaftlichen und technischen Fortschritt sollte die vorstehend erwähnte Liste umgehend geändert werden, wann immer dies nötig ist. Eine solche Überarbeitung ist eine Durchführungsmaßnahme technischer Art, deren Erlass der Kommission übertragen werden sollte, um das Verfahren zu vereinfachen und zu beschleunigen.

(27) Eine abwechslungsreiche und ausgewogene Ernährung ist Grundvoraussetzung für eine gute Gesundheit, und einzelne Produkte sind nur von relativer Bedeutung im Kontext der Gesamternährung. Auch ist die Ernährung nur einer von vielen Faktoren, die das Auftreten bestimmter Krankheiten beim Menschen beeinflussen. Andere Faktoren wie Alter, genetische Veranlagung, körperliche Aktivität, Konsum von Tabak und anderen Drogen, Umweltbelastungen und Stress können ebenfalls das Auftreten von Krankheiten beeinflussen. Daher sollten für Angaben, die sich auf die Verringerung eines Krankheitsrisikos beziehen, spezifische Kennzeichnungsvorschriften gelten.

(28) Damit sichergestellt ist, dass gesundheitsbezogene Angaben wahrheitsgemäß, klar, verlässlich und für den Verbraucher bei der Entscheidung für eine gesunde Ernährungsweise hilfreich sind, sollte die Formulierung und

Aufmachung gesundheitsbezogener Angaben beim Gutachten der Europäischen Behörde für Lebensmittelsicherheit und im anschließenden Zulassungsverfahren berücksichtigt werden.

(29) In manchen Fällen kann die wissenschaftliche Risikobewertung allein nicht alle Informationen bereitstellen, die für eine Risikomanagemententscheidung erforderlich sind. Andere legitime Faktoren, die für die zu prüfende Frage relevant sind, sollten daher ebenfalls berücksichtigt werden.

(30) Im Sinne der Transparenz und zur Vermeidung wiederholter Anträge auf Zulassung bereits bewerteter Angaben sollte die Kommission ein öffentliches Register mit den Listen solcher Angaben erstellen und laufend aktualisieren.

(31) Zur Förderung von Forschung und Entwicklung in der Agrar- und Lebensmittelindustrie sind die Investitionen, die von Innovatoren bei der Beschaffung von Informationen und Daten zur Unterstützung eines Antrags auf Zulassung nach dieser Verordnung getätigt werden, zu schützen. Dieser Schutz sollte jedoch befristet werden, um die unnötige Wiederholung von Studien und Erprobungen zu vermeiden.

(32) Angesichts der besonderen Eigenschaften von Lebensmitteln, die solche Angaben tragen, sollten den Überwachungsstellen neben den üblichen Möglichkeiten zusätzliche Instrumente zur Verfügung gestellt werden, um eine effiziente Überwachung dieser Produkte zu ermöglichen.

(33) Es sind angemessene Übergangsmaßnahmen erforderlich, damit sich die Lebensmittelunternehmer an die Bestimmungen dieser Verordnung anpassen können.

(34) Da das Ziel dieser Verordnung, nämlich das ordnungsgemäße Funktionieren des Binnenmarkts für nährwert- und gesundheitsbezogene Angaben sicherzustellen, und gleichzeitig ein hohes Verbraucherschutzniveau zu bieten, auf Ebene der Mitgliedstaaten nicht ausreichend erreicht werden kann und daher besser auf Gemeinschaftsebene zu erreichen ist, kann die Gemeinschaft im Einklang mit dem in Artikel 5 des Vertrags niedergelegten Subsidiaritätsgrundsatz tätig werden. Entsprechend dem in demselben Artikel genannten Verhältnismäßigkeitsprinzip geht diese Verordnung nicht über das zur Erreichung dieses Ziels erforderliche Maß hinaus.

(35) Die zur Durchführung dieser Verordnung erforderlichen Maßnahmen sollten gemäß dem Beschluss 1999/468/EG des Rates vom 28. Juni 1999 zur Festlegung der Modalitäten für die Ausübung der der Kommission übertragenen Durchführungsbefugnisse (²) erlassen werden —

---

(¹) ABl. L 55 vom 6.3.1996, S. 22.

(²) ABl. L 184 vom 17.7.1999, S. 23.

HABEN FOLGENDE VERORDNUNG ERLASSEN:

KAPITEL I

**GEGENSTAND, ANWENDUNGSBEREICH UND BEGRIFFS-BESTIMMUNGEN**

*Artikel 1*

**Gegenstand und Anwendungsbereich**

(1)   Mit dieser Verordnung werden die Rechts- und Verwaltungsvorschriften der Mitgliedstaaten über nährwert- und gesundheitsbezogene Angaben harmonisiert, um das ordnungsgemäße Funktionieren des Binnenmarkts zu gewährleisten und gleichzeitig ein hohes Verbraucherschutzniveau zu bieten.

(2)   Diese Verordnung gilt für nährwert- und gesundheitsbezogene Angaben, die in kommerziellen Mitteilungen bei der Kennzeichnung und Aufmachung von oder bei der Werbung für Lebensmittel gemacht werden, die als solche an den Endverbraucher abgegeben werden sollen; hierzu gehören auch Lebensmittel, die unverpackt oder in Großgebinden in Verkehr gebracht werden.

Sie gilt auch für Lebensmittel, die für Restaurants, Krankenhäuser, Schulen, Kantinen und ähnliche Einrichtung zur Gemeinschaftsverpflegung bestimmt sind.

(3)   Handelsmarken, Markennamen oder Phantasiebezeichnungen, die in der Kennzeichnung, Aufmachung oder Werbung für ein Lebensmittel verwendet werden und als nährwert- oder gesundheitsbezogene Angabe aufgefasst werden können, dürfen ohne die in dieser Verordnung vorgesehenen Genehmigungsverfahren verwendet werden, sofern der betreffenden Kennzeichnung, Aufmachung oder Werbung eine nährwert- oder gesundheitsbezogene Angabe beigefügt ist, die dieser Verordnung entspricht.

(4)   Diese Verordnung gilt unbeschadet der folgenden Bestimmungen des Gemeinschaftsrechts:

a) Richtlinie 89/398/EWG und die auf dieser Grundlage erlassenen Richtlinien;

b) Richtlinie 80/777/EWG des Rates vom 15. Juli 1980 zur Angleichung der Rechtsvorschriften der Mitgliedstaaten über die Gewinnung von und den Handel mit natürlichen Mineralwässern (¹);

---

(¹) ABl. L 229 vom 30.8.1980, S. 1. Zuletzt geändert durch die Verordnung (EG) Nr. 1882/2003.

c) Richtlinie 98/83/EG des Rates vom 3. November 1998 über die Qualität von Wasser für den menschlichen Gebrauch (²).

*Artikel 2*

**Begriffsbestimmungen**

(1)   Für die Zwecke dieser Verordnung

a) gelten für „Lebensmittel", „Lebensmittelunternehmer", „Inverkehrbringen" und „Endverbraucher" die Begriffsbestimmungen in Artikel 2 und Artikel 3 Nummern 3, 8 und 18 der Verordnung (EG) Nr. 178/2002 des Europäischen Parlaments und des Rates vom 28. Januar 2002 zur Festlegung der allgemeinen Grundsätze und Anforderungen des Lebensmittelrechts, zur Errichtung der Europäischen Behörde für Lebensmittelsicherheit und zur Festlegung von Verfahren zur Lebensmittelsicherheit (³);

b) gilt für „Nahrungsergänzungsmittel" die Begriffsbestimmung der Richtlinie 2002/46/EG;

c) gelten für „Nährwertkennzeichnung", „Eiweiß", „Kohlenhydrat", „Zucker", „Fett", „gesättigte Fettsäuren", „einfach ungesättigte Fettsäuren", „mehrfach ungesättigte Fettsäuren" und „Ballaststoffe" die Begriffsbestimmungen der Richtlinie 90/496/EWG;

d) gilt für „Kennzeichnung" die Begriffsbestimmung in Artikel 1 Absatz 3 Buchstabe a der Richtlinie 2000/13/EG.

(2)   Ferner bezeichnet der Ausdruck

1. „Angabe" jede Aussage oder Darstellung, die nach dem Gemeinschaftsrecht oder den nationalen Vorschriften nicht obligatorisch ist, einschließlich Darstellungen durch Bilder, grafische Elemente oder Symbole in jeder Form, und mit der erklärt, suggeriert oder auch nur mittelbar zum Ausdruck gebracht wird, dass ein Lebensmittel besondere Eigenschaften besitzt;

2. „Nährstoff" ein Protein, ein Kohlenhydrat, ein Fett, einen Ballaststoff, Natrium, eines der im Anhang der Richtlinie 90/496/EWG aufgeführten Vitamine und Mineralstoffe, sowie jeden Stoff, der zu einer dieser Kategorien gehört oder Bestandteil eines Stoffes aus einer dieser Kategorien ist;

3. „andere Substanz" einen anderen Stoff als einen Nährstoff, der eine ernährungsbezogene Wirkung oder eine physiologische Wirkung hat;

---

(²) ABl. L 330 vom 5.12.1998, S. 32. Geändert durch die Verordnung (EG) Nr. 1882/2003.
(³) ABl. L 31 vom 1.2.2002, S. 1. Geändert durch die Verordnung (EG) Nr. 1642/2003 (ABl. L 245 vom 29.9.2003, S. 4).

L 404/14 | DE | Amtsblatt der Europäischen Union | 30.12.2006

4. „nährwertbezogene Angabe" jede Angabe, mit der erklärt, suggeriert oder auch nur mittelbar zum Ausdruck gebracht wird, dass ein Lebensmittel besondere positive Nährwerteigenschaften besitzt, und zwar aufgrund

   a) der Energie (des Brennwerts), die es

      i) liefert,

      ii) in vermindertem oder erhöhtem Maße liefert oder

      iii) nicht liefert, und/oder

   b) der Nährstoffe oder anderen Substanzen, die es

      i) enthält,

      ii) in verminderter oder erhöhter Menge enthält oder

      iii) nicht enthält;

5. „gesundheitsbezogene Angabe" jede Angabe, mit der erklärt, suggeriert oder auch nur mittelbar zum Ausdruck gebracht wird, dass ein Zusammenhang zwischen einer Lebensmittelkategorie, einem Lebensmittel oder einem seiner Bestandteile einerseits und der Gesundheit andererseits besteht;

6. „Angabe über die Reduzierung eines Krankheitsrisikos" jede Angabe, mit der erklärt, suggeriert oder auch nur mittelbar zum Ausdruck gebracht wird, dass der Verzehr einer Lebensmittelkategorie, eines Lebensmittels oder eines Lebensmittelbestandteils einen Risikofaktor für die Entwicklung einer Krankheit beim Menschen deutlich senkt;

7. „Behörde" die Europäische Behörde für Lebensmittelsicherheit, die durch die Verordnung (EG) Nr. 178/2002 eingesetzt wurde.

KAPITEL II

**ALLGEMEINE GRUNDSÄTZE**

*Artikel 3*

**Allgemeine Grundsätze für alle Angaben**

Nährwert- und gesundheitsbezogene Angaben dürfen bei der Kennzeichnung und Aufmachung von Lebensmitteln, die in der Gemeinschaft in Verkehr gebracht werden, bzw. bei der Werbung hierfür nur verwendet werden, wenn sie der vorliegenden Verordnung entsprechen.

Unbeschadet der Richtlinien 2000/13/EG und 84/450/EWG dürfen die verwendeten nährwert- und gesundheitsbezogenen Angaben

a) nicht falsch, mehrdeutig oder irreführend sein;

b) keine Zweifel über die Sicherheit und/oder die ernährungsphysiologische Eignung anderer Lebensmittel wecken;

c) nicht zum übermäßigen Verzehr eines Lebensmittels ermutigen oder diesen wohlwollend darstellen;

d) nicht erklären, suggerieren oder auch nur mittelbar zum Ausdruck bringen, dass eine ausgewogene und abwechslungsreiche Ernährung generell nicht die erforderlichen Mengen an Nährstoffen liefern kann. Bei Nährstoffen, für die eine ausgewogene und abwechslungsreiche Ernährung keine ausreichenden Mengen liefern kann, können abweichende Regelungen, einschließlich der Bedingungen für ihre Anwendung, nach dem in Artikel 24 Absatz 2 genannten Verfahren unter Beachtung der besonderen Umstände in den Mitgliedstaaten genehmigt werden;

e) nicht — durch eine Textaussage oder durch Darstellungen in Form von Bildern, grafischen Elementen oder symbolische Darstellungen — auf Veränderungen bei Körperfunktionen Bezug nehmen, die beim Verbraucher Ängste auslösen oder daraus Nutzen ziehen könnten.

*Artikel 4*

**Bedingungen für die Verwendung nährwert- und gesundheitsbezogener Angaben**

(1) Bis zum 19. Januar 2009 legt die Kommission nach dem in Artikel 24 Absatz 2 genannten Verfahren spezifische Nährwertprofile und die Bedingungen, einschließlich der Ausnahmen, fest, die für die Verwendung von nährwert- und gesundheitsbezogenen Angaben für Lebensmittel und/oder Lebensmittelkategorien gelten.

Diese Nährwertprofile für Lebensmittel und/oder bestimmte Lebensmittelkategorien sowie die Bedingungen für die Verwendung nährwert- und gesundheitsbezogener Angaben für Lebensmittel und/oder Lebensmittelkategorien in Bezug auf die Nährwertprofile werden insbesondere unter Berücksichtigung folgender Faktoren festgelegt:

a) der Mengen bestimmter Nährstoffe und anderer Substanzen, die in den betreffenden Lebensmittel enthalten sind, wie z. B. Fett, gesättigte Fettsäuren, trans-Fettsäuren, Zucker und Salz/Natrium;

b) der Rolle und der Bedeutung des Lebensmittels (oder der Lebensmittelkategorie) für die Ernährung der Bevölkerung allgemein oder gegebenenfalls bestimmter Risikogruppen, einschließlich von Kindern;

c) der gesamten Nährwertzusammensetzung des Lebensmittels und des Vorhandenseins von Nährstoffen, deren Wirkung auf die Gesundheit wissenschaftlich anerkannt ist.

Die Nährwertprofile stützen sich auf wissenschaftliche Erkenntnisse über die Ernährung und ihre Bedeutung für die Gesundheit.

Bei der Festlegung der Nährwertprofile fordert die Kommission die Behörde auf, binnen zwölf Monaten sachdienliche wissenschaftliche Ratschläge zu erarbeiten, die sich auf folgende Kernfragen konzentrieren:

i) ob Nährwertprofile für Lebensmittel generell und/oder für Lebensmittelkategorien erarbeitet werden sollten;

ii) die Auswahl und Ausgewogenheit der zu berücksichtigenden Nährstoffe;

iii) die Wahl der Referenzqualität/Referenzbasis für Nährwertprofile;

iv) den Berechnungsansatz für die Nährwertprofile;

v) die Erprobung eines vorgeschlagenen Systems.

Bei der Festlegung der Nährwertprofile führt die Kommission Anhörungen der Interessengruppen, insbesondere von Lebensmittelunternehmern und Verbraucherverbänden, durch.

Nährwertprofile und die Bedingungen für ihre Verwendung werden nach dem in Artikel 24 Absatz 2 genannten Verfahren zur Berücksichtigung maßgeblicher wissenschaftlicher Entwicklungen aktualisiert.

(2) Abweichend von Absatz 1 sind nährwertbezogene Angaben, die sich auf die Verringerung von Fett, gesättigten Fettsäuren, trans-Fettsäuren, Zucker und Salz/Natrium beziehen, ohne Bezugnahme auf ein Profil für den/die konkreten Nährstoff(e), zu dem/denen die Angabe gemacht wird, zulässig, sofern sie den Bedingungen dieser Verordnung entsprechen.

(3) Getränke mit einem Alkoholgehalt von mehr als 1,2 Volumenprozent dürfen

a) keine gesundheitsbezogenen Angaben,

b) keine nährwertbezogenen Angaben mit Ausnahme solcher, die sich auf eine Reduzierung des Alkoholgehalts oder des Brennwerts beziehen, tragen.

(4) In Ermangelung spezifischer Gemeinschaftsbestimmungen über nährwertbezogene Angaben zu dem reduzierten bzw. nicht vorhandenen Alkoholgehalt oder Brennwert von Getränken, die normalerweise Alkohol enthalten, können nach Maßgabe der Vertragsbestimmungen die einschlägigen einzelstaatlichen Regelungen angewandt werden.

(5) Nach dem in Artikel 24 Absatz 2 genannten Verfahren können im Lichte wissenschaftlicher Erkenntnisse andere als die in Absatz 3 genannten Lebensmittel oder Kategorien von Lebensmitteln bestimmt werden, für die die Verwendung nährwert- oder gesundheitsbezogener Angaben eingeschränkt oder verboten werden soll.

*Artikel 5*

**Allgemeine Bedingungen**

(1) Die Verwendung nährwert- und gesundheitsbezogener Angaben ist nur zulässig, wenn die nachstehenden Bedingungen erfüllt sind:

a) Es ist anhand allgemein anerkannter wissenschaftlicher Erkenntnisse nachgewiesen, dass das Vorhandensein, das Fehlen oder der verringerte Gehalt des Nährstoffs oder der anderen Substanz, auf die sich die Angabe bezieht, in einem Lebensmittel oder einer Kategorie von Lebensmitteln eine positive ernährungsbezogene Wirkung oder physiologische Wirkung hat.

b) Der Nährstoff oder die andere Substanz, für die die Angabe gemacht wird,

i) ist im Endprodukt in einer gemäß dem Gemeinschaftsrecht signifikanten Menge oder, wo einschlägige Bestimmungen nicht bestehen, in einer Menge vorhanden, die nach allgemein anerkannten wissenschaftlichen Erkenntnissen geeignet ist, die behauptete ernährungsbezogene Wirkung oder physiologische Wirkung zu erzielen, oder

ii) ist nicht oder in einer verringerten Menge vorhanden, was nach allgemein anerkannten wissenschaftlichen Erkenntnissen geeignet ist, die behauptete ernährungsbezogene Wirkung oder physiologische Wirkung zu erzielen.

c) Soweit anwendbar, liegt der Nährstoff oder die andere Substanz, auf die sich die Angabe bezieht, in einer Form vor, die für den Körper verfügbar ist.

d) Die Menge des Produkts, deren Verzehr vernünftigerweise erwartet werden kann, liefert eine gemäß dem Gemeinschaftsrecht signifikante Menge des Nährstoffs oder der anderen Substanz, auf die sich die Angabe bezieht, oder, wo einschlägige Bestimmungen nicht bestehen, eine signifikante Menge, die nach allgemein anerkannten wissenschaftlichen Erkenntnissen geeignet ist, die behauptete ernährungsbezogene Wirkung oder physiologische Wirkung zu erzielen.

e) Die besonderen Bedingungen in Kapitel III bzw. Kapitel IV, soweit anwendbar, sind erfüllt.

(2) Die Verwendung nährwert- oder gesundheitsbezogener Angaben ist nur zulässig, wenn vom durchschnittlichen Verbraucher erwartet werden kann, dass er die positive Wirkung, wie sie in der Angabe dargestellt wird, versteht.

(3) Nährwert- und gesundheitsbezogene Angaben müssen sich gemäß der Anweisung des Herstellers auf das verzehrfertige Lebensmittel beziehen.

### Artikel 6

#### Wissenschaftliche Absicherung von Angaben

(1)    Nährwert- und gesundheitsbezogene Angaben müssen sich auf allgemein akzeptierte wissenschaftliche Erkenntnisse stützen und durch diese abgesichert sein.

(2)    Ein Lebensmittelunternehmer, der eine nährwert- oder gesundheitsbezogene Angabe macht, muss die Verwendung dieser Angabe begründen.

(3)    Die zuständigen Behörden der Mitgliedstaaten können einen Lebensmittelunternehmer oder eine Person, die ein Produkt in Verkehr bringt, verpflichten, alle einschlägigen Angaben zu machen und Daten vorzulegen, die die Übereinstimmung mit dieser Verordnung belegen.

### Artikel 7

#### Nährwertkennzeichnung

Die Verpflichtung, bei einer nährwertbezogenen Angabe auch Angaben im Sinne der Richtlinie 90/496/EWG zu machen, und die entsprechenden Modalitäten gelten sinngemäß für gesundheitsbezogene Angaben mit Ausnahme produktübergreifender Werbeaussagen. Jedoch handelt es sich dabei um die Angaben der in Artikel 4 Absatz 1 der Richtlinie 90/496/EWG definierten Gruppe 2.

Zusätzlich sind — sofern anwendbar — für Stoffe, die Gegenstand einer nährwert- oder gesundheitsbezogenen Angabe sind und nicht in der Nährwertkennzeichnung erscheinen, die jeweiligen Mengen in demselben Sichtfeld in unmittelbarer Nähe dieser Nährwertkennzeichnung gemäß Artikel 6 der Richtlinie 90/496/EWG anzugeben.

Im Falle von Nahrungsergänzungsmitteln ist die Nährwertkennzeichnung gemäß Artikel 8 der Richtlinie 2002/46/EG anzugeben.

#### KAPITEL III

#### NÄHRWERTBEZOGENE ANGABEN

### Artikel 8

#### Besondere Bedingungen

(1)    Nährwertbezogene Angaben dürfen nur gemacht werden, wenn sie im Anhang aufgeführt sind und den in dieser Verordnung festgelegten Bedingungen entsprechen.

(2)    Änderungen des Anhangs werden nach dem in Artikel 24 Absatz 2 genannten Verfahren, gegebenenfalls nach Anhörung der Behörde, erlassen.

### Artikel 9

#### Vergleichende Angaben

(1)    Unbeschadet der Richtlinie 84/450/EWG des Rates ist ein Vergleich nur zwischen Lebensmitteln derselben Kategorie und unter Berücksichtigung einer Reihe von Lebensmitteln dieser Kategorie zulässig. Der Unterschied in der Menge eines Nährstoffs und/oder im Brennwert ist anzugeben, und der Vergleich muss sich auf dieselbe Menge des Lebensmittels beziehen.

(2)    Vergleichende nährwertbezogene Angaben müssen die Zusammensetzung des betreffenden Lebensmittels mit derjenigen einer Reihe von Lebensmitteln derselben Kategorie vergleichen, deren Zusammensetzung die Verwendung einer Angabe nicht erlaubt, darunter auch Lebensmittel anderer Marken.

#### KAPITEL IV

#### GESUNDHEITSBEZOGENE ANGABEN

### Artikel 10

#### Spezielle Bedingungen

(1)    Gesundheitsbezogene Angaben sind verboten, sofern sie nicht den allgemeinen Anforderungen in Kapitel II und den speziellen Anforderungen im vorliegenden Kapitel entsprechen, gemäß dieser Verordnung zugelassen und in die Liste der zugelassenen Angaben gemäß den Artikeln 13 und 14 aufgenommen sind.

(2)    Gesundheitsbezogene Angaben dürfen nur gemacht werden, wenn die Kennzeichnung oder, falls diese Kennzeichnung fehlt, die Aufmachung der Lebensmittel und die Lebensmittelwerbung folgende Informationen tragen:

a) einen Hinweis auf die Bedeutung einer abwechslungsreichen und ausgewogenen Ernährung und einer gesunden Lebensweise,

b) Informationen zur Menge des Lebensmittels und zum Verzehrmuster, die erforderlich sind, um die behauptete positive Wirkung zu erzielen,

c) gegebenenfalls einen Hinweis an Personen, die es vermeiden sollten, dieses Lebensmittel zu verzehren, und

d) einen geeigneten Warnhinweis bei Produkten, die bei übermäßigem Verzehr eine Gesundheitsgefahr darstellen könnten.

(3) Verweise auf allgemeine, nichtspezifische Vorteile des Nährstoffs oder Lebensmittels für die Gesundheit im Allgemeinen oder das gesundheitsbezogene Wohlbefinden sind nur zulässig, wenn ihnen eine in einer der Listen nach Artikel 13 oder 14 enthaltene spezielle gesundheitsbezogene Angabe beigefügt ist.

(4) Gegebenenfalls werden nach dem in Artikel 24 Absatz 2 genannten Verfahren und, falls erforderlich, nach der Anhörung der Interessengruppen, insbesondere von Lebensmittelunternehmern und Verbraucherverbänden, Leitlinien für die Durchführung dieses Artikels angenommen.

#### Artikel 11

#### Nationale medizinische Vereinigungen oder karitative medizinische Einrichtungen

Fehlen spezifische Gemeinschaftsvorschriften über Empfehlungen oder Bestätigungen von nationalen medizinischen Vereinigungen oder karitativen medizinischen Einrichtungen, so können nach Maßgabe der Bestimmungen des Vertrags einschlägige nationale Regelungen angewandt werden.

#### Artikel 12

#### Beschränkungen der Verwendung bestimmter gesundheitsbezogener Angaben

Die folgenden gesundheitsbezogenen Angaben sind nicht zulässig:

a) Angaben, die den Eindruck erwecken, durch Verzicht auf das Lebensmittel könnte die Gesundheit beeinträchtigt werden;

b) Angaben über Dauer und Ausmaß der Gewichtsabnahme;

c) Angaben, die auf Empfehlungen von einzelnen Ärzten oder Vertretern medizinischer Berufe und von Vereinigungen, die nicht in Artikel 11 genannt werden, verweisen.

#### Artikel 13

#### Andere gesundheitsbezogene Angaben als Angaben über die Reduzierung eines Krankheitsrisikos

(1) In der in Absatz 3 vorgesehenen Liste enthaltene gesundheitsbezogene Angaben, die

a) die Bedeutung eines Nährstoffs oder einer anderen Substanz für Wachstum, Entwicklung und Körperfunktionen,

b) die psychischen Funktionen oder Verhaltensfunktionen, oder

c) unbeschadet der Richtlinie 96/8/EG die schlank machenden oder gewichtskontrollierenden Eigenschaften des Lebensmittels oder die Verringerung des Hungergefühls oder ein verstärktes Sättigungsgefühl oder eine verringerte Energieaufnahme durch den Verzehr des Lebensmittels

beschreiben oder darauf verweisen, dürfen gemacht werden, ohne dem in den Artikeln 15 bis 18 genannten Zulassungsverfahren zu unterliegen, wenn sie

i) sich auf allgemein anerkannte wissenschaftliche Erkenntnisse stützen und

ii) vom durchschnittlichen Verbraucher richtig verstanden werden.

(2) Die Mitgliedstaaten übermitteln der Kommission spätestens am 31. Januar 2008 Listen von Angaben gemäß Absatz 1 zusammen mit den für sie geltenden Bedingungen und mit Hinweisen auf die entsprechende wissenschaftliche Absicherung.

(3) Nach Anhörung der Behörde verabschiedet die Kommission nach dem in Artikel 24 Absatz 2 genannten Verfahren spätestens am 31. Januar 2010 eine Gemeinschaftsliste zulässiger Angaben gemäß Absatz 1 sowie alle erforderlichen Bedingungen für die Verwendung dieser Angaben.

(4) Änderungen an der Liste nach Absatz 3, die auf allgemein anerkannten wissenschaftlichen Erkenntnissen beruhen, werden nach Anhörung der Behörde auf eigene Initiative der Kommission oder auf Antrag eines Mitgliedstaats nach dem in Artikel 24 Absatz 2 genannten Verfahren verabschiedet.

(5) Weitere Angaben, die auf neuen wissenschaftlichen Daten beruhen und/oder einen Antrag auf den Schutz geschützter Daten enthalten, werden nach dem Verfahren der Artikel 15 bis 18 in die in Absatz 3 genannte Liste aufgenommen.

#### Artikel 14

#### Angaben über die Verringerung eines Krankheitsrisikos

(1) Ungeachtet des Artikels 2 Absatz 1 Buchstabe b der Richtlinie 2000/13/EG können Angaben über die Verringerung eines Krankheitsrisikos gemacht werden, wenn sie nach dem Verfahren der Artikel 15 bis 18 der vorliegenden Verordnung zur Aufnahme in eine Gemeinschaftsliste zulässiger Angaben und aller erforderlichen Bedingungen für die Verwendung dieser Angaben zugelassen worden sind.

(2)    Zusätzlich zu den allgemeinen Anforderungen dieser Verordnung und den spezifischen Anforderungen in Absatz 1 muss bei Angaben über die Verringerung eines Krankheitsrisikos die Kennzeichnung oder, falls diese Kennzeichnung fehlt, die Aufmachung der Lebensmittel und die Lebensmittelwerbung außerdem eine Erklärung dahin gehend enthalten, dass die Krankheit, auf die sich die Angabe bezieht, durch mehrere Risikofaktoren bedingt ist und dass die Veränderung eines dieser Risikofaktoren eine positive Wirkung haben kann oder auch nicht.

### Artikel 15

### Beantragung der Zulassung

(1)    Bei Bezugnahme auf diesen Artikel ist ein Antrag auf Zulassung nach Maßgabe der nachstehenden Absätze zu stellen.

(2)    Der Antrag wird der zuständigen nationalen Behörde eines Mitgliedstaats zugeleitet.

a) Die zuständige nationale Behörde

    i) bestätigt den Erhalt eines Antrags schriftlich innerhalb von 14 Tagen nach Eingang. In der Bestätigung ist das Datum des Antragseingangs zu vermerken,

    ii) informiert die Behörde unverzüglich und

    iii) stellt der Behörde den Antrag und alle vom Antragsteller ergänzend vorgelegten Informationen zur Verfügung.

b) Die Behörde

    i) unterrichtet die Mitgliedstaaten und die Kommission unverzüglich über den Antrag und stellt ihnen den Antrag sowie alle vom Antragsteller ergänzend vorgelegten Informationen zur Verfügung;

    ii) stellt die in Absatz 3 Buchstabe g genannte Zusammenfassung des Antrags der Öffentlichkeit zur Verfügung.

(3)    Der Antrag muss Folgendes enthalten:

a) Name und Anschrift des Antragstellers;

b) Bezeichnung des Nährstoffs oder der anderen Substanz oder des Lebensmittels oder der Lebensmittelkategorie, wofür die gesundheitsbezogene Angabe gemacht werden soll, sowie die jeweiligen besonderen Eigenschaften;

c) eine Kopie der Studien einschließlich — soweit verfügbar — unabhängiger und nach dem Peer-Review-Verfahren erstellter Studien zur der gesundheitsbezogenen Angabe sowie alle sonstigen verfügbaren Unterlagen, aus denen hervorgeht, dass die gesundheitsbezogene Angabe die Kriterien dieser Verordnung erfüllt;

d) gegebenenfalls einen Hinweis, welche Informationen als eigentumsrechtlich geschützt einzustufen sind, zusammen mit einer entsprechenden nachprüfbaren Begründung;

e) eine Kopie anderer wissenschaftlicher Studien, die für die gesundheitsbezogene Angabe relevant sind;

f) einen Vorschlag für die Formulierung der gesundheitsbezogenen Angabe, deren Zulassung beantragt wird, gegebenenfalls einschließlich spezieller Bedingungen für die Verwendung;

g) eine Zusammenfassung des Antrags.

(4)    Nach vorheriger Anhörung der Behörde legt die Kommission nach dem in Artikel 24 Absatz 2 genannten Verfahren Durchführungsvorschriften zum vorliegenden Artikel, einschließlich Vorschriften zur Erstellung und Vorlage des Antrags, fest.

(5)    Um den Lebensmittelunternehmern, insbesondere den KMU, bei der Vorbereitung und Stellung eines Antrags auf wissenschaftliche Bewertung behilflich zu sein, stellt die Kommission in enger Zusammenarbeit mit der Behörde geeignete technische Anleitungen und Hilfsmittel bereit.

### Artikel 16

### Stellungnahme der Behörde

(1)    Bei der Abfassung ihrer Stellungnahme bemüht sich die Behörde, eine Frist von sechs Monaten ab dem Datum des Eingangs eines gültigen Antrags einzuhalten. Diese Frist wird immer dann verlängert, wenn die Behörde beim Antragsteller zusätzliche Informationen gemäß Absatz 2 anfordert.

(2)    Die Behörde — oder über sie eine nationale zuständige Behörde — kann gegebenenfalls den Antragsteller auffordern, die Unterlagen zum Antrag innerhalb einer bestimmten Frist zu ergänzen.

(3)    Zur Vorbereitung ihrer Stellungnahme überprüft die Behörde,

a) ob die vorgeschlagene Formulierung der gesundheitsbezogenen Angabe durch wissenschaftliche Erkenntnisse abgesichert ist,

b) ob die Formulierung der gesundheitsbezogenen Angabe den Kriterien dieser Verordnung entspricht,

c) und äußert sich darüber, ob die vorgeschlagene Formulierung der gesundheitsbezogenen Angabe für den durchschnittlichen Verbraucher verständlich und aussagekräftig ist.

341

(4) Wird in dem Gutachten die Zulassung der Verwendung der gesundheitsbezogenen Angabe befürwortet, so muss es außerdem folgende Informationen enthalten:

a) Name und Anschrift des Antragstellers;

b) Bezeichnung des Nährstoffs oder der anderen Substanz oder des Lebensmittels oder der Lebensmittelkategorie, wofür die gesundheitsbezogene Angabe gemacht werden soll, sowie die jeweiligen besonderen Eigenschaften;

c) die empfohlene Formulierung der vorgeschlagenen gesundheitsbezogenen Angabe, gegebenenfalls einschließlich der speziellen Bedingungen für ihre Verwendung;

d) gegebenenfalls Bedingungen für die oder Beschränkungen der Verwendung des Lebensmittels und/oder zusätzliche Erklärungen oder Warnungen, die die gesundheitsbezogene Angabe auf dem Etikett oder bei der Werbung begleiten sollten.

(5) Die Behörde übermittelt der Kommission, den Mitgliedstaaten und dem Antragsteller ihre Stellungnahme einschließlich eines Berichts mit der Beurteilung der gesundheitsbezogenen Angabe, einer Begründung ihrer Stellungnahme und über die Informationen, auf denen ihr Gutachten beruht.

(6) Die Behörde veröffentlicht ihre Stellungnahme gemäß Artikel 38 Absatz 1 der Verordnung (EG) Nr. 178/2002.

Der Antragsteller bzw. Vertreter der Öffentlichkeit können innerhalb von 30 Tagen nach dieser Veröffentlichung gegenüber der Kommission Stellungnahmen dazu abgeben.

*Artikel 17*

**Gemeinschaftszulassung**

(1) Innerhalb von drei Monaten nach Erhalt der Stellungnahme der Behörde legt die Kommission dem in Artikel 22 Absatz 3 genannten Ausschuss einen Entwurf für eine Entscheidung über die Listen der zugelassenen gesundheitsbezogenen Angaben vor, wobei das Gutachten der Behörde, alle einschlägigen Bestimmungen des Gemeinschaftsrechts und andere für den jeweils zu prüfenden Sachverhalt relevante legitime Faktoren berücksichtigt werden. Stimmt der Entwurf der Entscheidung nicht mit dem Gutachten der Behörde überein, so erläutert die Kommission die Gründe für die Abweichung.

(2) Jeder Entwurf für eine Entscheidung zur Änderung der Listen der zugelassenen gesundheitsbezogenen Angaben enthält die in Artikel 16 Absatz 4 genannten Informationen.

(3) Die endgültige Entscheidung über den Antrag wird nach dem in Artikel 24 Absatz 2 genannten Verfahren getroffen.

(4) Die Kommission unterrichtet den Antragsteller unverzüglich über die Entscheidung und veröffentlicht die Einzelheiten dieser Entscheidung im *Amtsblatt der Europäischen Union*.

(5) Gesundheitsbezogene Angaben, die in den Listen nach den Artikeln 13 und 14 enthalten sind, können von jedem Lebensmittelunternehmer unter den für sie geltenden Bedingungen verwendet werden, wenn ihre Verwendung nicht nach Artikel 20 eingeschränkt ist.

(6) Die Erteilung der Zulassung schränkt die allgemeine zivil- und strafrechtliche Haftung eines Lebensmittelunternehmens für das betreffende Lebensmittel nicht ein.

*Artikel 18*

**Änderung, Aussetzung und Widerruf von Zulassungen**

(1) Der Antragsteller/Nutzer einer Angabe, die in einer der Listen nach den Artikeln 13 und 14 aufgeführt ist, kann eine Änderung der jeweils einschlägigen Liste beantragen. Das in den Artikeln 15 bis 17 festgelegte Verfahren findet sinngemäß Anwendung.

(2) Die Behörde legt auf eigene Initiative oder auf Antrag eines Mitgliedstaats oder der Kommission ein Gutachten darüber vor, ob eine in einer der Listen nach den Artikeln 13 und 14 aufgeführte gesundheitsbezogene Angabe immer noch den Bedingungen dieser Verordnung entspricht.

Sie übermittelt ihr Gutachten unverzüglich der Kommission, den Mitgliedstaaten und gegebenenfalls dem ursprünglichen Antragsteller, der die Verwendung der betreffenden Angabe beantragt hat. Die Behörde veröffentlicht ihr Gutachten gemäß Artikel 38 Absatz 1 der Verordnung (EG) Nr. 178/2002.

Der Antragsteller/Nutzer bzw. ein Vertreter der Öffentlichkeit kann innerhalb von 30 Tagen nach dieser Veröffentlichung gegenüber der Kommission eine Stellungnahme dazu abgeben.

Die Kommission prüft das Gutachten der Behörde sowie alle eingegangenen Stellungnahmen so bald wie möglich. Gegebenenfalls wird die Zulassung nach dem in Artikel 17 genannten Verfahren abgeändert, ausgesetzt oder widerrufen.

L 404/20    DE    Amtsblatt der Europäischen Union    30.12.2006

KAPITEL V

**ALLGEMEINE UND SCHLUSSBESTIMMUNGEN**

*Artikel 19*

**Gemeinschaftsregister**

(1)    Die Kommission erstellt und unterhält ein Gemeinschaftsregister der nährwert- und gesundheitsbezogenen Angaben über Lebensmittel, nachstehend „Register" genannt.

(2)    Das Register enthält Folgendes:

a) die nährwertbezogenen Angaben und die Bedingungen für ihre Verwendung gemäß dem Anhang;

b) gemäß Artikel 4 Absatz 5 festgelegte Einschränkungen;

c) die zugelassenen gesundheitsbezogenen Angaben und die Bedingungen für ihre Verwendung nach Artikel 13 Absatz 3, Artikel 14 Absatz 1, Artikel 18 Absatz 2, Artikel 20, Artikel 23 Absatz 2 und Artikel 27 Absatz 6 sowie die innerstaatlichen Maßnahmen nach Artikel 22 Absatz 3;

d) eine Liste abgelehnter gesundheitsbezogener Angaben und die Gründe für ihre Ablehnung.

Gesundheitsbezogene Angaben, die aufgrund geschützter Daten zugelassen wurden, werden in einen gesonderten Anhang des Registers aufgenommen, zusammen mit folgenden Informationen:

1. Datum der Zulassung der gesundheitsbezogenen Angabe durch die Kommission und Name des ursprünglichen Antragstellers, dem die Zulassung erteilt wurde;

2. die Tatsache, dass die Kommission die gesundheitsbezogene Angabe auf der Grundlage geschützter Daten zugelassen hat;

3. die Tatsache, dass die Verwendung der gesundheitsbezogenen Angabe eingeschränkt ist, es sei denn, ein späterer Antragsteller erlangt die Zulassung der Angabe ohne Bezugnahme auf die geschützten Daten des ursprünglichen Antragstellers.

(3)    Das Register wird veröffentlicht.

*Artikel 20*

**Datenschutz**

(1)    Die wissenschaftlichen Daten und anderen Informationen in dem in Artikel 15 Absatz 2 vorgeschriebenen Antrag dürfen während eines Zeitraums von sieben Jahren ab dem Datum der Zulassung nicht zugunsten eines späteren Antragstellers verwendet werden, es sei denn, dieser nachfolgende Antragsteller hat

mit dem früheren Antragsteller vereinbart, dass solche Daten und Informationen verwendet werden können, vorausgesetzt,

a) die wissenschaftlichen Daten und anderen Informationen wurden vom ursprünglichen Antragsteller zum Zeitpunkt des ursprünglichen Antrags als geschützt bezeichnet und

b) der ursprüngliche Antragsteller hatte zum Zeitpunkt des ursprünglichen Antrags ausschließlichen Anspruch auf die Nutzung der geschützten Daten und

c) die gesundheitsbezogene Angabe hätte ohne die Vorlage der geschützten Daten durch den ursprünglichen Antragsteller nicht zugelassen werden können.

(2)    Bis zum Ablauf des in Absatz 1 genannten Zeitraums von sieben Jahren hat kein nachfolgender Antragsteller das Recht, sich auf von einem vorangegangenen Antragsteller als geschützt bezeichnete Daten zu beziehen, sofern und solange die Kommission nicht darüber entscheidet, ob eine Angabe ohne die von dem vorangegangenen Antragsteller als geschützt bezeichneten Daten in die in Artikel 14 oder gegebenenfalls in Artikel 13 vorgesehene Liste aufgenommen werden könnte oder hätte aufgenommen werden können.

*Artikel 21*

**Nationale Vorschriften**

Die Mitgliedstaaten dürfen unbeschadet des Vertrags, insbesondere seiner Artikel 28 und 30, den Handel mit Lebensmitteln oder die Werbung für Lebensmittel, die dieser Verordnung entsprechen, nicht durch die Anwendung nicht harmonisierter nationaler Vorschriften über Angaben über bestimmte Lebensmittel oder über Lebensmittel allgemein einschränken oder verbieten.

*Artikel 22*

**Notifizierungsverfahren**

(1)    Hält ein Mitgliedstaat es für erforderlich, neue Rechtsvorschriften zu erlassen, so teilt er der Kommission und den übrigen Mitgliedstaaten die in Aussicht genommenen Maßnahmen mit einer schlüssigen Begründung mit, die diese rechtfertigen.

(2)    Die Kommission hört den mit Artikel 58 Absatz 1 der Verordnung (EG) Nr. 178/2002 eingesetzten Ständigen Ausschuss für die Lebensmittelkette und Tiergesundheit (nachstehend „Ausschuss" genannt) an, sofern sie dies für nützlich hält oder ein Mitgliedstaat es beantragt, und nimmt zu den in Aussicht genommenen Maßnahmen Stellung.

30.12.2006      DE      Amtsblatt der Europäischen Union      L 404/21

(3) Der betroffene Mitgliedstaat kann die in Aussicht genommenen Maßnahmen sechs Monate nach der Mitteilung nach Absatz 1 und unter der Bedingung treffen, dass er keine gegenteilige Stellungnahme der Kommission erhalten hat.

Ist die Stellungnahme der Kommission ablehnend, so entscheidet die Kommission nach dem in Artikel 24 Absatz 2 genannten Verfahren vor Ablauf der in Unterabsatz 1 des vorliegenden Absatzes genannten Frist, ob die in Aussicht genommenen Maßnahmen durchgeführt werden dürfen. Die Kommission kann bestimmte Änderungen an den vorgesehenen Maßnahmen verlangen.

## Artikel 23

### Schutzmaßnahmen

(1) Hat ein Mitgliedstaat stichhaltige Gründe für die Annahme, dass eine Angabe nicht dieser Verordnung entspricht oder dass die wissenschaftliche Absicherung nach Artikel 6 unzureichend ist, so kann er die Verwendung der betreffenden Angabe in seinem Hoheitsgebiet vorübergehend aussetzen.

Er unterrichtet die übrigen Mitgliedstaaten und die Kommission und begründet die Aussetzung.

(2) Eine Entscheidung hierüber wird gegebenenfalls nach Einholung eines Gutachtens der Behörde nach dem in Artikel 24 Absatz 2 genannten Verfahren getroffen.

Die Kommission kann dieses Verfahren auf eigene Initiative einleiten.

(3) Der in Absatz 1 genannte Mitgliedstaat kann die Aussetzung beibehalten, bis ihm die in Absatz 2 genannte Entscheidung notifiziert wurde.

## Artikel 24

### Ausschussverfahren

(1) Die Kommission wird von dem Ausschuss unterstützt.

(2) Wird auf diesen Absatz Bezug genommen, so gelten die Artikel 5 und 7 des Beschlusses 1999/468/EG unter Beachtung von dessen Artikel 8.

Der Zeitraum nach Artikel 5 Absatz 6 des Beschlusses 1999/468/EG wird auf drei Monate festgesetzt.

(3) Der Ausschuss gibt sich eine Geschäftsordnung.

## Artikel 25

### Überwachung

Um die wirksame Überwachung von Lebensmitteln mit nährwert- oder gesundheitsbezogenen Angaben zu erleichtern, können die Mitgliedstaaten die Hersteller oder die Personen, die derartige Lebensmittel in ihrem Hoheitsgebiet in Verkehr bringen, verpflichten, die zuständige Behörde über das Inverkehrbringen zu unterrichten und ihr ein Muster des für das Produkt verwendeten Etiketts zu übermitteln.

## Artikel 26

### Bewertung

Spätestens am 19. Januar 2013 legt die Kommission dem Europäischen Parlament und dem Rat einen Bericht über die Anwendung dieser Verordnung vor, insbesondere über die Entwicklung des Markts für Lebensmittel, für die nährwert- oder gesundheitsbezogene Angaben gemacht werden, und darüber, wie die Angaben von den Verbrauchern verstanden werden; gegebenenfalls fügt sie diesem Bericht einen Vorschlag für Änderungen bei.

## Artikel 27

### Übergangsmaßnahmen

(1) Lebensmittel, die vor dem Beginn der Anwendung dieser Richtlinie in Verkehr gebracht oder gekennzeichnet wurden und dieser Verordnung nicht entsprechen, dürfen bis zu ihrem Mindesthaltbarkeitsdatum, jedoch nicht länger als bis zum 31. Juli 2009 weiter in Verkehr gebracht werden. Unter Berücksichtigung von Artikel 4 Absatz 1 dürfen Lebensmittel bis zwölf Monate nach Annahme der entsprechenden Nährwertprofile und der Bedingungen für ihre Verwendung in Verkehr gebracht werden.

(2) Produkte mit bereits vor dem 1. Januar 2005 bestehenden Handelsmarken oder Markennamen, die dieser Verordnung nicht entsprechen, dürfen bis zum 19. Januar 2022 weiterhin in den Verkehr gebracht werden; danach gelten die Bestimmungen dieser Verordnung.

(3) Nährwertbezogene Angaben, die in einem Mitgliedstaat vor dem 1. Januar 2005 gemäß den einschlägigen innerstaatlichen Vorschriften verwendet wurden und nicht im Anhang aufgeführt sind, dürfen bis zum 19. Januar 2010 unter der Verantwortung von Lebensmittelunternehmern verwendet werden; dies gilt unbeschadet der Annahme von Schutzmaßnahmen gemäß Artikel 23.

(4)    Nährwertbezogene Angaben in Form von Bildern, Grafiken oder Symbolen, die den allgemeinen Grundsätzen dieser Verordnung entsprechen, jedoch nicht im Anhang aufgeführt sind, und die entsprechend den durch einzelstaatliche Bestimmungen oder Vorschriften aufgestellten besonderen Bedingungen und Kriterien verwendet werden, unterliegen folgenden Bestimmungen:

a) Die Mitgliedstaaten übermitteln der Kommission spätestens bis zum 31. Januar 2008 diese nährwertbezogenen Angaben und die anzuwendenden einzelstaatlichen Bestimmungen oder Vorschriften zusammen mit den wissenschaftlichen Daten zu deren Absicherung;

b) Die Kommission fasst nach dem in Artikel 24 Absatz 2 genannten Verfahren einen Beschluss über die Verwendung solcher Angaben.

Nährwertbezogene Angaben, die nicht nach diesem Verfahren zugelassen wurden, können bis zu zwölf Monate nach Erlass des Beschlusses weiter verwendet werden.

(5)    Gesundheitsbezogene Angaben im Sinne des Artikels 13 Absatz 1 dürfen ab Inkrafttreten dieser Verordnung bis zur Annahme der in Artikel 13 Absatz 3 genannten Liste unter der Verantwortung von Lebensmittelunternehmern verwendet werden, sofern die Angaben dieser Verordnung und den einschlägigen einzelstaatlichen Vorschriften entsprechen; dies gilt unbeschadet der Annahme von Schutzmaßnahmen gemäß Artikel 23.

(6)    Für gesundheitsbezogene Angaben, die nicht unter Artikel 13 Absatz 1 Buchstabe a und Artikel 14 fallen und unter Beachtung der nationalen Rechtsvorschriften vor dem Inkrafttreten dieser Verordnung verwendet wurden, gilt Folgendes:

a) Gesundheitsbezogene Angaben, die in einem Mitgliedstaat einer Bewertung unterzogen und zugelassen wurden, werden nach folgendem Verfahren zugelassen:

i) Die Mitgliedstaaten übermitteln der Kommission spätestens bis zum 31. Januar 2008 die betreffenden Angaben sowie den Bericht mit der Bewertung der zur Absicherung der Angaben vorgelegten wissenschaftlichen Daten;

ii) nach Anhörung der Behörde fasst die Kommission nach dem in Artikel 24 Absatz 2 genannten Verfahren einen Beschluss über die gesundheitsbezogenen Angaben, die auf diese Weise zugelassen wurden.

Gesundheitsbezogene Angaben, die nicht nach diesem Verfahren zugelassen wurden, dürfen bis zu sechs Monate nach Erlass des Beschlusses weiter verwendet werden.

b) Gesundheitsbezogene Angaben, die keiner Bewertung in einem Mitgliedstaat unterzogen und nicht zugelassen wurden, dürfen weiterhin verwendet werden, sofern vor dem 19. Januar 2008 ein Antrag nach dieser Verordnung gestellt wird; gesundheitsbezogene Angaben, die nicht nach diesem Verfahren zugelassen wurden, dürfen bis zu sechs Monate nach einer Entscheidung im Sinne des Artikels 17 Absatz 3 weiter verwendet werden.

*Artikel 28*

**Inkrafttreten**

Diese Verordnung tritt am zwanzigsten Tag nach ihrer Veröffentlichung im *Amtsblatt der Europäischen Union* in Kraft.

Sie gilt ab dem 1. Juli 2007.

Diese Verordnung ist in allen ihren Teilen verbindlich und gilt unmittelbar in jedem Mitgliedstaat.

Geschehen zu Brüssel am 20. Dezember 2006

| *Im Namen des Europäischen Parlaments* | *Im Namen des Rates* |
|:---:|:---:|
| *Der Präsident* | *Der Präsident* |
| J. BORRELL FONTELLES | J. KORKEAOJA |

# Sachregister

Die Zahlen verweisen auf die Randziffern.